浙江省普通本科高校"十四五"新工科、新医科、新农科、新文科重点教材

小微金融丛书

小微金融学

马丹　陈心慧　杨弋　王伟佳◎编著

中国金融出版社

责任编辑：王　君
责任校对：刘　明
责任印制：陈晓川

图书在版编目（CIP）数据

小微金融学/马丹等编著．—北京：中国金融出版社，2024.1
（小微金融丛书）
ISBN 978－7－5220－2209－3

Ⅰ.①小…　Ⅱ.①马…　Ⅲ.①中小企业—金融—高等学校—教材
Ⅳ.①F279.243

中国国家版本馆CIP数据核字（2023）第204371号

小微金融学
XIAOWEI JINRONGXUE
出版
发行　中国金融出版社
社址　北京市丰台区益泽路2号
市场开发部　（010）66024766，63805472，63439533（传真）
网 上 书 店　www.cfph.cn
（010）66024766，63372837（传真）
读者服务部　（010）66070833，62568380
邮编　100071
经销　新华书店
印刷　保利达印务有限公司
尺寸　185毫米×260毫米
印张　20.25
字数　442千
版次　2024年1月第1版
印次　2024年1月第1次印刷
定价　73.00元
ISBN 978－7－5220－2209－3

Preface
序　　言

人类最早的金融交易记录可以追溯至5000多年前的美索不达米亚地区，其早期的主要形式是借贷行为。[①] 可以说，金融活动在人类生活中不可或缺。融资、投资和风险管理是金融的三大核心功能。金融功能的充分、有效发挥对经济增长和民生福祉而言意义重大。诺贝尔经济学奖得主希克斯曾说，工业革命不是技术创新直接作用的结果，而是金融革命的结果，工业革命不得不等待金融革命。金融可以通过为企业和家庭提供融资促进物质资本积累和人力资本积累，还可以促进企业研发投入，推动创新和技术进步，实现经济可持续增长。然而，传统金融经常为人们所诟病之处是其存在明显的金融排斥现象，具体表现为小微企业和中低收入人群较难获得有效的金融服务。小微企业融资难问题自1931年英国麦克米伦爵士提出以来，至今仍是世界性难题，是制约小微企业健康发展的主要因素。另外，根据《2021年全球金融包容性指数报告》，截至2021年，全球仍有24%的成年人（中国有11%的成年人）没有在银行、其他金融机构或移动货币服务商开立账户，从而无法获得基本的金融服务。

小微企业在中国贡献了50%以上的税收、60%以上的GDP、70%以上的技术创新、80%以上的城镇劳动就业、90%以上的企业数量。即便是在美国，小微企业也是市场的绝对主体，被称为“美国经济的脊柱”。同时，中低收入人群在世界各国都是劳动供给和市场需求的主体。可见，小微企业和中低收入人群是推动经济可持续增长、维护社会稳定和实现幸福生活的重要力量。鉴于此，世界主要经济体都越来越重视为小微企业和中低收入人群提供有效的金融服务，以促进其健康发展。为小微群体（包括小微企业和中低收入人群）提供有效金融服务的金融模式，我们称为小微金融。

从历史演进的视角来看，小微金融的早期形式是小额信贷或微型信贷（Micro-credit）。例如，爱尔兰于1720年开始设立的信贷基金（Loan Funds），旨在为企业

---

① 威廉·戈兹曼．千年金融史［M］．张亚光，熊金武，译．北京：中信出版社，2017.

家提供微型信贷；德国于1778年开始建立的合作银行体系（Cooperative Banking System），致力于为小型企业和农户提供贷款。[①] 近几十年最有影响的微型信贷模式兴起于20世纪70年代中期，由穆罕默德·尤努斯于1976年在孟加拉国创立。尤努斯建立的格莱珉银行（Grameen Bank）被称为第一家现代意义上的正规微型金融机构，其主要致力于为农村贫困人群提供小额贷款，以帮助该群体改善生存境况。2006年，尤努斯因其创立的微型信贷模式（格莱珉模式）以及该模式对大量贫困人群发展的有效作用，获得了诺贝尔和平奖。

随着时间的推移，人们逐渐意识到只为小微群体提供信贷服务是远远不够的，还需要提供储蓄、结算、保险和资产保值增值等服务。因此，小额信贷或微型信贷也逐渐进化为微型金融或小微金融（Microfinance）。小微金融相较于小额信贷而言内涵更丰富，对小微群体的金融服务更全面。之后，联合国在“2005国际小额信贷年”活动中首次提出了普惠金融（Financial Inclusion）这一概念。2015年，中国国务院发布《推进普惠金融发展规划（2016—2020年）》，首次在国家层面明确普惠金融的定义：普惠金融是指立足机会平等要求和商业可持续原则，通过加大政策引导扶持、加强金融体系建设、健全金融基础设施，以可负担的成本为有金融服务需求的社会各阶层和群体提供适当的、有效的金融服务。农民、小微企业、城镇低收入人群、残疾人、老年人及其他特殊群体为普惠金融的主要服务对象。

关于小微金融（或微型金融）与普惠金融的差异，学术界和业界存在不同的认知。国内外学术界对小微金融和普惠金融均有大量研究，国内相关研究主要产生于2006年之后，近年来更多集中于普惠金融领域。在学术界的相关研究中，小微金融和普惠金融没有本质区别，小微金融侧重于描述金融服务对象，普惠金融则侧重于描述金融服务要实现的目标，但是普惠金融相对而言是一个更具时代性和包容性的概念。在金融业界的语境里，小微金融更多特指服务小微企业的金融，普惠金融则更多反映服务两民（市民和农民）的金融。以商业银行为例，其内设的小企业部主要开展小微金融业务服务小微企业，而普惠金融事业部则主要为市民和农民提供金融服务。

小微金融服务的质量关系到小微企业和中低收入人群能否较好地发展，而小微金融的服务质量又取决于是否有充足的拥有小微金融服务理念和服务能力的高素质人才。2019年，经浙江省人民政府同意，浙江工商大学与浙江泰隆商业银行（以下简称泰隆银行）共同创建了国内首家培养小微、普惠金融高素质人才的体制机制

---

① P. M. Becker, *Investing in Microfinance*, DOI 10.1007/978-3-8349-8926-0_4 © Gabler Verlag | Springer Fachmedien Wiesbaden GmbH 2010.

创新学院——泰隆金融学院[①]。泰隆银行出资5000万元人民币支持浙江工商大学泰隆金融学院办学。泰隆银行于1993年创建于浙江省台州市[②]，创立至今始终坚持“服务小微企业、践行普惠金融”，目前已凝练出以“三品三表”、“两有一无”和“社区化”为核心的小微金融技术和模式，并成长为小微金融领域的标杆银行。为了培养市场需要的小微、普惠金融高素质人才，学院教师与泰隆银行专家协同开发了适用于本科生层面教学的小微金融系列理论和实践课程，并组织编写了小微金融系列教材。泰隆金融学院首批小微金融系列教材包括：《小微金融学》《小微金融营销学》《小微金融管理学》《小微信贷技术》《小微金融经济学》。以上教材分别由学院教师与泰隆银行专家和德国法兰克福财经管理大学专家联合编写。

《小微金融学》教材是配合“小微金融学”这门专业必修课程而开发的教材，目前已入选首批浙江省普通本科高校“十四五”新工科、新医科、新农科、新文科重点教材建设项目。本教材的基本框架经过与泰隆银行专家和德国法兰克福财经管理大学专家多次讨论确定，主要包括四篇共十五章：第一篇是绪论，包含三章，涉及小微金融概述、小微金融发展的国际经验和国内经验介绍；第二篇介绍小微金融难题的理论与现实成因，包含三章；第三篇讲解小微金融的主要市场，包含五章，分别涉及信贷市场、证券市场、基金市场、保险市场和监管与支持机构；第四篇主要聚焦小微信贷原理与技术，包含四章，涉及小微信贷流程、定价和风险管理等内容。本教材相对于国内同类教材而言其主要特点如下：本教材内容涉及一定篇幅和深度的理论讲述，更适用于本科生层面教学和相关金融机构业务骨干以及管理者研读；本教材中的小微金融服务对象既包括小微企业，也包括中低收入人群，但是以小微企业为主；本教材中的小微金融服务供给方和市场不仅局限于银行和信贷市场，还包括证券、基金、保险、期货等能够为小微群体服务的机构和市场。

本教材主要由泰隆金融学院教师团队编写，具体分工如下：马丹负责总体框架和主要章节内容的确定，以及第一章、第五章、第六章、第十三章；陈心慧负责第二章、第三章、第四章、第七章、第十二章；杨弋负责第八章、第九章、第十章；王伟佳负责第十一章、第十四章；郭宏宝负责第十五章。全书由马丹统稿。另外，泰隆银行培训学校为本教材编写提供了一手案例，并对相关实务内容给予了非常专业的编写建议；德国法兰克福财经管理大学何佳教授和浙江工商大学金融学院史小坤教授也为本教材的编写提供了很有价值的建议；研究生谭露和江邓娟也做了一些资料收集和整理工作，并参与了部分章节的编写，在此衷心感谢！

---

① 泰隆金融学院是浙江工商大学下属的二级学院，与其他学院一样接受学校管理，本科生来源于国家统一高考，学习专业是金融学（首批国家级一流专业建设点），就业非定向。

② 台州市是国家级小微金融改革试验区，已经探索出一套行之有效的台州小微金融模式。

本教材在编辑出版过程中得到了中国金融出版社王效端主任和王君编辑的大力支持，在双方沟通过程中充分感受到了中国金融出版社高度的责任心和专业性。王君编辑对全书进行了详细校对，不放过任何一个细节，对书中出现的笔误和可能引起误解及歧义的内容给出了十分有建设性的修改意见，显著提升了本教材的质量。衷心感谢王效端主任和王君编辑！

最后，限于编写团队的能力和认知，教材中难免有疏漏和错误之处，恳请各位读者批评指正，帮助本书再版时进一步完善。希望浙江工商大学泰隆金融学院组织编写的小微金融系列教材能够为中国小微金融、普惠金融高素质人才培养贡献一份力量，祝愿中国普惠金融事业越来越好，助力中国式现代化早日实现。

编著者

2023 年 7 月

Contents
目　录

第一篇　绪　论

第二篇　小微金融难题：理论与现实成因

第三篇 小微金融市场分析

第四篇　小微信贷原理与技术

第一篇

绪　论

小微金融概述 第一章

Chapter One

第一节　小微金融的定义及特点

一、小微金融的定义

“小微金融”一词具有较为宽泛的含义，它是在传统正规金融体系基础上衍生而来的。小微金融早期被称为微型金融（Microfinance）。根据世界银行扶贫协商小组（The Consultative Group to Assist the Poor，CGAP）的定义，微型金融（Microfinance）是指向金融需求难以得到满足的贫困人口、低收入群体以及微型企业提供金融服务，其金融服务主要包括储蓄、汇款、信贷、保险等。

在我国，民生银行作为较早推出小微金融服务的银行之一，提出的小微金融概念被我国官方机构广泛应用。小微金融演进至今，其内涵在微型金融的基础上有了更进一步的外延，它不仅指金融机构为弱势群体提供微型金融服务，更是指包括所有金融机构在内的正规金融机构和民间金融组织对小微企业、个体工商户、农村承包经营户和城乡居民等提供小额度的金融产品与服务。因此，小微金融也可以说是对微型金融的扩充。

知识拓展 1-1——小额信贷、微型金融、小微金融、普惠金融之间的区别与联系

小额信贷起源于20世纪70年代，兴盛于80年代。微型金融起步于20世纪80年代，兴盛于90年代。2005年，联合国在“国际小额信贷年”会议上首次提出普惠金融（Inclusive Finance）这一概念，它是指立足机会平等要求和商业可持续原则，以可负担的成本为有金融服务需求的社会各阶层和群体提供适当、有效的金融服务，其重点服务对象为小微企业、农民、城镇低收入人群、贫困人群和残疾人、老年人等特殊群体。无论从时间上还是内容上看，普惠金融都是由小额信贷与微型金融（或小微金融）发展而来的。换言之，小额信贷与微型金融（或小微金融）是普惠金融最初的基本形态。同样地，从时间上看，小微金融与普惠金融之间具有

前后连接、一脉相承的关系；从内容上看，两者之间存在部分重合、交叉、不断修正和扩充的关系。

总体而言，这几种概念的本质是相似的，即为小微客群及弱势群体提供更好的金融服务，带动经济发展，体现社会公平。相对来说，普惠金融不但强调服务对象，还强调金融服务的适当性和有效性，因此是更为包容的概念。它们之间的关系如图1－1所示。

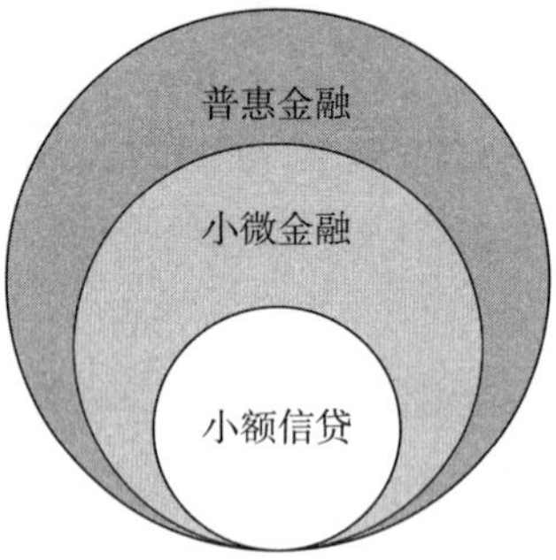

图1－1　普惠金融、小微金融、小额信贷关系

二、小微金融的特点

小微金融作为在传统金融体系基础上发展起来的一种金融形式，有其自身独特的发展定位与模式，其主要特点如下。

1. 小微金融服务对象的特点

小微金融有别于传统金融体系，其服务对象不再是优质大型企业或是有良好资产背景的个人，而是难以获得融资机会的小微企业、个体工商户、城乡居民以及贫困人群。各国的小微金融均将“提高金融服务覆盖率、可得性，促进乡村振兴，实现共同富裕”作为主要目标，始终秉承“创新、协调、绿色、开放、共享”的发展理念，真正为急需金融需求的小微企业、中低收入人群提供金融服务。

2. 小微金融产品的特点

由于小微金融服务对象的特殊性，小微金融产品也有其独特的性质，主要表现为小微客群①的需求具有“短、小、频、急”的特点。“短”是指小微客群的经营周期短致使其融资期限短；“小”是指小微客群的生产经营规模或个人财务情况决定了其需要的金融服务额度较小；“频”是指小微客群的经营方式导致其会产生较为频繁的临时性融资需求；“急”是指小微客群内部资金腾挪空间有限，融资时效性强，需求急切。因

① 小微客群是指小微企业、个体工商户、乡镇居民（包括中低收入者及贫困人群）等。

此，小微金融产品应与客户需求精准匹配，具备产品购买门槛低、单笔交易额度小、个性服务速度快的特点。

3. 小微金融服务机构的特点

小微金融服务机构呈现组织多样化的特点，并由传统全线下服务模式转向数字化、智能化半线上或全线上模式。国际上较为普遍的小微金融服务机构组织形式有以下几种。(1) 正规金融机构，主要包括政策性金融机构、大型国有商业银行、股份制商业银行、地方性商业银行、农村信用社、保险公司等，是服务小微客群的主体机构。(2) 非正规金融机构，如民间借贷组织、合会、私人钱庄等。虽然非正规金融机构在很大程度上缓解了小微客群的资金供求矛盾，但由于这些机构未纳入国家金融监管体系，其运行的金融服务游离于现行制度法规边缘，极易影响区域金融稳定，滋生社会不安定因素。(3) 非正式金融中介机构，如联合信用贷款协会、信用评估公司、征信公司、会计师事务所等。非正式金融中介机构主要承担小微金融中的信用创造、清算支付和风险管理等职责，作为小微金融主体服务机构的补充与延伸。(4) 金融科技公司，譬如网络银行、基于电商平台的互联网融资、P2P 网络借贷平台、网络众筹等。金融科技的发展主要得益于计算机和网络信息技术的普及与突破，技术的支持促使传统小微金融服务机构向数字化、智能化更高阶段迈进。

知识拓展 1－2——非正规金融机构及非正式金融中介机构

非正规金融机构是指未经过国家资质认证，未取得金融机构业务牌照，也未纳入金融主管部门的日常监管范围，却实际从事金融服务的民间经济组织或机构。非正式金融中介机构则是非正规金融机构的重要组成部分及表现形式，在小微金融服务领域，其主要业务内容为：(1) 以间接的信用借款或抵押借款方式，为区域性的小微客群提供小额融资服务；(2) 以金融投资策划、培训、顾问、调研等方式，为小微客群提供金融信息咨询服务。

非正规金融机构与非正规金融中介机构之间的关系如图 1－2 所示。

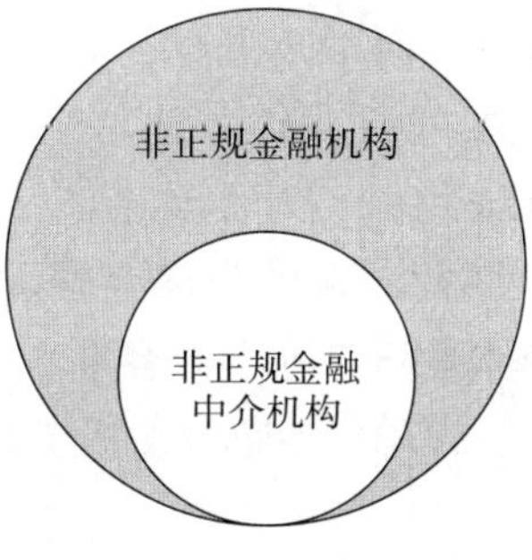

图 1－2　非正规金融机构与非正规金融中介机构的关系

第二节 小微金融的意义及作用

党的二十大报告提出，从现在起，中国共产党的中心任务就是团结带领全国各族人民全面建成社会主义现代化强国、实现第二个百年奋斗目标，以中国式现代化全面推进中华民族伟大复兴。中国式现代化是全体人民共同富裕的现代化。共同富裕是中国特色社会主义的本质要求，也是一个长期的历史过程。我们坚持把实现人民对美好生活的向往作为现代化建设的出发点和落脚点，着力维护和促进社会公平正义，着力促进全体人民共同富裕，坚决防止两极分化。

一、发展小微金融有利于优化金融体系结构

小微金融业务的良性拓展离不开各类金融机构的创新发展。中小银行、民营银行和社区银行等金融机构服务小微客群具有天然的优势。小银行“规模小、资产小、范围小”的特点注定其定位清晰稳定，资本不易分散，充分利用地缘优势做“门当户对”的金融业务，更适合服务小微群体。同时，大型银行、保险等机构也要不断下沉经营服务重心，扩充小微金融服务内容。此外，股权融资机构也将成为拓宽小微企业融资的重要渠道，扩大直接融资占比。发展小微金融，既要着力增加小微金融机构数量和类型，又要摆脱大型金融机构传统金融服务的路径依赖，建立多层次、多类型的金融机构，走出国有金融机构一家独大的单一局面，形成多元化架构。

二、发展小微金融有利于经济增长

近年来，小微企业发展迅猛，个体工商户自主创业热情高涨，在国民经济的发展中起到了关键作用。数据显示，我国中小微企业占据国内 90% 以上的企业数量，吸纳了 80% 以上的城镇劳动就业，完成了 70% 以上的新技术开发，创造了 60% 以上的 GDP，贡献了 50% 以上的税收，是推动大众创业、万众创新的生力军，是保证国民经济健康发展和改善民生的重要基石。而小微企业、个体工商户在谋求自身发展壮大时，需要大量的社会资源，其中最重要的一项资源就是生产经营过程中所需的资金支持，只有保证资金充足到位，才能保证物料、人员及生产活动各个环节有序推进，确保小微企业、个体工商户健康成长。因此，发展小微金融，实现社会资金优化配置，将金融资源合理分配给小微企业、个体工商户等小微客群，能够使其创造更大的社会价值，在助推经济增长、促进就业稳定、带动创业创新等各方面起到重要作用。

三、发展小微金融有利于减贫脱困

人类社会的经济发展到达一定历史阶段后，其规模、速度呈现出爆发式增长，由

此带来的收入分配、贫富差距问题和社会矛盾冲突也愈演愈烈。减缓贫困、改善弱势群体的生存环境、提高其生活质量，消除贫富两极分化的现象，正是发展小微金融的初衷。发展小微金融服务，能够为中低收入者及贫困人群等弱势群体提供获得公平的公共服务权利，使其享有教育、住房、医疗、养老等领域的生存发展资源，同时，也有利于弱势群体获得参与更多经济活动的机会，有效提高该类人群的收入水平，对缩小贫富差距、促进社会和谐稳定具有重要意义。另外，对于整个国际社会而言，贫困是一个全球性问题，减贫脱困、实现社会公平不仅仅局限于一国或一区域之内，发展小微金融有利于增进各国之间的交流与合作，推动构建人类命运共同体。

思考题

1. 简述小微金融的定义及特点。
2. 简述小微金融与普惠金融的区别与联系。
3. 发展小微金融的意义体现在哪些方面?

国外小微金融的演进与发展

Chapter Two
第二章

第一节　美国小微金融的发展历程与现状

一、美国小微金融的发展概况

（一）小微企业基本情况

小微企业被美国政府称为“美国经济的脊柱”，占据了美国经济活动总量的45%。根据美国人口统计局（U. S. Census Bureau）以及美国小企业管理局（Small Business Administration，SBA）公布的统计数据，2012 年至 2019 年，美国小微企业（有雇员企业和自雇型企业）的数量持续增加，2019 年达到历史最高的 3318. 6 万家（见图 2 - 1），历年占企业总数的比重均为 99. 9%。

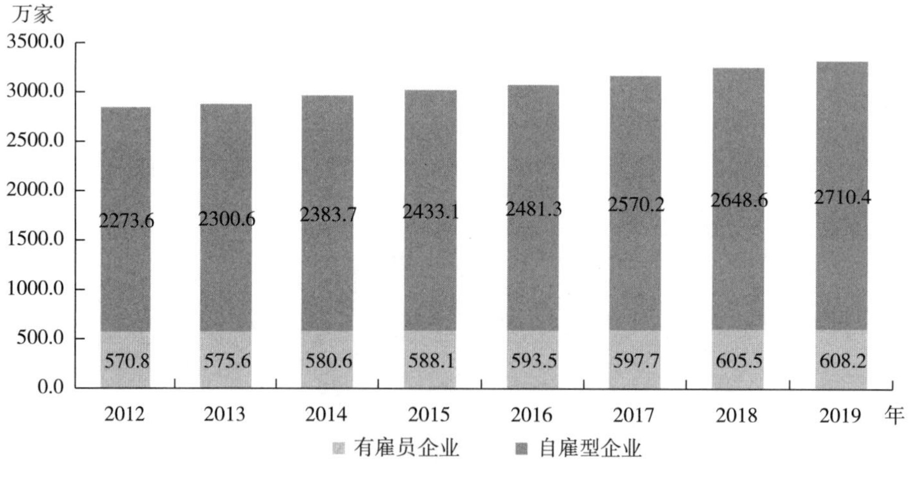

图 2 - 1　2012—2019 年美国小微企业数量

（资料来源：Statista 全球统计数据库）

2019 年，美国小微企业员工超过 6169. 4 万人，占美国总就业人口的 46. 4%。其中，除未分类行业外，其他服务业（公共管理除外）的小微企业就业人数占该行业所有私人部门总就业人数的84.5%，在所有行业中最高；其次是农业、林业、渔业和牧业，小微企业就业人数占比为83.5%；建筑业的小企业就业人数占比位列第三，为80.8%。其他如房地产及租赁业，住宿和餐饮服务，艺术、娱乐活动，专业技术服务，批发贸易等行业的就业人数占比均超过一半（见图2－2）。

行业	小微企业就业人数	私人部门总就业人数	小微企业就业人数占比
卫生保健和社会支持	9153169	20850043	43.9
住宿和餐饮服务	8789153	14503552	60.6
零售业	5439291	15675190	34.7
建筑业	5694355	7047469	80.8
专业技术服务	5339687	9286412	57.5
制造业	5093618	12098855	42.1
其他服务（公共管理除外）	4750090	5621408	84.5
行政、支持和废物管理	3804585	12639817	30.1
批发贸易	3362014	6180172	54.4
金融和保险	1889886	6562104	28.8
运输和仓储	1771748	5401670	32.8
教育服务	1719209	3811993	45.1
房地产及租赁	1499044	2240723	66.9
艺术、娱乐活动	1488720	2506262	59.4
信息服务	979093	3573332	27.4
企业管理	379728	3.516000	10.8
采矿、采石和油气开采	276837	626328	44.2
农业、林业、渔业和牧业	137357	164499	83.5
公共事业	111586	641298	17.4
未分类行业	14738	14738	100.0
总计	61693908	132961008	46.4

图2－2　2019年美国按行业划分的小微企业就业情况

（资料来源：美国小企业管理局：2022年小企业概况）

（二）小微金融服务规模

由美国小企业协会（National Small Business Association，NSBA）发布的《2023年经济报告》① 显示，超过三分之一（37%）的小企业无法获得足够的融资——这是自2008年以来的最高水平。同时，小企业主表示“缺乏可用资本”是企业在2022年面临的最大挑战。为使小微金融服务覆盖更多群体，美国从19世纪就已开始探索解决途径，其中包括社区银行、互联网金融以及资本市场投资等服务形式。依据经合组织（Organization for Economic Cooperation and Development，OECD）发布的数据，2008—2019年美国中小微企业贷款余额基本呈平稳态势（见图2－3）。

在服务农业和个人方面，美国联邦存款保险公司（Federal Deposit Insurance Corporation，FDIC）的数据显示，2021年美国商业银行与储蓄机构总农业贷款额、总个人贷款额分别为741.03亿美元、18819.72亿美元，增速分别为3.23%和7.9%。在个人消费金融领域，截至2021年底，美联储报告的美国消费信贷（不含房贷）达4.43万亿

① 《2023年经济报告》是2023年1月2日至23日在570多名小企业主中在线进行调研得出的结论。

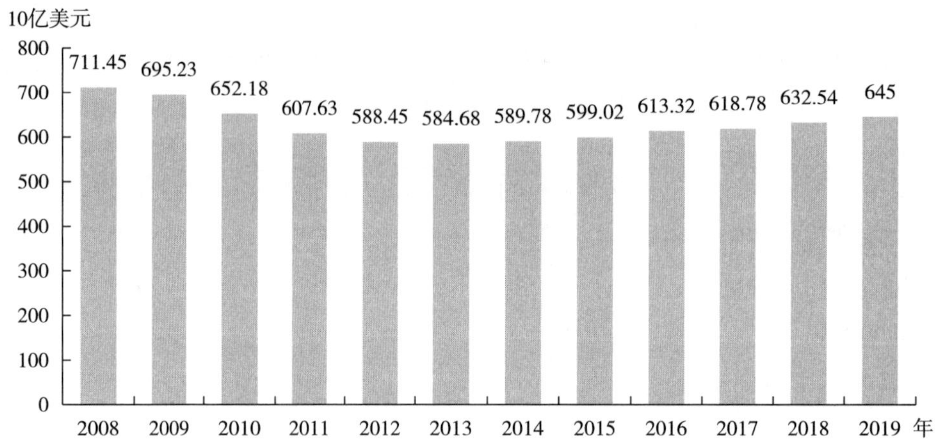

图 2-3　2008—2019 年美国中小微企业贷款余额

美元，占 GDP 和消费支出的比重分别为 19.26%、28.22%。其中循环信贷（信用卡）为 1.04 万亿美元，占比为 23.5%；非循环信贷（学生贷款、汽车贷款等）为 3.39 万亿美元，占比为 76.5%。

风险投资方面，自 2000 年美国互联网泡沫破灭，纳斯达克综合指数从最高点 5048 点一路跌至 2002 年的 1114.11 点谷底，经过几年调整，生物科技、人工智能以及共享经济等新兴产业成为新的投资风口，投资目标企业也从初创的小微企业逐渐转向“独角兽”式初创公司，如 WeWork、Airbnb、Uber、One Medical 等。美国的风险投资发展日趋成熟，政策、法律以及市场环境也更为健全。2021 年，美国的风险投资交易总额同比增长近 1 倍，达到 3299 亿美元，创历史新高（见图 2-4）。

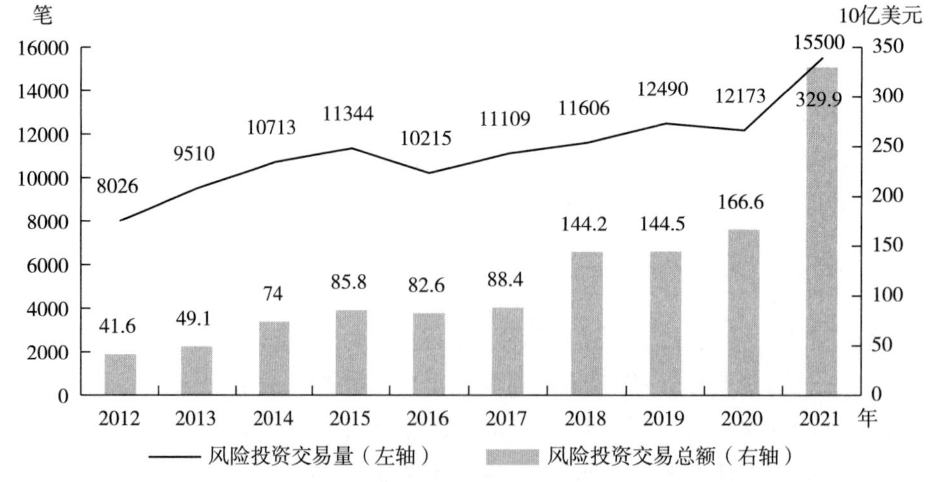

图 2-4　2012—2021 年美国风险投资的交易量和交易总额

（资料来源：美国金融数据公司 PitchBook）

二、美国小微金融的发展模式

美国凭借高度发达的金融市场和世界领先的互联网通信技术，在小微金融领域取得了不俗的表现。在美国独立企业联合会（NFIB）2018 年 9 月公布的小企业乐观指数报告中指出，只有 3% 的业主报告贷款“更难获得”（该比例比 2017 年下降了 2 个百分点，创历史新低），也只有 3% 的业主报告“融资是他们的首要问题”。

（一）社区银行发展模式

社区银行的概念源于美国，其中“社区”并不是一个严格界定的地理概念，既可以指一个居民聚集地或一座城市，也可以是一个更大的地区范围。目前，“社区银行”一词还未有统一的解释，但学术界广泛使用美国独立社区银行家协会（Independent Community Bankers of America，ICBA）所提出的定义：社区银行是指在一定的社区范围内按照市场化原则自主设立、独立经营，主要为经营区域内的中小企业、个人和家庭提供金融服务的地方性中小型商业银行。

1. 专业型发展模式

成立于 1990 年的科罗拉多州联邦储蓄银行（Colorado Federal Savings Bank）是一家专门以住房抵押贷款业务作为主要发展方向的社区银行，被美国银行家协会誉为“披着储蓄银行外衣的抵押银行”，是专业型社区银行的典型代表。尽管该银行的业务单一，但业务遍及全美 50 个州，其效益比例（Efficiency Ratio）一度高达 744%（目前保持在 90% 左右），2019 年第四季度的净资产收益率（Quarterly Return on Equity）达到 13%。科罗拉多州联邦储蓄银行的成功经验在于，将资金资本专注于抵押贷款业务，基本不做商业贷款或机构贷款，通过积累多年的从事不动产业务的经验，能够采取多种措施来规避不动产行业的冲击，使其在住宅抵押贷款领域占据绝对优势。

2. 全能型发展模式

富国银行（Wells Fargo Bank）是全能型社区银行的典型代表。富国银行成立于 1852 年，是一家名副其实的大型商业银行，其业务结构以社区银行、批发银行①和财富管理为主。社区银行作为富国银行的发展基础和核心业务，主要为个人和小微企业提供多样化的金融服务，服务产品包括存款账户、信用卡、借记卡、教育贷款、抵押贷款等，服务形式包括“商店超市一站式服务”、“网上银行便捷服务”和“ATM 自助服务”等。此外，富国银行经营的批发银行业务分散于大中型企业商业贷款、商业地产贷款、贸易融资、投资管理、保险和投资银行等。全能型的发展模式在分散风险的同时，又能够创造多种利润增长点。

3. 零售门店型发展模式

美国安快银行（Umpqua Bank）成立于 1953 年，是一家典型的零售门店型社区银

---

① 西方银行业将银行业务分为零售银行业务（Retail Banking）和批发银行业务（Wholesale Banking）。批发银行业务的主要客户对象是大企业、事业单位和社会团体，其涉及金额一般较大。

行。它集合了酒店业、零售业、金融业等优秀企业的做法，确立了独特的“门店”（Store）概念，其经营模式不同于其他传统银行，而是极大地融入了零售业的经营理念，将柜台玻璃窗取而代之为舒适且时尚的开放空间。店内设有产品陈列架，将金融产品陈列于门店内，门店销售人员将为顾客提供详尽的金融咨询，并鼓励顾客挑选、体验相关金融产品与服务，从而提升产品的吸引力与交易量。与此同时，门店内还配有读报区、上网区、休闲吧台区等，营造更为舒适惬意的环境，拉近银行与客户之间的距离。门店还会定期举办丰富多样的活动，包括诗朗诵、主题讲座等，以此促进银行与社区、客户之间的交流，使银行更好地融入社区的金融生态圈。

（二）金融科技发展模式

互联网金融（Internet Finance）是指互联网企业和金融机构依托互联网技术和信息通信技术实现资金融通、支付、投资和信息中介服务的一种新型商业实践。值得注意的是，虽然互联网金融起源于美国，但美国的互联网金融并没有成为独立的业态，因此在美国一般不直接使用“互联网金融”（Internet Finance）这一专有名词，而是采用类似的“电子金融”（Electronic Finance）、“电子银行”（E-Banking）、“网络银行”（Online Banking）等称谓①，在本书中，统称为“互联网金融”。

下面将简单介绍具有代表性的金融科技企业的发展模式。

1. 纯网络银行模式

美国纯网络银行的发展模式是以互联网或移动终端作为金融产品、服务的业务渠道，向有网络消费习惯、收入良好、对价格敏感的客户提供个人或公司业务服务。纯网络银行具有独立法人资格，不设任何物理网点，更不需要大量的网点员工，因此经营成本方面远低于传统实体银行。网络银行包括全方位发展型和特色化发展型。以美国安全第一网络银行（SFNB）和印第安纳州第一网络银行（First Internet Bank of Indiana，FIBI）为代表的全方位发展型纯网络银行主要利用金融科技进一步扩大自身的业务范围，研发新的电子金融服务，从而吸纳更多个人和中小企业客户。以康普银行（Compu Bank）和美国互联网银行（Bank of Internet U. S. A.，BOFI）为代表的特色化发展型纯网络银行通常专注于某一类业务，例如，BOFI 主要从事面向居民的住房按揭贷款、汽车消费贷款等业务。

2. 基于第三方支付平台的互联网融资模式

PayPal 是美国知名的第三方支付工具，同时也是一个致力于提供小微金融服务的在线支付服务商。2002 年，PayPal 被电子商务平台 eBay 收购，开展在线商户服务业务。2008 年，eBay 收购 BillMeLater，并将 BillMeLater 更名为 PayPal 信贷，推出了一个面向商家的借贷项目。此外，将 PayPal 作为支付方式之一的商家，也可以向它们的客户提供 PayPal 信贷，即凡使用 PayPal 信贷购物达到 99 美元及以上的购物者，只要在 6 个月内全额付清借款，便可享受免息；若超过 6 个月还款期限，借款者需要按照 19%

---

① 王达．美国互联网金融的发展及中美互联网金融的比较［J］．国际金融研究，2014（12）．

的利率支付利息。

美国最大的电子商务平台亚马逊（Amazon）在2012年成立了商业贷款项目“Amazon Lending”，人称“亚马贷”，旨在向入驻的小微商家提供短期贷款，以帮助小微商家扩大业务规模。

知识拓展2-1——美国大数据网络贷款公司Kabbage

美国有许多专门服务电商小微企业和个人的金融服务提供商，2009年成立的大数据网络贷款公司Kabbage就是其中最具特色的，素有美版“阿里小贷”之称。该公司目前有三块业务：小企业短期贷款（Kabbage）、个人消费贷（Karrot）以及风控技术外包。其中，小企业短期贷款是Kabbage的主营业务。当小微网店遇到资金周转困难，又无法从银行获得贷款时，Kabbage可提供一笔贷款作为购买未来一段时间内该店的部分营业收入。双方会预先约定，商家获得的收入会存入该商家关联的第三方PayPal账户，在到期付款日，将商家经营收入的一部分直接划转到Kabbage的账户，作为偿还预付款和支付费用。一般借款期限最高为6~12个月，利率为2%~7%（30天内）和10%~18%（6个月及以上），金额为500美元至15万美元不等。Kabbage具有独特的信用风险评估模式，它通过与第三方平台合作［如谷歌（Google）、Analytics、PayPal、脸书（Facebook）和推特（Twitter）］挖掘客户的店铺商品浏览数、价格、商品销售量、营业收入、用户评价以及社交媒体活跃度等非传统信用数据，对客户的信息进行加权评分，评分越高，获得的融资金额越大，需要支付的费用率就越低。

3. 互联网众筹模式

美国是互联网众筹起步最早、最活跃的国家之一，众筹平台覆盖了商业、教育、医疗、慈善等领域。美国网站Kickstarter是当今影响力最大的众筹平台，其融资项目囊括音乐、影视、艺术、出版、游戏等各个方面，众筹平台也逐渐成为与股权投资型、奖励型、捐赠型并驾齐驱的综合型平台。该众筹平台的业务流程为：Kickstarter先行对项目进行评估，审核通过后会要求项目发起人对其进行修改，以适应市场需求。完成修改后，项目会在网上发布，且必须预先设定目标金额和筹款期限（一般在3个月内），如若在筹款期限内未筹集到目标金额，筹资者将无法得到资金，所融资金将由原先汇入资金的第三方支付平台亚马逊返还；若融资成功，筹资者须按募得金额的5%付给Kickstarter平台，为Kickstarter平台提供资金支付服务的亚马逊则收取3%~5%的佣金。作为回报，投资者可获得相关项目的产品或股权。

2012年，美国成立了一家帮助早期初创企业获得资金的众筹平台——Fundable。该平台充分利用《乔布斯法》（该法首次允许未被认证的投资者购买初创公司的股权），以股权筹资模式为创业者提供融资服务，为众多具有潜力的优质小微企业提供了良好的融资环境。

4. 互联网保险

互联网保险最早出现在20世纪90年代的美国，业务主要包括代理模式和网上直销模式两类。代理模式是将传统保险公司与互联网结合的模式，保险公司利用第三方互联网公司扩大保险产品及服务的信息传播范围，开发更为广泛的潜在客户，实现网络保险交易。成立于1995年的InsWeb公司就是美国互联网保险代理模式的成功典范，InsWeb一方面为客户提供多家保险公司的产品信息及比价，帮助客户做出购买决策；另一方面为保险公司提供消费者信息痕迹与数据挖掘技术服务，从而赚取保险公司及投保人的费用。

网上直销模式还可分为两类，一类为传统保险机构发展自己的电子商务平台，作为补充销售渠道，通过官方网站、移动App等手段参与互联网保险，如美国保险业巨头Geico，可为客户提供车险的在线报案和理赔服务等；另一类为纯粹进行网上保险销售的公司，如美国第一家完全通过互联网向客户提供全套保险服务的公司——eCoverag。

（三）资本市场投资的发展模式

作为资本市场直接融资的主渠道，风险投资、天使投资和证券投资在小微企业发展中发挥着越来越重要的作用。

1. 风险投资及天使投资

美国的风险投资及天使投资是典型的以资本市场为主、政府适当干预为辅的发展模式。在此模式下，高技术初创型小微企业的融资需求在发展成熟的资本市场上通过风险投资及天使投资得以实现，政府作为助推小微企业投资的支持者与鼓励者，主要为其创造宽松、稳定的政策环境，并通过立法或宏观金融调控等措施引导其健康发展。换言之，美国的风险投资及天使投资是一种以民间资金为基础，风险投资机构为中介，资本市场为后盾，政府监管为保障的多层次金融服务模式。

2. 证券投资

在美国证券场外交易市场上，包含分值股票市场（Penny Stock Market）和纳斯达克证券市场的纳斯达克资本市场主要服务中小微企业。

分值股票市场区别于纽约证券交易所、纳斯达克证券市场及其他证券交易所市场，其最重要的功能之一是能够为那些私募后新成立的微小型公司提供一个宽松的股权交易平台，其股价低廉、投资风险高。

纳斯达克市场是美国资本市场经过长期摸索形成的证券交易市场，该市场的交易模式已成为证券交易所分层管理的典型案例。为吸引不同类型、规模的企业，纳斯达克市场一共划分为三个不同层次，包括纳斯达克全球精选市场（Nasdaq Global Select Market）、纳斯达克全球市场（Nasdaq Global Market）和纳斯达克资本市场（Nasdaq Capital Market），各层资本市场具有不同的上市标准。纳斯达克资本市场是三个层次中准入门槛最低的，主要为那些处于初创阶段、规模较小的高成长、高技术型小微企业解决融资问题。小微企业（发行人）在场外市场设立非上市类证券，大型机构的基金经理或零售型投资者（投资者）选择一个经纪人（骑士资本集团、瑞银、花旗集团等）进行证券交易，经纪人须在执行交易后向金融监管机构报告，然后由金融监管机构将这些信息传播给市场，经纪人最后再对股权交易进行清算和结算。

三、美国小微金融发展的政策支持

美国小微金融的良性发展离不开联邦及州政府的大力支持，尤其对于小微企业，提供了多层次资金支持、融资担保和制度保障。以小企业管理局（Small Business Administration，SBA）为核心，美国基本形成了一套完整的小企业发展扶持体系。在立法保障和政策支持方面，美国设立了白宫小企业委员会和国会小企业委员会，协同 SBA 工作；在融资支持方面，SBA 联合各州政府、金融机构、非营利性机构等多方力量，建立了一套成熟的金融服务体系（见图 2 -5）。

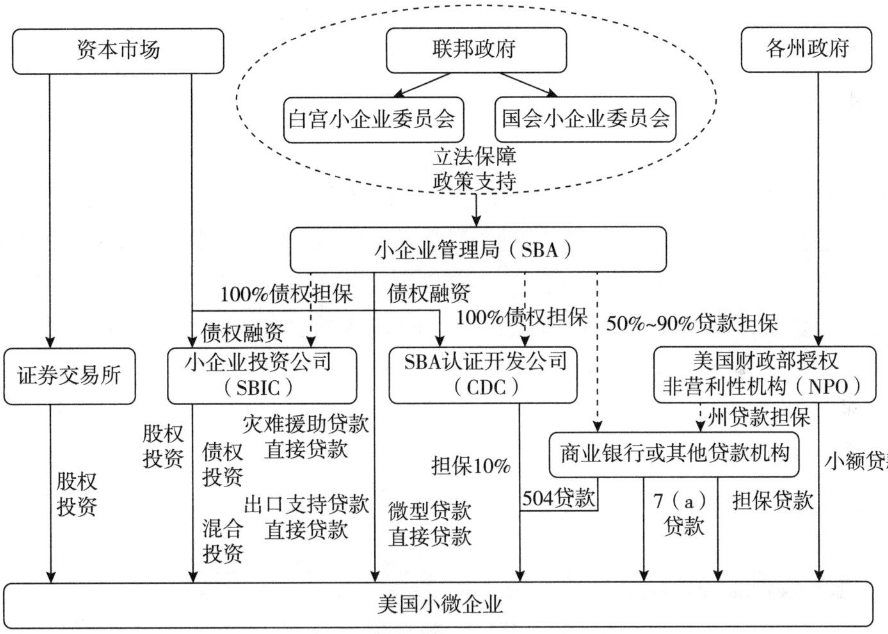

图 2 -5 美国小微金融发展的政策支持体系

［资料来源：亚太农协农业金融研究中心课题组．金融服务小微企业国际比较研究［J］．农业发展与金融，2020（1）；绘图有部分参考］

（一）小企业管理局

根据 1953 年的《小企业法》，美国联邦政府于同年设立了小企业管理局，该机构隶属于联邦政府，主要向小微企业提供资金支持、技术指导、信息咨询、培训管理、紧急求助等方面的服务。

1. 为小微企业提供资金

在直接政策干预方面，SBA 直接向经济落后地区群体、受突发灾害影响群体、弱势群体等多种亟待帮扶的小企业或自然人提供政策性贷款。

SBA 推出了物理伤害灾难贷款和经济伤害灾难贷款。截至 2020 年 8 月 8 日，SBA 批准了将近 340 万笔贷款，贷款总金额为 1780 亿美元。SBA 还提供其他直接信贷项目，如社区快速贷款计划、7（m）微量贷款计划、“一站式资本店”计划等。此外，SBA 还会以赠款的方式促进小企业健康发展，其中包括帮助小企业发展出口业务的州贸易拓展计划（State Trade Expansion Program，STEP）。截至 2020 年 9 月，州贸易拓展计划已发放 302 笔拨款，平均金额超过 51.8 万美元，总计超过 1560 万美元，帮助小微企业实现出口总额近 18 亿美元。

2020 年，时任美国总统特朗普签署了《CARES 法》（*Coronavirus Aid, Relief, and Economic Security Act*），该法包括四项救助计划，分别是工资保障计划（Paycheck Protection Program，PPP）、经济伤害灾难贷款紧急垫款计划、小企业管理局快捷过桥贷款计划和小企业管理局债务减免计划，旨在为受新冠疫情影响的美国工人、家庭和小型企业提供直接的经济援助。截至 2022 年 3 月 31 日，经济伤害灾难贷款紧急垫款计划共核准通过 390.59 万个援助项目，投入资金共计 3610.81 亿美元。截至 2022 年 4 月 10 日，用于保障小企业正常支付雇员工资和必要开支的工资保障计划共支出超过 7888.73 亿美元，贷款项目达到 1141 万余个。

在间接政策干预方面，SBA 通过与区域性商业银行、小额贷款机构、社区性组织等机构建立合作伙伴关系，以提供一般政策性担保的方式促成小企业社区性贷款融资交易。贷款机构有选择是否贷款和是否申请政府担保的决定权（对于不满足贷款机构条件但符合担保贷款条件的企业，贷款机构可向 SBA 提出担保申请），SBA 进行审查后决定是否为其提供担保。SBA 提供的担保性贷款包括 7（a）贷款担保和 504 贷款担保等。7（a）贷款担保是 SBA 最主要、适用最广泛的贷款担保项目，为企业流动资金补充、商业扩张等基本用途的贷款提供贷款额 75% 至 85%（15 万美元以下）的担保；504 贷款担保是指主要为小微企业固定资产的购买和改善提供长期贷款担保的融资和再融资支持计划。

2. 促进小微企业经营发展

除了为小微企业提供融资帮助，SBA 还多角度地帮助小微企业提升综合经营管理水平。SBA 成立了退休经理服务团（Service Corps of Retired Executives，SCORE）和小企业发展中心（Small Business Development Center，SBDC）。SCORE 是由离休企业家、在职高级企业主管和小企业主志愿人员组成，专门传授创办、经营各种小微企业的实际经验，少部分收取低价的服务费用。SBDC 是由学术组织团体、私营部门以及各级政府合作设立，专门为小微企业提供运营管理方面的专业指导，在美数量超过 900 个，大多数分布在全美及其属地的大学内。

此外，SBA 还开设有小企业培训网络课程，在虚拟校园内提供免费的在线课程、讲习班、信息资源及其他形式的技术援助。SBA 还与美国国防部、联邦服务总署联合发开了小微企业合同外包项目，通过 HUBZone 计划等帮助经济弱势地区的小微企业获得政府外包项目合同。

知识拓展 2-2——什么是 HUBZone 计划？

HUBZone 计划旨在帮助经济萧条、失业增加、人口流失的边远地区、印第安保留地、军事基地关停地等实业未充分开发的地区发展经济，规定联邦政府的外包合同优先考虑 HUBZone 的合格企业，争取这些企业所承包的合同金额达到联邦优惠合同总额的 3%。HUBZone 计划中资质合格的小企业在联邦政府合同招标时，既可以参与多个公司的竞标，也可以在没有其他竞争者的情况下，以唯一投标者的资格中标。在多个公司竞标的情况下，这些企业可以享受 10% 的竞价优惠。

为使该计划持续为最需要帮助的地区提供服务，SBA 规定每 5 年更新一次 HUBZone 地图。同时，计划内的企业须每年重新认证 HUBZone 执照，所有获得认证执照的 HUBZone 企业至少每 3 年进行一次项目考核。通过项目考核，SBA 工作人员可检验企业在申请或重新认证 HUBZone 执照中所提供信息的准确性，从而确保企业持续获得合同优惠。

资料来源：美国小企业管理局. HUBZone 计划 [EB/OL]. https://www.sba.gov/federal-contracting/contranting-assistance-programs/hubzone-program.

（二）小企业投资公司

1958 年，美国颁布了《小企业投资法》，支持设立了小企业投资公司（Small Business Investment Company，SBIC）。该机构是由小企业管理局许可后设立的私人风险投资公司，拥有独立组织、管理和决策权，但受小企业管理局资助和监管。SBIC 的设立旨在引导私人资本和长期资本投向创新型、具有发展潜力的小企业，是大力支持小企业直接融资的重要助推器，截至 2021 年 12 月 31 日，被许可经营的小企业投资公司达到 298 家。从 SBIC 计划开始到 2021 年 12 月 31 日，SBIC 已为小企业提供超过 18.9 万笔融资，金额约达 1160 亿美元。在 2021 财年，SBIC 共为 1080 家小企业提供融资服务，融资总额达 71.04 亿美元，创造就业数约 13 万（见图 2-6）。

SBIC 与 SBA 合作，创设了 SBIC 融资担保计划。具体而言，SBIC 融资担保计划是私营经济和政府之间的合作，以私营的风险投资公司通过申请加入政府设立的小企业投资公司的形式与政府机构开展合作，是美国政府帮助无法从银行和其他私人资本获得资金的小企业得到私人资本和长期贷款的一种援助计划。该计划的运行模式有担保债券和参与式证券两种。先由 SBA 购买或担保购买 SBIC 的证券（债券、SBA 有限合伙人身份的股份及优先股），提供财政低息贷款，为 SBIC 筹措资金。SBIC 再使用自有资本、政府的匹配杠杆资金和 SBA 担保资金等向符合要求的小企业提供融资资金，以股权投资为主，长期贷款为辅。若投资项目成功，SBIC 应向 SBA 返还援助资金并支付适当的投资收益；若投资项目失败，则由 SBIC 和 SBA 共同承担损失（见图 2-7）。

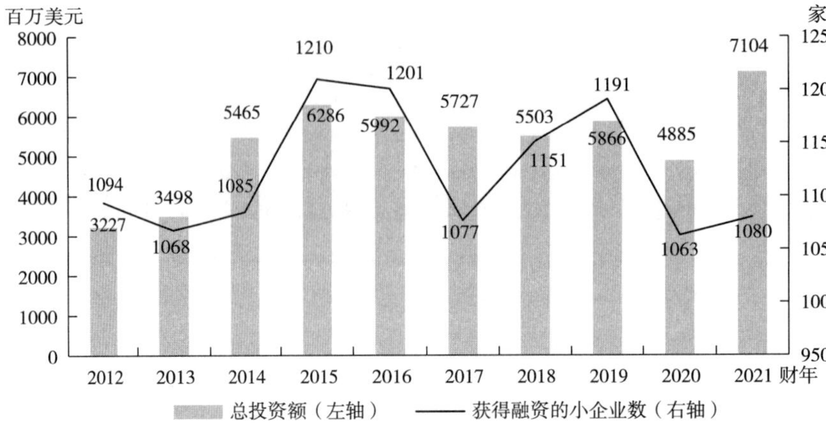

图 2－6　2012—2021 财年 SBIC 的总投资额及获得融资的小企业数

［资料来源：SBIC 计划的各州融资报告（2017 财年至 2021 财年）］

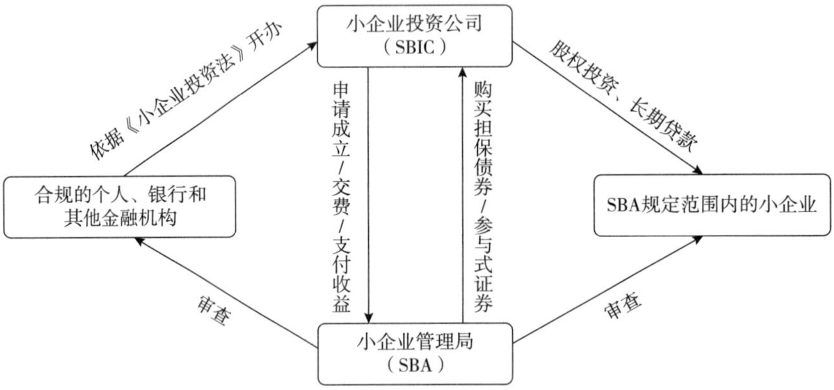

图 2－7　SBIC 融资担保计划的运行模式

［资料来源：李朝晖．美国 SBIC 融资担保模式对我国政策性创业投资引导基金的启示［J］．金融理论与实践，2010（3）；绘图有部分参考］

（三）美国财政部及其授权的非营利机构

2008 年国际金融危机后，美国为加速小企业经济复苏，进一步加大了小企业融资支持。2010 年 9 月，美国国会通过了《2010 年小企业就业法》，该法推出了两个新融资项目：州级小企业信贷计划（State Small Business Credit Initiative，SSBCI）和小企业贷款基金（Small Business Lending Fund，SBLF）。

1. SSBCI①

SSBCI 是指美国财政部将 14.57 亿美元的资金按一定失业人口占比分配给各州政

① 计划类型包括资本获得计划（Capital Access Programs，CAP）、抵押支持计划（Collateral Support Programs，CSP）、贷款担保计划（Loan Guarantee Programs，LGP）、贷款参与计划（Loan Participation Programs，LPP）以及风险投资计划（Venture Capital Programs，VCP）等。

府，再由各州政府及其金融合作人负责具体运作管理，旨在扩大各州小企业融资的支持项目。《2010 年小企业就业法案》规定该项计划的有限期为2011 年至2017 年9 月27 日，根据2017 年美国财政部开展的评估结果，截至2016 年末，SSBCI 总共支持了154 个融资项目，各州投入10 亿美元（70%）用于支持小企业贷款项目，超过4 亿美元（30%）用于早期小企业风险投资项目。这些融资项目撬动了约107 亿美元的小企业融资资金，实现8.95 倍的杠杆率，并帮助小企业主创造和保留了共超过14 亿个就业岗位。2021 年3 月，拜登总统签署了《2021 美国救援计划法案》，重新授权并扩大了最初成立于2010 年的SSBCI，预计向各州政府提供总计100 亿美元的资金，旨在通过提供资本和技术援助来支持小企业稳定发展和经济增长。

SSBCI 的运行模式是：由美国财政部负责政策扶持资金的分配和监督；州政府设立或授权专门机构遴选私营贷款机构为项目合作机构，专门机构具体负责贷款项目的运行管理、审批等事务；小企业直接向私营贷款机构提出符合自身条件的融资项目申请，私营贷款机构进行独立评估和审批，并按规定向州政府授权机构提出财政补贴申请。此外，各州政府还可将美国财政部拨付的资金用于授权信托基金开展保守型投资（见图2－8）。

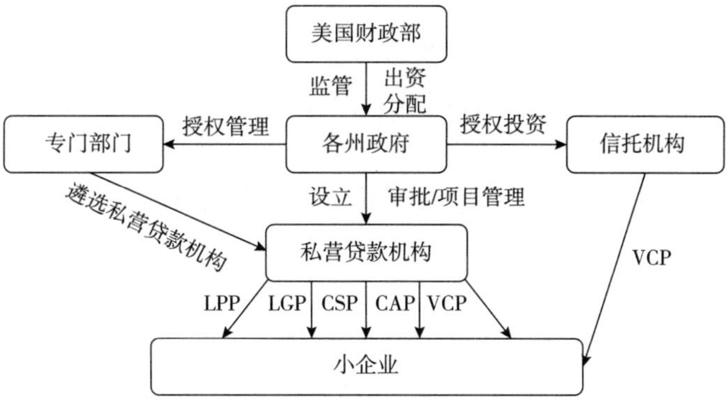

图2－8　SSBCI 的运作机制

知识拓展2－3——SSBCI 中五种不同类型的融资支持子计划

SSBCI 一共有5 种不同类型的融资支持项目，分别是贷款参与计划（LPP）、贷款担保计划（LGP）、抵押支持计划（CSP）、资本获得计划（CAP）和风险资本计划（VCP）。

LPP 有直接参与和间接参与两种模式。直接参与模式下，州政府与私营贷款机构按2:8 的比例向小企业提供中短期贷款；间接参与模式则是私营贷款机构先向小企业发放贷款，州政府再用SSBCI 资金向私营贷款机构购买小企业贷款的20%，如果发生违约，私营贷款机构在弥补损失之前无须偿还政府资金。

LGP 是指私营贷款机构先向小企业发放贷款，然后向州政府申请贷款担保，各州设立贷款担保专项基金。

CSP 是指私营贷款机构直接向小企业发放贷款，然后向州政府申请抵押支持，州政府批准后在私营贷款机构开立抵押账户并存入现金。

CAP 是指私营贷款机构直接向小企业发放贷款，然后双方一般按 1∶1 的比例向私营贷款机构开立的 CAP 储备资金账户注入贷款保险费。当贷款发生还账时，私营贷款机构可用 CAP 储备资金来弥补损失。

VCP 是指由各州现有的或新设州立风险投资基金来管理 SSBCI 分配的资金。该基金可用于直接投资基金、共同投资基金、第三方管理基金等用途。

资料来源：雷曜，陈一稀．中小企业融资的典型经验［J］．中国金融，2019（17）：93－95.

2. SBLF

SBLF 是指由美国财政部组建小企业信贷基金向合格的社区银行、社区发展贷款基金（Community Development Loan Funds，CDLFs）提供低息资金（通过购买优先股的方式向两类机构注资），鼓励这些机构加大对小企业的信贷支持，使小企业发展壮大并创造新的就业机会。通过 SBLF，美国财政部向 332 家机构投资了 40 亿美元，其中包括对 281 家社区银行投资 39 亿美元，对 51 个 CDLFs 投资 1.04 亿美元。截至 2023 年 3 月 1 日，共有 327 家机构向小企业提供贷款 39.5 亿美元，这些机构已全部兑付 SBLF 证券并退出了该项计划，还有 1 家机构仍在参与 SBLF 并兑付了 0.125 亿美元的国债（占 SBLF 证券的 25%）。

SBLF 由美国财政部出资建立，美国财政部下设基金项目秘书处负责日常管理工作，同时设立财政部监察长，全面负责基金的审计和监督工作；社区银行和 CDLFs 可自愿申请加入 SBLF，其作为中介机构一方面通过向美国财政部发行优先股和次级权益等值资本来获得支持资金，另一方面将获得的资金贷款给小企业；社区银行和 CDLFs 可在任何时间向美国财政部偿还投资额、相应股利和利息，直至偿还完毕退出 SBLF（见图 2－9）。

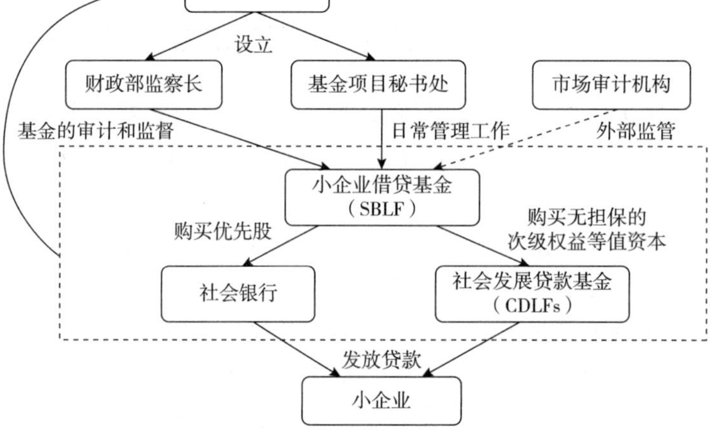

图 2－9　SBLF 的运作过程

第二节　日本小微金融的发展历程与现状

一、日本小微金融的发展概况

（一）农业融资规模

日本的小微金融由来已久，第一次世界大战后，为恢复经济，日本政府于1923年设立了农林中央金库，为农村解决资金短缺问题，1959年退还政府资本后，农林中央金库成为民间金融机构。到第二次世界大战之后，日本的农村金融体系越发成熟，又设立了以政府为主导的农林渔业金融公库以及其他农业信用保证和保险机构。2016年到2020年，JA银行为农业法人新增贷款额分别为3311亿日元、3753亿日元、4108亿日元、4122亿日元和4293亿日元，获得融资的农户从2016年的6509家上升到2020年的9414家。

（二）小微企业发展情况及融资规模

第二次世界大战后日本的中小微企业（根据日本中小微企业划分标准，日本中小微企业的规模与中国的小微企业规模相似）开始崛起，根据日本经济产业省中小企业厅发布的《中小企业白皮书（2022年）》，截至2016年末，日本约有358万家中小微企业，数量巨大，占企业总数的99.7%，其中中型企业占比为14.8%，小微企业占比高达84.9%，共同创造了68.8%的就业机会；从增加值和销售额来看，中型企业和小微企业在日本经济中的占比分别约为53%和44%。可见，日本的中小微企业对社会就业和经济发展具有巨大价值。因此，日本高度重视中小微企业发展，尤其在解决其融资问题上，建立了完善的融资体系，包括政策性金融机构、信用担保机构以及其他直接融资渠道，这对鼓励发展的产业及企业提供了强有力的资金支持。

OECD调查显示，2019年日本小微企业贷款余额约为286.6万亿日元，占总商业贷款余额的65.88%，达到10年间峰值，其中政府为小微企业贷款担保总计约20.8万亿日元。此外，2018年，日本创业投资和风险投资总额约为0.277万亿日元，环比增长40.6%（见图2－10、图2－11）。

二、日本小微金融的发展模式

政府性金融机构和民间金融机构（私有化金融机构）在日本的小微金融发展中占据主导地位，资本市场则作为提供小微金融服务的有效补充渠道。尤其是在政府的保驾护航下，信用担保和保险机制不断完善，小微金融得以稳健发展。

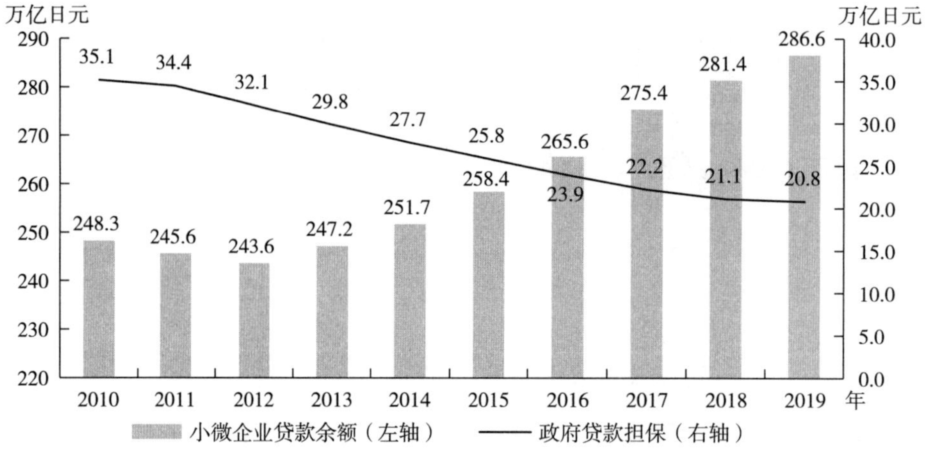

图 2－10　日本小微企业贷款余额和政府贷款担保情况

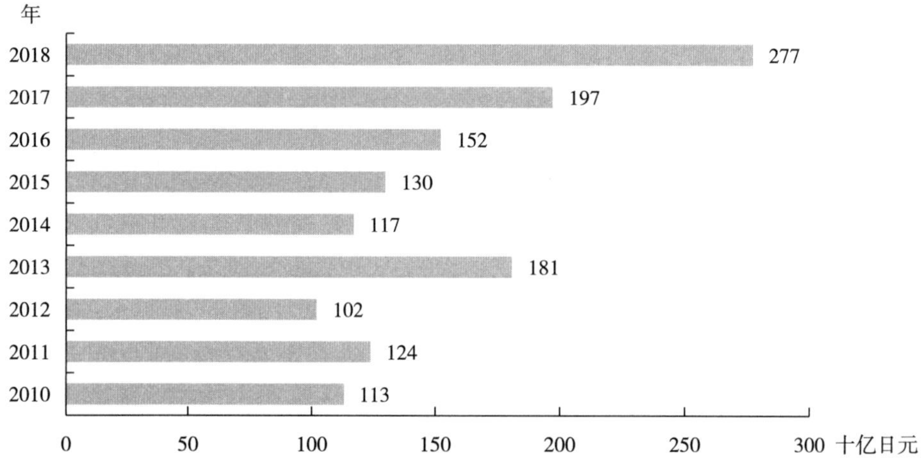

图 2－11　日本创业投资及风险投资情况

政策性与商业性结合的金融机构的发展模式

通常认为，小微群体贷款风险大、成本高，单纯依靠市场难以改善其融资弱势地位。因此，日本政府出资并设立了不同种类的国有政策性金融机构，为小微企业、个体工商户及农户的健康发展提供资金支持，引导民间金融机构提供融资服务。

1. 间接融资模式

（1）商工组合中央金融公库

1936 年，日本政府根据《商工组合中央金库法》设立了商工组合中央金库（以下简称商工中金），出资方包括政府和企业团体。之后，日本政府又在 1949 年和 1953 年相继成立了国民金融公库和中小企业金融公库，扩充了政策性金融机构数量，为中小企业提供生产经营性的低利率贷款。1999 年，日本政府将原来设立的国民金融公库和环境卫生金融公库进行合并，成立了国民生活金融公库，该公库秉承原国民金融公库的服务宗旨，开展中小企业融资业务。

2008 年 10 月，日本政府将国民生活金融公库、中小企业金融公库和农林渔业金融公库进行整合，成立了日本政策金融公库①（Japan Finance Corporation，JFC）。日本政府将原有的商工中金进行了股份制改革，从一家合作金融机构转换为一家上市公司——商工组合中央金融公库（Shoko Chukin Bank，SCB）。

商工中金兼具政府的“政策性”和民营的“效率性”，一方面服务政府实现中小企业和地方经济共同发展的政策，把控市场风险和流动性风险，并充分执行危机应对措施（见图 2 – 12）；另一方面设置由中小企业代表组成的管理咨询委员会、人力资源委员会、赔偿委员会等，及时了解小微企业的需求和外部人士就相关董事任命及福利的意见，完善公司治理组织。

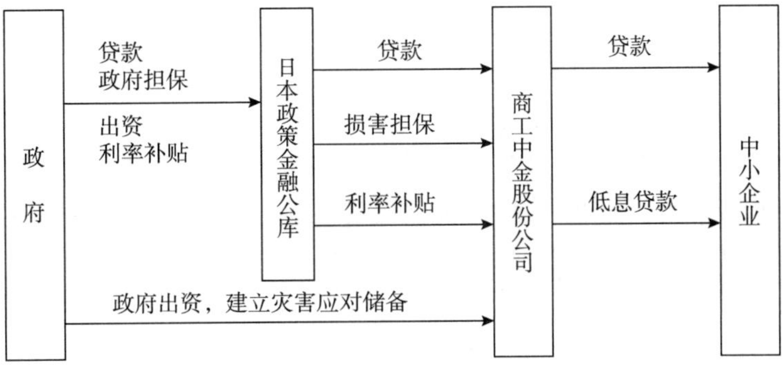

图 2 – 12　危机应对措施

（资料来源：《日本商工中金银行 2019 年年度报告》）

在该种发展模式下，业务类型也更具多样化。商工中金向需要资金的中小企业提供各种贷款。同时，商工中金还致力于发展和提供创新的融资技术，以配合中小企业多元化的需要，包括私募债券、资产支持贷款（Assent Based Loan，ABL）和应收账款清算等。此外，商工中金通过发行名为“Shoko – sai”的银行债券为中小企业持续提供融资，并积极参与中小企业海外交易的各个方面，包括支持中小企业的海外业务扩展和在海外的本地子公司汇款、贷款以及进出口业务。

（2）日本政策金融公库

日本政策金融公库（JFC）成立于 2008 年，是一个以政策为基础，在适用的法律和预算确定的范围内进行融资的金融机构。这些法律和预算以政府对中小微型企业的政策以及农林渔业政策等为基础，旨在补充私营金融机构开展的融资活动。在 2018 财年，JFC 共发放贷款约 3.96 千亿日元。

① 日本政策金融公库是由政府全额出资，主要为支持中小企业发展而提供广泛服务的政策性金融机构。

JFC下设4个职能部门，分别为国民生活事业部、农林渔业及食品事业部、中小企业事业部和危机应对事业部，四个部门各司其职，又相互补充、相互协作，为不同类型的小微群体提供全方位的金融服务（见图2－13）。

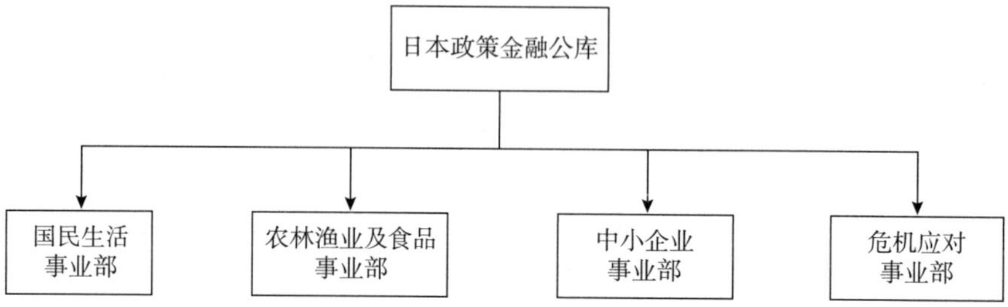

图2－13　JFC四大职能部门

（资料来源：作者整理）

国民生活事业部属于社区型的金融机构，在2018财年，总贷款为21684亿日元。其业务主要包括：①为小微企业提供小额商业贷款，已累计为88万家企业发放了贷款。②向小微企业提供“安全网”贷款（Safety Net Financing），以支持因业务环境发生变化而遇到财务困难的企业。③通过资本次级贷款支持初创企业和从事新业务。④支持从事社会事业的企业解决地区和社会问题，并支持试图向海外扩张的小微企业。据统计，国民生活事业部每天新办企业贷款达到27979笔，创造约95000个就业机会。

农林渔业及食品事业部负责农林渔业及食品业的贷款业务。该部门向农业、林业和渔业部门专门提供长期贷款并向食品工业提供援助，确保这些行业向社会稳定提供安全优质的食品，提高行业的增加值。

中小企业事业部通过其各种职能，如贷款计划和信用担保计划，在财政上支持中小微企业的增长和发展。中小企业事业部与国民生活事业部均为中小微企业提供融资服务，不同点在于前者主要负责长期、固定利率的大额贷款业务，而后者则以短期小额贷款业务为主。信贷担保计划是指当金融机构发放贷款或发行公司债券时，由于中小微企业的自有担保和信誉不佳，中小企业事业部通过信贷担保公司向其提供债务担保。具体信用担保制度体系见图2－14。

危机应对事业部的主要职责是：在发生国内或国际金融混乱和大规模自然灾害等事件并被主管部长宣布为危机时，企业信贷风险增加，则该部门向指定的金融机构提供特定类型的信贷（包括两步贷款、基于利息补贴的贷款和基于部分风险补偿的贷款），以鼓励私营金融机构顺利资助受影响的企业（见图2－15）。

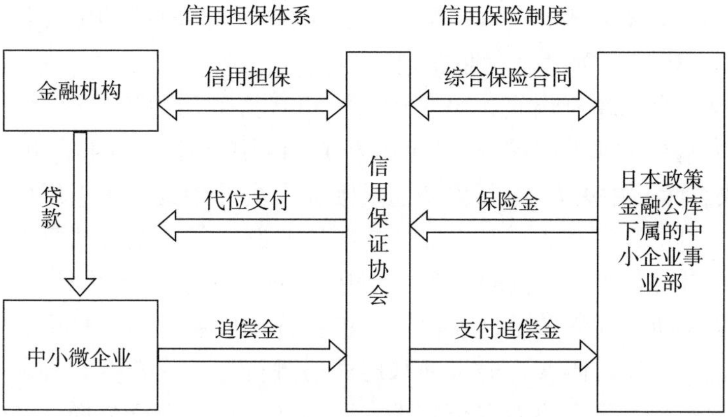

图 2－14　信用担保制度体系

（资料来源：《日本商工中金银行 2019 年年度报告》）

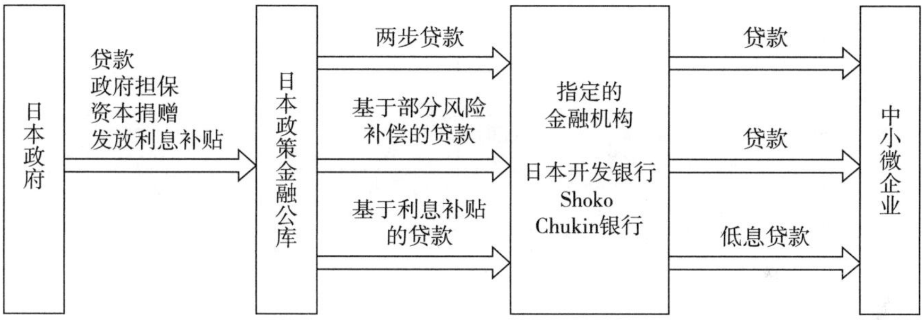

图 2－15　危机应对事业部贷款发放流程

（资料来源：《日本商工中金银行 2019 年年度报告》）

知识拓展 2－4——JFC 应对地震危机

为应对 2018 年 7 月的暴雨事件和 2018 年北海道东部伊布里地震，日本渔业委员会在受影响地区和其他地区的分支机构设立了特别咨询股，并向受这些事件损害的中小微企业以及农业、林业和渔业企业提供及时和详细的融资和经济咨询。同时，JFC 还会就 2018 年 7 月的暴雨事件进行研究，提出恢复小微经济的解决方案，如为中小微企业提供特别贷款，包括降低农业、林业和渔业企业中与灾害有关企业的融资利息。

（3）农村合作金融体系

日本合作金融机构在日本农林金融体系中占据主导地位，是促进农业经济发展、提高农业生产力、提升农民社会地位的主力。农业协同组合（Japan Agricultural Co－operatives，JA，以下简称日本农协）是日本农村合作金融机构的重要代表，是以《农业合作组织法》（1947 年）为法律依据建立的。

日本农协是一个无政府出资、民主运营、相互扶助的组织。根据行政区域划分，日本农协被分为基层农业协同组合（市町村）、信用农业协同组合联合会（都道府县）、农林中央金库（中央）。基层农协通过吸收会员的形式，为组织内的农户办理存贷款、保险、支付结算等业务，直接与农户会员发生信贷关系。基层农协在吸收农民存款后，直接向其提供利率较低的贷款。信用农协联合会是日本农协系统的中间组织，其主要参与对象是所属地方的基层农协，它担负着基层农协与农林中央金库之间的桥梁作用。一方面，信用农协联合会帮助基层农协进行有效的资金管理，吸收基层农协的富余资金，并根据基层农协的资金需求，调拨其上存的资金流向，及时解决贷款需求；另一方面，信用农协联合会也将自身的富余资金按规定上缴农林中央金库。农林中央金库是农村金融体系最高一级，其职能是以国家政策为导向，通过对其会员（信用农协联合会）进行资金调配、清算与协调，同时也对其进行工作指导和信息传递。此外，农林中央金库也为一些大型的涉农企业提供资金援助。这三级机构及其他相关机构的合作运行框架如图 2－16 所示。

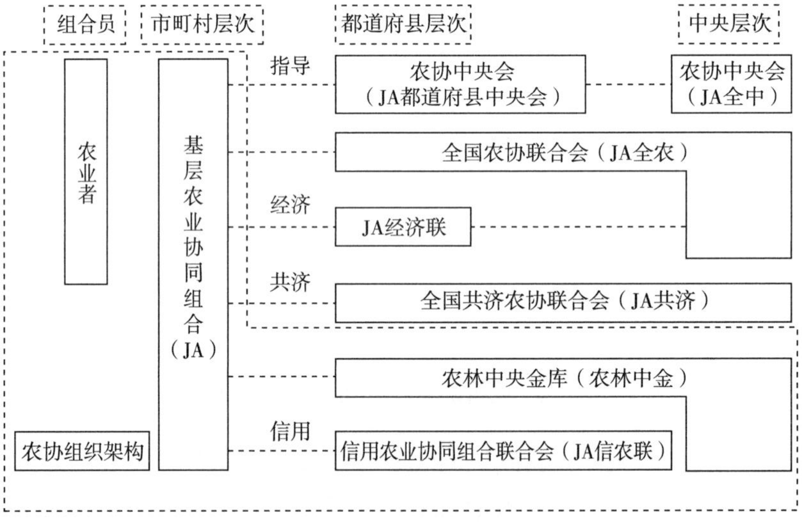

图 2－16　日本农协合作运行框架

［资料来源：李宾，马九杰．日本农村金融体系与制度架构及其对我国的借鉴意义［J］．农村金融研究，2014（2）；绘图有部分参考］

JA 银行是由 JA 银行全体会员（包括基层农协、信用农协联合会、农林中央金库）所构成的金融机构，目的在于建立一个行之有效的可以贯穿三层农协系统的金融机构，以统筹三级农协组织的金融体系。基于《JA 银行基本政策》，形成了基层农协、信用农协联合会、农林中央金库三方统一协调的 JA 银行系统。该系统既通过监管确保 JA

银行破产预防系统的可靠性，又通过与优质客户建立联系来加强金融服务质量的一体化业务运营系统。JA 银行的三级会员可以了解全国农协会员及资金使用者的融资需求，其贷款业务主要覆盖农户的住房、汽车、教育、医疗、农业生产等各方面。

2. 直接融资模式

（1）政府主导下的直接融资

尽管日本中小微企业融资的主要方式是间接融资，但日本政府在直接融资方面也进行了有效的制度安排，通过低息贷款、提供担保、购买企业的股票和可转让债券的形式进行债权、股权融资，建立风险投资支持体系，积极鼓励发展资本市场，以加速拓宽中小微企业的融资渠道。

第一，政府设立的政策性金融机构。1951 年，日本政府成立了风险企业开发银行，为技术含量高的风险企业提供低息贷款，由此揭开了日本风险投资发展的序幕。之后，日本政府相继出台了一系列风险投资政策措施，日本风险投资由此进入加速阶段。

第二，建立官方或半官方的风险投资公司。1963 年，日本政府效仿美国制定了《日本中小企业投资扶持法》，同年 11 月在东京、大阪、名古屋等地纷纷设立了官方性质的中小企业投资育成公司，对有利于产业结构高度化[①]和增强产业国际竞争力的成长型中小企业提供股权融资、贷款和咨询服务，直至企业上市。1975 年，日本成立了半官方性、非营利性的研发型企业培育中心——风险企业中心（Venture Enterprise Center，VEC），为从事高科技研究开发的中小企业提供无抵押贷款担保。

第三，成立政府主导的中小企业投资基金、官民并举的投资事业有限责任合伙制风险基金等。这些基金主要对处于创业初期的风险企业进行投资。例如 1996 年日本政府建立了专门的风险基金，对发行债券的风险企业提供资金支持，并鼓励政府金融机构向新兴的高科技技术型中小企业提供风险投资，甚至以政府名义直接认购中小企业的债券。[②]

（2）证券化融资

20 世纪 60 年代，日本政府建立了场外交易市场（Over－the－Counter Market，OTC 市场），这是日本股市的二板市场。日本 OTC 市场以吸引中小公司挂牌为主，为风险性中小企业融资。它的交易体制和注册挂牌制度较为灵活，发行人只需向证券公司提出挂牌申请，由证券公司建立发行人档案并向日本证券交易商协会注册。证券公司要对发行人的总股数、资产、利润等进行审查，从而判断该公司是否符合在 OTC 市场挂牌交易的标准，而日本证券交易商协会要在接受发行人挂牌之前，核实证券公司的调查结果，根据结果判定该公司是否上市成功。

1998 年开始，日本政府正式设立创业板市场，佳斯达克（Japanese Association of Securities Automated Quotation，JASDAQ）、东京、名古屋、大阪、福冈和札幌 6 家证券

① 张辉（2021）认为，产业结构高度化是这样一个过程：原有要素和资源从劳动生产率较低的产业部门向劳动生产率较高的产业部门转移，新增的要素和资源也被配置到劳动生产率较高的产业部门，以此使劳动生产率较高的产业部门的份额不断上升，不同产业部门的劳动生产率共同提高。

② 龙云凤．日本风险投资发展模式及其对广东的启示［J］．科技管理研究，2012，32（13）：40－44.

交易所均设有面向中小企业的创业板。为了给中小企业的上市融资打通更为便捷的道路，各证券交易所不断修改证券市场的条例和规则，优化中小企业上市程序，在降低上市门槛的同时增强上市监管。其中，JASDAQ 市场是日本最大的中小企业、初创型企业筹资市场。中小企业和创业企业在 JASDAQ 市场上只需满足“企业过去的经营业绩标准”和“企业未来的成长性标准”的条件之一即可上市。企业不能在 JASDAQ 市场上市的，还可在东京证券交易所的创业板（Mothers 市场）、大阪证券交易所的创业板（Hercules 市场）等全国性和地方性的二板市场上市。

2008 年国际金融危机爆发，极大地冲击了日本的资本市场，日本中小企业创业板开始积极寻求转变。2010 年，大阪证券交易所完全收购了 JASDAQ 证券交易所，并整合了 JASDAQ 市场、NEO 市场（原 JASDAQ 交易所的市场之一）及 Heracles 市场，设立了新的 JASDAQ 市场。新 JASDAQ 市场并列设立了 JASDAQ 标准市场和 JASDAQ 成长市场，前者以拥有一定的事业规模和业绩、预计将扩展业务的企业为对象，后者以拥有特殊技术或商业模式、将来富有成长可能性的企业为对象。

2013 年 1 月 1 日起，东京证券交易所与大阪证券交易所合并组建日本交易所集团。日本交易所集团对发行上市和转板制度进行了根本性的变革，实现了发行注册制和自由转板，为中小企业、创新创业型企业带来了新的融资模式转变，拓宽了融资渠道。Mothers 和 JASDAQ 的上市企业在经历成长和发展后也可以申请转板至市场一部或者市场二部。从 Mothers 和 JASDAQ 转板到市场二部没有时间要求，但从 Mothers 和 JASDAQ 转板到市场一部分别需要满足上市一年和 6 个月以上的时间条件。此外，在退市程序上，交易所认定企业不能达到上市标准时，限其在规定期限内重新满足上市标准，如果在规定期限内仍不能满足上市标准，则将终止其上市，在终止上市后 3 个月内其股票仍可在交易所内进行交易，3 个月后正式退市。①

三、日本小微金融发展的政策支持

日本小微金融的发展离不开政府的保驾护航，例如日本通过组建、合并政策性金融机构，为各类中小企业、农户提供稳定的资金支持，对于国家政策支持领域的贷款，还会对其进行财政贴息；此外，日本政府还通过制定相关法律法规、建立信用担保机制等方法扶持小微金融健康发展。

（一）健全完善小微金融领域的法律法规体系

日本十分重视中小企业、农户以及城乡居民等小微群体相关法律法规的制定，以此强化小微群体在社会经济发展中的地位，保护日本中小微企业和农户的生产经营以及居民消费的积极性，维护其合法的正当权益。

① 转引自上证研报〔2020〕053 号。

1. 农村金融相关法律法规体系

早在1929年，日本政府就颁布了世界上首部养殖业保险专门法律《家畜保险法》，这一法律标志着日本现代农业保险开始走向制度化。到了1947年，日本政府为了使农业保险法律体系契合农业领域出现的新变化，将《家畜保险法》和《农业保险法》整合修订为《农业灾害补偿法》。该法律全面涵盖了家畜、家禽保险以及农作物保险，并大幅度提高了财政在农业保险领域的补贴力度。进入21世纪后，日本立法部门对《农业灾害补偿法》进行了修订，如赋予了农户更大程度的农作物保险参保选择权，以及将农业建筑及农机具纳入保险对象等。

此外，日本政府还制定了关于农业金融机构的专项法律法规。1943年，日本修订《产业组合中央金库法》，将其更名为《农林中央金库法》，“产业组合中央金库”也由此更名为“农林中央金库”，目前主要负责国家层面的农协金融经营战略和事业方针，还发挥吸纳农协、渔协、森组系统剩余存款的重要作用，并为这些协会提供紧急资金补足的服务。1945年，日本政府通过了《农林渔业金融公库法》，根据此部法律设立了农林渔业金融公库。1961年，日本颁布了《农业信用基金协会法》，并在日本都道府县先后成立了由地方政府、地方公共团体、农林中央金库等金融机构共同出资组建的农业信用基金协会，专职负责农业信用保证保险业务，向为农民提供资金的金融机构进行债务担保。同时，为了解决农业信用保证保险业务运营中广泛存在的高风险、高赔付等问题，日本政府、农业信用基金协会和农林中央金库等金融机构共同出资成立了农林渔业信用基金，以实现一定程度的风险转嫁。

2. 中小微企业金融相关法律法规

1956年，日本政府颁布《中小企业现代资金助成法》，该法针对中小企业由于信用等级低、资金筹措能力差从而影响设备更新换代的问题，建立了促进中小企业设备改造的资金贷付制度。1963年，日本政府颁布《中小企业创新活动促进法》，为支持创新型中小企业的技术开发、促进技术交流提供补助。1985年，日本政府又制定了《促进基础技术开发税制》和《关于加强中小企业技术基础的税制》，对有关技术研究与开发活动实行“倾斜减负”。

此外，日本政府还制定了多部行业性质的法律法规，如《商工组合中央金库法》《中小企业金融公库法》《国民金融公库法》《中小企业投资育成株式会社法》《日本政策金融公库公司法》《信用担保协会法》《改善中小企业金融服务纲要》等，这些法律从不同角度对中小企业融资提供了强有力的保障。

（二）建立“信用担保+信用保险”双层信用补充机制

信用担保制度的建立是转移分担融资风险的一个重要手段，也是小微金融稳步发展的重要保障，因此日本政府十分重视对信用保证体系的建设，建立了独具特色的“信用担保+信用保险”双层信用补充机制，其运行流程见图2-17。

1. 第一层信用担保体系

1937年日本成立了第一家信用担保协会——东京信用担保协会，2022年末，全日

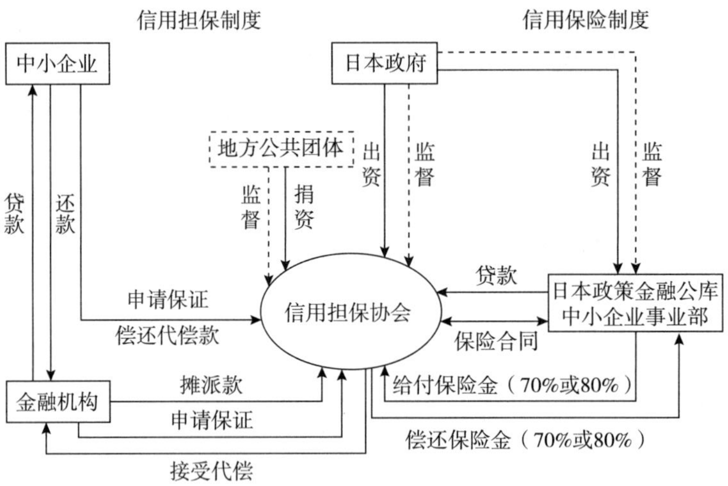

图 2-17 “信用担保 + 信用保险”双层信用补充机制

（资料来源：魏利坤．日本中小企业政策性金融支持体系的构成与功能研究［D］．长春：东北师范大学，2011）

本已成立都、道、府、县共 51 家信用担保协会，并由此建立了全国性的信用担保体系。这些信用担保协会主要为商业性金融机构分担中小企业贷款风险，拓宽中小企业信贷资金的来源。当面临资金困难的中小企业因资信等问题难以从商业性金融机构获得贷款时，可向当地的信用担保协会申请信用担保。若企业符合信用担保协会的承保要求，协会将以 60% 为最高比例开展企业贷款信用担保业务。若企业未能按期偿还商业性金融机构的贷款，则由信用担保协会代其偿还。此外，信用担保协会每年向承保的中小企业收取保证金额 1% 左右的担保费用，以弥补经营开支和业务损失。

2. 第二层信用保险体系

1958 年日本政府全资建立了中小企业信用保险公库，现纳入日本政策金融公库中小企业事业部。一方面，中小企业事业部中的信用保险事业部对信用担保协会所担保的每一笔中小企业贷款给予再保险，即当信用担保协会对中小企业担保时，自动从信用保险事业部获取信用保证保险，并缴纳一定的保险费。若中小企业无力偿还信用担保协会的债务，信用保险事业部会对信用担保协会损失总额的 70% ~90% 进行赔偿，剩余部分由信用担保协会承担。另一方面，信用保险事业部为信用担保协会提供必要的短期和长期资本贷款，充任最后贷款人，保证该协会的担保风险，从而增强信用担保协会的担保能力，并提高中小企业的获融机会。

3. 财政扶持信用担保体系

日本强大的财政支持为信用担保体系的正常运转提供了重要保障。第一，地方财政部门会对信用担保协会实际承担的损失给予适当补偿。第二，日本财政会为中小企业提供相关经营支持补贴，即定向用于对符合政策要求的初创企业和已获得信用担保的中小企业提供补贴。第三，国家财政对日本政策金融公库给予信用保险支持等。因此，日本财政每年都向财务省、产业经济省（中小企业厅）、日本政策金融公库（信用保险事业部）安排并拨付信用担保和信用保证相关预算，以2018财年为例，日本政府安排了2.91万亿日元财政预算用于支持日本政策金融公库等部门开展中小企业融资，占全年财政总预算的2.98%。此外，中小企业厅还向政策性金融和信用担保体系提供了225.8亿日元的支持资金。[①]

第三节　欧洲小微金融的发展历程与现状

本节以英国和德国为例介绍欧洲小微金融的发展情况和主要模式。

一、英国小微金融的发展情况

（一）英国小微金融发展概况

1. 小微企业概况

英国商业、能源与工业战略部的数据显示，截至2021年初，英国有约559.1万家私营企业，其中99.9%以上是中小微企业（小微企业数达到554.8万家，其中有微型企业116.2万家，占总企业数的99.2%），就业人数达到所有私营部门就业人数的61%，共计1633.3万人（小微企业的就业人数为1285.9万人，中型企业的就业人数为347.4万人）。营业额方面，中小微企业的年营业额为23.10千亿英镑，占私营部门2020年度总收入的51.9%，其中，小微企业占私营部门的营业额比例超过35.7%。

2. 小微企业融资

毫无疑问，小微企业对英国经济来说至关重要，而融资问题是英国小微企业发展面临的一个主要挑战。英国商业银行（British Business Bank，BBB）调查的837家中小微企业中，有八成企业能在首次外部融资中获得所需的全部资金，而剩余二成企业在融资过程中受阻。此外，通过调查发现，女性主导的企业相比男性主导的企业更容易受到融资阻碍，少数族裔主导的企业面临比白人主导的企业更高的融资拒绝率。

英国商业银行发布的《小企业金融市场报告（2019/2020）》提出，银行贷款是小微企业从外部获得资金的最主要来源。2021年，英国所有银行向中小微企业发放的贷款总额为577亿英镑，与2019年的567亿英镑相比，增长了约2%。2020年的新增贷款额达到创纪录的1048亿英镑（见图2－18），这与英国政府出台的帮扶中小微企业应对疫情影响和保障生产经营的冠状病毒商业中断贷款计划（Coronavirus Business Interruption Loan Scheme，CBILS）和商业恢复贷款计划（Bounce Bank Loan Scheme，BBLS）密切相关。

---

① 雷曜．小微企业融资的全球经验［M］．北京：机械工业出版社，2020.

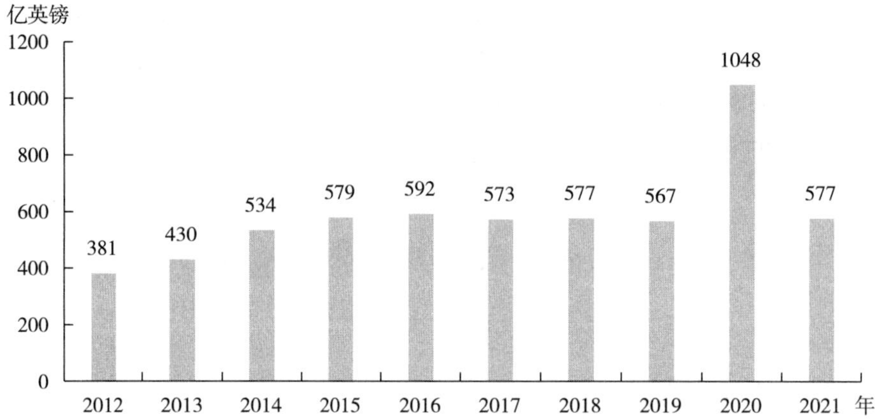

图 2－18　2012—2021 年新增贷款额变化情况

［资料来源：经合组织统计局（OECD. Stat）；英格兰银行数据库（Bank of England Database）］

资产融资（Asset Finance）是英国小微企业的第二大融资方式，其供应者和多样性的商业模式继续增长，其融资额持续上升。英国融资租赁协会（Finance & Leasing Association，FLA）的研究表明，资产融资市场主要通过提供租赁和租赁购买的方式来帮助企业购买车辆、机械设备以及工厂。2016 年至 2021 年（第三季度）的资产融资额分别到达 170 亿英镑、190 亿英镑、195 亿英镑、202 亿英镑、160 亿英镑和 199 亿英镑。

英国作为欧洲最大的风险投资市场，具有多种不同类型的私募股权投资者，股权融资是创新型企业和具有高增长潜力的企业的重要融资来源。近年来，私募股权交易数量和额度持续上升（见图 2－19）。

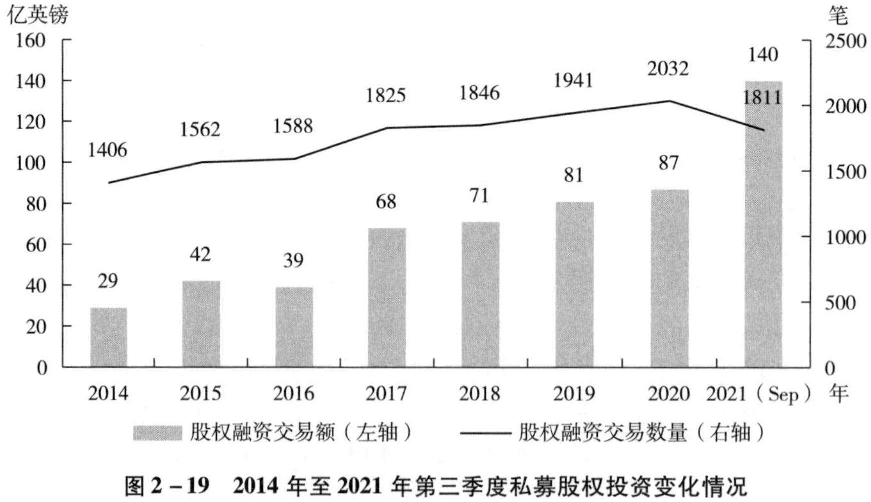

图 2－19　2014 年至 2021 年第三季度私募股权投资变化情况

［资料来源：博赫斯特数据库（Beauhurst Data）］

英国也是网络借贷的发源地。近些年，基于网络平台的小微商业贷款继续增长，这在很大程度上得益于宽松的政策环境和良好的政策导向，为寻求债务融资的小微企业提供了另一种融资来源。2021 年，英国的网络贷款增至 41 亿英镑，略高于 2020 年发放的 40 亿英镑，然而与 2019 年相比，增长速度已经放缓。

总体而言，2014 年以来，传统银行贷款产品以外的小微金融市场规模大幅增长，反映出非传统的融资渠道为小微企业提供了更广阔的融资空间。

（二）英国小微金融的主要模式

1. 银行贷款模式

在英国，传统的核心银行贷款产品包括银行定期贷款、透支贷款和信用卡贷款。这三种传统的外源性融资形式也是小微企业最主要的资金来源（见图 2－20）。

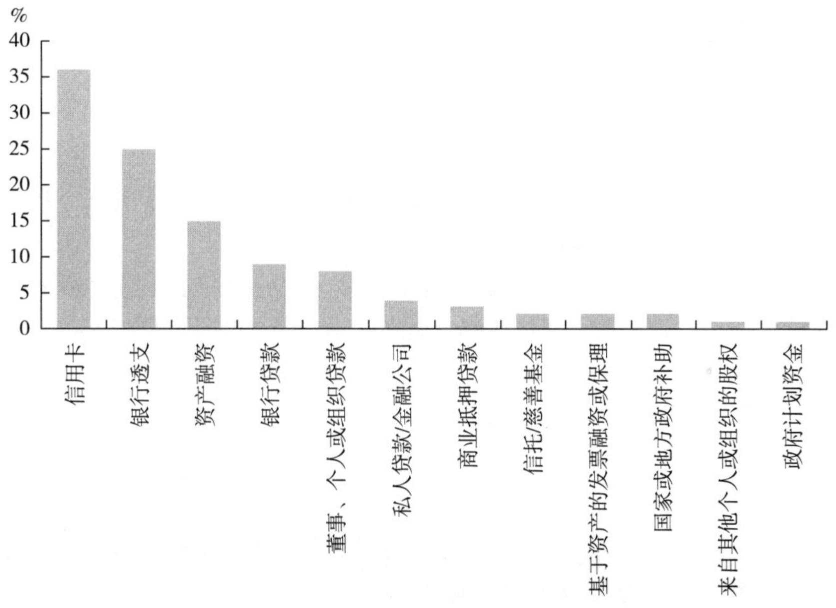

图 2－20　2019 年中小微企业使用不同外部金融产品的占比情况

（资料来源：英国商业银行 2019 年商业金融调查）

除传统银行外，挑战者银行和专业银行在英国小微金融领域也发挥着重要作用。挑战者银行包括全方位服务银行和纯数字化银行。全方位服务银行规模中等，拥有数百万的客户，员工人数在 2000 人至 9000 人。目前，它们致力于线下实体门店与线上数字化产品服务相结合的模式，主要代表有英国维珍货币银行（Virgin Money U. K.）、TSB 银行和合作银行（Co－operative Bank）。全方位服务银行中还有一类较为特殊的银行，这类银行是具有极强号召力和信赖度的非银行类企业（如大型连锁超市）的分支机构。它们通常会努力满足整个母公司忠实客户的金融需求，主要代表有乐购银行（Tesco Bank）、塞恩斯伯里银行（Sainsbury's Bank）。纯数字化银行主要是规模较小但逐步扩大的初创型金融机构。此类银行通常很少或根本没有物理网点，仅通过移动终端的应用程序为个人和中小微企业提供金融服务，如斯塔林银行（Starling Bank）、原子银行（Atom Bank）和蒙佐银行（Monzo Bank）。

专业银行是规模小于全方位服务银行，针对特定细分市场的一类银行。该类银行专注于向某一类未能获得金融服务的小微企业提供专业化贷款、担保、资产融资、保险等业务。专业银行往往更倾向于呼叫中心和在线咨询等服务模式，而不太设立分行等实体机构。它们还拥有一些地区办事处和数字化渠道，并经常利用经纪人等中介机构收购新业务。具有代表性的专业银行有奥尔德莫尔银行（Aldermore Bank）、安全信托银行（Secure Trust Bank）、OneSavings 银行、亲密兄弟集团（Close Brothers Group）等。

2. 外源性股权融资模式

外源性股权融资是具有快速增长潜力的企业的重要融资渠道。股权融资按融资渠道划分，主要分为公开市场发售和私募发售。

（1）公开市场发售。1995 年 6 月，英国伦敦证券交易所为满足迅速发展的中小微企业募集资本的需求，设立了另类投资市场（the Alternative Investment Market of the London Stock Exchange，AIM）。AIM 是为英国本土及海外的初创型、高成长型企业提供融资机会的一个全球性市场，大约三分之一的 AIM 公司总部或大部分业务都在英国以外。2021 年，AIM 日均交易量达 36 亿笔。截至 2022 年 1 月，已有超过 3988 家企业通过 AIM 筹集了超过 1300 亿英镑的资金。

（2）私募发售。风险投资基金是英国中小企业最重要的股权投资者。据统计，2021 年风险投资基金的规模为 40 亿英镑。此外，众筹平台仍是仅次于风险投资基金的第二大股权投资者，2020 年按投资者类型划分的股权交易数量占比为 24%，略高于天使投资（22%）。49% 的众筹资金流向了种子公司，这再次显示了它对早期股权融资生态系统的重要性。

值得注意的是，英国的中低端市场①（Lower Mid - Market，LMM）私募股权交易也在小微企业融资方面扮演了重要角色。基金经理与公司的管理团队合作，投入大量资源帮助企业制定和执行业务可持续增长战略。

案例 2 - 1——LMM 私募股权交易成功案例

多塞特麦片公司（Dorset Cereals）是一家小型 Muesli（英国一谷物早餐品牌）生产商，2005 年通过兰霍尔姆投资基金（Langholm Capital）促成了管理层收购。兰霍尔姆帮助重塑了产品的品牌，并出资建立了一个新的包装厂。销售额从 2005 年的约 400 万英镑增长到 2007 年的 3000 万英镑，员工人数翻了一番，达到 100 多人。

① 在英国，中端市场的公司发挥着重要作用，创造了 50 万个就业机会以及私营部门全部收入的三分之一。LMM PE 交易是指对处于中低端市场公司的股权投资。

3. 市场借贷（Marketplace Lending）模式

在英国，“市场借贷”这一术语被定义为连接投资人和借款人双方的线上市场交易模式。其中，市场贷款人（Marketplace Lenders，MPLs）是一个第三方在线平台，该平台为投资者与个人或小微企业借款人促成借贷交易。与银行不同，MPLs 通常不直接进行存款或贷款业务活动，而是从投资人和借款人收取的费用和佣金中获利。

剑桥互联网金融中心（Centre for Alternative Finance）报告的数据指出，英国是世界上仅次于中国和美国的第三大“市场借贷”市场。英国的市场借贷模式主要包括三大类。

（1）P2P 金融。P2P 金融包括 P2P 商业贷款、P2P 房地产贷款和 P2P 消费贷款。2005 年 Zopa 在伦敦成立，成为世界上第一家网贷平台。该平台和信用评级机构 Equifax 合作，根据 Equifax 信用评分将借款人划分为不同的信用等级，并对每个信用等级建议参考利率水平，经借款人确认同意后进一步确认真实借款利率。同时，Zopa 会根据投资人的风险偏好和其他相关信息寻找与之相匹配的多个投资项目，以便投资人在预期内获得较好的回报。

（2）在线发票融资。在线发票融资有两种不同业务，分别是保理和发票贴现。以 MarketInvoice（MI）为例，它是一家面向全球投资者的在线企业票据融资平台，撮合持有票据并有融资需求的中小企业和投资者，类似于传统的票据保理或票据贴现业务。MI 的融资程序非常简单，借款企业只需选择上传一张或数张来自蓝筹客户（大型公司或上市公司）的应收款票据，审核通过后票据会进入平台的交易市场出售，企业可以设置预付款额度（一定比例的票面价值）、费用（一定比例的票面价值/月）和拍卖期限（通常为两天）。当日票据即可进入实时拍卖，投资者在拍卖期内提交报价，最终费用最低且预付款额度最高的投资者中标。

（3）在线众筹融资。英国政府将众筹视为传统融资渠道的替代，对众筹发展持鼓励态度。因此，在英国现行的证券管理框架下，具有数量众多的在线股权众筹平台。以 Crowdcube 为例，它于 2011 年在英国埃克赛特大学成立，是英国也是世界上首个以权益为基础的股权众筹平台，主要为初创的小微企业或项目提供融资。截至 2019 年末，Crowdcube 共帮助 816 家企业获得 1000 笔融资，其中 703 家仍在交易中，有 23 家已为投资者获得超过 3000 万英镑的融资回报。

知识拓展 2－5——保理业务和发票贴现的区别

保理业务和发票贴现，都是应收账款融资的金融服务，都会涉及提供此项服务的第三方，即保理商。保理业务和发票贴现的本质区别在于，由谁来管理销售分户账及回收账款。如果是保理业务，保理商负责销售分户账管理、信用管理，以及账款催收；如果是发票贴现，供应商按原有方式自行管理销售分户账及催收账款。

（三）英国小微金融的政策支持计划

自20世纪70年代开始，英国政府认识到小微金融发展的重要性，尤其针对中小微企业的融资支持，推出了一系列金融扶持计划。

1. 区域计划（Regional Programme）

为了缩小英国历史性南北金融缺口、促进地区长期经济增长，使金融市场更好地为全英国的小微企业提供服务，英国商业银行发起了一项“区域计划”举措，在英国的三个地区建立了三只区域基金。其一，北方强国投资基金（Northern Powerhouse Investment Fund，NPIF），该基金于2017年2月22日启动，启动资金为4亿英镑，用于弥补整个英格兰北部地区的小微企业融资缺口。该基金将发放给提供小额信贷服务、商业贷款和股权融资的基金经理，基金经理负责评估申请和分配资金。其二，米德兰兹引擎投资基金（Midlands Engine Investment Fund，MEIF），该基金价值超过2.5亿英镑，用于促进英格兰中部地区的中小企业发展。其资助类型包括股权融资、债权融资和小企业贷款。其三，康沃尔郡和锡利群岛基金（Cornwall and Isles of Scilly Fund，CIOSIF），基金总额达到4000万英镑，为该地区的小企业提供债权和股权融资资金。

2. 银行推介计划（Bank Referral Scheme，BRS）

英国政府于2016年11月启动了BRS，主要意图是帮助被银行拒贷的小微企业获得再融资机会，减少首贷被拒的恶劣影响，提高其在信贷市场上的竞争力。该计划要求英国9家最大银行[①]将其拒绝融资的小微企业的详细信息传递给三个政府指定的融资平台：另类商业融资平台（Alternative Business Funding）、融资选择平台（Funding Options）和融资交换平台（Funding Xchange）。接下来，这些平台需要以匿名的形式与其他融资供给商共享其详细信息，以帮助企业与任何一个表示有兴趣向其提供融资的供给商建立对话与联系。截至2020年第三季度，BRS共促成2584笔小微企业融资交易，融资总额超过5600万英镑，平均每笔融资金额为21792英镑。

3. 反弹贷款计划（Bounce Back Loan Scheme，BBLS）

反弹贷款计划（BBLS）是一项新计划，旨在使中小企业在新型冠状病毒暴发期间可以更快地获得融资资金。该计划帮助中小企业向银行借入最高不超过50000英镑的贷款，贷款期限为6年，并且在不收取提前还款费用的情况下允许借款人提前还款。同时，英国政府会为贷款提供100%的担保，以抵偿贷款的未偿余额，不允许贷款人对借款人的个人资产（如其主要房屋或个人车辆）采取个人担保或追偿行动。此外，英国政府会为借款人支付前12个月贷款业务产生的费用或利息，12个月后，需借款人自行交付年利率为2.5%的利息。该计划始于2020年5月4日，2021年3月31日后终止

---

① 英国9家最大银行分别是联合爱尔兰银行（Allied Lrish Bank）、爱尔兰银行（Bank of Ireland）、巴克莱银行（Barclays Bank）、克莱德斯戴尔银行（Clydesdale Bank）、北方银行（Northern Bank）、汇丰银行（HSBC Bank）、劳埃德银行集团（Llyods Banking Group）、苏格兰皇家银行集团（Royal Bank of Scotland Croup）、英国桑坦德银行（Santander U. K.）。

新贷款申请，截至2021年9月13日，英国政府已批准超过156万个项目，累计担保473.6亿英镑。

知识拓展2-6——你知道“英国商业银行（BBB）”吗？

英国商业银行（BBB）是一家由英国政府100%持股、独立运营的经济开发机构，并不是真正意义上的“银行”，不具有银行牌照，不受审慎监管局（Prudential Regulation Authority，PRA）或金融行为监管局（Financial Conduct Authority，FCA）监管。

BBB的首要目标是改变英国小微企业的金融市场结构，帮助小微企业实现发展潜力，支持英国经济增长。BBB的资金来源主要是财政拨款，但不直接放贷或投资，而是与商业银行、风险投资基金、网络平台、租赁公司等私营部门合作，为小微企业提供有针对性的担保和融资选择，并鼓励更多私营部门为小微企业开展金融服务。

二、德国小微金融的发展情况

（一）德国小微金融发展概况

1. 小微企业发展状况

德国的经济发展水平在欧盟独占鳌头，其中中小微企业做出了极大贡献。据OECD统计，2019年，德国有258.7万家中小微企业，其中绝大多数是雇用人数不超过9人的微型企业，雇用10~49人的小型企业有36.8万户，雇用50~100人的中型企业约5.57万户，小微企业占德国企业总数的97.4%。自2006年以来，德国中小企业的就业人数已超过500万人，中小微企业的劳动力持续增长，2020年底，德国中小微企业就业人数达到3220万人。由于新冠疫情影响，就业人数同比下降0.3%，但从就业人数比例上看，中小微企业的就业人数在总就业中所占的份额不降反增，2020年比上年增加0.6个百分点，比重为71.9%（见图2-21）。这说明与现有的德国整体经济相比，中小微企业的就业人数下降幅度是相对温和的。在营业额方面，2020年德国中小微企业共计收入43.49千亿欧元，占企业总营业额的63.2%。

2. 小微企业融资规模

小微企业强劲的发展势头使小微金融服务对小微企业的重要性日益增加。小微企业主要通过内源融资与银行信贷来筹集资金（见图2-22）。其中，内源融资是中小微企业最为重要的资本形成方式，2020年，德国中小微企业内源融资总额为1060亿欧元，约占当年中小微企业融资总额的52%。

外源融资方面，德国中小微企业对银行信贷有强烈的依赖。德国复兴信贷银行发

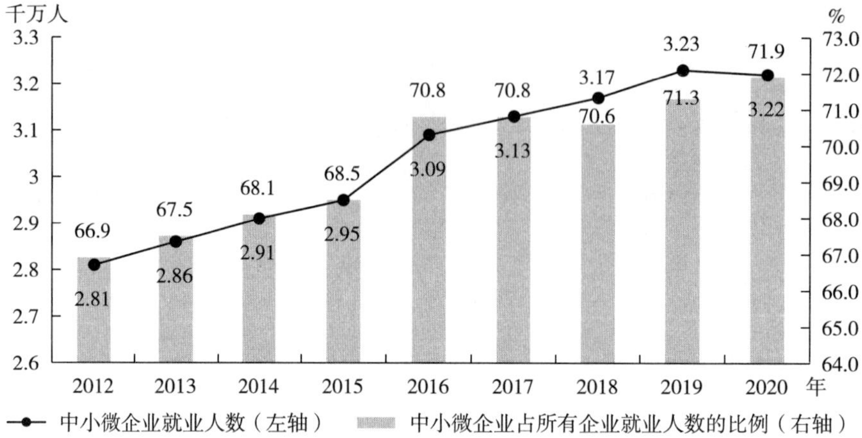

图 2－21　德国中小微企业就业人数相关情况

（资料来源：2021 年德国复兴信贷银行中小微企业面板研究报告）

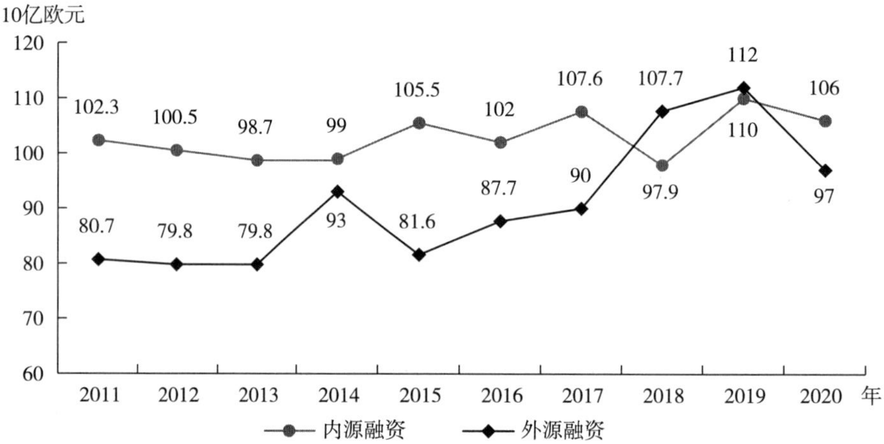

图 2－22　德国中小微企业内、外源融资情况

（资料来源：2019—2021 年德国复兴信贷银行中小微企业面板研究报告）

布的研究报告提出，中小微企业在信任的基础上与信贷机构建立的稳定、长期关系是信贷机构供应贷款数量及质量的主要标准。据统计，有 93% 的企业与首选的信贷机构有长期的借贷业务往来。2018 年，中小微企业的银行信贷融资总额约为 750 亿欧元，较上年增加了 90 亿欧元，银行贷款占融资总额的比例提高到 34%。2019 年，这一贷款规模达到 810 亿欧元的历史新高。但由于 2020 年初新冠疫情的暴发，银行向中小企业提供的贷款额在 2020 年暴跌至 590 亿欧元，较上年下降 27%，银行贷款占融资总额的比例下降至 29%。虽然银行信贷规模缩水，但实际借款企业增多。2020 年，约有 60.5 万家中小微企业通过银行贷款进行融资，较上年增长了 25%，这也是自 2011 年以来，获得融资的中小微企业数量最多的年度。

德国中小微企业还通过资助贷款、私募股权、风险投资及夹层融资等渠道筹措资金。其中资助贷款额达到270亿欧元（2020年），较上年增加了约90亿欧元，占融资总额的比重提高至13%。而其他资金来源，如私募股权、夹层融资等渠道共计提供了110亿欧元（2020年），占融资总额的5%。

总体而言，内源融资（包括留存收益、折旧、企业现金流和股东追加投入）在德国中小微企业融资结构中占据主导地位，而在外源融资中，银行信贷是中小微企业最为重要的资金筹措方式。调查显示，2018年德国中小微企业基于投资目的的实际信贷融资总额为1080亿欧元，实际信贷缺口约为330亿欧元。

（二）德国小微金融的基本模式

小微群体的健康发展离不开金融的有力支撑。一方面，德国的小微金融市场发展模式与中国有一定的相似性：以间接融资为主，资本市场相对不发达，小微企业和个人大多依靠银行获得金融服务，政府对金融发展进行干预。另一方面，德国的小微金融市场还受到欧盟影响。欧盟的小微企业促进体系是德国小微企业融资的重要外在因素。

1. 银行体系“三足鼎立”发展模式

德国的银行按组织结构可划分为三类银行集团：信贷银行、储蓄银行和合作银行。在银行主导的金融体系中，这三类银行具有重要地位，并且彼此竞争激烈，即所谓的“三足鼎立”。2022年，信贷银行的企业贷款市场份额为24.7%，储蓄银行占35.5%，合作银行占18.3%。①

信贷银行是私人成立的银行，主要采取合伙制和股份制两种形式。根据银行规模大小，又可分为大型信贷银行和地区性信贷银行。大型信贷银行包括德意志银行（Deutsche Bank）、德国商业银行（Commerzbank）、德国邮政银行（Postbank）和联合信贷银行（UniCredit，外资银行分支机构）。这四家银行的资产占比达到信贷银行总资产的三分之二。其他地方性信贷银行虽然资产占比较少，但数量众多，截至2022年末超过130家。②

储蓄银行是一种具有公共性质的、所有权属于德国联邦政府或各州政府的银行。储蓄银行体系是由379家地方性储蓄银行、8家州立储蓄银行以及联邦层面的德国德卡银行（Deka Bank）等组成的，采用三层级分散式组织结构的银行体系。地方性储蓄银行由地方政府建立并为其提供担保，主要为低收入者及中小微企业提供存款和信用服务、发放抵押贷款、资助本地或区域性投资活动。州立储蓄银行则能承担更大范围的业务，如投资银行业务、海外业务、为州政府提供金融服务等。

德国是信用合作制度的发源地，德国的合作银行体系是一个非常全面的综合体。

---

① 数据来源：德国联邦银行，2023年2月银行业统计数据。

② 同①。

合作银行体系与储蓄银行体系的结构一致，呈金字塔形，三层自下而上分别为基层合作银行、地区合作银行和中央合作银行。基层合作银行为数众多，资金主要来源于农户、城市居民、中小微企业主以及社会援助，存款者也是融资贷款服务对象。而地区合作银行则向地方基层合作银行提供资金支付、再融资服务，满足基层合作银行的业务发展需求。中央合作银行作为最高一级的金融机构，负责对地区合作银行开展业务、结算和调剂资金等，还接受德国中央银行的委托，监管和审计各级合作银行。

2. 非银行类体系发展模式

德国的非银行类金融机构在金融体系中的占比相对较小，主要包括保险公司、投资公司及金融工具公司等。

保险公司是德国非银行类金融机构中最重要的机构，根据保险类型，可分为再保险公司、人寿保险公司、非人寿保险公司（健康、财产保险等）等。这些保险机构多是代表中小投资者利益和个人生命财产及人身安全利益的机构。通过德国联邦政府发布的《当前月度报告》可知，2019 年人寿保险公司总资产达到 52058 亿欧元，占所有保险公司总资产的 53. 5% 。

投资公司在德国起步相对较晚，1998 年，德国投资公司管理的资产仅占 GDP 的 9% ，远低于英国、法国、美国等国家。在德国，投资基金按不同投资者群体被划分为两类，一类是特殊基金，该类基金只能由专业或半专业的投资者创建；另一类是公众基金，对公众开放。德国的大部分投资基金为特殊基金，2022 年德国投资基金持有资产共计 25508. 89 亿欧元，其中特殊基金占比为 77. 6% 。①

金融工具公司主要进行证券化②交易，发行债务证券、其他债务工具、证券化基金单位和其他金融衍生品的机构，这些资产向公众发售或在私募基础上出售。德国中小微企业资产证券化平台（PROMISE）是由德国复兴信贷银行开发的中小微企业证券化融资项目，为中小微企业证券化发展提供平台。一方面，对于资金供给者而言，该平台可以减少资金监管成本，获得“真实出售”的资金以及比直接进行中小微企业贷款更高的净资产收益率。另一方面，中小微企业能够在满足风险条件的前提下获得定价更透明的新增贷款，为中小微企业融资开辟了一条间接进入资本市场的渠道。③

3. 欧盟中小微企业融资促进体系

欧盟中小微企业融资促进体系是指在欧盟层面设立的，由一系列政策动议、机构设置以及制度安排构成的体系，旨在对欧盟中小微企业进行资金支持。该体系兼顾政府引导和市场化的运行方式，具体运作机制如图 2 – 23 所示。

该体系的资金来源主要包括：一是欧盟的财政预算，这部分资金一般由欧盟结构

① 数据来源：德国联邦银行，2023 年 2 月投资基金统计数据。

② “证券化”是指独立于发起人或保险或再保险业务的实体，向投资者发行融资工具。

③ 董治. 德国中小企业融资体系研究［D］. 北京：中国社会科学院研究生院，2017.

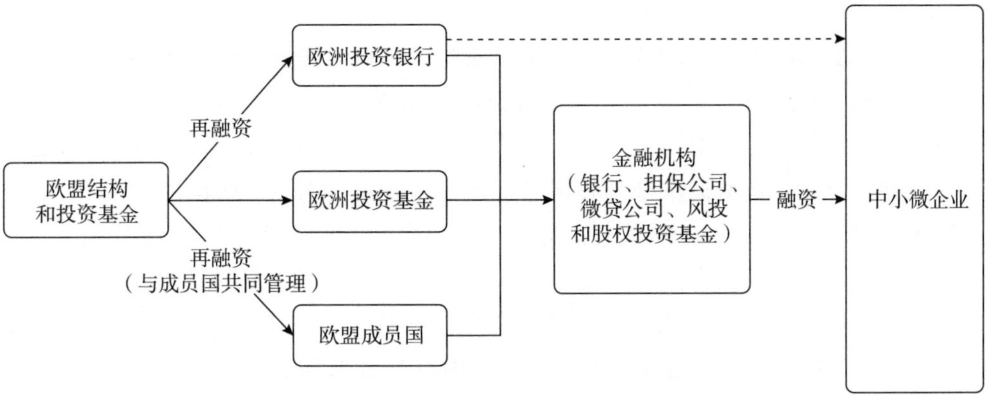

图 2－23　欧盟中小微企业融资促进体系框架结构

（资料来源：董治．德国中小企业融资体系研究［D］．北京：中国社会科学院研究生院，2017）

和投资基金（EU Structure and Investment Funds，ESIF）进行发放；二是资本市场，欧洲投资银行（European Investment Bank，EIB）主要通过资本市场进行融资。这些资金不直接通过欧盟的融资促进机构发放，而是由企业向当地的金融机构提出申请，当地的金融机构再向中小微企业发放。表 2－1 展示了近几年欧盟与德国合作的部分中小微企业融资促进项目。

表 2－1　德国境内的欧盟中小微企业融资促进计划（部分）

金融机构/公共部门	金融工具	金额（万欧元）	资金投向	资金来源	覆盖范围
北莱茵—威斯特法伦州开发银行	贷款	0.5～2.5	小微企业、初创企业	欧洲区域发展基金	北莱茵—威斯特法伦州
汉堡自由汉萨同盟城市经济、运输和创新部	风险投资	≤100	创新型小企业	欧洲区域发展基金	汉堡
拜仁州促进银行	贷款/担保	<15	初创企业、研发/创新	欧盟中小企业竞争力行动计划	拜仁州
拜仁州股权投资公司	股权/风投	—	研发/创新	欧洲结构投资基金	拜仁州
德国复兴信贷银行	贷款/担保	2.5～750	初创企业、研发/创新	欧盟创新基金、欧洲战略投资基金	德国境内
图灵根建筑银行	贷款/担保	4～250	研发/创新	EIB	德国境内

资料来源：董治．德国中小企业融资体系研究［D］．北京：中国社会科学院研究生院，2017.

（三）德国小微金融的政策支持体系

德国扶持小微金融发展的政策支持体系主要包括政策性金融机构和担保银行。

1. 政策性金融机构——德国复兴信贷银行（KFW）

德国复兴信贷银行是德国最具有代表性的政策性金融机构，也是一种资助银行①。联邦政府对其开展的业务提供补贴和担保，并对其营业收入免征所得税。

目前，KFW的信贷支持领域主要囊括了中小企业和初创企业、住房节能改造、市政基础设施、科技创新、个人教育培训、对外出口项目和落后国家援助等。KFW根据自身业务职能划分了五个职能板块，并均以银行命名：（1）德国复兴信贷银行中小企业银行；（2）德国复兴促进银行；（3）德国复兴开发银行；（4）德国投资银行；（5）德国复兴信贷进出口银行。

KFW关于中小微企业融资的业务是由KFW中小企业银行开展的，约占KFW所有业务量的三分之一。该银行主要采用设立资助项目的方式资助中小微企业，项目种类较多，涉及初创企业、成长和扩张阶段企业的融资支持、企业研发和节能环保项目融资等领域。在金融工具的使用上，主要采用资助贷款、夹层融资、股权投资等形式。中长期贷款最长可达20年，保证了对中小微企业在发展过程中长期稳定的资金支持。此外，KFW还大力支持风险投资和天使投资等股权投资，相继出台了一系列国家风险资本资助项目，多采用公私合作的方式与私营风投基金合作。

2019财年年度报告提出，KFW为德国境内提供了约29.9亿欧元的初创企业融资，为3.7万家初创企业和中小微企业提供了金融服务。此外，KFW还为个人客户提供了住房、教育贷款共计约95亿欧元。

2. 德国担保银行

德国从1954年开始建立信用担保体系，主要通过担保银行（Guarantee Bank）向中小微企业提供信用担保。担保银行是一种特殊的信用担保公司，各级政府通过向担保银行提供反担保，实现政府、担保银行、放贷银行三方风险共担的信用担保模式。德国担保银行的股东主要有资助银行、储蓄银行、合作银行、工商会和行业协会，因此该银行采用公共私营合作制的方式运营。

德国政府要求担保银行专业化发展，即只能做担保业务，包括为中短期贷款和长期贷款提供担保，如为创办新企业、生产经营、收购和投资其他企业提供担保。德国政府还为其提供再融资与再担保服务。再融资方面，德国政府通过发行公债为担保银行筹集部分资金，同时政策性金融机构——德国复兴信贷银行为担保提供资金支持，并承担为担保银行投资的功能。再担保方面，当中小微企业贷款出险时，承贷银行承担20%的风险，其他风险由担保银行及德国政府承担，即德国政府为担保银行提供再

---

① “资助银行”是一种不以营利为目的，一般有特定业务领域的银行。资助银行又分私人性质和公共性质。私人性质的资助银行包括德国工业银行（IKB）、德国出口信贷股份公司（AKA）；公共性质的资助银行有德国联邦层面的农业地产抵押银行和德国复兴信贷银行。

担保补偿（见图 2－24、图 2－25）。一般情况下，联邦政府对担保银行的补偿资金比例每五年进行一次规划调整。此外，为保护和扶持担保银行的发展，德国政府规定只要担保银行的新增利润仍用于担保业务，担保银行无须缴纳任何税费。

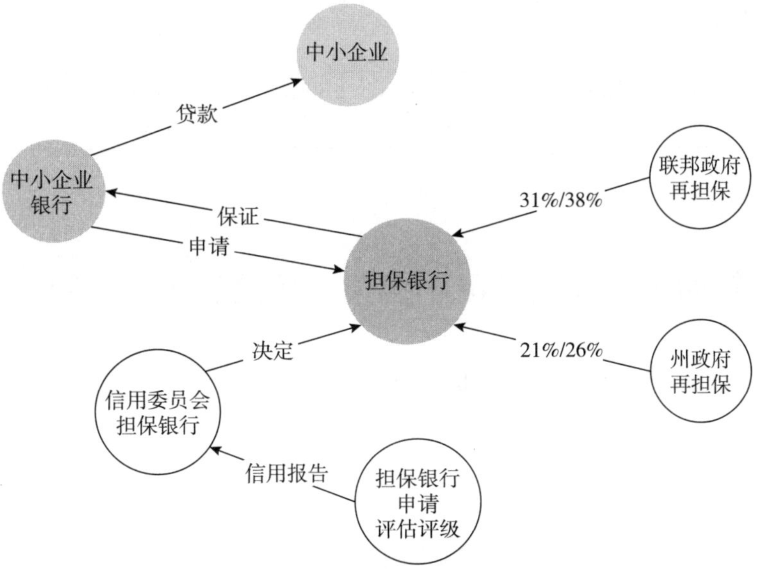

图 2－24　德国信用担保体系

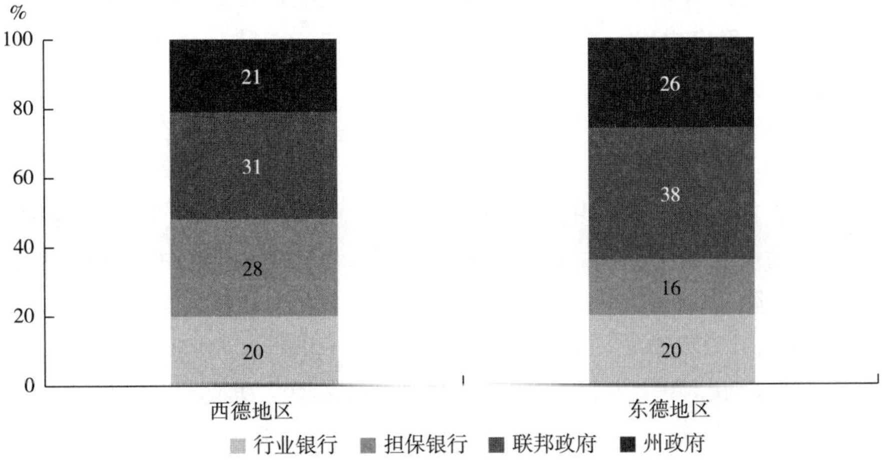

图 2－25　信贷风险分担

［资料来源：德国担保银行协会（VDB）］

1990 年，德国成立了德国担保银行协会（VDB），VDB 成员包括德国 17 家担保银行和 15 家面向中小微企业的投资公司。据 VDB 统计，在担保银行的贷款担保中，担保银行对于小微企业的贷款担保占绝大部分，以 2019 年为例，小微企业担保数量合计占担保总数的 94%，小微企业担保金额占总担保金额的 87.8%（见表 2－2）。

表2-2 担保银行担保业务分类

企业在职员工人数（人）	担保企业数（家）	企业占比（%）	贷款额（百万欧元）	贷款比例（%）
0~9	3401	64.1	821.6	48.9
10~49	1584	29.9	653.8	38.9
50~99	222	4.2	137	8.2
100~249	87	1.6	57.2	3.4
>250	13	0.2	10.3	0.6
总计	5307	100	1679.9	100

资料来源：德国担保银行协会（VDB）。

第四节　孟加拉国小微金融的发展历程与现状

一、孟加拉国小微金融发展概况

（一）小微企业概况

孟加拉国是世界上最不发达的农业国家之一，农业条件得天独厚，超过80%的人口生活在农村地区。随着工业、服务业的崛起，农林渔业增加值在国内生产总值中所占的比重逐渐减小，从2016财年的14.77%降至2022财年的11.66%，农业就业比例也逐渐下降，从2016年的42.66%下降到2021年的37.09%。但是从绝对值来看，农业增加值基本保持平稳增长，2022年增长至44553.13亿塔卡，较上年增长8.49%。该部门仍是国家创收和就业的主要来源。

孟加拉国2013年的经济普查数据显示[①]，该国有超过780万家非农业家庭作坊、中小微企业（Cottage，Micro，Small & Medium Enterprises，CMSME），占所有企业数量的99.97%。CMSME还创造了2103万个工作岗位，占该国非农业就业人口的85.9%。从企业规模看，680万家家庭作坊占主导地位，占企业总数的87.5%，其次分别是小型企业（90万家，占11.0%）、微型企业（10万家，占1.3%）和中型企业（约7000家，占0.1%）。从就业规模看，家庭作坊吸纳了1320万劳动力（占总数的53.7%），其次分别是小型企业（660万人，占26.9%）、中型企业（70万人，占2.9%）和微型企业（60万人，占2.3%）。可见，除农业外的家庭作坊和中小微企业为孟加拉国的经济发展做出了重要贡献。

（二）小微企业融资概况

为了有效摆脱贫困，促进就业，孟加拉国在农村以及小微企业的发展问题上提出了众多对策。1972年，银行国有化，为偏远地方人群提供多样化的银行服务，延伸服务触角。1973年，孟加拉国Krishi银行成立（一家为农业部门融资的专业银行），为大

① 2013年经济普查报告于2015年12月编制完成，是目前最新可用的CMSME数据。

部分农村人口获得农业融资提供了便利。20 世纪 70 年代，诺贝尔奖获得者穆罕默德·尤努斯博士在孟加拉国吉大港大学附近的一个村庄开展了小额信贷研究，自此小额信贷在孟加拉国诞生。1983 年，孟加拉国政府立法将该研究项目转变为一家正式银行——格莱珉银行（Grameen Bank，GB），为农村居民提供小微信贷。到 20 世纪 80 年代，非政府组织（Non－Governmental Organizations，NGOs）更加重视小微信贷项目发展，提供大规模赠款帮助建立循环贷款基金（Revolving Loan Funds），即向小微信贷机构提供资金，用于创收活动。

20 世纪 90 年代，孟加拉国的小微金融呈扩张趋势，非政府组织的小微信贷机构开始广泛采用“格莱珉式”的小额信贷模式开展信贷业务。1990 年，帕利·卡玛·萨哈亚克基金会（The Palli Karma－Sahayak Foundation，PKSF）成立，在 64 个区设立了 278 个合作组织，为贫困户、小微创业者、小农户提供信贷、保险等多种金融服务，自 2018 年以来，该基金的贷款急剧增加，2021 财年，PKSF 融资总额达到 721 亿塔卡，同比增长 20.04%。

到 20 世纪 90 年代末，小微信贷机构陷入了一场还款危机。由于小微信贷机构几乎从未受到政府监管，加上 GB、社会发展协会（Association for Social Advancement，ASA）、孟加拉国农村发展委员会（Bangladesh Rural Advancement Committee ，BRAC）等机构过度放贷，同一借款人拥有多个机构发放的贷款，引发小微信贷不良贷款率上升，格莱珉银行报告的还款率曾一度从 98% 以上降至 90% 以下。

因此，2006 年孟加拉国政府根据新通过的《小额信贷管理局法》设立了小额信贷管理局（Microcredit Regulatory Authority ，MRA），主要负责授牌设立并监管非政府小额信贷机构，为其创造有利和健康的环境，促进小微信贷可持续发展。截至 2022 财年，共有 880 家非政府小额信贷机构（23543 家分支机构）获得挂牌许可。截至 2021 财年，孟加拉国中央银行（Bangladesh Bank，BB）根据 1993 年颁布的《金融机构法》监管了 35 家非银行金融机构，其中包括 3 家政府所有、13 家合资机构和 19 家私营机构。这些非银行金融机构共为中小微企业融资 6735 亿塔卡，不良贷款率方面，2021 财年非银行金融机构的中小微企业不良贷款总额占贷款总额的比率一路飙升至 19.3%，约是 2012 年（5.2%）的 4 倍。受央行监管的非银行金融机构发展并不顺利。

近年来，中小微企业的商业银行信贷规模稳步增长。2021 财年，中小微企业贷款余额达到 24.08 千亿塔卡，中小微企业贷款占商业银行总贷款的比例约为 19.7%，2010 财年至 2021 财年的复合年增长率为 12.3%。

二、孟加拉国小微金融体系

孟加拉国在以减贫扶贫为首要目标的经济发展背景下，形成了独特的小微金融体系，主要呈现三大特征。

（一）直接融资渠道窄，间接融资处于主导地位

孟加拉国的资本市场还处于起步阶段。2019 年 4 月，吉大港证券交易所（CSE）

和达卡证券交易所（DSE）为具有高增长潜力的中小微企业创建了一个专门的股票市场，称为中小微企业平台。截至2021年9月底，有6家企业在DSE中小微企业平台上市交易，一家在CSE中小微企业平台进行交易。而在间接融资中，孟加拉国银行业资产占金融业总资产的62%（2018年），银行业也是家庭作坊、中小微企业（CMSME）短期和中长期融资的主要依赖对象。2022年全年，孟加拉国境内所有金融机构向112.4万户CMSME发放贷款约22048.9亿塔卡，其中银行业金融机构为108.7万户CMSME发放的贷款高达21152.7万亿塔卡，占CMSME贷款总额的95.9%，从银行业获得贷款的人数占贷款总人数的96.7%。2022财年，银行业金融机构约为330万农民提供农业和农村信贷服务，共发放农业及农村信贷3883.4亿塔卡，比2020年增长13%。

（二）小微金融体系多层次、多元化

按照监管力度不同，孟加拉国的金融体系由三个广泛分散的部门组成：正规金融部门、半正规金融部门和非正规金融部门（见图2－26）。正规金融部门包括所有受中央金融管理部门监管的金融机构，如银行、非银行金融机构、保险公司、资本市场中介机构（如经纪行、商业银行等）以及小微金融机构等。半正规金融部门是指经政府批准，有管理条例但不属于中央银行、保险发展和监管局、证券交易委员会或任何其他已颁布的金融监管机构管辖的机构，如房屋建筑金融公司（HBFC）、帕利·卡玛·萨哈亚克基金会（PKSF）、萨玛湾银行、格莱珉银行以及非政府组织（NGO和独立的政府项目）等。非正规金融部门则包括完全不受管制的私营中介机构。

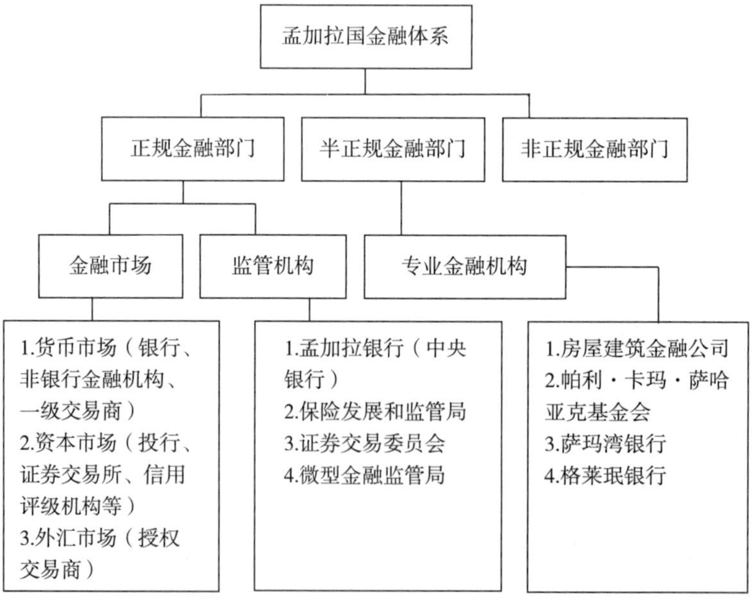

图2－26 孟加拉国金融体系整体框架

［资料来源：孟加拉国中央银行（Bangladesh Bank）］

这些多层次、多元化的金融部门是孟加拉国小微金融发展的有力支撑。2021 年，家庭作坊、小微企业（CMSE）共获得 13577.7 亿塔卡资金支持。其中国有商业银行、私人商业银行、专业银行、伊斯兰银行①、外资商业银行和非银行金融机构分别提供了 1207.6 亿塔卡（8.89%）、7168.1 亿塔卡（52.79%）、347.5 亿塔卡（2.56%）、4108 亿塔卡（30.26%）、249 亿塔卡（1.83%）、497.5 亿塔卡（3.67%）资金支持。

（三）政府专设小微金融支持部门及计划

孟加拉银行（Bangladesh Bank，BB）是孟加拉国的中央银行，负责制定货币政策和信贷政策、管理外汇储备、辅助和监管银行及非银行金融机构。BB 将家庭作坊、中小微企业确定为孟加拉国快速工业化、创造就业、减贫、两性平等和经济增长的重中之重。

信贷信息局（CIB）由孟加拉银行于 1992 年设立，在从银行和非银行金融机构收集可靠的信贷数据方面发挥着至关重要的作用。它的主要职责是向金融机构提供信用报告，帮助金融机构减少贷款成本和贷款风险。根据国家普惠金融战略，小额信贷管理局（MRA）从 2020 年底开始运营小额信贷信息局（MF－CIB），在 50 家选定的小额信贷机构进行试点。MF－CIB 从参与试点的小额信贷机构收集小额信贷客户的信用信息，并在线提供信用报告，从而促进向包括 CMSME 在内的贫困群体和弱势群体提供小额信贷。

2009 年孟加拉银行专门设立了“中小微企业及特别项目部”（SME & Special Program Department，SME&SPD），以相对较低的利率向银行及其他金融机构提供再融资业务，以配合它们向 CMSME 开展融资业务。此外，SME&SPD 也采取了多方面的措施来支持农村经济、中小微企业以及女性企业家精神。例如，规定家庭手工业、小微企业的信贷下限分别降至 1 万塔卡、2 万塔卡和 5 万塔卡；在所有再融资窗口中，要求至少有 15% 的资金分配给女性企业家。

此外，孟加拉国工业部成立了非营利性政府组织——中小微企业基金会，成为孟加拉国中小微企业发展战略的重要执行机构。该基金会为中小微企业的发展进行政策宣传，促进财政支持，并为中小微企业和企业家（尤其是技术型企业家和女性企业家）提供技能发展和能力建设培训。

2020 年初新冠疫情暴发后，孟加拉国政府于 2020 年 4 月推出了 2000 亿塔卡的一揽子刺激计划，为在疫情中受到影响的家庭作坊、中小微企业提供特殊贷款和投资便利，以缓解疫情带来的生产经营影响。同年，孟加拉国政府还推出了另一项针对 CMSME 的一揽子刺激计划，投入资金 151 亿塔卡，帮助人群重点是边缘企业家。

---

① 伊斯兰银行与传统商业银行模式不同，是根据《古兰经》和伊斯兰教法运营管理。伊斯兰银行信贷不计利息，即贷款不收利息，存款不付利息。其资金来源主要是客户存款、政府无息贷款。

三、孟加拉国小微金融基本模式

孟加拉国由于自身的地理环境条件和经济发展水平，其小微金融发展模式有别于其他发达国家。除正规银行贷款模式外，还包括“格莱珉”银行模式、“再融资计划”模式、“基于发展伙伴及地方财政的融资项目”模式。这些富有特色的小微信贷模式也是推动孟加拉国小微金融顺利发展的重要力量。

（一）“格莱珉”银行模式

“格莱珉”在孟加拉语中意为“村子”。格莱珉银行成立于1983年，是孟加拉国最具代表性的农村银行。2013年，孟加拉国政府颁布了《格莱珉银行法》，废除了此前的《格莱珉银行条例》，颁发给格莱珉银行完整的金融牌照，允许该银行吸收社会低成本存款，并对其实施免税和贴息贷款等政策，为其推行小微金融业务提供了极大的支持。截至2019年11月，格莱珉银行共设立2568个分支机构，遍布81678个村庄，覆盖了孟加拉国93%的村庄。同时该银行拥有960万会员（借款人），其中97%的会员为女性。

格莱珉银行主要向农民（尤其是妇女）提供存款、贷款和保险等综合业务服务，并开创了一套独特的无抵押小额信贷模式。

1. 第一代“格莱珉”农村银行模式

第一代“格莱珉”农村银行模式主要包括两大核心，一是“互助小组+中心会议”模式，二是“顺序放款+分期还款”模式。以小组为基础的农民互助组织是格莱珉银行的支柱，互助小组按照“自愿组合、亲属回避、互帮互助”的原则，一般由5人组成，形成“互助、互督、互保”的组内制约机制。组内有一人不还款，那么小组内其他成员申请再贷款也将受到影响。当小组规模达到5~8人后，就可建立一个中心。每个贷款中心选出负责人，定期召开会议，检查贷款项目落实和使用情况，办理贷款发放、还款及其他金融业务等。“互助小组+中心会议”的模式使每个借款人既是监督人也是被监督人，能够提高借款人的还款率，降低银行的不良贷款率。

成立互助小组后，格莱珉银行还会根据小组成员的授信情况，优先选择若干组员发放贷款，最后对小组长发放贷款。通过顺序放贷，把小组长变成“风险控制官”，由其主动督促成员还款。格莱珉银行的贷款期限以1年为主，每周分期还款，每次以一定比例的贷款额为还款数额。这种逐周还款的方式，可以避免借款人到期一次性还款的资金压力，从而保证较高的还款率。

2. 第二代“格莱珉”农村银行模式

经历了1998年严重的还款危机后，格莱珉银行发现固化的贷款模式和还款方式不足以抗衡外部冲击所带来的影响，甚至成为影响自身发展的弊端。因此，格莱珉银行开始改革，逐渐形成了第二代“格莱珉”农村银行模式（见表2-3）。

表 2-3 第一代与第二代“格莱珉”农村银行模式比较

类型	第一代“格莱珉”农村银行模式	第二代“格莱珉”农村银行模式
贷款类型	1. 基本贷款；2. 季节性贷款；3. 家庭贷款	1. 基础贷款；2. 住宅贷款；3. 教育贷款
利率	采用10%的统一利率	1. 创收活动贷款：20%；2. 住房贷款：8%；3. 高等教育贷款：5%；4. 乞丐贷款：0
贷款机制	贷款期限通常为一年，每周偿还固定数额	可选择贷款期限，也可根据收益情况选择每周的还款金额
存款机制	小组基金	1. 养老金储蓄账户；2. 贷款保险储蓄账户；3. 其他形式的储蓄

资料来源：作者整理。

与第一代“格莱珉”农村银行模式相比，第二代“格莱珉”农村银行模式在贷款方式上更灵活，取消了小组放贷，改为直接向个人贷款。在还款方式上，新模式下有两种不同的贷款选择，即基础贷款和浮动贷款。基础贷款与第一代“格莱珉”农村银行模式的贷款方式基本相同，都有严格的还款机制。而浮动贷款更加灵活，借款人可根据还款能力选择贷款期限，也可根据收益情况选择每周的还款金额。在利率方面，第二代“格莱珉”农村银行模式中的利率不再是统一利率，而是针对借款人的财务状况和还款能力来制定不同利率。

此外，第二代“格莱珉”农村银行模式推出了更多样化和个性化的小微金融产品及服务。如微型企业贷款、住房贷款、高等教育贷款、乞丐贷款、乡村手机贷款、贷款保险、人寿保险和储蓄业务等。截至2021年末，格莱珉银行累计发放贷款达到25112亿塔卡；2021年发放贷款达1827.5亿塔卡，贷款余额为1350.4亿塔卡。2021年，格莱珉银行发放微型企业贷款115.6万笔，放款约402.9亿塔卡。分行业看，格莱珉银行微型企业贷款数量及贷款金额前三位分别都是农林业、贸易业、加工制造业（见图2-27）。

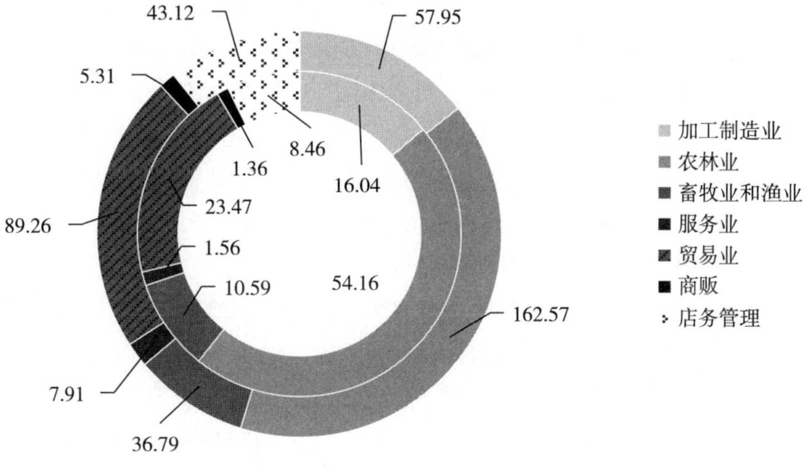

注：图中外圈表示贷款额（亿塔卡）；内圈表示贷款笔数（万笔）。

图 2-27 2021 年格莱珉银行发放微型企业贷款情况

知识拓展2-7——高等教育贷款借款人的自主创业信贷计划

格莱珉银行推出了一项自主创业信贷计划，为该银行高等教育贷款的借款人提供自主创业的资金支持。格莱珉银行通过为有进取心和勤奋的学生（已经毕业或继续深造）提供资金支持，致力打造一支新的企业家队伍，并向孟加拉国国民灌输“我们不是乞求别人给予工作，我们会为别人创造就业机会”的思想。

这一计划通过使用当地原材料和适当技术促进与农业相关产业的发展，促进减贫。学生可共同或单独将贷款投资于任何一个生产部门。贷款金额没有固定上限，但将根据借款人的还款能力来确定贷款金额。提供资金支持的部门包括小型企业、托儿所、奶牛和山羊饲养业、小型诊所、保健中心和电话商店等。

（二）政府主导下的“再融资计划”与“预融资计划”模式

为提高孟加拉国经济水平和确保其粮食安全，孟加拉银行（BB）一直致力于采取各种方案改善农户、农舍、家庭作坊、中小微企业的融资困境。在孟加拉银行（BB）的主导下，联合政府部门、银行与非银行金融机构，制订了多种再融资和预融资计划。

1. 孟加拉银行（BB）的再融资贷款

（1）牛奶生产及人工授精再融资计划。为保障全国广大人民的营养安全，减少对进口牛奶和奶制品的依赖，促进失业青年自主创业，BB在2015年推出了牛奶生产再融资计划和人工授精再融资计划，基金总额为20亿塔卡。参与计划的14家银行和非银行金融机构与BB签订协议，以获得再融资贷款和5%的利息补贴。具体而言，银行和非银行金融机构从孟加拉银行获得针对其计划的放贷资金，在收回借款人贷款后，银行及非银行金融机构在符合有关条款的前提下，可就其所放贷的款额，从政府获得5%的利息补贴。截至2022财年，参与的金融机构已向借款人发放了20亿塔卡，回收贷款19.8亿塔卡，共有18429名借款人从该计划中受益。

（2）小企业再融资计划。2004年，BB推出了一项名为“小企业基金”（SEF）的再融资计划，从其自有资金中拿出10亿塔卡用于支持该国小微企业的发展。随后，为了满足借款人特别是女性企业家日益增长的创业需求，又将资金规模增至150亿塔卡。银行和非银行金融机构可以0.50%的利率向BB借款，并以5.0%的利率向中小微企业提供贷款。此外，BB还会向此计划中的企业提供1.0%的利息补贴，并在企业按时偿还贷款后向金融机构提供另外1.0%的利息补贴。截至2022年6月底，该计划共为45630家小微企业带来549.9亿塔卡的循环贷款。

（3）基于伊斯兰教法的再融资计划。为了增进伊斯兰银行和非银行金融机构对CMSME的信贷服务实效，BB设立了基于伊斯兰教法的特别再融资基金。该项基金旨在为农业关联产业、小企业家（包括女性企业家）和家庭作坊、小微企业部门的新企业家提供再融资服务。截至2022年6月，伊斯兰银行和非银行金融机构共向1061家企业提供再融资贷款 66.9 亿塔卡。

（4）农村农产品加工业再融资计划。为大力发展孟加拉国农产品加工业，BB 于 2001 年 11 月从其自有资金中启动了一项 10 亿塔卡的计划。为应对该基金的巨大需求，该基金的规模从 2012 年的 20 亿塔卡扩大至 2021 年的 140 亿塔卡。BB 以 3.0% 的利率向金融机构提供再融资资金，借款人则可以 7.0% 的优惠利率（3.0% + 最高 4.0% 的利差）从金融机构获得贷款。截至 2022 年 6 月末，该计划已向 3709 家企业循环拨付了 250 亿塔卡的贷款。BB 在不同融资计划下对 CMSMEs 的再融资情况见表 2－4。

表 2－4　BB 在不同融资计划下对 CMSMEs 的再融资报告（截至 2022 年 6 月）

基金名称	再融资金额（10 亿塔卡）				借款人类型（按行业）			
	短期贷款	中期贷款	长期贷款	贷款总额	工业	贸易业	服务业	总人数
农村农产品加工业再融资计划	9.39	6.46	9.04	24.89	3709	—	—	3709
小企业再融资计划	11.39	34.18	9.42	54.99	15387	23733	6510	45630
CMSMEs 的新企业再融资计划	0.09	1.26	0.02	1.37	590	1041	403	2034
基于伊斯兰教法的再融资计划	3.84	1.19	1.66	6.69	284	699	78	1061
新冠疫情再融资计划	66.89	—	—	66.89	12472	51688	9151	73311
总和	91.6	43.09	20.14	154.83	32442	77161	16142	125745

资料来源：孟加拉银行中小微企业及特别项目部门。

2. 政府担保下的预融资

（1）Ansar－VDP Unnayan 银行。孟加拉银行为 Ansar－VDP Unnayan 银行提供实施其"农业信贷计划"（Agricultural Credit Programme）的预融资资金。这项贷款的目的是向该银行的成员提供信贷便利，以削减贫困和扩大创收活动。这些贷款由政府担保，担保范围包括贷款金额和应计利息。截至 2022 年 6 月 30 日，未偿还贷款本金为 50 亿塔卡。其中，BB 按 2% 的利率向银行提供预融资资金，银行分别再以不高于 5% 和 8% 的利率向借款人发放农业信贷和小额信贷。截至 2022 年 6 月底，共有 55916 人在此项计划中受益。

（2）Karmasangsthan 银行。Karmasangsthan 银行不定期从孟加拉银行获得预融资贷款，除传统贷款融资之外，该银行还涵盖渔业和畜牧业的信贷融资业务。截至 2022 年 6 月 30 日，该银行已获得 BB 提供的 140 亿塔卡预融资资金，其中未偿还贷款为 110 亿塔卡。BB 以一定银行利率提供贷款，Karmasangsthan 银行再向借款人发放不高于 8% 贷款利率的贷款，截至 2022 年 6 月 30 日，共有 99395 人受益于该计划。

（3）中小微企业及特别项目部（SME&SPD）。孟加拉银行还通过中小微企业及特别项目部（SME&SPD）向银行和非银行金融机构提供预融资和再融资服务，以促进 CMSME 的经济发展。因此，CMSME 除自有资金的定期融资外，还可通过银行和非银行金融机构参与的再融资计划获得短期融资和中长期融资。在政府的帮助下，

SME&SPD 针对银行和非银行金融机构共实施了 5 个预融资和再融资计划。截至 2021 年 6 月，145465 家企业（包括 COVID－19 再融资计划下的 97814 家企业）从不同预融资和再融资计划中获得银行和非银行金融机构提供的总额为 1133.2 亿塔卡的资金。

（三）“基于发展伙伴及地方财政的融资项目”模式

孟加拉国长期贫困且政府缺少资金，国家经济发展在很大程度上依赖国际援助。国外捐助者资助的基金更是孟加拉国经济建设中不可或缺的一部分，同时也构成了支持小微金融发展的一大特色。

1. 国外捐助者资助的循环基金项目

孟加拉国国外捐助者资助的循环基金主要来自瑞典国际开发署（Swedish International Development Authority，SIDA）赠款、挪威国际开发署（Norwegian Agency for International Development，NORAID）赠款以及荷兰政府赠款。

SIDA 循环基金、NORAID 循环基金与荷兰政府循环基金的基金总额分别是 2.4 亿塔卡、2.7 亿塔卡、4 亿塔卡。这三笔基金均根据孟加拉国政府与格莱珉银行（GB）签订的贷款协议，由孟加拉银行（BB）进行管理。GB 于每年 3 月 15 日和 9 月 15 日向 BB 偿还半年期本金，BB 在 GB 还款的同一天再次向 GB 拨付基金用于贷款业务（见表 2－5）。

表 2－5　三种外国援助基金情况

基金名称	基金规模（亿塔卡）	基金来源	启动日期	管理机构	执行机构	还款日期
SIDA 循环基金	2.4	瑞典国际开发署	1986－11－30			
NORAID 循环基金	2.7	挪威国际开发署	1986－08－04	BB	GB	每年 3 月 15 日和 9 月 15 日
荷兰政府循环基金	4	荷兰政府	1985－11－24			

资料来源：《孟加拉银行年度报告（2018—2019）》。

2. 发展伙伴资助的农业信贷项目

日本国际协力事业团（Japan International Cooperation Agency，JICA）、亚洲开发银行（Asian Development Bank，ADB）、亚洲基础设施投资银行（Asian Infrastructure Investment Bank，AIIB）、国际农业发展基金（International Fund for Agricultural Development ，IFAD）等孟加拉国的发展伙伴为其农业发展捐赠资金，在孟加拉银行（BB）的监督运行下成立农业信贷相关项目。

（1）“小微农场系统作业”强化项目（MSFSCIP）——IFAD 基金。“小微农场系统作业”强化项目（Marginal and Small Farm Systems Crop Intensification Project，MSFSCIP）由国际农业发展基金（IFAD）供资，覆盖 Kurigram 区的 9 个村落。共有 4 家金融机构与 BB 签署参与 MSFSCIP 的协议，期限为 1987—1997 年，贷款部分的基金为 1.4 亿塔卡。再融资部分仍以循环基金的形式进行，金融机构从 BB 获得低利率水平的再融资资金，再以一定信贷利率向农民提供贷款。截至 2022 年 6 月 30 日，循环基金余额为 807

万塔卡。

（2）小微农户农业生产力提高与多元化项目（SMAP）——JICA 基金。为了通过小微金融机构向农民提供农业贷款和农业技术支持服务，以促进孟加拉国农业金融和农业部门的健康发展，2015 年，孟加拉国启动了一项名为“小微农户农业生产力提高与多元化”（Small and Marginal Sized Farmers Agricultural Productivity Improvement and Diversification，SMAP）的循环预融资项目。该项目基金由日本国际协力事业团（JICA）的捐赠款和 BB 的资金共同构成，基金总额为 82.3 亿塔卡。共有 11 家小微金融机构与 BB 签署了合作协议，作为小微农户的直接贷款机构，协议到期时间为 2021 年。在 2022 财年，11 家小微金融机构共向 11.35 万名小微农户借款人提供融资 63.9 亿塔卡。截至 2022 年 6 月，该项目共向 57.1 万名借款人循环提供融资 324.9 亿塔卡，其中 83.0% 为女性。除了向借款人发放贷款、提供技术支持服务外，该项目还为借款人提供科学种植方法、新式养牛技术等知识。

（3）金融业中小微企业发展项目（FSPDSME）——JICA 基金。2011 年，日本国际协力事业团与孟加拉国政府签署了中小企业发展和融资贷款协议。根据贷款协议，BB 实施了“金融业中小微企业发展项目”（FSPDSME）。该项目的目标是为中小微企业特别是作为生产性投资的企业创造一个中长期融资市场，基金规模为 50 亿日元，其中包括技术援助部分。BB 向合作的金融机构提供银行利率为 4% 的融资款项，用于以一定市场利率向中小微企业提供循环贷款，截至 2021 年 6 月，共有 1592 家企业获得再融资贷款 108.5 亿塔卡。

（4）作物多样化项目——ADB 基金。孟加拉国西北部是该国最贫穷和落后的地区，62% 的人口生活在贫困线以下。为了促进该地区的经济增长，并通过生产多样化和集约化的高价值作物来减少贫困，2001 年亚洲开发银行（ADB）向孟加拉国资助了一项“西北作物多样化”项目（Northwest Crop Diversification Project，NCDP）。NCDP 的贷款部分为 3571 万特别提款权，项目实施期从 2001 年一直持续到 2019 年 6 月，实施区域覆盖孟加拉国西北部的 16 个地区、61 个乡村。截至 2019 年 6 月 30 日，NCDP 使当地 17 万农民获得 30 亿塔卡贷款。

2011 年，ADB 资助了第二个“作物多元化”项目（Second Crop Diversification Project，SCDP），SCDP 在 NCDP 成功的基础上将项目实施地区扩展至孟加拉国西南部的 25 个地区、54 个乡村。截至 2022 年 6 月 30 日，SCDP 共满足 20.4 万农民的信贷需求，贷款资金总额为 20.4 亿塔卡。

（5）支持孟加拉国成衣行业安全改造和环境升级项目（SREUP）——ADF 基金。该项目由法国开发署（AFD）、欧盟（EU）、德国复兴信贷银行、德国国际合作署（GIZ）和 BB 等其他发展中合作伙伴提供 5000 万欧元信贷和 1429 万欧元技术援助，旨在通过金融和技术支持发展可持续、安全和环保的孟加拉国成衣行业，即确保成衣符合美国和欧盟买家集团要求以及各国法规，促进成衣出口。项目实施期原定为 2018 年 1 月 1 日至 2022 年 12 月 31 日，后延长至 2024 年 12 月 31 日。BB 已与 12 家银行和两家非银行金融机构签署了合作协议，成衣工厂可从 14 家金融机构中获得贷款，贷款利率不高于7%，贷款期限一般为3~5年。截至2022年12月，该项目已为17家成衣工厂提供总计19亿塔卡贷款。

（6）新型冠状病毒疾病应急和危机响应设施项目（CECRFP）——AIIB基金。2021年2月26日，亚洲基础设施投资银行（AIIB）与孟加拉国政府签署新型冠状病毒疾病应急和危机响应设施项目协议。亚洲基础设施投资银行为该项目提供了3亿美元的信贷资金，项目由孟加拉银行实施。BB将该笔资金作为短期再融资贷款（最多12个月）转贷给参与项目的金融机构，再由金融机构以一定利率贷款给家庭作坊、中小微企业。该项贷款仅用于CMSME的生产经营，包括支付员工工资、短期债务和其他日常运营等，旨在减少新冠疫情对CMSME的流动性影响。

表2-6 发展伙伴资助的农业信贷项目情况

项目名称	项目起止时间	基金规模	基金来源
MSFSCIP	1987年至今	1.4亿塔卡（贷款部分）	IFAD基金
SMAP	2014—2021年	82.3亿塔卡	JICA基金
FSPDSME	2011年至今	50亿日元	JICA基金
NCDP	2001—2019年	0.3571亿塔卡（贷款部分）	ADB基金
SCDP	2011年至今	0.26亿塔卡（贷款部分）	ADB基金
SREUP	2018—2022年	5000万欧元（贷款部分）	ADF基金
CECRFP	2021年至今	3亿美元	AIIB基金

资料来源：历年孟加拉国中央银行年报。

3. 实施其他新项目

（1）就业技能投资计划项目（SEIP）——ADB基金。BB不仅致力于将银行和非银行金融机构纳入CMSME融资的主流，而且还采取措施创造新的企业家和推动创业发展。孟加拉国政府在亚洲开发银行（ADB）和瑞士发展与合作署（SDC）的协助下实施了一项就业技能投资计划，以提高年轻工人和新入职者的技能。BB是该项目的执行机构。截至2021年6月，有11246名学员获取结业证书，其中8459人已在不同的CMSME部门就业，2310人已成为企业家。截至2022年6月，共有11484名失业青年接受了42个外包培训机构安排的10个不同行业的技能培训，学员就业率达75.22%。

（2）支持孟加拉国中小微企业的地方财政举措——联合国资本发展基金。BB在联合国资本发展基金（United Nations Capital Development Fund，UNCDF）的支持下，发起了一个名为“地方财政举措（Local Finance Initiatives，LFI）——支持孟加拉国中小微企业”的试点项目。LFI项目的目标是支持中小微企业集群中未来的女性CMSME企业家发展业务，并通过提供担保的方式使她们有资格从银行部门获得贷款。发放信用担保的种子资金规模为0.16亿塔卡。针对银行发放的0.23亿塔卡贷款，该计划项目共支持了21份信用担保，价值0.18亿塔卡。

思考题

1. 简述美国、日本、英国等国外小微金融发展模式，试归纳模式特点。

2. 第一代“格莱珉”农村银行模式与第二代“格莱珉”农村银行模式的区别有哪些?

3. 分别简述日本和德国的信用担保体系，分析两者的相似点与不同点。

4. 运用所学知识，谈谈政府在小微企业融资中的作为及不足。

5. 根据所学知识，结合相关资料，试论述金融科技在哪些方面赋能小微金融发展。

中国小微金融的演进与发展 | Chapter Three 第三章

第一节　中国小微金融的发展历程

以引进“格莱珉”农村小额信贷模式作为我国小微金融发展的开始，我国小微金融发展历经四个重要阶段，分别为试验阶段、扩张阶段、爆发增长阶段、变革与创新阶段。

一、试验阶段

第一阶段为试验阶段，该阶段从1994年初持续到1996年，其特点是大多数小微金融项目依赖国际赠款和软贷款[①]，几乎没有政府资金和市场资金。在这一阶段，中国的官方组织或非政府组织效仿孟加拉国格莱珉银行的农村金融发展模式，试验其方法在中国的可行性。

二、扩张阶段

第二阶段为扩张阶段，在21世纪初期前后。在这一阶段，除非政府组织外，地方及中央政府、正规金融机构开始加入小微信贷的队伍中。中央政府也开始着手构建小微金融监管体系，小微群体的信贷业务不断扩张，以实现小微金融发展和减贫的目标。

1997年，中国人民银行发布了《农村信用社改进和加强支农服务十条意见》，开始放宽农村的小额信贷政策。1999年7月，中国人民银行又发布了《农村信用社农户小额信用贷款管理暂行办法》，在中国人民银行的指导下，农村信用合作社推出了小额信贷业务。2000年1月，中国人民银行发布了《农村信用合作社农户联保管理指导意见》，确定了农户联保贷款“多户联保、按期存款、分期还款”的基本原则。2002年7月，人民银行沈阳分行率先在辽宁省推广下岗职工小额贷款，并制定了《再就业专项小额贷款管理办法》。2003年1月，中国人民银行等四部门联合下发关于《下岗失业人员小额担保贷款管理办法》有关问题的补充通知，将开办下岗失业人员小额担保贷款

① 软贷款是国家开发银行以其注册资本金和中国财政安排的经营性建设基金及专项建设基金，以长期优惠的方式发放的贷款。

的金融机构扩展至城市商业银行和城乡信用社。同年，中国银行业监督管理委员会（以下简称银监会）成立，中国人民银行不再承担监管的职能。银监会通过完善公司治理、引入机构投资者、强化资本约束等方式开始全面推动中小商业银行改革发展。

除银行业以外，保险业在这一阶段也有所作为。1998 年 11 月，保监会成立，要求人寿保险和财产保险实行严格的分业经营。2002 年 9 月，新疆生产建设兵团保险公司更名为中华联合财产保险公司，只能经营财产保险及短期人身险业务。同年，中国平安保险股份有限公司分别成立了中国平安人寿保险股份有限公司和中国平安财产保险股份有限公司，并于 2003 年更名为中国平安保险（集团）股份有限公司。在这一时期，也先后涌现出包括安信农业保险公司、安华农业保险公司、阳光农业保险公司、天平汽车保险公司等专业保险公司。

三、爆发增长阶段

第三阶段（21 世纪前十年前后）主要为政府鼓励民间金融机构发展以及海外基金参与商业小微金融服务等活动。这一阶段，多方主体从不同角度、以不同方式进入小微金融市场，多种小微金融服务机构喷薄而出。

2005 年 4 月，国家开发银行（以下简称国开行）的“微小企业贷款工作组”远赴欧洲开启了一段“微贷专业机构”考察之旅。在考察期间，工作组调研了德国、保加利亚、马其顿和塞尔维亚等国的微贷体系。此次考察的成果很快得以落地，同年 11 月，国开行牵头引进了德国国际项目咨询公司（IPC 公司）的专家团队和微贷技术服务，并与世界银行、德国复兴信贷银行建立长期合作关系，帮助国内城商行探索开展小微信贷的商业可持续之路。2006 年，英国渣打银行在北京、上海及深圳三地推出了“无抵押小额贷款”，用于扶持注册在当地的、经营超过两年的中小企业，这也是国内首家提供无抵押贷款的外资银行。

2007 年 1 月，银监会印发了《农村资金互助社管理暂行规定》《村镇银行管理暂行规定》《贷款公司管理暂行规定》，吸引各类资本到农村地区创业发展，积极培育以发放小额信贷为主的村镇银行、贷款公司以及农村资金互助社，农村金融试点工作不断扩大。四川仪陇惠民村镇银行、吉林东丰诚信村镇银行、四川仪陇惠民贷款公司、吉林梨树闫家村百信农村资金互助组等纷纷成立。2007 年底，英国汇丰银行和渣打银行、美国花旗银行，以及中国香港的东亚银行获准在中国境内省份设立村镇银行。

在此期间，各大商业银行也在不断加大小微金融的发展力度，均有突破性的发展规模。2008 年，时任民生银行董事长董文标提出了“商户进支行、商户进柜台，做大、做强零售支行”的新构想，也首次提出了“小微金融”这一概念，初步形成小微企业信贷模式。同年，招商银行获批成立了同业中第一家专营小企业信贷业务的小企业信贷中心，由此成为国内银行业首家拥有小企业信贷业务专营资格的金融机构。

此后，从国有大行、股份制商业银行到以城商行、农商行为代表的中小金融机构都开始大力推进“两小”（中小企业、小微企业）业务。以台州银行、泰隆银行、民生银行为首的城商行更加专业地聚焦小微金融，结合本土实际情况对国外信贷技术进行不同程度的改良，逐渐形成具有特色的信贷调查技术优势。以抵质押模式和信用模式为特色的小额贷款公司，服务特定行业上下游的商业保理公司、担保公司、车贷公司、典当行等民间金融公司也如雨后春笋般陆续成立，一时间小微金融如火如荼。

2007 年，电商巨头阿里巴巴迈出了在小微信贷领域的第一步，与中国建设银行联合推出首款网络联保产品 e 贷通。2011 年，中国人民银行开始发放第三方支付牌照，当年共发牌照 40 张。随着第三方支付机构正式进入规范发展的轨道，京东、苏宁、腾讯、百度等也开始在 2013 年前后涉足小微信贷领域，京东金融、苏宁（重庆）小贷、腾讯财付通小贷等互联网金融公司和百度互联网金融事业部接连落地。因此 2013 年被称为“互联网金融元年”。

2009 年 10 月，创业板在深圳证券交易所开板启动，为中小微企业提供更广阔的融资渠道。根据《中国中小微企业金融服务发展报告（2019）》发布的数据，截至 2019 年 5 月 20 日，有 23 家小企业在创业板挂牌上市，占上市企业总数的 3.1%。2012 年 9 月，全国中小企业股份转让系统（俗称新三板）在国家工商总局注册，2013 年 1 月正式揭牌运营。

四、变革与创新阶段

在经过了小微信贷供给的爆发式增长之后，不同区域、行业的信贷风险开始集中暴露，小微金融市场“火情四起”。2013 年，长三角地区的银行陷入钢贸业泥潭，工商银行、中国银行、中信银行、民生银行等数十家上市银行都对钢贸商的金融借贷纠纷提出诉讼。因此，政府职能部门出台相关政策文件（见表 3－1），督促指导小微金融机构的行为规范，引导金融行业守住法律底线和政策红线，强化外部监管制度，提升小微金融服务能力。党的二十大以来，党中央高度重视普惠金融对稳经济大盘的作用，制定出台了一系列促进普惠金融发展的战略规划和政策措施，支持小微企业可持续发展，助力乡村振兴国家战略有效实施，引导金融业走出一条有中国特色的普惠金融发展之路。

表 3－1　小微企业金融服务政策文件汇总（部分）

发文时间	文件名称	相关内容
2015 年 10 月	《关于进一步落实小微企业金融服务监管政策的通知》	执行“两禁两限”要求，即除银团贷款外，不得对小微企业贷款收取承诺费、资金管理费，严格限制对小微企业及其增信机构收取财务顾问费、咨询费等费用；严禁在发放贷款时附加不合理条件等。
2016 年 10 月	《互联网金融风险专项整治工作实施方案》	严肃负面清单制管理，分别对 P2P、股权众筹、第三方支付等互联网金融业态和资管类产品互联网渠道销售重点专题列明了政策红线，并由各部门出台子方案配合实施。
2017 年 8 月	《网络借贷资金存管业务指引》	通过资金存管机制，加强对 P2P 网贷资金交易流转环节的监督管理，防范网贷资金挪用风险，保护投资人资金安全。明确了存管业务的三大基本原则：一是分账管理；二是依令行事；三是账务核对。

续表

发文时间	文件名称	相关内容
2018 年 2 月	《关于 2018 年推动银行业小微企业金融服务高质量发展的通知》	要求实现“两增两控”目标，其中包括银行业要努力将全口径小微企业贷款不良率控制在不超过自身各项贷款不良率 2 个百分点的水平，从制度上约束银行的不良贷款。
2019 年 10 月	《关于印发融资担保公司监督管理补充规定的通知》	依据《关于印发〈住房置业担保管理试行办法〉的通知》设立的住房置业担保公司（中心）纳入融资担保监管。
2020 年 5 月	《商业银行小微企业金融服务监管评价办法（试行）》	强调要对商业银行小微金融服务情况进行监管评价，即监管部门将对五方面评价要素的每项指标进行评分，并根据汇总后的综合得分，将评价结果划分为一级、二级、三级、四级四个评价等级。
2021 年 6 月	《关于降低小微企业和个体工商户支付手续费的通知》	降低银行账户服务收费、人民币转账汇款手续费、银行卡刷卡手续费，取消部分票据业务收费。票据业务降费期限为长期，其余降费措施优惠期限为 3 年；票据业务、银行卡刷卡降费对象为所有客户（商户），其余措施降费对象为小微企业和个体工商户。
2021 年 12 月	《加强信用信息共享应用促进中小微企业融资实施方案》	该方案强调各地区、各部门要加快信用信息共享步伐，深化数据开发利用，创新优化融资模式，加强信息安全和市场主体权益保护，助力银行等金融机构提升服务中小微企业能力。
2022 年 5 月	《关于公布 2022 年中央财政支持普惠金融发展示范区名单并下达奖补资金预算的通知》	该通知公布了 2022 年中央财政支持普惠金融发展示范区名单，并下达奖补资金预算，要求省级财政部门加大示范区建设力度，加强奖补资金管理，切实引导普惠金融服务增量、扩面、降本、增效。
2023 年 10 月	《关于推进普惠金融高质量发展的实施意见》	要持续深化金融供给侧结构性改革，健全多层次普惠金融机构组织体系，引导各类银行机构坚守定位、良性竞争，完善高质量普惠保险体系，提升资本市场服务普惠金融效能，有序推进数字普惠金融发展。

资料来源：相关网站。

在此阶段，一方面，政府职能部门不断完善小微企业金融服务监管体系；另一方面，金融机构在面对小微企业融资风险上升、市场竞争加剧等挑战时，也及时转变经营方式和创新服务模式，创造出多种新型小微金融产品。银政合作方面，江苏银行首创与税务部门合作，推出以税务数据为核心的全线上纯信用互联网金融产品“税 e 融”。2019 年 9 月，工商银行与海关总署（国家口岸管理办公室）合作推出“跨境贷”线上融资产品。传统银行“触网”方面，2018 年，中国建设银行成立金融科技子公司——建信金融科技有限责任公司，依托科技手段助力普惠金融。同年，工商银行的工银小微金融服务平台推出面向小微企业、个体工商户的纯信用纯线上贷款——“经营快贷”。互联网金融方面，2016 年 1 月，京东旗下重庆两江新区盛际小额贷款有限公司正式营业。2019 年 6 月，小米金融获得融资担保牌照，小米融资担保项目阿尔法（天津）融资担保有限公司正式成立。同年 8 月，小米金融与国际金融公司（International Finance Corporation，IFC）达成合作，旨在向国内欠发达区、县、镇、乡的小微业主（如小米小店店主等）提供经营性贷款（“小微贷”）。2021 年 7 月，前身为 360 数科的奇富科技凭借旗下消费信贷产品等荣获“中国最佳数字贷款服务奖”，2022 年

11月，奇富科技成功在香港证券交易所挂牌上市。2021年，由中信银行和百度联合发起成立的百信银行迎来首位虚拟数字员工艾雅（AIYA），为用户提供更友好、更普惠、更安全的数字金融服务。

股权融资方面，继创业板、新三板之后，2018年11月国家主席习近平在首届中国国际进口博览会开幕式上宣布设立科创板，并于2019年6月在上海证券交易所正式开板。该板全名为科技创新股份转让系统，是独立于主板市场，定位于服务科技型、创新型中小微企业的专业化市场板块。① 截至2022年上半年，科创板共有207家上市公司入选国家级专精特新“小巨人”企业名录，分别占科创板上市公司总数的45%、专精特新“小巨人”企业上市总数的21%和注册制下专精特新“小巨人”企业上市总数的50%。此外，2020年6月，证监会发布了《创业板首次公开发行股票注册管理办法（试行）》《创业板上市公司证券发行注册管理办法（试行）》等规章，宣告创业板改革和注册制试点开始，这就意味着创业板进一步降低了中小微企业的上市门槛，让更多有市场发展潜力的创业型中小微企业顺利获得融资资金。

时至今日，我国小微金融服务的能力与水平显著提高，信贷投放持续增加，利率水平稳步下降，覆盖范围不断拓宽。银保监会数据显示，我国广义小微企业贷款余额②逐年攀升，截至2021年第四季度末，银行业金融机构用于广义小微企业的贷款余额达50万亿元，其中单户授信总额1000万元及以下的普惠型小微企业贷款余额为19.1万亿元，同比增速为24.9%。

第二节　中国小微金融的基本模式

从小微金融服务供给主体的角度来看，中国小微金融服务的基本模式主要是以银行业金融机构服务为主、非银行业金融机构服务为辅，但其服务比重逐渐提升。

一、银行业金融机构的基本模式

我国银行业金融机构中，涉足小微金融服务领域的机构包括中国人民银行、三大政策性银行、六大国有商业银行（中国工商银行、中国农业银行、中国银行、中国建设银行、交通银行、中国邮政储蓄银行）、股份制商业银行、城市商业银行、外资银行、农村中小金融机构、互联网银行等。其中，农村中小金融机构可进一步分为农村合作金融机构和新型农村金融机构两类（见图3－1）。非银行业金融机构中，涉足小微金融服务领域的机构主要包括信托公司、金融租赁公司、消费金融公司、汽车金融公司等。

---

① 资料来源：上海证券交易所．依托科技创新提升发展的韧性和活力，科创板公司完成2022年半年度报告披露［EB/OL］．［2022－08－31］．http：//star. sse. com. cn/star/media/news/c/c_20220831_5707931. shtml.

② 广义小微企业贷款余额是指小型企业贷款余额、微型企业贷款余额、个体工商户贷款余额和小微企业主贷款余额的总和。

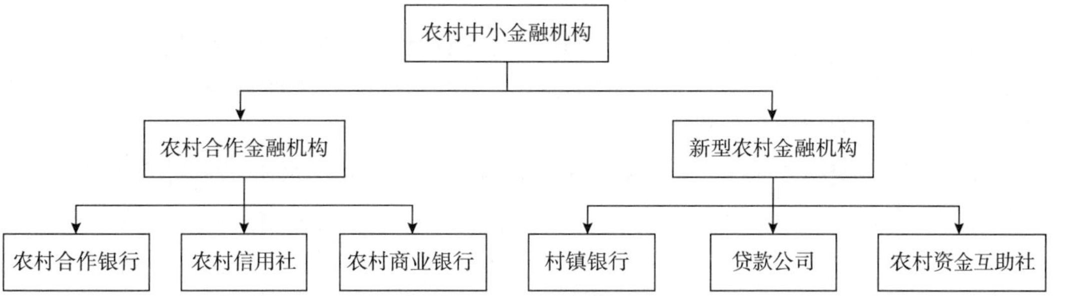

图3－1　农村中小金融机构

（资料来源：根据中国银监会．银监会新型农村金融机构试点工作全面推开［EB/OL］．［2007－10－12］．http：//www. cbirc. gov. cn/cn/view/pages/ItemDetail. html？ docId＝2456&itemId＝915&generaltype＝0；中国银监会．农村合作金融机构支农服务主力军地位在改革发展中不断稳固，农户贷款占全部银行业金融机构农户贷款的78%［EB/OL］．［2011－03－21］．http：//www. cbirc. gov. cn/cn/view/pages/ItemDetail. html？ docId＝3708&itemId＝915&generaltype＝0 整理）

银行业作为我国金融业的重要组成部分，是服务小微群体的主体。从2018年末各类银行业金融机构广义小微企业贷款余额看，农村中小金融机构贷款余额为9.2万亿元，占银行业金融机构小微企业贷款余额的27.2%，处于第一梯队；第二梯队是六大国有商业银行，贷款余额为8万亿元，占银行业金融机构小微企业贷款余额的23.8%；城市商业银行、股份制商业银行和政策性银行及国开行分别占18.7%、13.6%和12.8%（见图3－2）。

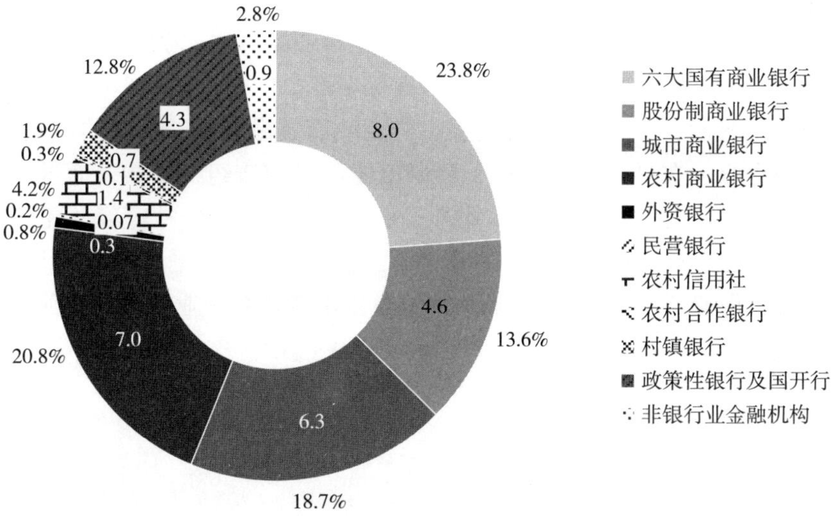

注：环形圈内数值表示小微企业贷款余额（万亿元），外圈数值表示占比。

图3－2　银行业金融机构小微企业贷款余额分布

（资料来源：《中国中小微企业金融服务发展报告（2019）》）

（一）国有大型银行下沉服务重心

国有大型银行积极落实国务院、监管部门对银行业小微金融服务的要求，主动改变业务流程和组织架构，特别是努力满足小微企业多样化、个性化和“三农”发展的融资需求，从以前“大银行服务大企业”的观念中解放出来。

以部分国有银行为例，工商银行全行440家二级分行中，共有428家设立了普惠金融事业部；全行小微中心（含分中心）共计288家，实现了普惠金融专营服务中心全覆盖，统一承担辖内小微金融业务的市场营销和风险管理职责。工商银行还将三大线上产品“经营快贷”“网贷通”“数字供应链融资”作为普惠贷款的投放主力，重点培育此类高效率、低成本、可广泛复制的发展模式。

农业银行在总行成立普惠金融事业部，同时在各分支机构设立普惠金融业务经营管理机构，构建具有农业银行特色、城乡全覆盖的“三农+小微”双轮驱动普惠金融发展模式。截至2021年末，农业银行设立了1000家总行级和1000家分行级普惠金融专营机构。同时，农业银行还配套构建了事业部运作的“五专”机制①，将内部资源和政策向普惠金融服务领域倾斜。

2017年4月，建设银行在国有大型银行中率先成立普惠金融发展委员会，组建普惠金融事业部，形成总行、分行、支行“三级”普惠金融垂直组织架构。建设银行持续将普惠金融服务机构向一、二级分行以及县域、乡镇延伸，其中共有37家一级分行、超过300家二级分行设立了普惠金融事业部。截至2021年末，建设银行在网点机构尚未触及的县域农村设立助农金融服务点“裕农通”51万个，覆盖全国80%的乡镇及行政村，与“村支两委”合作共建服务点占比为37%，普惠贷款余额超过1.87万亿元，普惠金融贷款客户数超过193万户。

2018年，交通银行总行要求全辖的小企业金融业务部更名为普惠金融事业部，截至2019年报告期末，已有95家省辖分行单设普惠部。针对科创型小微企业，交通银行建立了“四专”机制②，不断推动科技型小微企业高质量发展。针对“三农”，交通银行运用“核心企业+农户（合作社）+产地市场”供应链组织模式，通过“农地经营权+其他多种担保方式”等组合担保形式，为农户、农业合作社等经营主体提供流动性资金贷款。交通银行在挖掘自身优势的同时也积极与外部平台合作，例如与平安、太保合作探索“保费贷”，与国家融资担保基金推出专属合作业务，建立独家“见贷即担”合作模式。

---

① “五专”机制是指设立专门机构、制定专门规划、安排专门资源、实施专门考核、落实专门政策。

② 专营机构：在长三角、珠三角、北京、武汉等特色科创企业聚集地创立科技特色支行，组建专业经营管理团队，负责科技金融业务推广落地。专业合作：与科技部门、财政部门、金融办、知识产权局等政府机构密切合作，依托各级政府部门制定的风险补偿政策，批量服务科创型小微企业。专属产品：针对科技型小微企业“轻资产、重创新”的特点，结合政府各项扶持政策，定制专属产品及服务方案。专项政策：优先支持具有自主知识产权、创新能力强、科技成果转化顺利的科技型小微企业。

（二）股份制银行加快小微金融体系建设

我国现有 12 家股份制商业银行，虽然其规模相比于国有大型银行略小，但其小微金融发展模式与国有大型银行相似。

以“做民营企业的银行、小微企业的银行和高端客户的银行”为口号的民生银行在总行成立了小微金融事业部，并设立了小微金融事业部分部，通过小微金融中心（支行）、小微便利店等小微金融专业化服务网点，运行“商圈”模式，全面提高小微金融的覆盖率与可得性。目前，民生银行的小微金融发展已进入“数据 + 科技”双轮驱动的 3.0 阶段，通过运用大数据、移动互联等新兴技术，协调、推进全行小微金融业务的管理和发展，承担全行小微金融业务的政策研究、规则制定、产品研发、风险管理等职责。

浙商银行在2017 年12 月成立了普惠金融事业部，银行董事会及总行经营层分别设立普惠金融发展委员会、普惠金融管理委员会。该事业部是浙商银行在原有小企业信贷中心基础上成立的，同时，该行全国 20 多家分行也已设立普惠金融事业部分部。支行层面，截至 2020 年末，该行小微企业专营机构达到 183 家，各专营机构均成立了普惠金融业务部，累计服务小微企业超过 36 万户。

（三）城商行、农村金融机构深耕本地市场

作为区域性银行的城商行、农商行虽在小微企业贷款规模上无法与国有大型银行及股份制银行相比，但由于扎根地方，具有得天独厚的地缘、人缘、亲缘以及决策链短的优势，能够更好地服务当地小微群体。例如，长沙银行在长沙及其他地区设有 81 家社区支行、17 家小企业信贷中心及其下辖分中心，并开设农村金融服务站 4799 家（截至 2020 年末），将服务网点开设到湘西十八洞村；台州银行践行“与客户做朋友”的社区银行商业模式，80% 的网点分布在城郊接合部、乡镇、村居；江苏海安农商银行建立全覆盖服务网络，结合金融服务“村村通”要求，实现“基础金融不出村、综合金融送上门”，建设覆盖全市 10 个区镇、207 个行政村的网状服务网络及 154 个农村金融服务站，形成物理网点、自助银行、特约商户“三位一体”的金融服务网络。

随着政策的强力引导，大型商业银行也开始加强在小微领域的作为，这对以小微客户为主要服务对象的城商行、农商行带来了巨大挑战。因此，这些银行必须将所处的市场环境和自身优势相结合，进一步优化发展模式。浙江泰隆商业银行作为国内小微金融服务的标杆银行，探索出了成效显著的服务模式和技术。例如，浙江泰隆商业银行积极推动机构和服务“双下沉”，在大中型银行下沉服务时，城商行、农商行再往下沉。浙江泰隆商业银行在台州、丽水、杭州等多地开设了 13 家分行，并在浙江、湖北、福建等 6 省设立了 13 家泰隆村镇银行。浙江泰隆商业银行推行社区化服务模式，依据其物理网点的分布情况，在一定服务半径的社区内开展“定人、定点、定时”服务，以弥补银行在物理网点数量上的竞争劣势，拓宽金融服务深度

与辐射广度。浙江泰隆商业银行十分注重提升信贷技术水平，通过总结数年的经验与教训，独创性地提炼出“三品三表”“两有一无”等信贷技术，更加注重客户的“软信息”。

（四）互联网银行[①]发挥补位作用[②]

互联网银行的突出特点是具有空缺市场的补位优势，补充现有银行体系的不足，以技术和特色定位来为目标客户服务。目前，互联网银行客户定位多聚焦于小微企业、“三农”、自贸区和科创企业。我国第一批互联网银行是以民营银行的形式成立的，2014 年首批试点的五家民营银行中，深圳前海微众银行和浙江网商银行既有民营银行身份又有互联网银行的特点，更有背后大集团的平台、数据、技术和资金支撑。[③] 截至 2022 年 6 月，已有 3 家互联网银行、10 家准互联网银行和 1 家物联网银行获批并开业运营（见表 3 -2）。

表 3 -2　14 家互联网银行基本情况

行名	发起人	类别	主要业务
深圳前海微众银行	腾讯、百业源、立业等	纯互联网银行	微业贷（线上流动资金贷款，全线上完成业务，无须抵质押）；微粒贷（500 元起借的小额信贷产品，无担保无抵押）；微众企业 App（为小微企业客户提供贷款、票据贴现、保险职能等移动化、智能化的金融服务应用）等
上海华瑞银行	均瑶集团、美特斯邦威等	准互联网银行	小微金融（流动资金循环贷、个人创业经营贷、车商贷等）；数字零售金融（为长期合作平台的个人客户提供航旅贷、租房贷、租车贷）；科创金融（围绕投资机构“募投管退”进行业务合作）等
浙江网商银行	蚂蚁集团、万向三农集团、金润资产经营有限公司等	纯互联网银行	信任付（小微经营者“先拿货、后付款”的采购后付服务）；网商贷（服务小微企业、创业者的纯信用贷款产品）；网商贴（向小微企业提供的电子银行承兑汇票在线贴现服务）、自保理和回款宝（供应链金融）

---

① 目前对互联网银行还未有明确的法律定义，学术界也未形成统一表述。互联网银行通常有广义和狭义的理解。广义上的互联网银行和网络银行的概念近似，巴塞尔银行监管委员会将网络银行定义为“通过电子渠道提供零售银行服务、小额银行产品和服务、大额电子支付和其他批发银行服务。”狭义上的互联网银行是指银行网络化的高级阶段，是传统银行和互联网的深度融合。

② 中国人民银行成都分行课题组，龚智强，蒋敬强．金融科技视角下互联网银行风险特征与发展制约 [J]．西南金融，2020（8）：3 -12.

③ 苏基溶，张景智．中国香港虚拟银行监管框架及其对内地互联网银行监管的启示 [J]．新金融，2019（12）：53 -57.

续表

行名	发起人	类别	主要业务
重庆富民银行	瀚华金控、宗申集团等	准互联网银行	富民贷（全线上纯信用的个人消费贷款）；富易贷（面向小微企业主的全线上个人经营性贷款产品）；富税贷（以中小微企业纳税数据和发票数据为核心的全线上、纯信用信贷产品）；富民极速贴（企业票据贴现便捷系统）等
四川新网银行	新希望集团、小米、红旗连锁等	纯互联网银行	好人贷（全线上、纯信用的个人贷款产品）；企业网银（为小微企业提供转账汇款、账户管理、存款储蓄等金融服务）等
福建华通银行	永辉超市、阳光控股、盼盼生物科技等	准互联网银行	押好贷（向个人提供的抵押贷款）、福 e 贷（全线上、纯信用消费贷款）；通通发财贷（针对供应链中经销商提供的纯信用贷款产品）等
吉林亿联银行	中发集团、美团、吉林三快科技	准互联网银行	亿联易贷（通过美团、京东、百度等获客渠道，为满足条件的客户发放个人消费贷款）；亿商贷（为大型商超企业的供应商提供个人经营性贷款）；亿农贷（为农户个人提供生产经营或生活消费的贷款产品）等
武汉众邦银行	卓尔控股、当代集团等	准互联网银行	众微贷（为个体工商户和小微企业主提供全线上贷款服务）；众商贷（为湖北省/武汉市工商联、青年企业家协会的会员企业定制的一款纯信用、全线上贷款）等
江苏苏宁银行	苏宁易购集团、日出东方等	准互联网银行	微商贷（服务于诚信纳税的小微企业，用于短期生产经营周转的纯信用信贷产品）；升级贷（服务于新兴互联网消费者及小微个人经营者的纯信用贷款产品）；苏宁金融 App（提供支付、贷款、理财、众筹、保险等金融服务和生活服务工具）
山东威海蓝海银行	威高集团、赤山集团、迪尚集团等	准互联网银行	银贴宝（服务小微企业的票据线上秒贴产品）；海 e 融（供应链金融平台）
北京中关村银行	用友网络、碧水源、光线传媒等	准互联网银行	抗疫贷（专门为涉及疫情防控和受疫情影响的企业提供的专项贷款产品）；股权认证贷（为科创企业在初创期、成长期等高速发展阶段提供无强制抵押担保的融资支持）；惠抵贷（向小微企业、个体工商户发放的房产抵押式贷款）等
安徽新安银行	南翔贸易集团、金彩牛实业等	准互联网银行	女神 AI 贷；AI 房抵贷；智能存款等

续表

行名	发起人	类别	主要业务
江西裕民银行	正邦集团、江西博能等	准互联网银行	金裕贷（向具有连续稳定收入的客户推出的无抵押的消费线上贷款产品）、税裕贷（向有连续纳税记录的小微客户提供用于经营活动所需流动资金的线上贷款产品）、农裕贷（向农户提供用于农业生产经营周转的线上贷款产品）等
江苏无锡锡商银行	红豆集团、澄星实业集团等	物联网银行	金易贴（为小微企业提供跨行提票业务，款项秒级到账）；锡e融（小微企业供应链金融平台）等

资料来源：各银行官方网站。

这14家银行的经营模式、定位及发展方面均以特色化、差异化为主要路线。纯互联网银行通过现代化数字通信与互联网技术、物联网技术、移动通信技术等为用户提供金融服务的银行，并拥有银保监会颁布的互联网银行牌照。准互联网银行主要以O2O模式、科技金融的业务模式从事相关小微金融业务。物联网银行即指银行业金融机构充分利用物联网思维和技术，有机地整合用户生产场景、生活场景等经济活动中的信息流、资金流和物流，为用户提供存、贷、汇等综合金融服务的新型智慧金融组织模式。①

二、非银行业金融机构的基本模式

除上述提到的银行业金融机构外，涉足小微金融服务领域的机构还包括小额贷款公司、典当行、保险机构、创业投资机构、融资担保公司以及除归口银行业金融机构的金融租赁公司以外的其他融资租赁公司。下面主要介绍小额贷款公司、典当行的发展模式。

（一）小额贷款公司的基本模式

自2008年5月中国出台《关于小额贷款公司试点的指导意见》以来，小额贷款公司规模呈爆发式增长，从2010年底的2614家增长到2015年的8910家，但从2015年开始，由于外部经济环境下行压力增大，以及来自银行小额贷款业务、互联网金融企业等的竞争不断加大，到2021年末，小额贷款公司的数量下降至6453家，较2015年最高水平时下降了27.6%。

虽然小额贷款行业的整体发展水平不容乐观，但作为主要经营贷款零售业务的金

① 陆岷峰，汪祖刚．基于物联网思维的商业银行管理重构的战略思想［J］．长春金融高等专科学校学报，2018（1）：62－71.

融机构，致力于服务小微企业、个体工商户及“三农”等小微群体，也是地方小微金融体系的重要力量。目前，我国小额贷款公司大致有以下几种服务模式。

（1）类银行贷款模式。这类小额贷款公司沿袭了传统银行贷款模式，采用抵押、担保等方式提高借款人的违约成本及还款意愿。能够得到这类小额贷款公司贷款的借款者，一般是资质较好、负债比例较低、拥有一定资产的企业或个人。

（2）熟人经济圈模式。该模式下的小额贷款公司一般扎根于一个较小地区范围内开展贷款业务，经营效益较好。如在一个乡或镇的范围内，小额贷款公司对贷款企业或个人充分了解，同时由于小额贷款公司股东在当地的影响力，借款人一般会尽力避免贷款违约的发生。

（3）供应链金融模式。这类小额贷款公司依托注册资本较大的集团公司或一个大型专业物流市场，专门为集团或市场上下游企业的应收应付账做供应链贷款。运用网络系统，以应收账款作为贷款保障，或以仓单、货物做质押。因为这类公司的经营发展需要背靠大型企业或特定物流市场，所以其可复制性较弱。

（4）外资微贷模式。在我国有一批外资背景的小额贷款公司，如美兴小贷公司、富登小贷公司、永旺小贷公司等，这些小额贷款公司的母公司都具有雄厚的资金实力和丰富的微贷经验，在国内开展微型贷款。这种模式的最大特点是每笔贷款的额度微小，一般金额在几万元到几十万元不等，贷款用途主要是个体工商户及微型企业的生产经营和个人消费。目前，国内有不少小额贷款公司效仿外资微贷模式，如重庆酉阳黔龙小额贷款公司和山西大同阳光小额贷款公司等。

（二）典当行的基本模式

典当业在我国有着悠久的发展历史，具有资金融通、当物鉴定、当物评估、当物作价、当物保管和商品销售等服务功能。典当在满足个体和小微企业资金需求上有着与银行机构截然不同的比较优势，它能提供一种更方便、快捷的短期融资方式，且能以较低门槛取得资金。正因如此，典当逐渐成为个体和小微企业解决短期性、临时性和紧急性小额资金需求的一种渠道。截至 2019 年末，全国共有典当企业 8397 家，注册资本为 1722.6 亿元，资产总额为 1602.7 亿元，典当余额为 992.86 亿元。2019 年全行业实现典当总额 2860.48 亿元，累计开展业务 179.2 万笔，平均单笔业务金额为 16.6 万元，平均当期为 33 天，最短当期为 1 大。

2018 年 5 月，商务部发布《关于融资租赁公司、商业保理公司和典当行管理职责调整有关事宜的通知》，将典当行业的监管权力从商务部移交给银保监会，这意味着，从监管层面来说，典当行从特殊工商企业变更为金融企业，确定了行业的金融属性，其受到的管制将更加严格。在新环境下，典当行业顺应时代发展，与互联网接轨，形成“互联网 + 典当金融”的新型发展模式。

以典当特色金融平台“响当当”为例，其运作方式是：响当当平台与线下专业典当机构进行战略合作，借款人在平台上申请贷款后响当当当即对借款人和典当行进行配对。借款人将自己名下的实物（手表、珠宝、名酒、房子、汽车等）直接质押在平台合作的典当机构，响当当委托专业典当机构对平台借款者所提供的实物典当抵押品做专业的估值鉴定、实物代保管。最后，典当行在确认债权信息无误和风险达到最低后，才将审核后的债权申请上线到平台。平台整理出“百家屋”“千车集”“万表楼”“聚宝盆”等实物抵押理财项目，投资人根据自己的喜好投资，到期收回本息，一旦借款者逾期则由典当行协助其将实物变现，偿还投资者的本金及利息。此外，除了具有抵押担保的典当实物，响当当还与第三方资金托管平台合作，对用户交易资金按照“专款专户专用”的模式进行托管，避免平台自身发生跑路的现象，切实为广大投资人带来安全性高、年化收益可观的理财金融项目（见图3－3）。

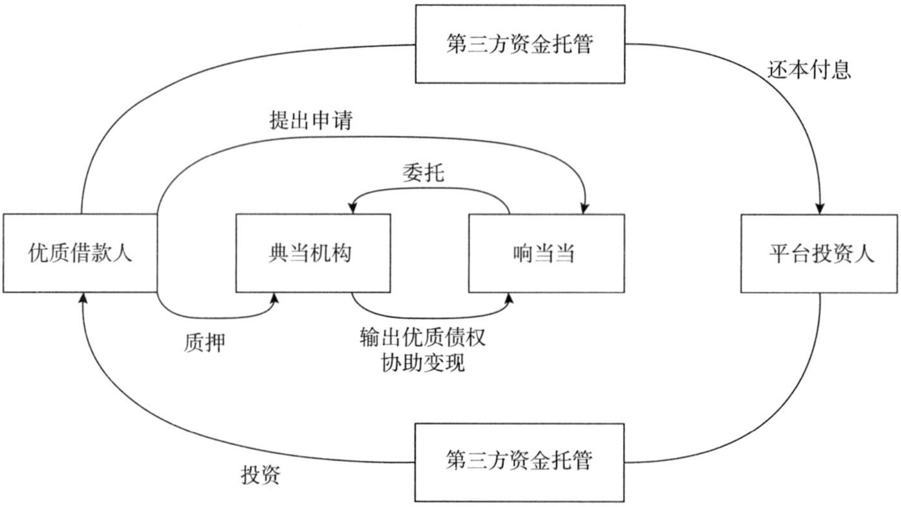

图3－3　响当当平台运作方式

［资料来源：谢秋陆，刘星雨.P2P联姻典当行［J］.中国经济信息，2015（6）：56－57.］

知识拓展3－1——蚌蚌拍当App

2018年11月，江苏常州首届典当节在常州民元里开幕，江苏首家互联网典当服务平台——“蚌蚌拍当App”同时上线。“蚌蚌拍当App”是由江苏省典当行业协会与江苏誉道拍当网络科技有限公司共同研发的一款专业信息服务类应用。用户可以把闲置艺术品通过“蚌蚌拍当App”鉴定、估价，然后在“蚌蚌拍当App”上通过自由竞价的形式进行典当。该应用满足了用户对艺术品的购买需求、鉴定评估需求以及再流通需求，旨在搭建“需求”之间的连接。蚌蚌拍当App平台集合江苏省内13个城市超过60家典当公司在线服务，根据宝祥典当给出的实物复检结论，60家持牌照典当公司自由报价、报综合费率，再由客户根据报价自由选择合适的公司受理该项业务，最后中标公司生成专属的互联网典当凭证，并通过第三方支付功能远程放款完成业务。

第三节　中国小微金融发展的政策支持体系

中国的小微金融体系以政府为主导、正规金融机构为核心、其他类金融机构为补充，因此政策支持在小微金融发展方面有着至关重要的作用。其政策支持体系包括货币政策、财政政策、融资担保机制、监管制度等。

一、货币政策支持

（一）定向降准

2017 年 9 月，人民银行决定统一对单户授信 500 万元以下的小微企业贷款、个体工商户和小微企业主经营性贷款，以及农户生产经营、创业担保、建档立卡贫困人口、助学等贷款增量或余额占全部贷款增量或余额达到一定比例的商业银行实施定向降准政策。凡前一年上述贷款余额或增量占比达到 1.5% 的商业银行，存款准备金率可在人民银行公布的基准档基础上下调 0.5 个百分点；前一年上述贷款余额或增量占比达到 10% 的商业银行，存款准备金率可按累进原则在第一档基础上再下调 1 个百分点。该政策于 2018 年起实施。自 2019 年起，人民银行又将普惠金融定向降准小型和微型企业贷款考核标准由“单户授信小于 500 万元”调整为“单户授信小于 1000 万元”。

2020 年 3 月，为更好地支持实体经济发展，降低社会融资实际成本，人民银行将此前的普惠金融定向降准水平再次进行调整，对达到考核标准的银行定向降准 0.5 ~ 1 个百分点。

（二）再贷款与再贴现

近年来，中国人民银行还通过再贷款、再贴现的货币政策工具来改善“三农”、小微和民营企业的融资环境。资本充足率达标、符合宏观审慎要求、监管合规的金融机构，若小微和民营企业贷款占比高、存贷比指标较高、借用再贷款后能够增加信贷投放的，可向当地人民银行分支行申请再贷款和再贴现。

2018 年 6 月，人民银行增加了再贷款和再贴现额度 1500 亿元，10 月在现有基础上再增加再贷款和再贴现额度 1500 亿元，发挥其定向调控、精准滴灌功能，支持金融机构扩大对小微、民营企业的信贷投放。2019 年 7 月底，人民银行向服务基层、服务实体且符合宏观审慎要求的城市商业银行、农村商业银行、农村合作银行、村镇银行和民营银行增加总计 500 亿元的支小再贷款，重点支持中小银行扩大对小微、民营企业的信贷投放。经过本次增加后，全国支小再贷款总额度为 3695 亿元。

自新冠疫情发生以来，人民银行设立了 3000 亿元专项再贷款并增加 5000 亿元再贷款、再贴现额度，其中 3000 亿元专项再贷款是直接用于保障重要医疗物资、生活必需品的生产、销售和运输环节的重点企业的专门政策；5000 亿元再贷款、再贴现主要用于支持中小微企业复工复产。

2020 年 7 月 1 日，中国人民银行决定在原有基础上下调 0. 25 个百分点的支农再贷款、支小再贷款利率，调整后的 3 个月、6 个月和 1 年期支农再贷款、支小再贷款利率分别为 1. 95%、2. 15% 和 2. 25%。再贴现利率下调 0. 25 个百分点至 2%。2021 年 12 月 7 日，再次下调支农、支小再贷款利率 0. 25 个百分点，下调后 3 个月、6 个月、1 年期支农、支小再贷款利率分别为 1. 7%、1. 9%、2%。

二、财政政策支持

近年来，中国大力推动了一系列关于发展小微金融的财税激励政策，主要包括设立专项发展基金、给予税收减免、完善风险分担和信用增进政策等。

（一）设立普惠金融发展基金

为提高普惠金融服务水平，推动大众创业、万众创新，服务乡村振兴战略，财政部于 2016 年 9 月印发了《普惠金融发展专项资金管理办法》。该办法中所称的“专项资金”是指中央财政用于支持普惠金融发展的专项转移支付资金，包括县域金融机构涉农贷款增量奖励、农村金融机构定向费用补贴、创业担保贷款贴息及奖补、政府和社会资本合作（PPP）项目以奖代补 4 个使用方向。

2019 年 9 月，财政部对《普惠金融发展专项资金管理办法》进行了修订，将专项资金的使用方向从 4 个修订为 3 个，分别为创业担保贷款贴息及奖补、财政支持深化民营和小微企业金融服务综合改革试点城市奖励、农村金融机构定向费用补贴。

（二）降低天使投资和创业投资的应纳税所得额

天使投资和创业投资作为私募股权类的资本投资方式，在企业种子期、初创期以及高科技企业融资中扮演着重要角色。为促进创业投资持续健康发展，财政部、国家税务总局于 2018 年 5 月联合发布了《关于创业投资企业和天使投资个人有关税收政策的通知》。该项政策主要提出：公司制创业投资企业采取股权投资方式直接投资于种子期、初创期科技型企业满 2 年（24 个月，下同）的，可以按照投资额的 70% 在股权持有满 2 年的当年抵扣该公司制创业投资企业的应纳税所得额；当年不足抵扣的，可以在以后纳税年度结转抵扣。

（三）对小微企业融资担保业务实施降费奖补

担保是帮助缺乏抵押和信用的小微企业跨过首次贷款门槛、解决贷款有无问题的重要一环，对提高小微企业信用、扩大小微企业融资机会具有重要意义。2018 年，财政部、工业和信息化部联合印发《关于对小微企业融资担保业务实施降费奖补政策的通知》。根据通知要求，中央财政将在 2018—2020 年每年安排资金 30 亿元，依据工业和信息化部“中小企业信用担保业务信息报送系统”相关数据情况，结合预算安排进行分配，采用奖补结合的方式，对扩大小微企业融资担保业务规模、降低小微企业融资担保费率等政策性引导较强的地方进行奖补。2018年，对全国37个地区均安排奖补资金。2019年和2020年，对符合一定条件的省份予以奖补。此政策旨在引导地方支持实体经济领域小微企业融资担保业务扩规模、降成本，促进专注于服务小微企业的融资担保机构可持续发展。

三、国家融资担保体系建设

小微企业、“三农”等小微群体往往存在财务制度不健全、信用信息较少、生产经营不稳定、信贷风险相对较高等缺陷，在一定程度上影响了金融机构的贷款意愿。因此，建立政策性担保机构有其显而易见的必要性。这一举措在有效降低银行信贷的风险和损失的同时，也提高了小微企业融资的可得性。

（一）国家融资担保基金

国家融资担保基金是经国务院批准，由财政部联合政策性银行、国有大型银行、股份制银行、城商行、保险机构等20家银行及金融机构共同发起成立的政府性融资担保基金。目前，国家融资担保基金主要推出了两项“专项产品”：国家扶贫开发贷款担保支持计划和“总对总”合作项目。

国家扶贫开发贷款担保支持计划由国家融资担保基金联合地方担保、再担保机构推出，目的是引导银行信贷资金精准流向深度贫困地区[①]。其产品操作过程如下：当地的农户（含新型农业经营主体）、中小微企业、个体工商户和小微企业主、中小微型非企业经济组织向银行贷款（单户5万~500万元）用于生产经营，已与国家融资担保基金建立合作关系的机构对该笔贷款承保，地方省级再担保机构对其再担保。债权人与承保的融资担保机构对担保贷款的最终风险原则上按2:8的比例分担。地方省级再担保机构（或地方风险补偿资金）为承保机构实际分担的风险责任比例，应不低于20%。国家融资担保基金分担地方省级再担保机构的再担保责任，分担责任比例是担保贷款本金的30%。

“总对总”合作项目是国家融资担保基金与交通银行总行合作推出的普惠小微、“三农”合作项目。具体来说，双方体系内机构共同选定普惠小微、“三农”等客户群体，确定单笔业务的具体准入要求、审批标准、额度、期限等，并且共同设计贷（保）后管理模式以及加强过程风险控制等手段，协商一致同意后，国家融资担保基金体系内合作机构可对单笔业务开展“见贷即担”。发生不利于债权安全情形时，银担双方须共同完成风险项目预警和化解、逾期催收等工作。

截至2022年末，参与担保业务的各级担保机构达1442家，再担保合作业务覆盖2418个县区，累计完成再担保合作业务规模超过26551亿元，当年新增支小支农再担保合作业务规模11920.54亿元，规模占比98.7%，政策功能作用得到较好发挥。此

① 深度贫困地区是指西藏、四省藏区、新疆南疆四地州和四川凉山州、云南怒江州、甘肃临夏州等地区。

外，国家融资担保基金推出乡村振兴贷款担保支持计划，加大对160个国家乡村振兴重点帮扶县融资担保服务，当年新增业务规模达48.58亿元、支持户数6293户。

案例3－1　政策性融资担保业务——以温州市小微企业信用保证基金运行中心为例

温州市小微企业信用保证基金运行中心（以下简称温州信保基金）开展融资担保业务的模式为：银担风险共担（合作银行与信保基金分担风险的比例为20:80）。在业务流程上，主要由合作银行根据温州信保基金制定的业务政策进行客户营销、评审，合作银行评审通过后提交温州信保基金审核。温州信保基金审核通过后，与合作银行签订总协议，明确责任与义务，在总协议下，具体担保行为通过温州信保基金出具担保函的形式实现，温州信保基金不向合作银行交存保证金，合作银行定期将放款通知书转给温州信保基金。

该融资担保业务的主要特点有以下几方面。

（1）纯信用：申请温州信保基金担保不需要另外提供第三方保证人或者其他抵质押物进行反担保。

（2）无门槛：申请温州信保基金担保没有产业、行业、成立时间等最低门槛限制，对企业主和创业者没有户籍要求。

（3）准入条件严

①申请对象必须为国标小微企业及其创业者。

②申请担保融资用途必须用于实体经济经营。

③申请成功后，申请主体融资银行不能超过3家。

（4）服务对象广泛：涵盖温州市范围内注册的小微企业、个体工商户、小微企业主、新型农业经营主体、创新创业人才。

（5）单户限额控制

①对小微企业、个体工商户、新型农业经营主体单户最高担保总额不超过500万元。

②对小微企业主、创新创业人才最高担保总额不超过200万元。

（6）担保期限灵活：担保期限视具体项目确定，流动资金一般为1～3年，其他最长期限可达10年。

（7）政策性收费：年化基准担保费率不超过1%。对符合温州市政府扶持政策的企业，可以实行不同程度的担保费率优惠，最高优惠可以免费，其中对捐资银行报送的企业额外追加不同程度的担保费率优惠。

温州信保基金按服务功能和服务对象设计了15款有较强针对性的专项产品（见表3－3），给予不同的担保费率优惠。具体产品在符合上述基本业务条件的基础上，在扶持对象上各有侧重。

表 3－3　温州信保基金主要融资担保产品一览

产品类别	产品名称	产品解析与服务对象
功能类	“首贷保”	从未贷款过的“零信贷”小微企业，通过信保基金进行担保，首次获得银行融资支持
	“解链保”	对于存在贷款联保互保问题和担保圈关系的小微企业，转由信保基金提供担保，解开贷款担保链
对象类	“科创保”	为国家高新技术企业，浙江省科技型中小企业及专利示范或创新型、入驻科技园等企业提供担保
	“入园保”	为购买小微园区厂房或承租入驻小微园区的企业提供担保

资料来源：《政策性融资担保业务案例汇编（2020）》。

（二）国家农业信贷担保联盟有限责任公司

国家农业信贷担保联盟有限责任公司（以下简称国家农担公司）成立于 2016 年 5 月 6 日，是经国务院批准同意组建的政策性担保机构，也是全国农业信贷担保体系[①]在国家层面的实体机构。

国家农担公司以及各省级农担公司以企业法人的形式存在，但不以营利为目的。国家农担公司的主要工作内容包括：（1）以国家农业支持政策为依据，制定公司再担保业务标准，为省级公司的政策性业务提供再担保服务，制定合理的再担保责任比例和再担保费率，并建立风险救助机制。（2）为省级公司提供业务指导和规范指引，研究并支持省级公司开发农业信贷担保产品和服务，扩大信贷支持农业的规模和覆盖面。（3）与银行等金融机构开展总对总的战略合作并促进在省级层面协调落实，推动银行等金融机构扩大政策性担保业务规模、降低贷款利率。（4）组织全国农业信贷担保专业人才培养和人员培训，支持省级公司培养造就一支扎根农村、熟悉市场、“懂农业、爱农村、爱农民”的基层农业信贷担保工作队伍。自公司成立至 2020 年 3 月末，累计纳入再担保项目 26.6 万个，金额 1225.2 亿元；在保项目共 15.7 万个，在保余额为 691.8 亿元。

① 全国农业信贷担保体系是一个具有“财政＋金融”“政府＋市场”属性特征的政策性金融工具，是对财政支农资金使用方式的调整和创新。以财政资金作为农担公司注册资本金，实际上是将其作为新型农业经营主体的抵质押物，增强银行向农户发放贷款的信心，新型农业经营主体使用的不再是财政的直接补助资金，而是银行的信贷资金。截至 2020 年 3 月末，共建省级农担公司 33 家，省级农担公司下设的分支机构达 1248 家，对全国主要农业县的业务覆盖率达到 92% 以上。

案例3-2 浙江农担公司特色产品——“粮农贷”

“浙里担·粮农贷”是根据浙财农〔2017〕52号文设计的专项担保贷款产品。该产品以支持粮食规模化生产、增加粮农收入为目标，以从事粮食生产的种粮大户、家庭农场、农民专业合作社等为支持对象，以浙江省农业信贷担保有限公司为增信机构，以财政贴息为支持方式，由合作银行向支持对象发放贷款。产品特点：一是享受财政贴息。凡符合条件的种粮大户、家庭农场、农民专业合作社等规模化种粮主体贷款，由省财政给予贷款贴息。二是费率最低至2.15%。贷款利率原则上按人民银行规定的同期同档次贷款基准利率执行。享受政策优惠后，当前担保贷款费率综合成本最低可达2.15%。三是担保费优惠，且不收取被担保人的保证金。四是免抵（质）押。不需要被担保人提供抵（质）押反担保，担保手续简便。银行及担保机构开辟“绿色通道”，确保审批快捷、贷款发放迅速。

贷款额度：担保贷款用于粮食直接生产环节，包括土地租金、购买农资等，贷款额度原则上按照种粮面积计算并控制在每亩1000元以内，但用于购买农机具和开展小型粮食生产、加工等设施设备建设的贷款，可视情增加额度。单户政策性担保贷款总额不超过100万元。

贷款期限：根据农业生产的季节特点、生产经营项目周期和综合还贷能力等灵活确定，粮食生产贴息贷款的期限一般为1年以内，最长不超过2年。

资料来源：国家农业信贷担保联盟有限责任公司，http：//www. guojianongdan. cn。

思考题

1. 阐述我国银行业小微金融发展现状。

2. 根据已学知识，结合相关资料，谈谈国有银行、股份制银行、城商行、农商行等银行如何错位竞争，实现小微金融可持续发展。

3. 根据已学知识，结合相关资料，谈谈国外发展小微金融业务的经验对我国有何借鉴意义。

第二篇

小微金融难题：理论与现实成因

Chapter Four

小微金融的困境表现 第四章

小微企业是小微金融市场中的需求主体，也是创造就业机会和促进经济增长的强大引擎。全球 10 个新增就业岗位中就有 9 个是由小微企业创造的，据预测，到 2030 年，全球平均每月需要在新兴市场创造近 330 万个就业岗位，以吸纳不断增长的劳动力。而融资渠道缺乏、融资成本昂贵一直以来都是小微企业面临的两大发展难题，同时也影响着各国国民经济的长期稳定发展。

第一节　小微金融服务的需求缺口大

世界银行调查显示，截至 2018 年 10 月，发展中国家有近 3. 15 亿家正规的微型、小型和中型企业，其中微型企业 2. 85 亿家，中小企业 2992 万家。在微型企业中，融资需求完全受制的占比为 20%（5701. 4 万家），部分受限的占比为 21%（5984. 5 万家），能够顺利获得融资资金的只占 59%（1. 68 亿家）。同时，在发展中国家的中小企业部门也能够看到类似的情况：有 32% 的中小企业（927. 5 万家）融资渠道处于完全闭塞状态，12% 的中小企业（359 万家）受到部分融资约束，只有 56% 的中小企业（1705. 5 万家）无融资受阻情况（见图 4 –1、图 4 –2）。

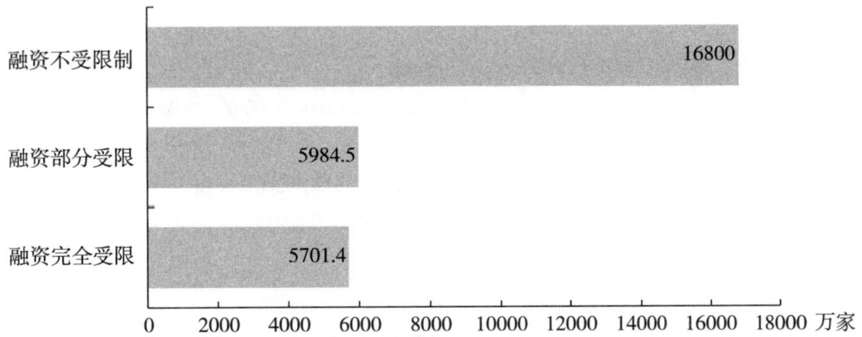

图 4 –1　发展中国家微型企业的不同程度融资受限情况

（资料来源：国际金融公司数据与分析）

按不同区域划分，地处东亚及太平洋地区的中小微企业，其融资渠道完全闭塞的比例达 28. 51%（4210. 10 万家），受到部分融资阻碍的比例达 16. 66%（2460. 39 万家），只有 54. 83%（8096. 79 万家）的企业未受到任何融资阻碍。相比之下，拉丁美

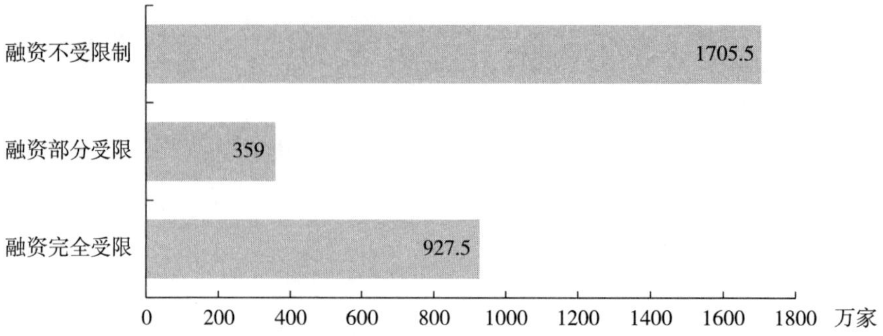

图 4-2　发展中国家中小企业的不同程度融资受限情况

（资料来源：国际金融公司数据与分析）

洲和加勒比地区、撒哈拉以南非洲、欧洲和中亚这三个区域的中小微企业融资完全受阻的情况相对较轻，完全无法获得融资的中小微企业的数量占本地所有中小微企业数量的比重分别是 9.82%、13.1% 和 14.08%（见图 4-3）。

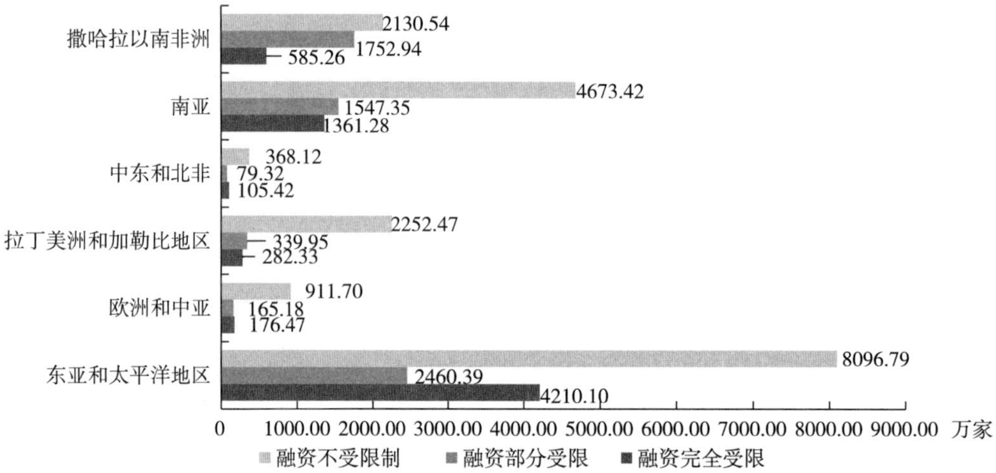

图 4-3　不同地区中小微企业的融资受限程度

（资料来源：国际金融公司数据与分析）

一、发展中国家正规部门的融资缺口

虽然中小微企业部门对于全球经济十分重要，但 2017 年在世界银行发布的《中小微企业融资缺口》（*MSMEs Finance Gap*）中提到，在接受调查的 128 个发展中国家中，存在 8.9 万亿美元的中小微企业潜在融资需求，而金融机构只提供了 3.7 万亿美元的融资资金，融资缺口达到 5.2 万亿美元，即 59% 的潜在融资需求未得到满足。其中，微型企业的融资缺口约为7188亿美元，占微型企业潜在融资需求的81%；中小企业的融资缺口约为4.5万亿美元，占中小企业潜在融资需求的56%。

（一）不同收入水平下正规部门的融资缺口情况

世界银行通过对不同收入水平的发展中国家开展调查发现：中高收入国家的中小微企业融资缺口占发展中国家总融资缺口的71%；中低收入国家的中小微企业融资缺口总额达1.17万亿美元，占发展中国家总融资缺口的22.33%；在低收入国家和高收入国家中，两者的中小微企业融资缺口占潜在融资需求的比例最低，分别为0.95%（0.05万亿美元）和5.73%（0.3万亿美元）（见图4-4）。此外，在低收入国家和中低收入国家中，中小微企业融资缺口占各自收入水平国家中小微企业潜在融资需求的比例最高，均为80%，远超于本次世界银行研究中的所有发展中国家的总缺口占比（59%）。

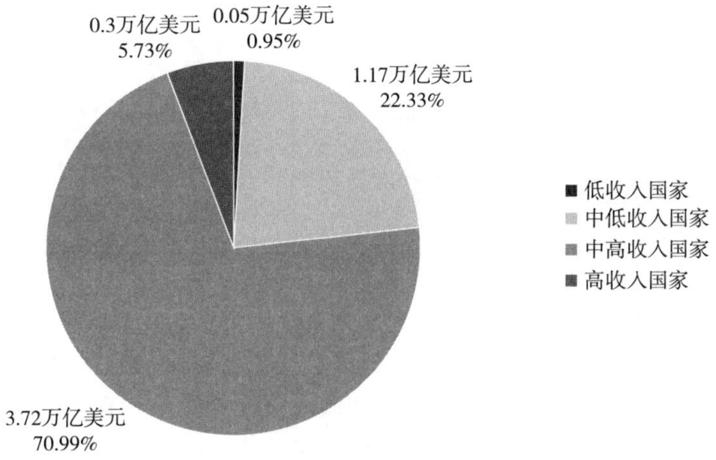

图4-4　不同收入水平下各国中小微企业融资缺口占发展中国家总融资缺口的比重

（资料来源：国际金融公司数据与分析）

一般来说，融资缺口占GDP的比例越高，与经济规模相关的融资需求就越高，进而刺激金融机构通过差异化精准营销等方式进入小微金融市场。从融资缺口占国内生产总值比例的角度来看，在中低收入国家和高收入国家中，中小微企业融资缺口分别占该收入水平国家GDP的21%和20%，在中高收入国家和低收入国家中，这一指标分别是18%和15%（见表4-1）。

表4-1　不同收入水平下各国中小微企业融资缺口占国内生产总值的百分比

指标	低收入国家	中低收入国家	中高收入国家	高收入国家
融资缺口占GDP的比例	15%	21%	18%	20%

资料来源：国际金融公司数据与分析。

（二）不同地区下正规部门的融资缺口

从地区划分来看，东亚和太平洋地区的中小微企业融资需求最旺盛，几乎占全球潜在融资需求总额的57%（5.142万亿美元），主要原因在于中国是小微金融需求与供给最大的国家，中小微企业的金融产品及服务供求金额分别为2.5万亿美元和4.4万亿美元。同时，该地区也是中小微企业融资缺口最大的区域，占总缺口额的46%（2.387万亿美元）。拉丁美洲和加勒比地区的中小微企业融资缺口仅次于东亚和太平洋地区，占比23%（1.209万亿美元）。这是由于该地区的巴西占全球发展中国家小微企业融资缺口的11.54%（0.6万亿美元）。此外，南亚地区的印度也是一个融资缺口大国，其小微企业融资缺口达2300亿美元，占南亚地区总缺口的68%。

表4-2 不同收入水平下各国中小微企业潜在需求和融资缺口的区域分布

单位：10亿美元

地区	潜在融资需求额	已获得融资额	融资缺口额
东亚和太平洋地区	5142	2755	2387
欧洲和中亚	1279	503	776
拉丁美洲和加勒比地区	1395	185	1209
中东和北非	221	26	195
南亚	501	164	337
撒哈拉以南非洲	404	70	331

资料来源：国际金融公司数据与分析。

从不同地区的中小微企业融资缺口占该地区GDP的比例来看，中东和北非国家的中小微企业融资缺口占比为26%，而南亚和撒哈拉以南非洲地区的这一指标最低，均为16%，低于所有发展中国家的平均值19%（见表4-3）。

表4-3 中小微企业融资缺口占国内生产总值的百分比（按地区）

指标	东亚和太平洋地区	欧洲和中亚	拉丁美洲和加勒比地区	中东和北非	南亚	撒哈拉以南非洲
融资缺口占GDP的比例	22%	20%	18%	26%	16%	16%

资料来源：国际金融公司数据与分析。

二、发展中国家非正规部门的融资需求情况

国际劳工组织原秘书长米歇尔·昂塞纳在1991年国际劳工大会上首次提出“非正规部门”的概念。非正规部门是指规模非常小的商品生产者和劳务提供者，大部分是独立小业主，且未在官方统计机构登记，几乎不能进入有组织的劳动市场，得不到政府、金融机构的支持。这些非正规部门主要存在于发展中国家的城市地区，小业主仅

雇用家庭成员或者雇用为数不多的学徒，生产经营不稳定、资本累积较少，经营场所也几乎无法受到社会保障及劳动法规约束。

世界银行在《中小微企业融资缺口》中指出，2017 年发展中国家非正规部门的中小微企业潜在融资需求为 2.9 万亿美元，占所有发展中国家中小微企业潜在融资需求的 24.37%（见图 4－5），这相当于所有发展中国家国内生产总值的 11%。

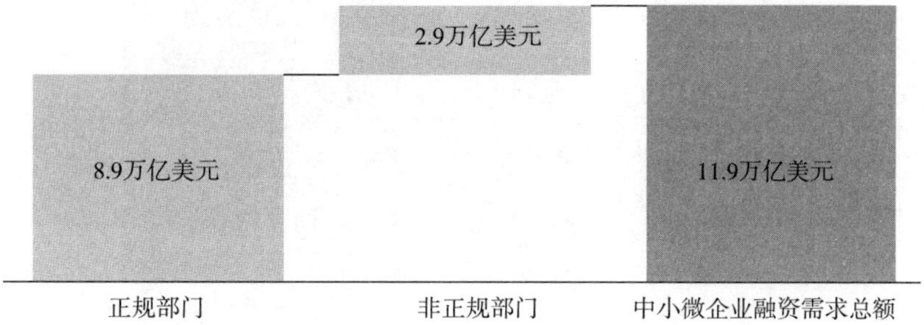

图 4－5　发展中国家正规部门和非正规部门的中小微企业融资需求情况

（资料来源：国际金融公司数据与分析）

（一）不同收入水平下非正规部门的融资需求

据世界银行调查，中高收入水平国家的非正规部门中小微企业潜在融资需求最高，达到 19980 亿美元，低收入水平国家的非正规部门中小微企业潜在融资需求最低，为 449 亿美元（见表 4－4）。这些非正规部门中小微企业的融资需求基本很难得到满足，尤其是正规金融机构的信贷业务几乎不向这些企业开放，导致非正规部门中小微企业的融资缺口基本达到 100%。

表 4－4　2017 年不同收入水平下各国非正规部门中小微企业的潜在融资需求情况

单位：亿美元

不同收入水平的国家	非正规部门中小微企业的潜在融资需求额
低收入国家	449
中低收入国家	7296
中高收入国家	19980
高收入国家	1510
总计	29235

资料来源：国际金融公司数据与分析。

（二）不同地区下非正规部门的融资需求

从不同地区的融资需求绝对值上看，东亚和太平洋地区非正规部门中小微企业的潜在融资需求最大（9950 亿美元），其次是拉丁美洲和加勒比地区（7560 亿美元），中东和北非地区最低（690 亿美元）（见图 4 -6）。从不同地区各国的平均潜在融资需求角度看，东亚和太平洋地区的非正规部门中小微企业平均潜在融资需求最高（553 亿美元），中东和北非地区的非正规部门中小微企业平均潜在融资需求最低（77 亿美元）。

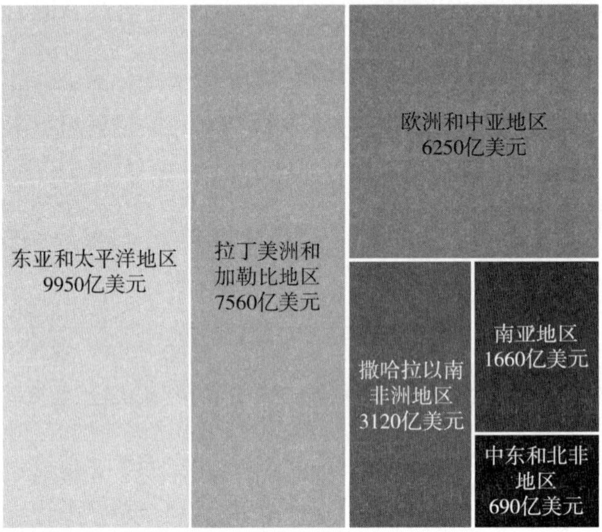

图 4 -6　2017 年发展中国家非正规部门中小微企业的潜在融资需求情况

从正规部门和非正规部门均可看出，中等收入国家（包括中低收入国家和中高收入国家）的融资缺口占比最大。其原因在于，中等收入国家大多处于经济快速发展阶段，资金需求较大，而小微金融体系尚不健全，导致缺口较大。低收入国家经济基础落后，更有甚者难以保证基本温饱，导致其融资需求和供给均低下。反观高收入国家，这些国家具有较为完善的金融市场体系，能够尽可能满足中小微企业的融资需求，其融资缺口也相对较小。同样地，不同地区的融资缺口比重也有类似的分布情况，例如中等收入国家居多的东亚和太平洋地区，其融资缺口就大于其他各个地区。

第二节　小微金融服务的成本高

小微企业融资面临诸多难题，除融资资金供不应求外，还面临融资成本高的难题，制约着企业健康发展。

融资成本的实质是资金使用者支付给资金所有者的报酬。小微企业的融资成本由多种成本组成，主要包括小微企业接受信贷等融资服务时所要支付的利息和手续费等。同时，利息和手续费又是金融机构的业务收入，用于覆盖提供融资服务时的风险、运营管理成本、资金成本和合理利润等。因此，贷款利率在很大程度上影响着融资成本，尤其是财务信息不健全、贷款业务跟踪要求较高的中小微企业，其贷款利率普遍高于大型企业，融资成本也相对更高。

根据世界银行公布的数据，各国中小微企业的贷款利率普遍高于大型企业，两者之间存在一定的利差。总体而言，2018 年大多数国家的贷款利差较 2017 年都有所下降，其中 2017 年巴西和秘鲁的贷款利差分别为 16.1% 和 14.64%，2018 年的贷款利差分别为 12.9% 和 13.72%，均超过 10 个百分点。对于美国、比利时、西班牙、中国等中小微企业贷款利率较低的国家而言，中小微企业和大型企业之间的贷款利差通常较低，2018 年的贷款利差分别为 0.26%、0.25%、0.2%、0.1%，均在 1 个百分点以下（见图 4－7）。

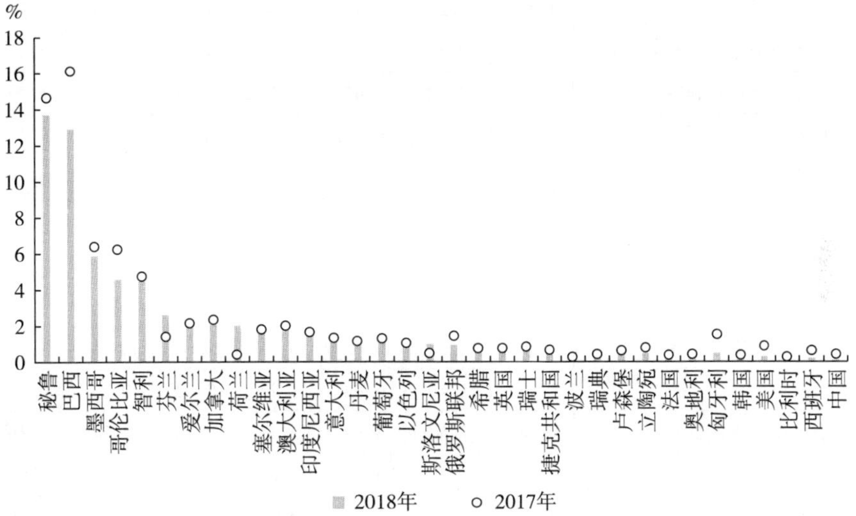

图 4－7　2017—2018 年各国中小微企业与大型企业的贷款利差

（资料来源：《世界银行 2020 年中小企业和企业家融资报告》）

表 4－5　2012—2019 年多国中小微企业与大型企业的贷款利差

单位：%

贷款利率		2012 年	2013 年	2014 年	2015 年	2016 年	2017 年	2018 年	2019 年
澳大利亚	中小微企业贷款利率	7.13	6.54	6.27	5.63	5.36	5.28	5.33	4.18
	大型企业贷款利率	5.50	4.77	4.60	3.90	3.49	3.43	3.72	2.48
	利差	1.63	1.77	1.67	1.73	1.87	1.85	1.61	1.70
巴西	中小微企业贷款利率	19.70	23.70	25.20	34.80	31.70	25.10	21.50	24.89
	大型企业贷款利率	9.00	12.00	13.30	16.40	17.40	9.00	8.60	8.45
	利差	10.70	11.70	11.90	18.40	14.30	16.10	12.90	16.44
芬兰	中小微企业贷款利率	2.86	2.81	2.94	2.96	2.76	2.75	3.21	3.92
	大型企业贷款利率	2.07	1.91	1.92	1.46	1.33	1.35	1.25	1.34
	利差	0.79	0.90	1.02	1.50	1.43	1.40	1.96	2.58
希腊	中小微企业贷款利率	6.87	6.51	5.80	5.38	5.32	4.91	4.64	4.31
	大型企业贷款利率	5.92	5.77	5.55	4.82	4.61	4.20	3.81	3.64
	利差	0.95	0.74	0.25	0.56	0.71	0.71	0.83	0.67

续表

贷款利率		2012 年	2013 年	2014 年	2015 年	2016 年	2017 年	2018 年	2019 年
印度尼西亚	中小微企业贷款利率	13.99	14.14	14.54	13.99	12.69	13.06	12.69	12.57
	大型企业贷款利率	11.60	11.88	12.48	12.51	11.01	11.39	11.01	10.62
	利差	2.39	2.26	2.06	1.48	1.68	1.67	1.68	1.95
马来西亚	中小微企业贷款利率	4.91	5.83	5.04	5.90	4.86	5.50	6.47	5.71
	大型企业贷款利率	3.97	3.55	3.27	3.21	3.32	3.33	6.16	5.29
	利差	0.94	2.28	1.77	2.69	1.54	2.17	0.31	0.42
中国	中小微企业贷款利率	—	8.39	7.51	5.26	4.89	5.78	5.17	4.86
	大型企业贷款利率	—	7.72	7.47	5.23	4.77	5.40	5.07	5.11
	利差	—	0.67	0.04	0.03	0.12	0.38	0.10	-0.25
秘鲁	中小微企业贷款利率	25.94	24.64	23.39	25.57	26.36	26.55	26.28	25.25
	大型企业贷款利率	6.60	6.49	6.37	6.29	6.86	6.75	6.00	5.93
	利差	19.34	18.15	17.02	19.28	19.50	19.80	20.28	19.32
英国	中小微企业贷款利率	3.71	3.60	3.43	3.33	3.22	3.16	3.44	3.29
	大型企业贷款利率	2.41	2.20	2.45	2.11	2.60	2.43	2.70	2.54
	利差	1.30	1.40	0.98	1.22	0.62	0.73	0.74	0.75
美国	中小微企业贷款利率	3.76	3.55	3.39	3.33	3.46	4.94	5.16	5.26
	大型企业贷款利率	3.25	3.25	3.25	3.26	3.51	4.10	4.90	5.50
	利差	0.51	0.30	0.14	0.07	-0.05	0.84	0.26	-0.24

资料来源：《世界银行2020年中小企业和企业家融资报告》。

从表4-5中可知，2012年至2019年澳大利亚、巴西、芬兰、希腊、印度尼西亚、中国等大多数国家的中小微企业贷款利率与大型企业贷款利率表现为同向变动。其中，澳大利亚、希腊和中国的贷款利率随着时间推移而整体呈下降趋势。发达国家与发展中国家相比，三个社会经济发展相对落后的发展中国家——巴西、秘鲁、印度尼西亚2012—2019年中小微企业平均贷款利率分别为25.96%、25.53%、13.59%，普遍高于其他国家；而芬兰、英国、美国等发达国家的中小微企业贷款利率普遍较低，2012—2019年平均贷款利率分别为3.03%、3.40%和4.11%。可见，具有完善的金融市场体系，并且能够为中小微企业提供充足资金供给的发达国家，可将贷款利率保持在较低的水平，获得资金的成本自然也较低。反观发展中国家，除金融市场不完备外，发展中国家经济增长较快，社会的投资回报率也相应较高，那么小微金融服务的资金成本自然也较高。

从贷款利差上不难发现，中小微企业的贷款利率基本高于大型企业的贷款利率，说明中小微企业的金融服务成本普遍高于大型企业。其中，2012—2019年秘鲁和巴西的平均贷款利差基点分别高达1909个和1406个，而同为发展中国家的中国，2012—2019年的平均贷款利差基点仅为16个，较其他发达国家的贷款利差更小。这与中国政府高度重视普惠金融发展，促进金融资源向普惠金融倾斜密切相关，意味着中国的中小微企业融资成本与大型企业融资成本的差距甚小，中小微企业信贷环境趋于宽松。

第三节　麦克米伦缺口与二八定律

一、麦克米伦缺口

小微企业融资难题不是现在才有的问题，也不是某一个国家独有的问题，而是一个长期存在的世界性难题。早在1929年经济危机大爆发时，英国政府为了摆脱危机，重振国民经济，指派以麦克米伦爵士为首的“金融产业委员会”调查英国金融业和工商业。调查研究发现小微企业在筹措其所需的长期资本时，由于信息不对称等原因，尽管有担保机制作为支撑，但仍面临诸多融资困难，存在融资缺口，需要政府采取某种战略或措施来弥补与治理这个缺口。麦克米伦的观点得到了学术界和实务界的普遍认同，而“小微企业融资难”这一世界性难题也就被称为麦克米伦缺口（Macmillan Gap）难题。

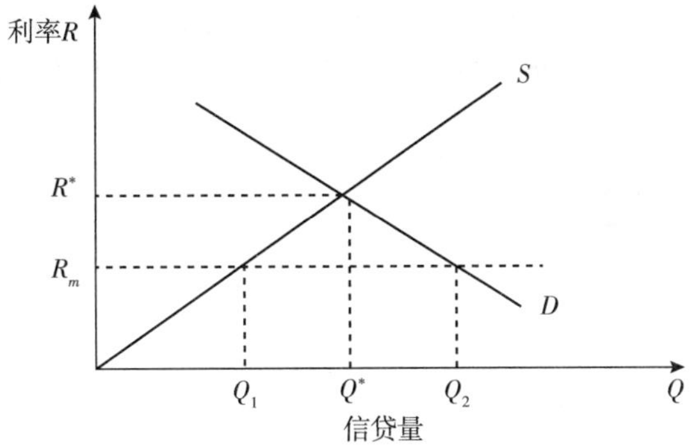

图4－8　麦克米伦缺口

麦克米伦缺口是指在一定利率水平下，存在资金供不应求现象，形成了小微企业融资难题。我们可以用图4－8简要地表示融资信贷市场失效问题，其中，D是小微企业对信贷资金的需求线，S是不存在信贷配给的情况下金融机构对小微企业信贷资金的供给线。供给线和需求线的交点是信贷市场均衡点，决定了不存在“市场失灵”的情况下的均衡利率水平R^*和信贷量Q^*。但在现实中，银行并不会因为小微企业愿意接受较高的信贷利率水平（如R^*）就向小微企业增加贷款，银行会按照一个市场利率水平向企业提供信贷，这个可接受的市场利率水平实际上是对大型企业提供贷款的利率水平。在图4－8中，R_m是市场利率水平，它低于小微企业信贷的均衡利率。这样，在较低的利率水平上，小微企业能够得到的信贷量为Q_1，而此时的信贷需求量为Q_2，小微企业面临着一个信贷缺口，信贷需求量与实际得到的信贷量之间的差额Q_1Q_2即为麦克米伦缺口。

二、二八定律

二八定律也称为20/80法则，是意大利经济学家维尔弗雷多·帕累托于1897年归纳出的一个统计结论，即20%的人口享有80%的财富，或80%的收入来源于20%的客户，结果人们往往对重要的20%予以重视，而忽视了其余的80%，这种现象普遍存在于各行各业。①

随着互联网的诞生，“长尾理论”的出现，导致二八定律在一定程度上被颠覆。长尾理论是由美国《连线》杂志主编克里斯·安德森（Chris Anderson）在2004年基于网络时代兴起而提出的一种理论。这一理论认为，由于成本和效率的因素，过去人们只能关注重要的人或重要的事，如果用正态分布曲线来描绘这些人或事，人们只是关注曲线的“头部”，而将处于曲线“尾部”、需要更多的精力和成本才能关注到的大多数人或事忽略了。长尾有两个特点：细和长。“细”说明长尾是份额很少、在过去不被重视的市场；“长”说明这些市场虽小，但数量众多，巨大数量的微小市场，却也占据了市场中可观的份额——这就是长尾理论的核心（见图4-9）。② 进入网络时代以后，获取信息的成本大幅降低，这就为以较低的成本关注正态分布曲线的“尾部”提供了条件和可能，并且关注“尾部”所产生的总体效益甚至会超过“头部”。

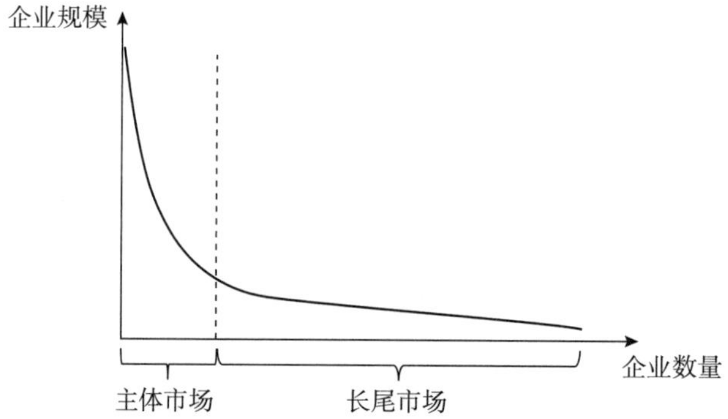

图4-9 长尾理论

传统银行经营中所遵循的一个重要原则就是二八定律，即通过服务20%的优质客户来获取80%的利润，而对由小微企业、中低收入人群构成的长尾市场则服务不足。由于商业银行的传统经营模式具有高固定成本、高交易成本和高市场转换成本等特点，其将主要资源用于服务重要客户，制约了其服务长尾市场的能力。面对大量小微企业甚至是创新型小微企业融资难的问题，传统银行当前的价值体系决定了它们较难将工

① 欧阳进良，汤娇雯，庞宇，等．国家科技计划及项目管理中的“二八”现象和长尾理论的影响浅析［J］．科学学研究，2009（10）．

② 刘晓梅，雷祺．基于长尾理论的中国农村市场开拓策略［J］．经济理论与经济管理，2009（6）．

作重心和创新重点放到解决这一问题上来。而金融科技企业基于其有别于传统银行的成本结构和服务模式，大多存在边际成本递减规律特征。这使其总是力图吸引更多用户以形成更大的规模效应，因而被传统银行机构忽略的80%的长尾市场对金融科技企业来说蕴含着巨大价值。①

"2016金融时报年会"上，中国建设银行首席经济学家、中国首席经济学家论坛理事黄志凌认为商业银行终将突破金融服务的二八定律。金融界长期以来的二八定律一直是商业的基础，并构成传统金融机构的战略边界。然而长期形成的金融机构客户服务战略是高端化集中趋势，金融机构与金融资源向中心城市集中，这不仅使普惠金融难以突破，也使传统金融机构面临业务过度竞争，以及引领能力下降的问题，最终阻碍了金融深化与经济增长。二八定律由银行战略的金科玉律，变成了银行陷入困境的重要原因。

黄志凌认为，二八定律与银行所处的经济水平与技术有关，在许多中低收入国家，占客户总量80%的中低端客户水平很低、市场参与度比较低，户均存量和流量对商业银行都不具有积极价值。但是如果经济水平达到一定高度，达到高水平或者较高水平，二八定律存在的基础就会发生变化，与此相适应的长尾理论就会替代二八定律，占比80%的低端客户给银行带来的利润总和将不亚于高端客户。客观分析过去金融服务难以渗透80%的低端客户，其直接原因是信息收集困难、信息处理成本过高。按照成本效益的原则，银行无法大量向中低端客户提供相应的金融服务。这种状况的根源是金融服务技术落后，使传统金融机构在这方面心有余而力不足。而数据革命则为常规理论发挥作用奠定了技术基础，商业银行终将突破金融服务的二八定律。②

思考题

1. 小微金融的困境表现有哪些？
2. 什么是麦克米伦缺口？
3. 传统银行经营中的二八定律是何意？
4. 在金融科技时代，传统银行应如何拓展长尾市场？

---

① 黄建康，赵宗瑜．互联网金融发展对商业银行的影响及对策研究［J］．理论学刊，2016（1）．

② 黄志凌．商业银行终将突破金融服务的二八定律［EB/OL］．［2016－12－09］．https：//www.sohu.com/a/121163088_465450.

小微金融服务困境的理论成因

Chapter Five
第五章

第一节　信息不对称理论

信息经济学起源于20世纪50年代，可划分为宏观信息经济学和微观信息经济学两个方向。宏观信息经济学又称为情报经济学、信息工业经济学，以研究信息产业和信息经济为主，是研究信息这一特殊商品的价值生产、流通和利用及经济效益的学科。微观信息经济学又称理论信息经济学，是从微观视角研究信息的成本和价格，以及不完全信息对市场交易行为和资源配置的影响，并分析如何运用信息提高市场经济效率。在新古典经济学的世界里，交易成本为零，信息完全。而在现实生活中，这两个假设基本不成立。微观信息经济学正是从对这两个基本假设的否定开始的。本章主要以微观信息经济学为基础进行分析。

传统经济学认为，价格凝结了所有的市场信息，它的获得不需要成本，因而能够为所有的市场参与者自由运用。这样，市场参与者就具有了市场运行的完全信息。这意味着传统经济分析不包含私人信息的内容，即不存在信息的非对称性。这样，决策个体在给定的信息参数（价格）下进行决策，个体之间的相互作用都通过市场包含在价格中，价格机制包含了市场经济活动的全部内容，市场机制就等同于激励约束的全部内容和手段。通过市场这只“看不见的手”的作用，个人理性自发地达到集体理性，市场总是出清的，整个经济社会最终会达到理想状态——帕累托最优状态。

然而，信息经济学认为价格是在搜寻中获得的，是以付出成本为代价的。因而信息是不完全的，这就决定了竞争是不完全的。决策个体之间存在直接的相互作用和影响，私人信息发挥着重要作用，因而信息是不对称的。在信息不完全和非对称条件下，完全理性转化为有限理性，即经济个体是自私的，按照最大化原则行事，但他通常并不具有做出最优决策所需要的信息，因此，经济个体的能力是有限的，理性也是有限的。个人理性选择的结果可能是非理性的，个人理性并不必然导致集体理性。

一、信息不完全与信息不对称①

信息不完全（Incomplete Information）是指市场参与者不能获得所需要的全部信息。

① 张亚丽，陈瑞计．经济学原理［M］．广州：中山大学出版社，2009：139－140.

例如，消费者不知道同一种物品在不同商店的不同卖价，以及所要购买物品的质量等信息；生产者无法确切了解市场价格的所有变动情况，以及所有消费者的偏好。

导致信息不完全的主要原因是：（1）市场范围极大，且信息千变万化，人们无论花费多少时间和精力都难以从中准确地获得所需要的全部信息；（2）收集信息需要花费成本，信息收集的成本太高，甚至超出获得信息的收益；（3）某些市场参与者出于商业目的，故意制造和传播假信息，使人们无法获得全部真实信息。

在信息不完全的市场中，各种信息不能准确而及时地传递给每一个市场参与者，消费者的购买决策和企业的生产决策都有可能发生失误，因而市场价格不能准确地反映市场供求状况，价格机制的资源配置功能扭曲，市场难以发挥优化资源配置的作用，导致市场失灵。

信息不对称（Asymmetry Information）是指交易的一方对另一方缺乏充分的了解，并影响其在交易中做出正确的决策。信息不对称可能表现为卖方掌握的信息比买方多，例如，装修公司比客户更了解装修材料的品质和房屋装修的质量，雇工比雇主更了解自己的劳动能力和技术水平；也可能表现为买方掌握的信息多于卖方，例如，医疗保险的购买者比保险公司更了解自己的身体状况，借款人比金融机构更了解自己的信用状况。

由于经济活动中买卖双方所拥有的信息数量和质量存在差异，拥有信息优势的一方就可能为获得有利于自己的交易条件，故意隐瞒某些对自己不利的信息，甚至制造虚假信息，损害交易对手利益，影响市场均衡。当人们对信息隐瞒和欺诈的担心严重影响交易活动时，市场机制的作用就会受损，市场配置资源的功能就会失灵。信息不对称会导致两种典型的现象——逆向选择和道德风险，并最终导致市场低效率。逆向选择通常由交易前的信息不对称导致，而道德风险通常由交易后的信息不对称导致。

二、逆向选择

曼昆认为，逆向选择（Adverse Selection）是在卖者对所出售物品的特征了解得比买者多的市场上产生的问题。① 在这种情况下，买者要承担物品质量低的风险。而事实上，逆向选择也可以出现在买者掌握的信息比卖者多的情况下。因此，逆向选择是指市场交易的一方如果能够利用多于另一方的信息使自己受益而对方受损时，信息劣势的一方便难以顺利地做出交易决策，于是价格便随之扭曲，并失去了平衡供求、促成交易的作用，进而导致市场效率降低。逆向选择通常会导致劣质品驱逐优质品，进而出现市场交易产品平均质量下降的现象。

下面，我们以平狄克和鲁宾费尔德（2009）经典的旧车市场模型为例来说明信息

① 曼昆. 经济学原理［M］. 北京：北京大学出版社，2020.

不对称如何导致逆向选择现象。① 假定有两种旧轿车——高质量车和低质量车。再假定卖方和买方都知道哪一种轿车是高质量的，哪一种轿车是低质量的。这样就会如图5－1所显示的那样有两个市场。在图5－1（a）图中，S_H是高质量车的供给曲线，D_H是高质量车的需求曲线。同样，图5－1（b）图中的S_L和D_L分别是低质量车的供给曲线和需求曲线。在任何给定的价格下，S_H低于S_L，这是因为高质量车的车主更不愿意与他们的车分离，从而必须得到更高的价格才愿意这样做。同样，D_H高于D_L，这是因为买主愿意为得到一辆高质量的车支付更多的钱。如图5－1所示，高质量车的市场价格是40万元，低质量车是20万元，每种车出售的数量均是60000辆。

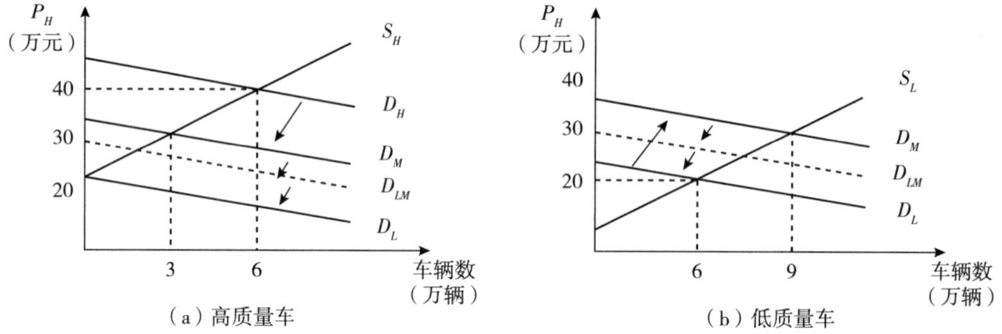

注：当产品的卖方对产品质量比买方有更多信息时，柠檬市场②可能出现，使低质量商品驱逐高质量商品。

图5－1　旧车市场模型

在实际生活中，旧车的卖主对车的质量比买主要知道得多。那么，如果卖主知道车的质量而买主不知道，会发生什么？如果买卖双方都知道质量信息，每种车会出售60000辆，所以在信息不对称的情况下，我们假设起初买主认为，他们买到高质量车的可能性是50%。因此，在购买时，买主会把所有的车都看作是“中等”质量的（当然，买了车之后，他们会知道它的真实质量）。这会导致在a图中，当买方对市场上轿车的平均质量预期降低时，对高质量车的需求曲线从D_H移到D_M（中等质量车的需求）；相反，在b图中，对低质量车的需求曲线从D_L移到D_M。结果，高质量车的销售量从60000辆降低到30000辆，价格下降；而低质量车的销售量从60000辆提高到90000辆，价格上升。

当消费者发现，大多数售出的车（大约3/4）都是低质量车时，他们的需求进一步转移。如图5－1所示，新的需求曲线可能是D_{LM}，这意味着，平均来说，轿车是中低

① 罗伯特·S. 平狄克，丹尼尔·L. 鲁宾费尔德. 微观经济学［M］. 北京：中国人民大学出版社，2009：578－588.

② “柠檬”一词在美国俚语中表示“次品”或“不中用的东西”。柠檬市场（the lemons market）是乔治·阿克洛夫（George Akerlof，1970）引入信息经济学研究中的著名概念，主要用来描述当产品的卖方对产品质量比买方有更多信息时低质量商品将会驱逐高质量商品，从而使市场上的产品质量持续下降的情形。

质量的。结果，需求曲线左移使轿车的组合进一步转向低质量。这一移动会持续下去，直到低质量车全部卖完。在这一均衡点上，市场价格太低以致任何高质量车都不会进入市场出售，导致消费者继续修正预期，认为他们所购买的任何车都是低质量的，最终的需求曲线移至 D_L。

图 5-1 中的情况是极端的。市场可能会在至少有一些高质量车出售时的价格上达到均衡。但是，高质量车的比例会比消费者在购买前就知道质量的情况下要低。由于信息不对称，低质量商品把高质量商品逐出市场。①

三、小微金融的逆向选择问题②

银行等金融机构存在的一个重要原因，就是信息不对称的存在会带来市场失灵，需要有一个专业机构收集处理信息并承担风险。一般情况下，银行对借款人的还款能力、履约能力等信息的了解没有借款人自身清楚，这就给借款人带来了逆向选择的空间。要融资的企业总是比金融机构拥有更多关于自己的信息。例如，对于其产品的市场反应，对于其产品的发展前景，或者对于企业自身发展策略等。所有这些信息无疑都是关乎企业信用风险的。在一定程度上来说，银行可以看成是专门从事不对称信息处理问题的机构，银行通过建模对系统性风险和企业的信用风险给予评估，实施授信和贷款。银行建模一般会使用企业财务数据、经营数据以及相关行业的资料，这也是一种对于逆向选择的识别机制。这在很大程度上减少了借款人的逆向选择行为。

然而，对于小微企业而言，其历史信息资料缺乏、财务不规范、商业模式较为新颖或不成熟，这给银行建模评估带来了很大的困难。面对小微企业，即便是专业的金融机构往往也很难识别出相应的风险。创业公司的“泡沫”之所以屡屡出现，在很大程度上也是因为逆向选择。作为非专业投资机构的个人或小额贷款公司，对于创业公司的评估不够专业，容易遭受“欺骗”。

另外在经营中，银行为了控制信贷风险，实现利润最大化，对于高风险的借款企业会提高贷款利率。由于存在信息不对称，优质的小微企业会因为融资成本高而退出贷款市场，使高风险的小微企业充斥市场，这样反而容易使其信贷风险增大。这就是银行所面临的两难选择。

四、道德风险③

道德风险（Moral Hazard）是指交易双方在交易协议签订后，其中的一方利用多于另一方的信息，有目的地损害另一方的利益而增加自身利益的行为。这种情况在保险

---

① 罗伯特·S. 平狄克，丹尼尔·L. 鲁宾费尔德．微观经济学［M］．北京：中国人民大学出版社，2009：578-588.

② 彭剑君．中小微企业发展的金融支持对策研究［M］．北京：经济管理出版社，2017：42-43.

③ 陈春根，潘申彪．经济学原理［M］．杭州：浙江大学出版社，2014.

业中较为常见。道德风险的概念应用广泛，既可应用于保险问题，也可应用于工人在雇主不能监督他们的行为时不尽力工作（“偷懒”）等情形。

若一方投了高额保险，而一家信息有限的保险公司不能准确地监督被保险人，被保险人就可能会采取提高事故或受伤可能性的行动，导致保险公司受损。例如，如果你的房子有全额防盗保险，你在离开的时候可能就不太注意关门，你也可能不会安装报警系统；如果你有全额医疗保险赔偿，你就会比在赔额有限的情况下更多地去看医生。如果提供保险者能够监督其被保险人的行为，它就能对那些索赔较多的人收取较高的保费。但是如果保险公司不能监督被保险人的行为，它就会发现它的赔偿会超过预期。一般来说，当被保险的一方能够影响导致赔偿的事件发生的可能性或程度时，道德风险就会发生。在有道德风险的情况下，保险公司可能会被迫提高保险费或者甚至干脆拒绝出售保险。

下面，让我们考虑拥有价值2000万元的工厂所有者和保险公司所面临的决策。假定工厂所有者为工厂实施一项成本为1000元的防火计划后，例如雇用专职或兼职防火岗位员工，则发生火灾的概率是0.005。如果没有这项计划，发生火灾的概率将上升到0.01。了解这一点后，如果保险公司无法事先要求工厂实施这样一项防火计划，它就会面临两难的境地。假设保险公司提供的保险单不能包含这样的条款：“只有有了防火计划，才能支付赔款。”在这种情况下，当保险公司观察到工厂有这样的计划时，就会按照预期的火灾损失来收保险费，也就是10万元（0.005×2000万元）。然而，一旦购买了保险单，工厂所有者就不再有实施该计划的动力了。因为实施防火计划需要支出1000元成本，即便发生了火灾，他们的资金损失也完全能够得到补偿。因此，如果保险公司以10万元出售保险单，它就会受到损失，因为预期的火灾发生概率会上升至0.01，导致预期损失上升至20万元（0.01×2000万元），超过保费收入。

参保人在参保后的行为改变会给保险公司带来损失，但是因为事后的信息不对称存在，保险公司无法实时对参保人进行全面彻底的监督，所以要保证行为在参保前后的一致性只有依靠参保人的道德自律。这种由事后信息不对称所引发的损失就称为道德风险。

五、小微金融的道德风险问题[①]

当企业融资成功后，资金供给方很难监督资金的使用情况。这时，企业的道德风险问题就可能出现。我们很难确定企业融来的资金是用在承诺的用途上，还是用于其他高风险低收益之处。面对这类问题，金融机构一般会在借款（或者投资）合同中进行约束。可以根据融资企业项目进度分批次放款，也可以约定借款（投资）企业定期进行财务等数据信息披露。这些措施在一定程度上能降低道德风险问题的发生概率。但对于小微企业而言，这些监管或者约束措施较难达到理想的效果。

① 彭剑君. 中小微企业发展的金融支持对策研究［M］. 北京：经济管理出版社，2017：44.

第二节　信贷配给理论

本质上，信贷配给理论是信息不对称理论在信贷市场中的呈现。

一、信贷配给理论

信贷配给（Credit Rationing）又称信用配给，是指在借款人愿意支付规定利率甚至更高利率时，贷款人仍不愿发放贷款或发放贷款的数额小于申请贷款额的情形。信贷配给包括两种情况：（1）银行拒绝发放任何数额的贷款，即使借款者愿意支付较高的利率；（2）银行愿意发放贷款，但贷款数额低于借款者的要求。那些拥有较高风险投资项目的个人和企业往往愿意支付较高的利率，而银行不愿意发放此类贷款，原因是投资风险太大，若借款人投资失败，银行贷款将得不到偿还。另外，贷款的规模越大，借款者越容易从事风险大而难以归还贷款的活动，小额贷款则较容易偿还。①

信贷配给为什么会出现？经济学最基本的原则就是市场均衡时供给等于需求。如果需求超过供给，价格将上升，需求减少、供给增加直到在新的价格上需求等于供给；如果需求低于供给，价格将下降，需求增加、供给减少直到在新的价格上需求等于供给。所以，如果价格机制起作用的话，信贷配给就不应该存在。然而事实是信贷配给是信贷市场中的一种典型现象，其产生于金融市场的信息不对称。斯蒂格利茨（Stiglitz）和魏斯（Weiss）（1981）在其关于信贷配给的经典论文中证明，只要借贷双方信息不对称，信贷配给将作为一种长期均衡现象而存在。这是由于银行的期望收益取决于贷款利率和借款人的还款概率，因此银行不仅关心利率水平，而且关心贷款风险。如果贷款的风险独立于利率水平，在资金需求大于供给时，通过提高利率，银行可以增加自己的收益，不会出现信贷配给问题。问题是，当银行不能观察借款人的投资风险时，提高利率将使低风险的借款人退出市场，出现逆向选择问题，或者诱使借款人选择更高风险的项目，出现道德风险问题，从而使银行放款的平均风险上升。当信贷市场上出现信贷需求大于信贷供给时，银行可能会把利率定在市场均衡利率水平之下，向那些资信度高、只愿意以低利率借款的借款人发放贷款，而限制那些资信度低、愿意以高利率借款的借款人，从而规避风险，实现银行利润最大化。②

二、逆向选择与信贷配给

信息不对称是指一方拥有相关的信息而另一方没有这些信息，或者后者拥有的信

---

①　刘树成．现代经济辞典［M］．南京：凤凰出版社，江苏人民出版社，2005.

②　中国银行业监督管理委员会完善小企业金融服务领导小组办公室．小企业融资理论、政策与实践［M］．北京：中国金融出版社，2011.

息没有前者多，从而对信息劣势者的决策造成不利影响。

逆向选择是由交易之前的信息不对称引起的，潜在的不良贷款风险来自那些积极寻找贷款的人。由于逆向选择使得贷款成为不良资产的可能性增大，即使市场上有风险较低的贷款机会，但由于银行并不能将风险较低的贷款机会与风险较高的贷款机会完全识别出来，最终也会决定不发放或少发放贷款。

（一）银行预期收益与利率

在信息不对称的情况下，银行只能判别所有借款人的总体平均风险，如果提高利率，它将面临逆向选择。加息会使风险低的贷款人退出信贷市场，贷款的需求量虽然减少了，但贷款的总体平均风险却增加了。此时，风险较大的企业将风险较小的企业驱逐出信贷市场，发生逆向选择现象。实际上，那些愿意支付较高利息的借款人可能正是那些还款可能性较低的人。结果，利率的提高可能减少而不是增加银行的预期收益。为简化分析，假设银行的预期收益函数如下：

$$EY = L \times R \times P(R) \tag{5-1}$$

其中，EY 表示银行的预期收益；L 表示银行贷款总额；R 为（$1+r$），r 表示银行的贷款利率，因此 $L\times R$ 表示贷款到期的本金和利息总额；P（R）表示借款人的还款概率，其是贷款利率的函数，与贷款利率负相关，意味着利率上升会导致借款人还款概率下降。当利率上升给银行带来正的收益时，由借款人还款概率下降所带来的风险也会随之上升。因为 R 与 r 正相关，出于模型分析简便的考虑，后文中将 R 称为贷款利率。

下面，我们先来分析银行预期收益与贷款利率之间的关系。通过求解银行预期收益对贷款利率的一阶导数可得：

$$\frac{\mathrm{d}EY}{\mathrm{d}R} = L \times R \times (1 - \varepsilon_P) \tag{5-2}$$

式（5－2）表明，银行预期收益与贷款利率之间的关系是非线性的，可正可负，存在一个使银行预期收益最大的最优贷款利率。式（5－2）的一阶条件为：

$$\varepsilon_P = -\frac{\mathrm{d}P}{\mathrm{d}R}\frac{R}{P} = 1 \tag{5-3}$$

式（5－3）表明，当还款概率的利率弹性为1时，银行的预期收益最大。满足式（5－3）的利率即为最优贷款利率 R^*。图5－2中，当 R 小于 R^* 时，利率上升，银行的预期收益也上升，意味着利率上升所带来的收益增加超过风险上升所带来的收益下降；但当 R 超过 R^* 时，利率上升，银行的预期收益反而下降，意味着利率上升所带来的收益增加低于风险上升所带来的收益下降，使银行的预期总收益下降。当 $R=R^*$ 时，银行的预期收益达到最大化。

（二）银行信贷供给与利率

下面，我们来分析银行信贷供给与利率之间的关系。根据式（5－1），可以得出银行信贷供给函数。

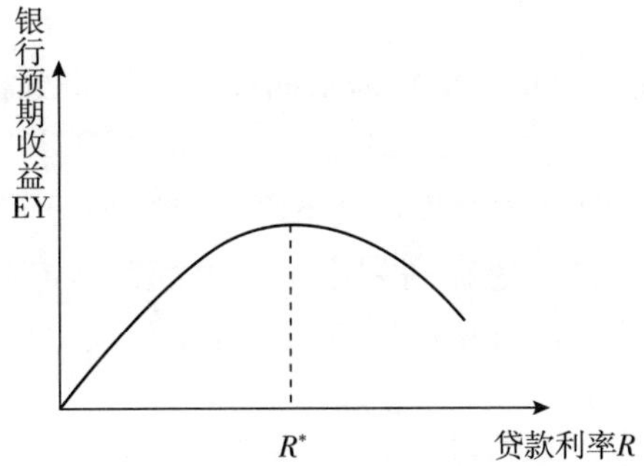

图 5－2　银行预期收益曲线

$$L = \frac{EY}{R \times P(R)} \tag{5－4}$$

对式（5－4）求一阶导数可得出银行信贷供给量与贷款利率之间的变化关系表达式：

$$\frac{\mathrm{d}L}{\mathrm{d}R} = -\frac{EY}{R^2 \times P(R)} - \frac{EY}{R \times P(R)^2}\frac{\mathrm{d}P(R)}{\mathrm{d}R} \tag{5－5}$$

式（5－5）显示，银行信贷供给与贷款利率之间存在非线性关系。由于还款概率与贷款利率负相关，即 $\mathrm{d}P(R)/\mathrm{d}R$ 为负，所以银行信贷供给量存在最大值。由式（5－5）的一阶条件可得出：

$$-\frac{\mathrm{d}P}{\mathrm{d}R}\frac{R}{P} = 1 \tag{5－6}$$

式（5－6）与式（5－3）一致，说明当还款概率的利率弹性等于 1 时，银行的预期收益最大，同时信贷供给量也最大，并且与之相对应的贷款利率相同。

图 5－3 显示，在信息不对称时银行信贷供给曲线出现了向后弯曲的情况。当贷款利率 R 低于 R^* 时，利率上升可以促进信贷供给量增加；而当贷款利率 R 高于 R^* 时，利率上升却导致信贷供给量下降。与最优贷款利率相对应的贷款量是最大贷款量。

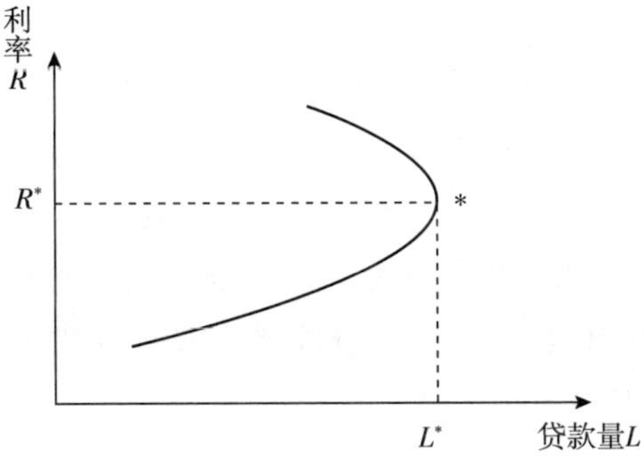

图 5－3　银行信贷供给曲线

（三）信贷市场均衡

将图 5 -3 的坐标互换，再加入信贷需求曲线，可以得到信息不对称情况下的信贷市场均衡图 5 -4。可以看到，信贷市场均衡点 e 对应的利率为 R^e，高于最优贷款利率 R^*。因为贷款利率高于 R^* 时，预期收益会下降，所以银行宁愿选择在相对低的利率水平上拒绝一部分贷款需求，也不愿在高利率水平上满足所有借款人的申请，于是信贷配给就出现了，进而导致信贷需求超过供给的麦克米伦缺口出现。

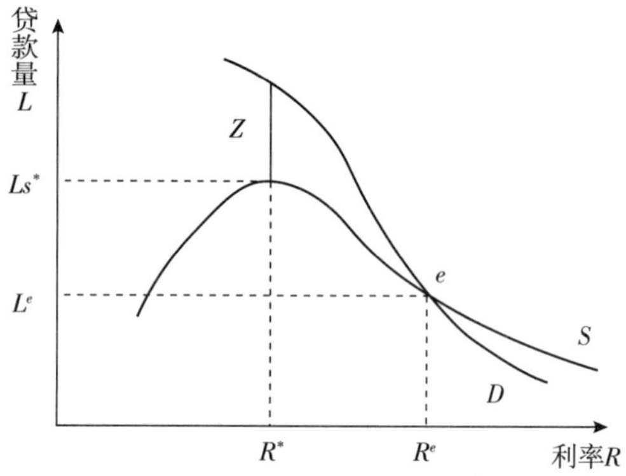

图 5 -4　逆向选择下的信贷市场均衡

信贷配给一般有如下两种情况：（1）一个给定申请人的借款要求只能部分地被满足（如申请 200 万元，但只能得到 100 万元）；（2）在所有贷款人中，一部分人得到贷款，另一部分人被拒绝，被拒绝的申请人即使愿意支付更高的利息也不能得到贷款。在我国的经济生活中，上述两种现象都曾出现过。第一种信贷配给在改革开放初期投资需求旺盛时常出现，近年来，由于银行等金融机构在信贷活动中更加强调资金的安全和稳健，第二种信贷配给比较普遍。即在同等风险等级下，银行更倾向于向大型企业提供贷款，而对小微企业实施信贷配给，从而导致小微企业融资难。

案例 5 -1

假设甲、乙两位企业家各有一个投资项目，两个项目的初始投资额均为 10000 元。假设甲的项目无风险，一年后的收益确定为 11000 元；乙的项目是一项风险投资，一年后的收益可能为 9000 元，也可能为 13000 元，两种可能性概率相同。两个项目的期望报酬率均为 10%。银行只知道两个投资项目的平均期望报酬率均为 10%，但不清楚两个项目各自的风险程度。

假设银行的资金成本为 3%（银行必须付给储蓄者 3% 的利息），银行的贷款利率为 8%。在这一利率下，银行对两个项目都会给予贷款。银行将从企业家甲收到利息800元，从企业家乙收到期望利息－100元（50%的可能性损失1000元，50%的可能性收到800元）。银行的期望收益为700元，而这两笔贷款的资金成本为600元，所以银行也愿意贷款。

现假设银根紧缩，银行的资金成本上升至6%，为维持既有利差，贷款利率也上升至11%。这种情况下，甲的项目不再申请贷款，因为此项目的回报率只有10%，不足以支付贷款成本。而风险较大的乙的项目仍将申请贷款。因为乙的项目若投资成功，还清贷款本息，剩余1900元（13000元－11100元）；若投资失败，则宣告破产，以9000元偿债，净收益为零（这里假设贷款契约无抵押和赔偿等条款）。因此乙项目投资者的期望报酬为950元（0.5×1900元＋0.5×0），所以在利率提高后仍选择申请贷款。对于银行而言，若乙的项目投资成功，收回本息11100元；若投资失败，只能收到9000元，期望收益为10050元，期望毛利率仅为0.5%，远低于这笔资金的成本6%。

可以看到，利率上升使风险小的项目被挤出信贷市场，银行的预期收益下降，进而引发信贷供给收缩，形成信贷配给。

三、道德风险与信贷配给

一般来讲，银行不会直接参与借款企业项目的经营管理。所以银行并不总是能够指定贷款用途，更不用说确定借款人的真实还款意愿和还款能力了。这就是信贷市场中存在道德风险产生的主要原因。同逆向选择一样，由于道德风险的存在，当利率提高时，企业会选择风险较高的项目，导致银行不但没有提高单位贷款预期收益，反而使之下降，引发贷款供给曲线向后弯曲，也就是说，通过利率的作用无法实现信贷市场的均衡，产生了信贷配给现象。①

信贷市场上的道德风险通常有两种：一种是借款人在有能力偿还借款的情况下，对偿还借款和不偿还借款所带来的成本进行比较，最终选择策略性地不偿还借款的行为；另一种是借款人在获得信贷后将资金投放于成功概率小，但一旦成功将获得巨大收益的投资项目。这两种情况也是银行十分关注的还款意愿和还款能力问题。下面将分别分析由厂商偿还借款选择和项目选择引起的信贷配给。②

（一）贷款偿还选择与信贷配给

现实中，借款人存在选择不偿还策略的动机。对于这种道德风险，银行必须找到

① 陈舜，席小炎．贷款行为中的逆向选择和道德风险与信贷配给［J］．江西社会科学，2005（10）．

② 本部分的理论模型主要来源于穆争社（2002），并做修正。穆争社．道德风险引起的信贷配给及其治理［J］．财贸研究，2002（6）．

有效的控制方法，否则整个银行业都有可能面临危机。对于单个银行来讲，降低控制“选择不偿还”道德风险的方法之一是信贷配给，即通过信贷配给对不偿还策略的收益产生影响或限制。我们可以用以下模型分析信贷配给的效用。

假设厂商从银行得到了贷款利率为 r、数量为 L 的贷款，其投资收入为贷款数量 L 的函数 $f(L)$，则厂商在单位时间内的静态利润 π 可以表达为：

$$\pi(L,r) = f(L) - (1+r)L \geqslant 0 \tag{5-7}$$

如果厂商的投资收入 $f(L) < (1+r)L$，厂商将无力偿还贷款，此种情况并不是贷款偿还选择的道德风险，可能是因为厂商选择了不好的项目。如果厂商的投资收入、还款和不还款的成本满足不等式 $f(L) > (1+r)L > C$，其中 C 是“不偿还”的成本，意味着厂商还款的成本高于不还款的成本，此时厂商会选择不偿还策略。如果厂商的投资收入、还款和不还款的成本满足以下不等式：

$$\begin{cases} f(L) > (1+r)L \\ (1+r)L < C \end{cases} \tag{5-8}$$

此时，厂商会选择偿还策略。因为厂商不偿还贷款的成本大于它所得的收益。因此，银行要想降低厂商选择“不偿还”的道德风险，就应使贷款的总量少于 $C/(1+r)$。这样，银行为了降低厂商“不偿还”的道德风险就会对厂商实行信贷配给。当然，银行还可以选择通过增加“不偿还”的成本 C，来降低厂商选择不还款的道德风险，例如通过增加担保人、失信人公示或诉讼等方式。

（二）项目选择与信贷配给

为分析方便，假定企业存在高低两个风险不同的投资项目 H 和 L。两个项目的投资结果均只有成功与失败两种状态，两个项目成功时的单位收益分别为 Y^H 和 Y^L，成功的概率分别为 P^H 和 P^L，失败时的收益均为 0，且 $Y^H > Y^L$、$P^H < P^L$，意味着高收益对应高风险（低成功率）。风险中性的借款企业在两个项目中期望单位收益相等时对二者选择无差异，故企业对两个项目选择无差异的充要条件为 $E\pi^H = E\pi^L$，即

$$[Y^H - (1+r)] \times P^H = [Y^L - (1+r)] \times P^L \tag{5-9}$$

其中，r 为贷款利率。由此可解出企业对两个项目选择无差异时的贷款利率为

$$\bar{r} = \frac{P^L Y^L - P^H Y^H}{P^L - P^H} - 1 \tag{5-10}$$

可以证明，当银行贷款利率 r 大于 $\bar{r}$ 时，企业倾向于选择高风险项目，因为此时高风险项目带给企业的预期利润更高；当银行贷款利率 r 小于 $\bar{r}$ 时，企业倾向于选择低风险项目。

下面，我们来分析企业的项目选择如何影响银行的预期收益。假设企业失败时，银行的收益为 0。则面对不同风险情况下，银行的预期收益分别为

$$EY_b{}^H = L(1+r)P^H + 0 \times (1-P^H) \tag{5-11}$$

$$EY_b{}^L = L(1+r)P^L + 0 \times (1-P^L) \tag{5-12}$$

因为 $P^H < P^L$，所以可以证明 $EY_b^L > EY_b^H$。可见，对于银行而言，企业选择低风险项

目时银行的预期收益更高。但是，当贷款利率上升到一定值后，由于选择好项目的收益不再能覆盖成本，厂商选择坏项目的概率会随着利率的上升而上升，即厂商在获得贷款后会把资金投放于成功概率小，但一旦成功将获得巨大收益的投资项目。厂商投资项目成功的概率降低导致其偿还贷款的可能性也降低，银行的预期收益也随之降低，使得银行预期收益与贷款利率之间呈非线性关系。

所以，在信息不对称的情况下，高利率可能引发企业从事高风险项目的道德风险行为。由于银行无法监督企业的项目选择行为，利率上升无法促进银行信贷供给增加，反而会导致供给减少。

四、信贷配给下小微企业融资难的原因①

事实上，如果没有信息不对称导致的市场失灵问题，小微企业贷款市场就是一个古典型的市场，市场价格是唯一的决定性因素，它可以自发地调节供给和需求，市场最终可以在均衡的利率水平上出清。信贷配给理论对小微企业融资难问题做出了理论解释。由于信息不对称，银行可能会基于自身的利润最大化和风险最小化考虑，不愿意在利率上升时增加小微企业贷款。小微企业贷款风险大和贷款交易成本高导致的融资难问题，实质上就是信息不对称导致的银行信贷配给问题。

如果进一步讨论，信息还可以分为“硬信息”和“软信息”。“硬信息”能够量化、容易储存和以非人员方式进行传递，如财务报表信息、可抵押资产的数量与质量信息、信用评分等级档案等。一般而言，银行在收集“硬信息”方面具有优势，但由于小微企业普遍存在财务报表缺失或不规范、可抵押资产较少且抵押质量不高等问题，一般很难提供商业银行所要求的“硬信息”。“软信息”一般包括意见、观点、传闻、经济计划、未来的管理规划和市场评论等文本信息，但是“软信息”通常需要在银企长期合作中才能掌握，获取的成本较高。银行较难收集和处理这类信息，导致供求双方之间的信息不对称长期存在。因此，在“硬信息”缺乏而导致因信息不对称可能造成逆向选择和道德风险行为的情况下，银行会被迫采用信贷配给的方式，而不是提高利率来平衡供求，信息获取的高成本导致了信贷市场对小微企业的挤出，降低了小微企业融资的可能性。

思考题

1. 什么是信息不对称？现实中有哪些信息不对称的例子？

2. 信息不对称会导致逆向选择和道德风险，试讨论小微金融业务中逆向选择和道德风险产生的原因及应对措施。

3. 试分析“信息不对称—逆向选择和道德风险—信贷配给”的传导机制，并论证信贷市场均衡下需求大于供给的长期存在性。

---

① 中国银行业监督管理委员会完善小企业金融服务领导小组办公室．小企业融资理论、政策与实践［M］．北京：中国金融出版社，2011.

小微金融服务困境的现实成因

Chapter Six
第六章

从小微金融发展情况和小微企业的融资现状中可以发现，虽然当前金融支持小微企业发展取得了一定成效，但与小微企业的实际金融需求相比，融资难融资贵仍是其发展过程中面临的最主要问题。鉴于此，本章将基于相关文献，从小微企业、金融体系和市场环境三个视角梳理小微企业融资难融资贵的主要原因，从而为破局小微企业融资难题提供决策依据。

第一节　小微企业视角

一、小微企业抗风险能力弱

小微企业大多由家庭经营、合伙经营等方式发展而成，从自身特点上看，小微企业大多存在人员少、资金少、规模小的特点，同时在信息收集、分析市场方面投入少，极易受到宏观经济和市场周期波动的影响，抵御风险的能力较弱。此外，与大企业相比，小微企业总体竞争力偏低，在激烈的市场竞争中难以与之抗衡。以中国为例，小微企业有相当一部分是乡镇企业，且以加工制造业为主，主要依靠廉价劳动力，缺乏创新和核心技术。随着劳动力薪酬以及原材料价格的上涨，产品价格优势逐渐丧失，致使部分企业无法生存而倒闭。根据中国人民银行的数据，我国小微企业的平均寿命只有 3 年左右，成立 3 年后的小微企业持续正常经营的约占三分之一。因此，小微企业的高生存风险使得金融机构在开展贷款业务时更加谨慎，加上小微企业的贷款金额小、频率高，大大增加了贷款业务的复杂性与业务成本。

也有观点认为，虽然小微企业生命周期短，似乎金融机构较难给予中长期贷款融资支持，但可以将小微企业看作企业主创业的一个又一个项目，只要企业主的素质、能力过关，长期来看其贷款风险较低，仍可以给予融资支持。

二、小微企业抵押品匮乏

小微企业在创办初期以内部自有资金为主，留存收益少，缺乏可抵押资产。抵押资产作为金融机构贷款的重要还款来源之一，可以避免放贷过程中贷款违约造成的损失。但小微企业的起始资金往往由企业主提供，所能提供的抵押物（如房屋、土地等）较少，部分小微企业拥有的厂房和机器设备价格不高、流动性不好，还有部分企业采用承包经营或租赁经营的方式，不具有独立自主的产权或土地。例如，小微企业集中的第三产业服务业，缺乏可供抵押、担保的财物，导致贷款时抵质押方面的困难。此外，小微企业的流动资产（如应收账款、存货等）容易发生形态变化，无形资产（如高新科技企业的专利、知识产权等）难以进行量化，都导致其难以提供符合金融机构要求的贷款担保资产，风险缓释能力较弱。而金融机构因难以取得小微企业生产经营和企业主的全面信息，必然要求企业提供充足的便于流通、变现且易于保值增值的抵押物或者第三方担保以增强企业的偿债能力。因此，两者之间难以调和的矛盾导致小微企业融资可得性大大降低。

三、小微企业经营管理不规范

相较于大型企业，小微企业多数是私营企业和合伙企业，内部管理常见“家族式”管理体制，财务管理不够规范，企业资产和个人财产往往划分不明确。这导致金融机构难以准确判定小微企业的生产经营情况，增大金融机构向小微企业放贷的风险，导致很多银行会对小微企业“惜贷”。同时，小微企业财务制度不完善，缺乏外部审计的专业财务审核，其经营状况和盈利能力也难以预测，从而导致这些企业在银行方面的信用等级偏低。

此外，部分小微企业发展理念相对滞后，没有建立规范、诚信经营的理念和企业文化，信用观念淡薄。这些小微企业缺少长远的战略思维，在发展过程中重视短期利益而忽视长期效益，个别企业甚至不惜制造虚假财务信息或“趋利避害”地选择性披露部分信息而回避、淡化不利于贷款申请的事项，利用公司承担有限责任的法律特征逃废贷款债务。不诚信行为会造成银企关系恶化，影响信用评级结果，当金融机构对整个小微群体产生不良印象时，金融机构会对其提出更为严苛的贷款条件。

第二节　金融体系视角

本节以中国为例，谈谈导致小微企业融资难题的金融体系因素。当前中国正处于全面深化金融供给侧结构性改革的阶段，各金融机构持续发力，在缓解小微客群融资难融资贵等问题上取得了积极成效，但金融体系还未完全充分发挥作用。从支持小微金融的角度来看，其仍存在以下三大问题。

一、直接融资与间接融资结构比例失衡

相较于发达经济体，我国小微企业直接融资和间接融资的规模差异较大。2020 年金融机构对实体经济发放的人民币贷款余额占同期社会融资规模存量的 60. 3%，而企业债券和股票余额仅占 12. 6%。由此可见，企业主要通过银行贷款这一间接融资渠道获得融资资金，而直接融资体系在服务小微企业方面的功能发挥不足。

（一）股权市场支持小微企业融资力度不足

我国股权市场偏重于服务大中型企业，主要是满足大中型企业发行股票上市融资的需要。中小板、创业板、科创板等中小微企业的股权市场虽相继揭牌成立，对我国建立多层次资本市场体系起到了一定的积极作用，也为风险投资提供了一个正常的退出机制，但由于这些市场的进入门槛高、限制条件多，初创型小微企业上市融资难度大。能够进入创业板、中小板等市场筹资的企业基本是规模相对较大、技术或产品比较成熟、经济效益良好、管理完善且具有较好发展前景的高新技术产业和基础产业类中小企业，大多数小微企业被拒之门外。此外，虽然新三板也为创新型、创业型、成长型中小微企业拓宽了融资渠道，但该板块自成立以来一直被诟病“流动性不足、定价功能不健全、生态不平衡、预期不明确”，影响了市场融资功能的发挥。

根据《中国中小微企业金融服务发展报告（2019）》的数据，2018 年，共有 1667 家企业在股权市场进行融资（首发、配股、可转债、优先股），募资总额为 11168. 21 亿元。数据显示，无论是从分板块角度（见图 6－1、图 6－2）还是从企业规模角度（见表 6－1）看，股权市场对小微企业融资的支持力度仍有很大提升空间。

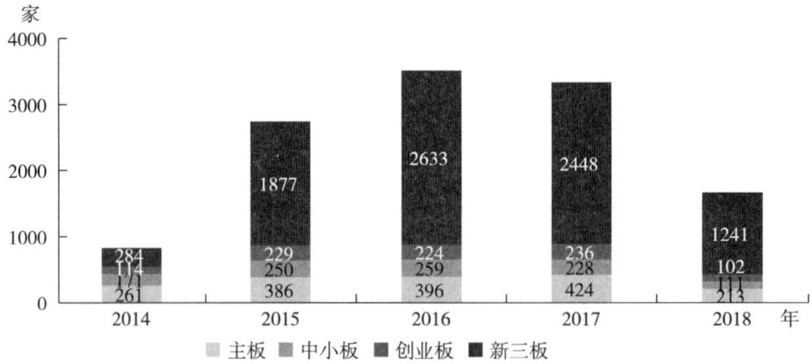

图 6－1　2014—2018 年我国各层级资本市场募资企业家数

（资料来源：《中国中小微企业金融服务发展报告（2019）》）

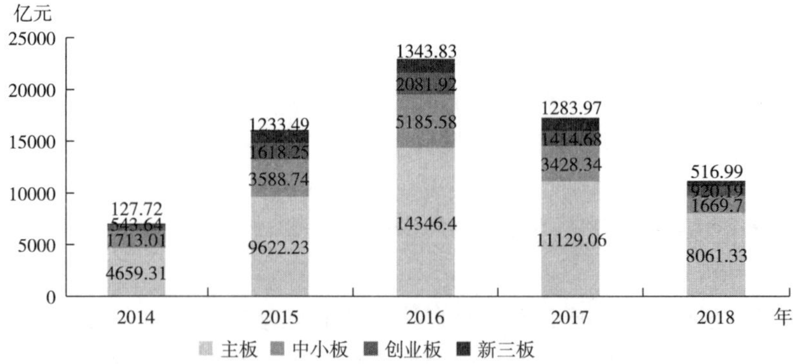

图 6－2　2014—2018 年我国各层级资本市场募资规模

（资料来源：《中国中小微企业金融服务发展报告（2019）》）

表6-1 不同规模的企业股权市场融资概况

企业规模	融资企业数（家）	融资额（亿元）
大型企业	660	10749.87
中型企业	894	392.66
小型企业	97	14.87
微型企业	16	10.81
合计	1667	11168.21

资料来源：《中国中小微企业金融服务发展报告（2019）》。

（二）债券市场支持小微企业融资力度较弱

债券市场对小微企业融资的不利因素有三个方面。首先，与发达国家相比，我国债券市场发展较晚，发育不完善且迟缓，通过发行小微企业债、创新创业债以及中小企业发行的其他公司信用类债券进行直接融资的比例还很低，规模仍然较小，总体尚处于起步阶段。《中国小微企业金融服务报告（2018）》显示，截至2018年末，我国债券市场总余额达86万亿元，成为仅次于信贷市场的第二大融资渠道，而其中支持中小微企业的各类创新债务融资工具仅3917亿元。

其次，当前债券市场的发行主体准入标准较高，小微企业很难参与。目前我国对企业发行债券筹资的要求十分严格，发行主体仍主要集中在具备较强实力的大中型企业（尤其是经营状况好、经济效益佳、信誉良好的国有大型企业），难以真正下沉至小微企业群体。《中国小微企业金融服务报告（2018）》显示，截至2018年末，我国债务融资工具发行人累计达到3704家，新增首次发行债务融资工具企业274家，这与超过7328.1万户的小微企业数量相比，依然是沧海一粟。

最后，部分债券产品发行流程相对冗长，延误融资需求。例如，集合类债券由于涉及多个发行企业主体，许多地方政府会参与发行企业的遴选和审查环节，而地方政府和主承销商对中小企业经营特点和风险评估往往不够熟悉，导致发行流程过于冗长，从而延误中小企业的融资需求和资金募集。① 此外，由于小微企业的生存周期短，发行较长期限的公司信用类债券很难吸引到投资者，且发行企业债券的成本和高额的发行费用对于小微企业来说难以承受。

（三）创业基金发展不充分

创业投资、天使投资是指利用企业自身的高成长性（高成长性意味着投资回报大），采用私募的方式，吸引资金投入，使企业获得发展所需资金。这种投资方法导致投资者大多将目光聚焦在有潜力发行股票上市的优质企业，偏好盈利能力强，能在预

① 岳欣磊．从国际经验看我国小微企业债券发展之路［J］．金融市场研究，2019（9）：101-108.

期时间内获得高回报的企业以及业务模式清晰的较成熟企业，因此，资质一般的小微企业不在他们的投资选择范围内。与此同时，由于我国风险投资的发展历程较短，进行风险投资的基金偏少，且运作模式不够成熟，风险投资体制不完善，因此采用此类私募股权投资方式只能支持和培育部分符合投资条件的初创型企业，而难以覆盖更多小微企业。

《中国小微企业金融服务报告（2018）》数据显示，截至2018年末，创业投资基金在投项目中，属于中小微企业的投资项目数量为2.266万个，在投金额为2749.28亿元，占比分别达到78.42%和54.56%；属于高新技术企业的投资项目数量为10264个，在投金额为1912.25亿元，占比分别为35.52%和37.95%。这与同期的全国普惠型小微企业贷款余额（8万亿元）相距甚远，中小微企业创业投资在投金额仅占小微企业贷款余额的3.4%，仍有很大提升空间。

二、大型商业银行与中小银行结构比例失衡

银行业是我国国民经济体系的重要组成部分和核心产业，在我国金融体系中占据主导地位。在银行业体系中，大型商业银行处于重要地位，根据银保监会发布的2020年数据，大银行[①]占据银行业金融机构总资产的58.6%，小银行[②]占25.7%。从小微企业融资服务的角度上看，虽然大银行财力雄厚，但并非小企业的“良配”。著名经济学家林毅夫（2001）[③] 曾提出：“由于大型金融机构在为中小企业提供服务方面一般不拥有‘长期互动’和‘共同监督’的信息优势，因此大型金融机构天生不适合为中小企业服务，这就不可避免地造成我国中小企业的融资困难。”

在小微企业贷款方面，从2018年各类商业银行主要指标区间分布可以看出（见表6－2），大型商业银行虽然相较于中小银行在小微企业贷款余额的规模上遥遥领先，但在小微企业贷款余额占全部贷款的比例方面，大型商业银行的比例却不如城市商业银行，城市商业银行的小微企业贷款余额占该银行全部贷款的比例整体保持在42.14%，其中浙江泰隆商业银行以91.82%的高占比“领跑”全行业。在小微企业贷款余额增幅方面，城市商业银行的增幅远高于国有大型银行和股份制银行。样本内城市商业银行的整体增幅水平为16.11%，分别高于股份制银行和国有银行9.61个百分点和18.74个百分点。其中增幅最为明显的是浙江泰隆商业银行和日照银行，分别为58.3%和49.78%。在网均贷款规模[④]方面，城市商业银行领先于股份制银行和国有大型银行，2018年三类银行的小微企业网均贷款余额分别为3.79亿元、3.17亿元和0.74亿元。

---

① 大银行包括大型商业银行和股份制银行。

② 小银行包括城市商业银行和农村金融机构。

③ 林毅夫，李永军．中小金融机构发展与中小企业融资［J］．经济研究，2001（1）：10－18，53－93.

④ 网均贷款余额＝各类银行业金融机构小微企业贷款余额/营业性网点数量。

表 6－2 各类商业银行主要指标区间分布（2018 年）

指标	大型商业银行	股份制银行	城市商业银行
小微企业贷款余额	超万亿元（除邮储银行外）	千亿元（高不超过 6 千亿元，低不低于 2 千亿元）	百亿元（高度分散，高超过 4256 亿元，低至 94.6 亿元）
小微企业贷款增幅	整体平均为－2.63%（－0.83%～13.68%）	整体平均为 6.5%（－4.93%～27.08%）	整体平均为 16.11%（－10.57%～58.30%）
小微企业贷款余额占该机构全部贷款的比例	整体平均为 13.49%（12.48%～28%）	整体平均为 17.79%（14.29%～40.81%，集中在 14%～24%）	整体平均为 42.14%（13.46%～91.82%，集中在 50% 以下）
网均贷款余额（小微企业贷款）	整体平均为 0.74 亿元（最低为 0.22 亿元）	整体平均为 3.17 亿元（1.46 亿元至 8.45 亿元，集中在 4 亿元以下）	整体平均为 3.79 亿元（1.78 亿元至 8.65 亿元，集中在 5 亿元以下）

注：本表根据中央财经大学《中国中小微企业金融服务发展报告（2019）》课题组 37 家商业银行研究样本的各类指标汇总整理。

从以上数据中可以发现，虽然我国国有大型银行在商业金融体系中占据绝对垄断地位，是中央银行货币政策传导的主体，其资产、负债结构的调整变化直接影响金融资源在不同产业、企业之间的配置，但在支持小微企业融资方面，除贷款总量上的优势之外，贷款余额占比以及增速上均未发挥“头雁效应”。

其一，大型商业银行的传导机制不畅。大型商业银行虽然普遍成立了普惠金融事业部和小微企业专营机构，但在差异化信贷管理政策、授信审批权限、尽职免责、考核激励等制度安排上还未全面落实到位，基层信贷员对小微企业还存在“不愿贷、不能贷、不会贷”的问题。同时，大型商业银行信息传递链条长，地方分支行信贷自主权较低，即使分支行的客户经理能够了解当地小微企业的经营状况，他们也会因信息流通速度慢、层层审批而难以满足小微企业“急”的贷款需求。

其二，大型商业银行信贷结构分布不尽合理。大型商业银行对政府信用的依赖仍然较强，“垒大户”“吃快餐”的思想尚未根本扭转，房地产、基础设施、国有企业以及地方政府融资平台占用的信贷资源仍占主导。因此，目前大型商业银行的小微企业资金供给具有典型的“被动性”特征。

其三，大型商业银行的小微金融服务手段和创新能力不足。大型商业银行仍存在较普遍的抵押文化，对企业潜力、人才储备、技术能力等“软信息”的评估和精细化分析能力不强，风险定价模式单一，缺少差异化、有针对性的金融产品和服务方式创新，与小微企业的发展特点和融资需求不相适应。

其四，大型商业银行的贷款偏好尚未完全改变。由于单位贷款处理成本随贷款规模上升而下降，大型商业银行一般更愿意贷款给规模大的大型企业。这是因为大型企业资金较为充足，具有较强的还款能力且信誉等级较高，能为银行创造较高的收益。而小微企业融资具有“短、小、频、急”的特点，同时小微企业涉足附加值较低的产业居多，在增加大型银行商业贷款受理、审核等运营成本的同时也大大提高了其风险水平。因此，大型商业银行具有“亲大远小”的贷款偏好。

三、正规金融与民间金融结构比例失衡

民间金融是正规金融的有益补充，在解决小微群体的融资问题中发挥着重要作用，已成为小微金融发展的重要补充渠道。民间金融虽具有融资门槛更低、手续更简便、信息收集成本更低等优势，但始终存在诸多发展约束与阻碍，影响小微群体获得融资。

（一）民间金融形式隐蔽，存在较高信用风险

由于民间借贷手续简便，无完整系统的审查机制，风险管控能力较弱且相关法律法规监管缺乏，因此传统民间借贷、互联网民间金融的交易活动具有较强的盲目性、隐蔽性和高风险性。民间金融机构的信用风险来自贷前、贷中、贷后三个环节，若民间金融机构自身不注重风险管控能力，不设立严谨的业务审核流程，势必无法对借款人进行约束。倘若借款人无力偿还贷款，由于双方缺少必要的法律制约，资金往往很难追回，损失由民间金融机构全部承担，这势必会影响下一轮借贷交易，严重者导致资金链断裂，引发社会性信用危机。

（二）民间金融机构容易产生高利贷现象

与正规金融机构相比，小微企业从民间金融机构融资的成本更高，主要表现在两个方面：第一，民间金融的资金来源成本高。民间金融机构不同于银行机构，大多只可从事贷款业务而不能通过存款业务吸收资金，因此为了拓展其资金来源渠道，民间金融机构一般会以高于银行存款利率的利率来开展小微信贷业务。第二，民间金融存在较高的贷款风险，其呆坏账风险也往往大于一般正规金融机构，为了弥补风险可能带来的损失，民间金融机构只能通过提高贷款利率的方法追求商业可持续发展，实现放贷资金的收益最大化，从而导致小微企业从民间金融机构融资的成本更高。

（三）民间金融法律法规尚不健全，伴生违法行为

由于我国民间金融政策法规滞后、政府及市场监管不力等不利因素，民间借贷在助力小微企业发展的同时也伴生出一系列违法行为，如非法集资诈骗、吸收存款、洗钱、“套路贷”等非法民间金融，甚至有小微企业恶意逃款导致投资人血本无归，引起民事纠纷，造成诸多社会问题。此外，一些不法放贷机构在借款人无法归还欠款的情况下，会采取威胁、恐吓、暴力催讨、非法拘禁等手段，严重影响当地社会治安。小微企业的违法行为会对其自身形象造成负面影响，出现舆情危机，导致小微企业难以获得民间融资资金，同时，不良民间金融机构也会阻碍民间金融的健康发展。

第三节　市场环境视角

一、融资担保体系的支撑作用尚未完全发挥

目前，我国已初步完成了国家融资担保基金、省级再担保机构、辖内融资担保机构三层融资担保体系的构建，形成了以政策性担保机构为主，商业性担保和民间互助性担保为辅的格局。融资担保机构虽为小微企业、“三农”等小微群体融资难融资贵问题的解决做出了贡献，但仍存在一些问题。

（一）政策性担保机构定位不清晰，担保放大倍数偏低

对于有政府背景的政策性担保机构来说，其必定承担一些国有资产保值增值的目标，这与为小微群体提供融资担保的目标定位存在一定冲突，其最优目标模糊。部分政策性担保机构存在偏离担保主业、聚焦支小支农力度不够、担保费率偏高等现象，偏离了支持小微企业的定位。

国外小微企业政策性融资担保的资金放大倍数普遍较高，如日本信用保证协会的担保杠杆率可达35～60倍，而我国小微企业政策性融资担保因制度设置不完善，银行合作积极性较低，多数政策性担保公司的放大倍数低于2倍，部分担保机构存在资本金不到位和“担而不偿”等问题，担保水平普遍偏低，没有充分发挥其撬动资金的杠杆作用。

（二）商业性担保机构注册资本低，出资制度不完善

商业性担保机构注册资本普遍偏低，难以扩大业务规模，易受到外部经济环境影响，尤其是政策性担保机构的出现使其生存和发展情况受到进一步打击，不具备可持续发展潜力。另外，商业性担保机构的出资制度也不够完善。许多商业性担保机构的投资者首次出资后，没有根据现实需求及时增资或寻找新的投资者扩充资本金，也没有制定比较完善的持续出资制度，出资制度不完善是商业性担保机构注册资本偏低的主要原因之一。①

（三）担保机构缺乏有效的风险共担及风险分散机制

对于政策性担保机构而言，只有少部分省级政策性担保机构与银行签订了风险共担和风险分散协议，大部分担保机构在与银行合作的过程中都是各自承担风险。此外，由于地方政府财政水平不尽相同，个别地方政府财力有限，很难覆盖担保机构在发展过程中所产生的亏损，从而导致担保机构的风险分散能力较差。

---

① 魏沆．我国商业性担保公司现状及未来发展建议［J］．现代经济信息，2016（21）：349.

对于商业性担保机构而言，商业性担保机构尚未与银行建立有效的风险分担机制。一方面，银行与资信状况一般的商业性担保机构合作意愿不足；另一方面，银保合作达成后，绝大部分甚至所有风险由担保机构承担，“风险共担，收益共享”的合作模式在现实中可望而不可求。①

二、社会信用体系建设尚不完善②

目前我国社会信用体系建设尚不完善，这是制约持续改善小微企业金融服务的重要因素之一。

（一）征信体系建设条块分割且不平衡

小微企业融资难主要难在缺信息、缺信用，企业的信用信息和经营信息对金融机构至关重要。目前除中国人民银行征信中心的“全国统一的企业和个人征信系统”覆盖了所有企业和个人的信贷信息外，也有部分地方政府、行业搭建了专属于本地区、本行业的企业信用信息共享平台，这些平台上的信用数据档案相互封锁，征信平台各行其是。此外，不同行业、不同地区社会信用体系建设进展不一致。现有社会信用信息记录主要集中在金融领域，而政务领域、文化领域、生态领域等方面的社会信用体系建设处于缺位状态。不同地区的社会信用体系建设水平差异较大，中西部地区相对东部地区落后。

（二）信用市场发育滞后

信用市场发育存在的问题主要表现在三个方面：一是信用服务市场存在着供需不匹配的结构性问题。一方面，部分信用服务供给质量不高，服务机构行为不够规范、公信力不足，信用服务领域专业人才匮乏；另一方面，在市场需求相对充裕的个人征信领域，持牌个人征信机构数量有限，大量信用市场需求无法得到满足。二是信用服务机构能力不足。信用体系建设更多关注政府明确的应用场景，由于信息采集指标较大、采集面广，平台较难归集小微企业碎片化、分散化的信息，难以突出其行业特点和区域特点。

（三）信用体系建设缺乏顶层立法

大数据时代为创新社会信用体系建设提供了历史机遇，但对于解决大数据信息能否全部用于征信、如何确保数据的客观性和准确性、如何防范大数据的“黑箱”操作、如何防止公民隐私和企业商业秘密外泄等问题仍无明确的法律依据。虽然各级政府和

① 文学舟，代力，谭中明．商业性担保机构制度机制约束及化解策略——基于江苏、湖北、四川的调查分析［J］．征信，2015，33（9）：59－64.

② 谭桔华．我国社会信用体系建设存在的问题与对策探讨［J］．湖南行政学院学报，2014（4）：58－62.

各职能部门已制定社会信用体系建设的规范和标准，但仍缺乏社会信用的顶层立法，因此信用规范既缺乏法律依据，也缺乏对权利义务边界的共识，不利于统筹协调。

三、信息平台数字化建设尚未健全

近年来，我国信息经济发展迅速，数字经济日益成为中国经济发展的新模式、新动能，为小微金融服务信息共享平台的建设提供了扎实的物质保障，但信息平台数字化建设仍存在一些亟待解决的问题。

（一）全面性信息共享平台搭建困难

搭建小微企业、金融机构、政府部门三方联动的信息共享平台有利于为消除“信息孤岛”“数据烟囱”、推动金融数字化转型、优化小微营商环境提供数据支撑，但构建全面性的信息共享平台并非易事。一方面，平台信息采集不够完备，数据共享程度不高。出于保护自身数据的安全性和保持在市场中的竞争优势等考虑，“政金企”不愿意共享数据信息，“数据私有化”心理仍然存在。对于小微企业或金融机构而言，自身有利信息被同业用于后续的商业行为所产生的经济利益不归信息生产者所有，会导致信息生产者、使用者、平台方利益分配不均的问题，也有可能削弱自身的市场竞争力。同时，由于法律法规、政策引导不完善，信息开放整体意识不高，政府部门之间、“政金企”之间的信息共享久推难通。另一方面，数据标准尚未统一，信息价值未被有效挖掘。小微企业、金融机构和政府部门之间数据标准不统一，数据接口错综复杂，数据交换仍缺乏统一规划，导致彼此之间信息共享困难，造成信息资源浪费，从而形成了大量孤岛式的业务应用系统。数据共享渠道不畅通更加阻碍信息的再加工、再利用，平台信息功能和信息价值也难以得到充分体现。

（二）数字化程度不高

与发达国家相比，中国数字化建设起步较晚，基础也相对较弱，虽然近几年国家着力发展数字经济，陆续出台相关政策，数字经济规模不断扩大，但在发展过程中仍存在一些困难与挑战。其一，小微企业数字化转型“不会转”。中国企业，尤其是小微企业的数字化基础能力不足，主要表现在以下几个方面：（1）大部分小微企业对数字化概念和企业数字化转型缺乏基本认识和了解；（2）小微企业人员、利润规模都较小，即便有数字化转型的需求，也没有足够的资金投入数字化、信息化建设；（3）小微企业业务数据积累少，数据分散且缺乏系统的集成和处理，导致数字化转型工作从根基上难以开展。其二，法律法规明显滞后于数字化建设。“重要数据”“非涉密数据”的界定是立法难点，一直未有明确定义；同时，如何有效平衡数据安全和数据流通仍是一大难题。因此，推动信息平台数字化建设和管理离不开健全的数字化领域法律法规和规则制度，如出台实施细则、成立平台数据治理委员会等。

思考题

1. 从小微企业的角度出发，谈谈其金融服务受阻的原因。

2. 从金融体系的角度出发，谈谈我国金融业在提供小微企业融资服务中存在的问题。

3. 从市场环境的角度出发，谈谈影响小微企业融资的外部环境有哪些。

第三篇

小微金融市场分析

Chapter Seven

小微信贷市场 第七章

第一节 信贷概述

一、信贷的本质

信贷是指货币持有者将约定数额的资金按约定的利息率在一定期限内借出，借款者在约定期限内按约定条件还本付息的信用活动。信贷是从属于商品货币关系的一种经济关系，是价值运动的一种特殊形式，从形式上看它是一种借贷行为；从内容上看，它是一定生产关系的反映，银行信贷是我国信贷的主要形式，它具有偿还性的特征。①

从广义上讲，信贷是指以银行为中介，包括贷款、贴现、透支、押汇等表内业务和票据承兑、信用证、保函、贷款承诺、信贷证明等表外业务的信用活动的总称，所含范围比较广；从狭义上看，信贷通常仅指银行贷款，即银行作为金融机构主体以一定的利率将货币资金贷放给资金需要者，并与借款人约定期限归还本利总和。本书所介绍的小微信贷市场中的相关信贷内容，主要是指以银行为主体的金融机构发放的贷款，是狭义的信贷。一般来说，以银行为主体的金融机构的信贷资金主要用于服务各经济主体，通过调整信贷资金投向、投量，可以优化产业结构，合理进行资源配置。②

知识拓展7－1——马克思的信贷理论

马克思在《资本论》中指出，货币除了作为货币具有的使用价值以外，又取得了一种追加的使用价值，即作为资本来执行职能的使用价值。它作为一种可能的资本，作为生产利润的手段的这种属性来说，变成了商品，不过是一种特殊的商品。换言之，资本作为资本，变成了商品，因而出售已经变成贷放，价格已经成为利润的一部分。

---

① 《财经大辞典》第2版编委会．财经大辞典（第2卷）［M］．北京：中国财政经济出版社，2013：6.

② 何盛明．财经大辞典［M］．北京：中国财政经济出版社，1990：456.

正因为货币具有资本的职能，即一般等价物的社会职能所产生的使用价值，可以进入生产经营过程中，同劳动力、生产资料等成本一样，最后转化为产出的商品。随着商品的出售，货币执行其流通手段的职能，再次回到货币原有的状态。在借贷过程中，作为商品进行租用的货币，其自身的价格就是利率，利率是货币使用权的价格，是来自货币作为商品所产生的利润。

二、信贷业务的基本分类

按照不同分类标准，信贷业务一般包括以下几种分类。

（一）活期贷款和定期贷款

根据信贷使用期限划分，可将其分为活期贷款和定期贷款。活期贷款是指未定偿还期限，银行可随时通知回收的一种贷款，这种贷款一般利率较低；定期贷款是指有固定偿还期限的贷款，定期贷款又可分为短期贷款和中长期贷款两种，不同国家或同一国家在不同时期的划分界限均有所不同。一般而言，短期贷款的贷款期限为 1 年以内（含 1 年），中期贷款的贷款期限为 1 年以上（不含 1 年）5 年以下（含 5 年），长期贷款则为 5 年以上（不含 5 年）的贷款。中国的长期小微信贷主要聚焦农业、种养业投资性贷款等领域。

（二）一次还清贷款和分期偿还贷款

根据信贷的偿还方式划分，可将其分为一次还清贷款和分期偿还贷款。一次还清贷款是指贷款到期时一次性还清贷款的本息，这类贷款一般具有特定用途，如用于应付临时性的资金短缺；分期偿还贷款是指银行同意借款人按规定期限分次偿还本金和利息，这种贷款适合借贷期限较长的贷款项目，如个人消费贷款。

（三）正常贷款和不良贷款

根据信贷的使用质量划分，可将其分为正常贷款和不良贷款。正常贷款是指借款人能够履行合同，在贷款期限内按时足额地偿还贷款，不存在任何影响贷款本息及时偿还的负面影响。不良贷款则指非正常贷款或出现违约问题的贷款，或是借款人未能按原先约定好的时间偿还银行的贷款本息，抑或是已有迹象表明借款人不可能按协议如期偿还贷款本息，根据贷款风险分类管理办法，不良贷款可再分为次级贷款、可疑贷款和损失贷款。

知识拓展7－2——你应该知道的不良贷款后果

不良贷款对于借贷双方都会造成严重后果。对贷款方的金融机构来说，不良贷款是一种极大的利益损害，特别是呆账贷款，会影响到金融机构的利润收入和经营运转，同时不良贷款会占用其贷款额度，影响放贷能力，过高的不良贷款率甚至可能导致机构破产。对借款人而言，不良贷款会对其产生极大的负面影响。不良贷款会损害个人的信誉，若征信报告中出现了“呆账”记录，会被列入征信“黑名单”，所有需要征信的金融机构将不再对其开放贷款类金融服务，如办理信用卡、住房贷款等；借款人被金融机构起诉后仍不偿还的，会被法院强制执行变卖其名下资产，若借款人名下无资产可变卖，借款人将被法院列入失信被执行人名单，这会严重影响借款人及其家属的消费行为，如限制乘坐交通工具（飞机、列车软卧、G字头动车组列车全部座位、其他动车组列车一等以上座位等）、限制出入高档消费场所（星级以上宾馆、酒店、高尔夫球场等）、限制购买非经营必需车辆、子女限制就读高消费私立学校等。

（四）流动资金贷款和固定资产贷款

根据信贷的用途划分，可将其分为流动资金贷款和固定资产贷款。所谓流动资金贷款，是指为满足企业、个体工商户等在生产经营过程中的短期资金需求，保障其生产经营活动正常开展而发放的贷款，并以本次资金周转回归的现金作为第一还款来源。该类贷款可以用于企业补充自有流动资金的临时性资金短缺。相对地，固定资产贷款则是对工、农、商等企业以及科研、文教、旅游、卫生等企事业单位新建、扩建、改造、开发和购置固定资产而提供的资金支持。因此，固定资产贷款还可细分为技术改造贷款、科技开发贷款、基础建设贷款和商业网点贷款。例如，餐饮企业为扩大店面、改善服务设施所获得的信贷就属于商业网点贷款。

知识拓展7－3——你不知道的“道义担保”

保证担保中最传统的方式是借款人通过合法的担保机构以保证的方式为借款人提供信用担保，当借款人无法依约履行贷款时，由担保机构承担合同约定的偿还责任。但担保机构对于融资性担保收取的费用标准较高，尤其对为小微企业提供担保更为谨慎，反担保措施也更加苛刻，这使相当一部分小微企业被拒之门外。正因如此，“道义担保”逐渐兴起。

通俗来讲，道义担保贷款模式就是通过借款人的亲属、朋友、领导、同事、战友等一切具有道义关系的人作为第三方担保人，为借款人提供保证而发放的贷款。这种模式充分发挥了道义在信贷中的约束作用，可以满足经营状况较好、收入稳定但无法从银行获取传统意义上的担保贷款的借款人的贷款需求。目前，道义担保贷款模式已经在许多商业银行开展，以浙江泰隆商业银行的“义融通”为代表，符合申请条件的自然人、个体工商户、小微企业等通过具有道义关系的第三人提供保证，可获得最高额度为50万元的小额贷款，贷款期限一般控制在3~6个月。

三、信贷资金运行的基本原理

商业银行信贷资金运行是指商业银行以信用方式向社会筹集资金，再以信用方式分配投放给社会，循环往复，回收、再筹集、再分配和再回收的过程。通过信贷资金在商业银行的存、贷款等业务中循环运动，实现了实体经济增长和货币的周转与增值。

（一）信贷资金来源

商业银行信贷的顺利开展，离不开充足的信贷资金作为保障。一般而言，商业银行的信贷资金来自银行的自有资金和外来资金。

自有资金即资本金，主要包括股本金、储备资本以及未分配利润。其中，股本金是银行成立并发行股票所筹集的股本资本；储备资本即公积金，主要是从经营的税后利润提成而得的用于弥补经营亏损的准备金；未分配利润是指经营利润尚未按财务制度规定进行提取公积金和向投资者分利处置的部分。

银行外来资金主要从三方面得到：一是吸收个人和企业存入银行的资金；二是商业银行向中央银行借款，如商业银行将未到期的票据再向中央银行贴现；三是同业拆借，指的是银行之间为了解决短期内出现的资金余缺而进行的相互资金融通。

在商业银行的全部信贷资金来源中，存款资金的占比最大，自有资金占比相对较小。

（二）信贷资金的运行机制

根据马克思在《资本论》中指出的生息资本理论，我们可以分析出信贷资金支付和回流的规律。首先要明确一点，信贷资金的运行是与社会再生产运动紧密相连的——银行不断吸收存款，并提取存款作为个人或企业的放贷资金，最后到期收回本息，在“存取贷还”的过程中，信贷资金参与了个人和企业的生产经营活动，并呈现出“三重支付、三重回流”的特点。图7-1描述了社会再生产角度下的信贷资金运行机制。

第一重支付是存款客户或其他资金来源方以一定期限和利息要求将货币使用权让渡给银行；第二重支付是商业银行将筹集的资金以一定利率贷款给企业或个人使用；第三重支付是借款人将借来的货币投入个人消费或生产经营，实现社会再生产。经过消费生产过程，在信贷货币完成流通职能后，个人或企业将增值的商品出售后变成增

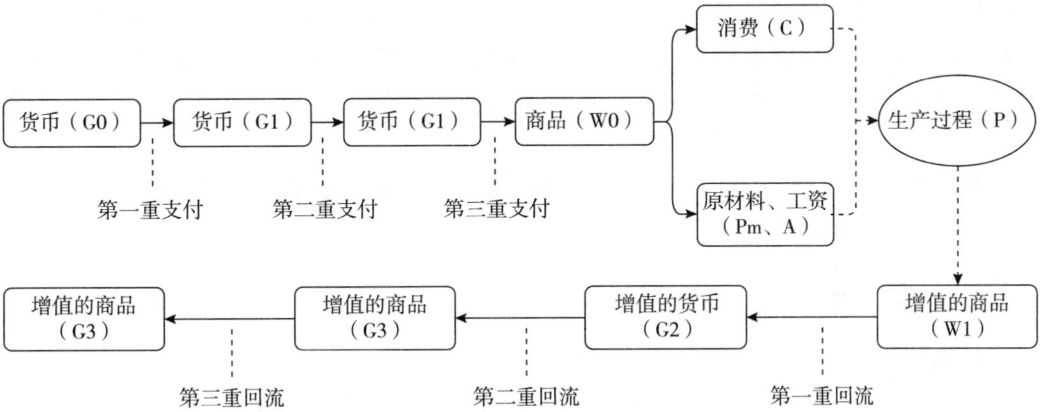

图 7－1　信贷资金运行机制

值的货币，这是第一重回流；第二重回流是借款人将获得的工资或销售利润的一部分作为信贷资金的本金和利息回还给贷款人；第三重回流是商业银行将回笼资金的一部分作为客户存款本金和利息、同业拆借费等交付给原始来源方。

“三重支付、三重回流”的运作机制充分实现了信贷资金的良性循环，任何一个环节上的滞留或中断都会导致信贷业务无法正常进行。长期以来，许多银行都不重视存款业务（第一重支付），只注重贷款，反而会限制贷款业务的发展。同样，只有重视将款项如期且相对高回报地归还给第一重支付人（第三重回流），才有可能获得更多存款货币，形成新的信贷资金的支付与回流，使得银行信贷资金的效益更好发挥，为国民经济带来更大活力。

第二节　小微信贷市场的参与主体

小微信贷市场是小微信贷产品的交易市场，该市场上最主要的产品是贷款。属于货币市场范畴的信贷市场交易产品期限一般在一年以内，超过一年期限的信贷市场交易产品则属于资本市场范畴。小微信贷市场的主要作用是调剂小微群体暂时性或长期的资金余缺，扶持小微企业、个体工商户和农业等，促进就业和稳定国民经济。可以说，小微信贷市场能否健康发展直接影响到小微金融、普惠金融能否高质量发展。

本节将从供给方、需求方以及其他相关机构三个方面介绍小微信贷市场的参与主体，具体介绍参与小微信贷这一经济活动的个人和组织，并阐述影响其供给与需求的因素。

一、供给方及影响供给的因素

小微信贷供给方是指在小微信贷市场上提供各种信贷服务的一方，它是依照法定程序成立并获准经营信贷业务的法人组织，其通过出售各种类型的信贷产品来获取相应的利润。目前，世界上从事发放小微信贷的机构主要有商业银行、小额贷款公司、农村资金互助社、融资租赁公司及非营利性贷款机构等。这些信贷机构中，商业银行的职责是通过存款、贷款、汇兑、储蓄等业务，承担信用中介的职能，是发放贷款的主力军。

下面将主要阐述商业银行、小额贷款公司、农村资金互助社及融资租赁公司等小微信贷供给方的性质、特征及设立条件。

（一）供给方

1. 商业银行

商业银行是以吸收存款、经营贷款为主，并以追求最大利润为经营目标的信用中介金融机构。商业银行具备现代企业的基本特征：有业务经营所需的自有资金，并以营利为目的，自主经营、独立核算、自负盈亏。但与传统企业不同的是，商业银行经营的是特殊的货币商品，与国民经济有着密切联系。我国的商业银行一般分为国有大型商业银行、全国性股份制商业银行、城市商业银行和农村商业银行等，其中农村合作银行与农村信用社归属于农村商业银行（见图 7－2）。

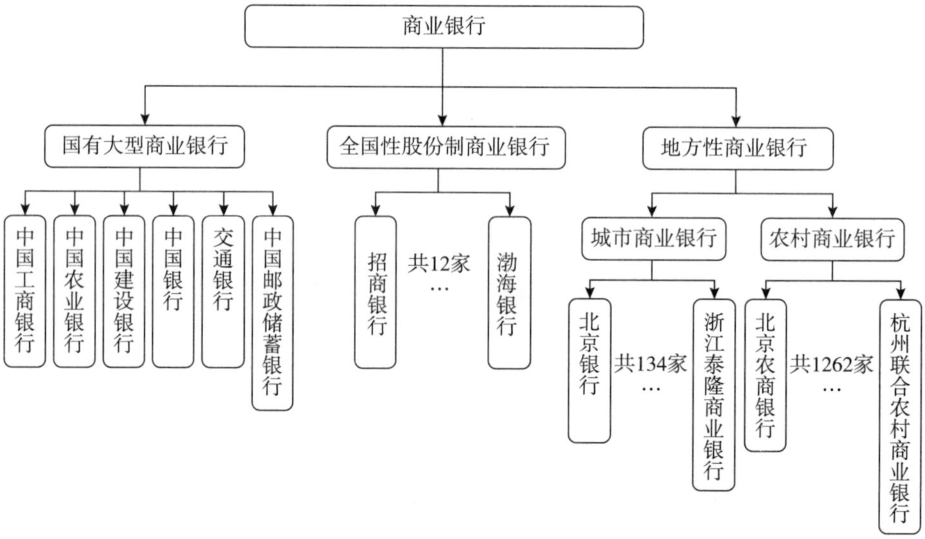

图 7－2　我国商业银行分类

不同类型商业银行的小微信贷特征如下。

（1）国有大型商业银行服务对象广泛，服务内容多元。虽然我国大型商业银行发展小微金融业务相较于中小型商业银行起步较晚，但在政策指引下，大型商业银行在小微信贷领域也取得了一定的市场份额。由于大型商业银行具有点多面广、资金雄厚的比较优势，小微信贷产品的定价更低，服务对象涉及全国各地、各行各业，信贷产品种类繁多，覆盖面广，但小微信贷业务流程较为繁复。

（2）全国性股份制商业银行较早重视小微金融业，通过细分目标客户群体，提供针对性产品和服务。全国性股份制商业银行的小微金融服务创新性强，更符合小微客群的需求特性，根据不同小微企业、个体工商户和农户的具体情况提供不同的针对性服务。例如，民生银行将“民营企业银行、小微企业银行、高端客户银行”作为战略定位。小微企业被视为民生银行的三大战略方向之一，相较于大型国有银行，服务重点更为明显，且小微信贷业务流程更加灵活。

（3）城市商业银行和农村商业银行的创建定位与小微金融、普惠金融更适配，能更深入服务当地小微客群。城市商业银行和农村商业银行因其地缘优势，更容易详细了解当地契合商户的资信状况、经营情况等信息，相较于大型商业银行和全国性股份制商业银行具有比较优势。因此，地方性商业银行能够推出更具契合性和地方特色的产品和服务，且小微信贷业务流程更加简化。

一般情况下，设立全国性股份制商业银行的注册资本（应当是实缴资本）最低限额为10亿元人民币；设立城市商业银行的注册资本最低限额为1亿元人民币；设立农村商业银行的注册资本最低限额为5000万元人民币。注册资本应当是实缴资本。商业银行从事贷款业务，应当实行审贷分离、分级审批的制度。同时必须符合资本充足率不得低于8%、贷款余额与存款余额的比例不得超过75%、流动性资产余额与流动性负债余额的比例不得低于25%、对同一借款人的贷款余额与商业银行资本余额的比例不得超过10%、商业银行不得向关系人发放信用贷款等资产负债比例管理要求。

2. 小额贷款公司

小额贷款公司是由自然人、企业法人与其他社会组织投资设立，不吸收公众存款的有限责任公司或股份有限公司。小额贷款公司是企业法人，有独立的法人财产，享有法人财产权，以全部财产对其债务承担民事责任。小额贷款公司股东依法享有资产收益、参与重大决策和选择管理者等权利，以其认缴的出资额或认购的股份为限对公司承担责任。同时，小额贷款公司必须在法律法规允许范围内开展业务，做到“自主经营、自负盈亏、自我约束、自担风险”，其合法权益也会受到法律保护。

小额贷款公司的特征如下：

（1）贷款利率灵活。小额贷款公司的贷款利率按照市场化原则自主确定，中国人民银行取消了贷款利率上限，但不得超过同期银行贷款利率的4倍，下限为中国人民银行公布的贷款基准利率的0.9倍。

（2）“小额、分散”的放贷原则。小额贷款公司本着“小额、分散”的原则坚持为“三农”和小微企业提供信贷服务，同一借款人的贷款余额不能超过资本净额的5%，单一企业客户的授信余额不得超过资本净额的15%。

（3）贷款期限双方商定。小额贷款公司的贷款期限由借贷双方公平自愿协商确定，一般以短期贷款为主。

在我国，设立小额贷款公司必须符合法定人数和注资规定。有限责任公司应由50人以下股东出资设立，注册资本不得低于500万元；股份有限公司应有2～200名发起人，其中半数以上的发起人须在中国境内有住所，注册资本不得低于1000万元。单一自然人、企业法人和其他社会组织持有的股份不得超过小额贷款公司注册资本总额的10%。值得注意的是，小额贷款公司的资金来源不仅为股东缴纳的资本金，同时还包括民间捐赠资金和来自不超过两家银行业金融机构的融入资金。

3. 农村资金互助社

农村资金互助社是一种农村合作金融组织。在我国，农村资金互助社主要分为银保监会准入型与农民专业合作社内部信用合作两种。

银保监会准入型农村资金互助社是经银行保险监督管理机构批准，由当地农民和农村小企业自愿入股组成的社会互助性银行业金融机构。该类型的农村资金互助社有独立的法人，对社员股金、积累及合法取得的其他资产所形成的法人财产，享有占有、使用、收益和处分的权利，并以上述财产对债务承担连带责任。截至2020年6月末，获得银保监会批准、具有金融许可证的农村资金互助社共有41家，主要分布在浙江省（7家）、陕西省（6家）、吉林省（4家）。

农民专业合作社内部信用合作型互助社是未经银保监会审批，部分在民政、工商部门登记，经农民专业合作社全体成员代表大会通过，由合作社内部全体或部分成员自愿入股，在出资成员内提供借贷业务的农村资金互助社。

农村资金互助社的特征如下：

（1）存款利率受管制。银保监会准入型农村资金互助社的存款利率实行上限管制，最高不得超过中国人民银行公布的同期同档次存款基准利率。贷款利率与小额贷款公司的要求一致。

（2）放贷对象明确。银保监会准入型农村资金互助社只向社员发放贷款，对单一社员的贷款总额不能超过资本净额的15%，单一农村小企业社员及其关联企业社员、单一农民及其在同一户口簿上的其他社员贷款总额不得超过资本净额的20%，前十户贷款总额不得超过资本净额的50%。

（3）贷款期限双方商定。农村资金互助社的贷款期限由借贷双方公平自愿协商确定，一般以短期贷款为主。

（4）借贷信息基本对称。农村资金互助社是由区域性农户和农村小企业自愿入股组成，社员之间彼此了解，信息基本对称，故而能够有效解决由于借贷双方信息不对称而造成的交易成本高、风险大等问题，及时满足社员的融资需求。

设立农村资金互助社应具备符合规定的发起人和注册资本。一般应有10名以上符合规定要求的发起人；在乡（镇）设立的，注册资本不得低于30万元；在行政村设立的，注册资本不得低于10万元。其资金以吸收社员存款、接受社会捐赠资金和向其他银行业金融机构融入资金三种方式获得，通过以上途径获得的资金主要用于为互助社内成员发放贷款，富余资金可存放其他银行业金融机构或购买国债等债券。

4. 融资租赁公司

融资租赁公司是服务于金融、贸易、产业的资产管理机构，主要是以经营融资租赁业务为主的非银行金融机构。通俗来讲，融资租赁公司作为出租人，根据承租人对租赁物的特定要求和对供货人的选择，向供货人购买租赁物，并租给承租人使用，承租人则分期向出租人支付租金，在租赁期内租赁物的所有权属于出租人所有，承租人拥有租赁物的使用权。

融资租赁起源于美国，20 世纪六七十年代在全球迅速发展，成为企业更新设备的主要融资手段之一。根据融资租赁公司股东类型的不同，中国融资租赁企业可分为银行系、厂商系和第三方融资租赁公司。其中，厂商系①和第三方融资租赁公司②主要为小微企业融资提供服务，而银行系融资租赁公司以经营资金需求量大的行业为主。

融资租赁的特征如下：

（1）租赁标的物由承租人决定。承租人可指定租赁物和选择供货商，出租人购买并租赁给承租人使用，且在租赁期间内只有承租人可用，承租人负责租赁物的维修与保养。

（2）以租赁物控制风险。租赁物的所有权是出租人为了控制承租人偿还租金的风险而采取的一种形式所有权，这种风控手段简单易操作，具有服务小微企业的天然优势。

（3）融资租赁期限长。小微企业通过融资租赁所享有的资金使用权限可达 3 年，最长不超过 20 年。融资租赁的租期和设备的使用年限密切相关，原则上和物件的使用寿命（折旧年限）相同。

（4）租赁关系终止后处理方式多样。融资租赁合同到期结束后，承租人一般对设备有留购、续租和退租三种处理方式，若要留购，购买价格可由租赁双方协商确定。

根据投资主体的不同，融资租赁公司可分为内资融资租赁公司和外资融资租赁公司。内资融资租赁公司是指由中国境内企业或自然人依法设立的以经营融资租赁业务为主的工商企业。公司设立的必须核心条件是最低注册资本应达到 1.7 亿元人民币；具有健全的内部管理制度和风险控制制度；拥有相应的金融、贸易、法律、会计等方面的专业人员，高级管理人员应具有不少于 3 年的租赁业从业经验。而成立外资融资租赁公司则必须符合以下条件：股东各方必须是企业法人，必须持续经营 1 年以上，外方股东总资产不低于 500 万美元；外商投资比例不小于 25%，可以是外商独资的融资租赁公司；需提供 2 ~ 5 名高管，且具有金融行业或融资租赁企业管理经验 3 年以上；注册资本不低于 1000 万美元。

（二）影响供给的因素

小微信贷市场的规模正在不断壮大，金融机构对小微信贷业务给予了更多重视，小微信贷供给也越发丰富。影响小微信贷供给的主要因素包括金融机构内部因素、政府及金融市场结构等外部因素。

---

① 厂商系融资租赁公司的股东主要为设备生产厂商，以促进厂商设备销售为主要目的，以厂商的下游客户为主要服务对象。

② 第三方融资租赁公司是除银行系和厂商系外的第三方股东成立的融资租赁公司，通常专业性较强。

1. 金融机构内部因素

金融机构内部的组织结构、产品设计能力、信贷技术创新能力、内部管理机制等因素均对小微信贷供给能力具有重要影响。

（1）组织结构特征。组织结构越复杂、层级结构越多、资产规模越大的金融机构，越不愿意向那些信息透明度低、资产规模小、无有效抵押担保品的小微客户提供贷款。其原因在于，这种大型金融机构对小微客户进行信息收集、贷款审批、发放和回收等业务操作，需要付出高额的放贷费用与成本，存在规模不经济①的现象。而组织结构越简单、层级结构越少、资产规模越小的金融机构，一般扎根于一方土地，能够充分利用地缘优势和人缘优势，比较容易获得小微客户的各项信息，从而降低业务成本，增强为小微客户提供融资供给的能力。

（2）产品设计能力。金融机构对小微客户的信贷产品设计与服务创新能力的高低，直接影响到金融机构开展小微信贷服务的供给能力。金融机构需要根据小微客户自身的经营特点、资产情况和资信状况，为不同类型的客户量身定制不同的信贷产品和服务。针对那些缺乏有效抵质押品和财务报表的小微企业、个体工商户及农户，金融机构可以考虑经营主体在相关产业链中的地位以及紧密程度，设计小微企业供应链融资②、农户联保贷款、担保贷款等产品。例如，对于外贸出口类小微企业，金融机构可设计信用证、供应链等信贷产品。

（3）信贷技术创新。由于小微客群存在财务制度不规范、缺乏有效抵（质）押物等问题，因此过分依赖企业财务报表信息、抵（质）押物和传统的征信信息等信贷技术，将无法解决金融机构与小微客户之间的信息不对称问题，导致开展小微信贷业务的能力明显不足。金融机构应不断创造适合小微客群的信贷技术，例如，开发包括企业实际控制人的个人品行及综合能力、企业所处的市场及行业环境、企业经营管理水平等难以量化但对信贷决策具有较高价值的信息，将这些“软信息”转变为容易度量“硬信息”，便于评估小微客户的风险等级，为信贷供给提供保障。此外，金融机构也可以依据商圈、销售链、供应链的“一圈多链”对集群的、具有同质性信息的小微企业实施批量开发、集中审批、批量放款，从而有效地降低信息收集成本和信贷风险。

（4）制度与文化。金融机构的人才队伍选拔和培养体系、激励和约束机制、贷款审批决策制度、内部沟通制度及信贷文化等一系列内部管理机制会直接影响对小微群体的信贷服务能力。

制度建设方面，第一，小微信贷业务工作琐碎、信息庞杂、风险识别难，对从业人员素质要求较高，因此，金融机构需具备立体化的人力资源管理及开发体系，在人才选拔、培养、发展及管理过程中有效运用薪酬、制度等激励与约束手段，打造出一支懂业务、能力强的专业化队伍。第二，由于小微信贷业务的复杂性，在运营和管理

① 规模不经济通俗来讲就是一个厂商的产量增加1倍，而成本增加超过1倍。

② 供应链融资实际上是通过对有实力的核心企业的责任捆绑，对产业链相关资金流、物流的有效控制，针对链条上供应商、经销商及终端用户等不同企业的融资需求，银行提供的以货物销售回款自偿为风险控制基础的组合融资服务。通过供应链融资，可推动整个产业链商品交易连续、有序进行。

的过程中建立灵活高效的信贷决策制度和畅通透明的内部沟通制度尤为重要，不仅能够减少贷款决策的审批环节以及复杂性，而且能够避免因内部各环节沟通不及时、不顺畅导致的工作脱节问题，提高工作效率。

文化建设方面，小微金融所服务的客户群体偏向“草根”，信息透明度不高，这类客户如果通过请客送礼等灰色方式获得贷款，容易引发道德风险和操作风险，所以企业信贷文化建设不容忽视。应通过构建金融机构的亲情福利保障体系、举办丰富多彩的团队建设活动，使全体员工在优秀的企业信贷文化熏陶下做到有责任感、有归属感、有使命感，从源头上防范员工的道德风险，能够为小微客户带来更好的服务体验。

2. 政府及金融市场结构等外部因素

金融市场结构、政府扶持政策、货币政策、宏观经济发展情况等一系列外部因素，都是影响金融机构小微信贷供给量的原因。

（1）金融市场结构。金融市场结构是指不同类型、不同规模的金融机构的相对比例。在小微信贷市场中，金融市场结构会通过竞争影响小微客群的信贷机会与成本。因此，金融市场结构是影响小微金融服务规模和质量的重要因素之一。以我国为例，金融体系长期以来是以银行业为主导，尤其是国有大型商业银行占据主导地位，但随着金融改革的逐步推进，城市商业银行、村镇银行、农村资金互助社、小额贷款公司等金融机构在全国范围内纷纷成立，增强了银行业竞争，逐渐形成与实体经济结构相匹配的金融市场结构。通过放松金融业的准入门槛，改变金融市场结构，充分发挥符合当地经济发展需要的、地理位置贴近小微客群的金融机构的比较优势，进而提高金融资源的配置效率，切实改善小微信贷服务的广度和深度。

（2）货币政策。中央银行可灵活运用多种货币政策工具，调控小微信贷规模和结构。

从总量货币政策上看，基准利率直接影响金融机构的信贷行为和信贷规模。基准利率作为金融市场上的重要参照物，其他利率水平和金融资产价格均可根据这一基准利率水平来确定。基准利率上升，金融机构的小微信贷价格（利率）会上调，小微信贷规模也会随着中央银行的紧缩政策而缩减；基准利率下降，金融机构的小微信贷价格（利率）会下降，小微信贷规模会随着中央银行的宽松政策而扩大。2012 年第三季度到 2018 年第三季度，中国人民银行对基准利率共进行了 6 次调整，小微企业信贷规模也发生了相应的变化（见图 7 - 3）。从图 7 - 3 中的人民币小微企业贷款新增额的线性趋势线与 1 ~3 年期贷款基准利率的变化曲线可以看出，小微企业贷款规模基本与中央银行的贷款基准利率负相关。

同样，中央银行可通过降低商业银行的再贷款利率，鼓励商业银行向中央银行借款，并将资金主要用于满足小微客群的借贷需求；反之则可通过提高再贷款利率，限制商业银行向其借款，缩小商业银行的放贷规模。再如，中央银行可通过降低存款准备金率，增加商业银行的可贷资金，提升商业银行对小微客群的贷款供给，反之则相反。因此，中央银行利用货币政策调控工具，在很大程度上会影响到金融机构的贷款利率和放贷规模，进而影响到整个小微信贷市场的放贷规模。

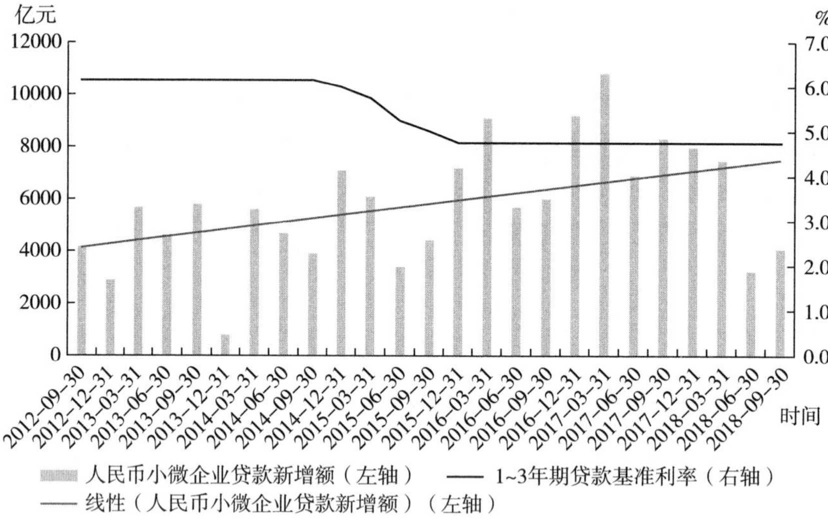

图7－3　1～3年期贷款基准利率和人民币小微企业贷款新增额之间的关系

从调整小微信贷结构角度出发，中国人民银行可运用结构性货币政策，例如，针对小微企业融资业务比例高的、新成立不久的中小金融机构以及农村金融机构通过优先办理再贴现、再贷款、专项资金拆借等优惠政策建立小微信贷风险补偿制度。此外，中国人民银行还提出了“三档两优”① 的存款准备金率基本框架，对中小银行实行较低的存款准备金率，增强服务县域的中小银行的资金实力，促进其降低融资成本，更好地支持小微企业发展。

知识拓展7－4——再贷款与再贴现的异同

再贷款与再贴现都是中央银行进行金融调控的货币政策工具，也是对国家经济运行实施宏观调控的重要手段。

不同的是，再贴现是中央银行通过买进在中央银行开立账户的银行业金融机构持有的已贴现但尚未到期的商业票据，向这些银行业金融机构提供融资支持的行为。再贷款则是指中央银行为实现货币政策目标而对金融机构发放的贷款。两者再融资的产品不同。

① “三档”：第一档，对大型银行实行高一些的存款准备金率，体现防范系统性风险和维护金融稳定的要求；第二档，对中型银行实行较第一档略低的存款准备金率；第三档，对服务县域的银行实行较低的存款准备金率，目前为8%。“两优”是指在三个基准档次的基础上还有两项优惠：一是大型银行和中型银行达到普惠金融定向降准政策考核标准的，可享受0.5个或1.5个百分点的存款准备金率优惠；二是服务县域的银行达到新增存款一定比例用于当地贷款考核标准的，可享受1个百分点的存款准备金率优惠。

（3）宏观经济发展状况。宏观经济发展状况对小微信贷供给能力具有一定影响。一般而言，宏观经济走势景气，金融机构越愿意放松信贷条件并降低贷款利率，增加对整个经济的融资投放力度，这无疑会提升小微信贷的供给水平；受到宏观经济不景气的影响，金融机构因担心信贷风险加剧而更倾向于将资金投向发展更为稳健、有资产抵押的大中型企业，减少甚至放弃对小微客群的信贷服务。但不能忽视的是，在宏观经济出现颓势时，中央银行会出台逆周期性的货币政策，如降准降息等宽松政策，为经济托底，从而在一定程度上刺激金融机构开展信贷业务。可见，宏观经济的变化会对小微信贷供给的影响比较复杂。

二、需求方及影响需求的因素

小微信贷需求方是指小微信贷市场上的所有现实或潜在的信贷服务的购买者，其通过购买各种类型的信贷服务来解决难以满足自身生存发展需求的资金短缺，在小微信贷业务关系中，通常被称为借款人。在小微信贷市场中，借款人按借款用途和借款主体一般可分为消费性个人借款人（以消费为目的的社会自然人）、经营性个人借款人（个体工商户、农村承包经营户①）、经营性小微企业法人借款人（具有法人代表的小微企业）和经营性小微企业非法人借款人（个人独资企业、合伙企业）。这些借款主体在信贷需求、办理条件、贷款追索、政策、管理方面都存在一定差异，因此在信贷政策与管理等方面也有不同安排。

（一）需求方

1. 居民

居民的信贷需求主要是满足个人消费和投资（经营性投资、金融投资和人力资本投资）的需求，其主要还款来源是个人未来可预期的收入。居民借款人，一般为具有完全民事行为能力和合法收入来源，并有按期偿还贷款本息意愿的自然人。目前，我国的相关法律明确支持具有完全民事行为能力、在中国境内具有常住户口及有效居留身份、年龄符合借贷机构要求且有稳定经济收入和信用良好的中国公民进行个人信贷业务。随着小微金融市场的扩大，小微信贷服务范围从“上班族”、个体工商户和农村承包经营户向大学生、农民工等特殊人群延伸，为这类群体发放用于购房装修、购买服务等用途的个人消费性贷款及其他用于正常生产经营的个人经营性贷款。个人信贷的贷款笔数多但单笔贷款金额较小，办理条件比较简单，主要须提供个人的信用、资产、收入来源、贷款用途等评估信息，个体工商户和农村承包经营户还需提供经有关部门批准的证明和营业执照，以及必须拥有合法固定的经营场所。此外，居民借款人未按期偿还贷款本息的，贷款追索可以覆盖到借款人的个人全部财产，追索权长期有效，直至借款人生命无法续存。

---

① 个体工商户和农村承包经营户是从事商品经营的家庭或户，必须承担无限责任。

2. 小微企业

相比于居民，小微企业的信贷用途一般是企业经营、再生产或者资金周转，其主要还款来源是企业未来可预期的经营现金流和固定资产情况。小微企业可以由企业法定代表人和企业本身进行贷款。小微企业的贷款数额相对较大，申请贷款的条件相对严格，除了企业的经营状况及环境之外，还需要全方面了解企业法人或控股股东及其家庭成员等自然人的信用、人品和家庭关系等其他的综合因素。此外，小微企业法人贷款的追索往往是由股东承担有限责任，以企业财产为限履行清偿债务责任，企业破产（企业资不抵债）清偿后，贷款追索权终止。

值得注意的是，某些小微企业不具有法人资格，如个人独资企业和合伙企业，这两类企业均属于非法人组织的经营实体。个人独资企业是指单一自然人出资经营、所有和控制，由个人承担经营风险和享受全部经营收益的企业，且出资人对企业债务负无限责任；合伙企业是指自然人、法人或者其他组织依照《中华人民共和国合伙企业法》在中国境内设立的，由两个或两个以上的自然人通过订立合伙协议，共同出资经营、共享收益、共担风险的企业组织形式，并对企业债务负无限责任。这些经营实体均可向金融机构申请企业经营贷款，若经营不善导致破产，必须以投资人的所有财产进行清偿，即承担债务的无限责任。

（二）影响需求的因素

近年来，随着实体经济迅速发展和居民收入持续提高，小微信贷需求强烈，尤其是小微企业和城镇家庭，需求范围进一步拓展。下面将从小微信贷需求方内部因素与外部环境因素两个视角考虑对小微信贷需求产生影响的因素。

1. 小微信贷需求方内部因素

小微信贷需求方视角主要从借款人年龄、受教育程度、家庭情况、收入水平、固定资产和投资意愿六个方面进行分析。

（1）借款人年龄。在小微信贷需求研究中，普遍认为小微群体的信贷需求具有生命周期特点，具体而言，年龄与信贷需求程度呈倒U形关系。在生命周期的不同阶段，信贷需求存在较大差异：未成年阶段，除一些个人的助学贷款和医疗贷款外，基本无其他信贷需求，信贷需求较低；随着年龄的增长，从青少年步入中青年，个人购车购（盖）房、婚丧嫁娶、子女上学等消费支出较大，同时，从事经营性活动的企业主或户主在扩大再生产时对信贷的需求也较大；逐渐步入中老年后，家庭和生产经营支出会相对减少，并且随着年龄的增长，自身财富增加，除医疗保健、健康产业的贷款需求外，基本无其他信贷需求，因而该年龄阶段的信贷需求又会减弱。

（2）受教育程度。现有研究发现，借款人的受教育程度对小微信贷需求的影响存在不确定性。一些学者认为，城乡居民、小微企业主、个体工商户及农户主的受教育程度越高，越能更好地理解金融知识和金融功能，思想观念越与时俱进，所能接受的事物相对更多，具有较强的跨期消费意识和借贷理念，因此受教育程度对小微信贷需求存在正向的影响。也有学者认为，受教育程度越高的群体，越有能力或技术获得更高的收入，生活越富足，因此这类人的信贷需求不足，即受教育程度对小微信贷需求的影响是负向的。相对而言，支持正向关系的文献更多。

（3）家庭情况。家庭情况对于小微信贷需求的影响可从两个方面分析，一是家庭人数，二是家庭负担率①。家庭人数越多，家庭生活消费支出越多，如教育、医疗和养老等；同时，会使家庭生产经营性支出增加，如个体工商户和农户等家庭经营模式，进而导致对信贷需求也存在显著影响。家庭负担率越大意味着经济压力越大，越需要通过信贷来维持基本的生活性和生产性资金需求。

（4）收入水平。收入水平方面，城乡居民的收入一般为工资性收入，小微企业主、个体工商户及农户主的收入一般为经营性收入。无论哪一种性质的收入，对于信贷需求均有影响。通常认为收入水平对消费型信贷需求呈正向影响，其原因在于，根据凯恩斯绝对收入假说②，消费在短期内会随着收入的增加而相应增加，但消费增加低于收入增加时，边际消费倾向会随收入的增加而递减，说明高收入者的边际消费倾向低于低收入者的边际消费倾向，收入的增加会刺激消费支出，因此在面临流动性约束时，低收入群体更倾向于个人消费信贷。此外，经营性收入水平较高时，生产性支出也会相应增加，信贷需求自然强烈。也有观点认为，当收入水平较低或下降时，无法满足个人消费或企业生产经营支出，会导致信贷需求增加。

（5）固定资产。一般认为，小微企业、个体工商户和农户的固定资产也是影响其信贷需求的因素之一，但影响结果并不一致。一类观点认为，固定资产对信贷需求起到负面影响作用。一是因为固定资产价值的增加意味着收入水平上升、财富增加，不容易发生信贷需求；二是因为固定资产价值越高，可变现的资产就越多，信贷需求就越弱。另一类观点则认为，固定资产价值越高，越有可能激发小微企业或商户扩大生产，需要投入更多资金，导致信贷需求越旺盛。

（6）投资意愿。通常认为，越是生产经营状况良好或创新能力强的企业，其投资意愿也越强烈；越是抵御风险能力弱或属于传统劳动密集型行业的企业，其投资信心就越匮乏。企业的投资决策在很大程度上取决于其对未来的预期，当小微企业的人工成本和生产成本增加、对宏观形势及企业营业收入的预期不乐观时，其投资动力就不足，从而导致信贷需求相应较弱，反之则相反。③

2. 外部环境因素

从外部环境视角看，影响小微信贷需求的因素包括行业特点、区位环境和信贷政策三个方面。

（1）行业特点。不同行业的小微企业发展情况不一，就我国而言，小微企业占比最高的三个行业分别是批发和零售业、工业及租赁和商务服务业，合计占比为三分之

---

① 家庭负担率 = 家庭非劳动人数/家庭总人数。

② “绝对收入假说”出自《就业、利息和货币通论》一书，该书是英国经济学家约翰·梅纳德·凯恩斯创作的经济学著作，首版时间是1936年。

③ 浙江民营企业研究课题组，孙娜，郑涵歆．当前浙江民营制造业企业投资状况调查——基于“当前宏观形势下民营企业生产经营与风险情况”调查问卷的分析（二）[J]．浙江经济，2020，684（10）：38-41.

二（2017 年）。而不同行业的信贷需求特点也不尽相同，有些行业竞争激烈且规模经济明显，如餐饮业、轻纺制造业、批发和零售业等，会产生较多信贷需求；还有一些具有明显季节性或周期性特征的行业，如水产养殖业、种植业、旅游业、小型加工业等，会对信贷需求呈现规律性、周期性特征，某一时期的需求会增加，某一时期的需求会减弱。

（2）区位环境。不同地理区位有着不尽相同的资源禀赋和基础设施条件，处于不同地理区位的小微群体有着不同的文化和生活习惯。以中国为例，沿海地区具有区位综合资源优势，包括自然资源、劳动力、产业聚集、交通等，发展经济的客观条件也势必更为有利，信贷需求相对活跃。但在西部地区，由于地广人稀，地势又以山地为主，导致整体交通不便、信息闭塞。同时，西部地区特有的自然条件也使得该地区人民以农牧业为主，并且形成了一个自给自足的农牧经济生态圈。因此，西部地区的小微信贷需求较中东部地区明显疲乏。

（3）信贷政策。信贷政策对信贷需求的影响，一方面体现在信贷政策宣传是否到位，另一方面体现在信贷政策落实是否到位。信贷政策宣传越好，小微群体对信贷政策的了解程度越高，对信贷的需求越多。信贷政策落实越好，金融机构越能够制定出更为合理的小微贷款产品和服务，进而激发小微群体的信贷需求。

三、其他相关机构

除了不同类型的信贷服务机构，小微信贷市场的主体还涉及一些其他相关机构。

（一）信贷征信机构

按服务对象划分，征信机构可分为信贷征信、商业征信、雇佣征信和其他征信机构。信贷征信机构是小微信贷市场中最主要的征信机构。其服务对象是各类提供小额信贷的金融机构，通过调查、采集、核实、处理并分析小微企业、个体工商户的资信及消费者个人信用信息，运用数据挖掘技术或统计分析方法为借款人评分，并向金融机构提交信用报告，帮助金融机构识别、判断客户的信用风险。例如，中国人民银行于 2015 年初首次批准八家机构开展个人征信业务工作，其中包括芝麻信用管理有限公司与腾讯征信有限公司等；美国的三大个人征信机构分别为 Experian、Equifax 和 Trans Union，美国最全面的小微企业征信数据库是小微企业金融数据平台（Small Business Financial Exchange，SBFE）。其将小微企业的信贷数据授权给第三方征信机构进行处理，第三方征信机构再将征信产品与服务提供给小微信贷机构。

此外，许多国家和地方工商局负责小微企业、个体工商户工商登记查询、项目审批、核准以及备案信息查询，海关对从事进出口贸易的小微企业进行评级，税务部门评定企业纳税信用等级、登记并处罚税收违法企业。这些行政单位也进行小微企业征信评估。

（二）担保机构

在个人、个体工商户、农户及小微企业借款的过程中，若金融机构对一些借款人的还款能力和还款意愿不够信任，为了降低风险，会要求借款人找到第三方为其做担保。在小微信贷市场上，贷款担保一般是指借款人提供的第三方担保，即贷款担保人，而非抵押物或质押物担保。贷款担保人可以是具有良好信用及相应代偿能力的个人、企业、其他法人组织，也可以是专业的融资性担保公司或担保基金。若借款人在贷款到期时无法完全履行还款义务，保证人必须代为偿还借款人的剩余债务，法律上称之为一般保证。当担保人具有与借款人同等的偿债责任时，金融机构无须等到借款人清偿完毕，可直接向担保人主张还贷，法律上称之为连带责任保证。

（三）司法仲裁机构

就小微信贷业务而言，法院代表国家法律意志，为信贷机构与小微群体双方裁决借贷纠纷。借贷双方发生纠纷，可通过法院协商调解解决，调解无效后，应当通过法律方式进行解决，最终方式就是向法院提起诉讼，由法院判决结果并要求败诉方执行判决内容。此外，司法机关会通过官方网站公开全国失信被执行人名单。

仲裁机构是指由非司法机关的仲裁员组成的，专门进行民事纠纷调解、裁决的机构。仲裁一般是当事人根据他们之间订立的仲裁协议，自愿将其争议提交由非司法机关仲裁员组成的仲裁庭进行裁判，并受该裁判约束的一种制度。相较于诉讼，仲裁的方式灵活、快捷、成本较低，但在执行中存在一定难度和风险，因此一般适用于小额信贷纠纷或信贷机构作为被告的纠纷。

律师事务所在小微信贷市场中主要为金融机构提供法律顾问和法律事务服务。服务内容包括对借款人进行尽职调查，为金融机构与客户以及金融机构与其他关系人的所有交易行为依法起草并签订合同和协议。金融机构或客户一方在合同或协议期间内未能合法行使权利或履行义务的，可委托律师事务所进行债务调查、发起仲裁、代理诉讼等。尽管很多金融机构内部设有专门的法律事务部门，但在信贷业务中产生的法律纠纷往往比较复杂多变，需要配备专业的法律顾问为金融机构提供有效的解决方案。

第三节　小微信贷市场的产品与模式

一、小微信贷产品

（一）产品分类

小微信贷市场的交易客体是小微信贷产品。小微信贷产品是一种无形的、有使用时限的、具有特定产品要素的信贷服务。

一般的信贷产品包括贷款、担保、承兑、信用支持、保函、信用证和承诺等。在小微信贷市场中，最广泛的信贷产品为小额贷款与保证担保。根据小微借款人的资金用途，一般分为个人消费贷款，小微企业、个体工商户及农户经营性贷款和固定资产贷款；根据不同业务模式，可分为纯线下贷款模式、线上线下贷款模式和纯线上贷款模式。以中国为例，银行业机构提供的小微信贷产品覆盖了上述所有类型（见表7-1）。

表7-1　部分银行机构的小微信贷产品矩阵

贷款方式	机构名称					
	工商银行	农业银行	民生银行	杭州银行	浙江泰隆商业银行	浙江网商银行
纯线下		随薪贷、个人助业贷款、农户小额贷款	微型贷款、公喜贷、薪喜贷、微贷	个人住房按揭贷款		
线上线下结合	个人经营贷款、融e借	惠农e贷	云快贷	人才贷、税金贷	随薪贷、农乐贷、失地保险贷、梦想e贷、易农贷、电商贷、信融通、义融通	
纯线上	e抵快贷	网捷贷、助业快e贷、微捷贷、小微网贷	纳税网乐贷、农贷通	云小贷、农户贷	享贷、融e贷	网商贷、旺农贷、信任付、自保理、回款宝

（二）产品特点

小微信贷产品与大额贷款产品有所区别，小微信贷产品以信用作为主要的风险评估工具，具有额度小、期限短、审批快和抵押少等特点。

1. 额度小

根据《中国普惠金融指标分析报告（2020年）》，截至2020年末，全国人均个人消费贷款余额仅为3.51万元。《中国小微企业金融服务报告（2019—2020）》显示，截至2020年末，小微企业贷款户均余额为5837.6万元，普惠小微①贷款户均余额为46.8万元，小于大、中型企业的贷款户均余额。例如，浙江泰隆商业银行坚持小微金融市场定位，优化营销方式，户均贷款仅为29万元。可见，由于小微群体的发展规模决定了其资金需求小的特点，小微信贷产品的贷款额度也自然偏小。

2. 期限短

个体工商户、农户和小微企业融资一般为流动资金贷款，大多以短期资金周转需求或周期性资金周转需求为主，同时这些小微群体不稳定的经营方式也极易导致其产生临时性的贷款需求，因此，小微信贷产品的时效性较强，贷款期限较短，一般在1～

① 普惠口径小微贷款包括单户授信500万元以下的小微企业贷款、个体工商户和小微企业主经营性贷款。

36 个月（6～18 个月占多数）。以个人及家庭生活消费为目的的信用贷款主要用于耐用消费品、旅游、医疗、教育等方面，此类贷款是银行为解决借款人临时性的消费需要所发放的小额短期信用贷款，贷款期限一般在一年以内。

3. 审批快

小微信贷的贷款程序简单、手续方便，较为注重借款人经营实体的存在性、实际经营情况的可持续性以及借款人自身的信用情况，只需提供一些必要的证件（如身份证、经营证明、银行流水等），而不必强制提供系统专业的财务报表、业务数据或者抵押物、质押物和担保人等，因此节省了许多审批流程中对“硬信息”的调查与核实时间。

以江苏银行为例，该银行运用大数据征信实现自动授信审批，大幅降低小微金融业务成本，提高贷款审批效率。以“税 e 融”为例，江苏银行利用先进的在线授信审批系统，链接税银信贷平台获取纳税数据，结合“融创智库”平台[①]提供的其他信用信息，通过大数据量化模型对小微企业客户进行实时自动信用评分，并根据评分结果及时给出授信额度和贷款利率，有效简化了授信审批程序，真正实现了“秒批秒贷”[②]。

4. 抵押少

小微信贷的重要特点之一是依赖信用。小微信贷的借款人，如小微企业和个体工商户，一般具有家族式管理体制，产权和经营权结构单一，财务数据不清甚至无财务报表，只有简单的现金流水、凭证等，可抵押、质押的物品少。因此，金融机构在进行审批时需要以借款人的信用来考量其还款能力及还款意愿。

近年来，随着信息技术以及互联网的快速发展，云计算、大数据、区块链等新兴技术与金融业务不断融合。相较于传统信用风险评估手段，通过金融科技对大数据进行整合和分析，可实现降成本、提效率，增强复杂环境下信用风险的管理能力。

知识拓展 7－5——什么是“等额本金”及“核定最高额度且随借随还”的还款方式？

等额本金是指按月平均分配贷款本金，每月归还固定的本金和剩余本金的利息，贷款利息随贷款本金的减少而减少，总还款额随利息减少而递减。这种还款方式对于借款人来说，对比相同期限的等额本息法，总的利息支出下降了；相应地，贷款人的收入也降低了。

① 江苏银行与南京大学合作研发了业内领先的“融创智库”大数据征信平台。该平台的大数据信息来源主要包括三个方面：一是通过“银税互动”和“银商合作”机制获取的小微企业工商基础信息、纳税信息、财务报表数据、违法违章信息等“硬数据”；二是人民银行征信信息、银保监会客户风险共享信息、海关进出口数据、银联商务 POS 结算数据等公共信用信息，以及运用网络爬虫技术对主流媒体进行数据抓取与分析获取的“软信息”；三是将行内核心业务系统、信贷管理系统积累的客户业务数据与外部征信信息和互联网替代数据进行有效整合，构建小微企业信用“大数据画像”。

② 周雷，闫笑男，朱奕，等．大数据征信服务小微企业融资案例研究——以江苏银行“e 融”系列产品为例[J]．西南金融，2022，495（10）：54－64.

核定最高额度且随借随还的方式是指在一段时间内，贷款人可在最高授信额度内随时得到贷款，也可随时归还；借款人借款后，利息按天计算，用一天算一天息；借款人可随时一次性结清款项且无须支付违约金。这种贷款方式下可以根据自己的需求随借随还，灵活方便，资金使用率高。但对于贷款人而言，由于时间的随意性，贷款人很难进行贷款的风险评估，借款人的情况发生变化后，贷款人仍会在授信额度内继续给予贷款，使得风险增加。

（三）产品案例

1. 浙江泰隆商业银行的特色产品①

浙江泰隆商业银行是一家自创办起始终坚持“服务小微企业、践行普惠金融”的股份制城市商业银行。多年来，浙江泰隆商业银行在实践中探索具有中国特色的小微企业信贷服务模式和风险控制技术，总结出“三品三表”“三三制”等特色小微信贷技术。同时，在产品设计方面，浙江泰隆商业银行针对不同客户重点考虑定价（费率）、额度和时效（便利性），平衡客户体验与风险管理之间的矛盾，为不同需求的客户提供多样、合适的产品。

（1）梦想 e 贷

“梦想 e 贷”是针对“有梦”青年量身打造的一款分段计息贷款②产品，可根据客户的信用状况、人生阶段，灵活提升额度，客户可通过网上银行、手机银行等电子渠道随借随还，循环使用。

“梦想 e 贷”的贷款对象是有劳动能力、有劳动意愿、无不良嗜好的 18 ~ 35 周岁的年轻客户。借款人凭有效身份证件、与生产经营或收入情况相关的佐证材料以及贷款用途证明等材料可到银行网点或线下联系专属客户经理上门办理，抑或在线申请贷款，申请后一般 3 个工作日内银行将做出明确答复。

该产品的特色主要包括：①一次授信，一次签约，长期有效，在有效期内（年审有效）可随借随还，循环使用，免去签约手续。②分段计息，分为零用金、常用金和备用金三段，可个性化定制，零用金年化利率低至 5. 655%，充分满足青年之需。③信用进阶，根据客户的信用状况、人生阶段，持续提升额度，最高可达 100 万元，伴随客户共同成长。④办理方便，手机端线上申请，线下专属客户经理上门办理。⑤“一键式”操作，手机银行 7 × 24 小时随借随还。

（2）义融通

“义融通”是指由与借款人具有亲情、爱情、友情、恩情等道义关系的第三人提供保证而发放的，可用于正常生产经营周转或正常消费支出的贷款。

---

① 产品信息来源于浙江泰隆商业银行官方网站。

② 根据客户需求，将核定的授信额度划分为不同的额度模块，分模块进行贷款利率等贷款要素个性化组合，借款人可在各额度模块项下，通过柜面或电子渠道进行借还款操作。

“义融通”的贷款对象必须具备以下条件：①年满 18 ~ 65 周岁，具有完全民事行为能力的自然人、个体工商户，以及符合条件的小微企业等。②借款人品行良好，遵纪守法，无不良信用记录，且与担保人道义关系深厚。③借款人在当地有固定住所或经营场所，有正常还款来源，有按期偿还贷款本息的能力。借款人符合以上条件的，出具有效身份证、企业证照、与生产经营或收入情况相关的佐证材料和贷款用途证明等材料即可填写申请，无须提供抵质押品。业务申请后一般 3 个工作日内即可获得贷款答复。

该产品的特色主要包括：①无须抵质押，由与借款人具有亲情、友情、爱情等道义关系的第三人提供保证即可。②手续便捷，资料齐全，最快可 30 分钟放款。③还款轻松，可根据需求个性化定制还款方式。

（3）随薪贷

“随薪贷”是向符合该行信贷准入条件、有稳定工资收入的工薪人群发放的个人消费性贷款。其贷款对象为工薪客群。这类借款人必须是信用状况良好、具有稳定持续性工资收入来源或拥有一定数量的金融资产且工作单位和居住地均在经办行所在地的自然人，具有正常还款来源，有按期偿还贷款本息的能力。

该产品的特色主要包括：①额度高，如购车贷款最高可达车价、车牌和保险总价。②利率低，年化利率最低可至 4.2%（按单利计算，不存在与贷款直接相关的任何费用）。③方便贷，可支持信用、道义、保证、抵质押等多种担保或组合担保方式。④办理快，手续简单，审批快速，最快当天放款。

2. 中国民生银行的特色产品①

中国民生银行于 1996 年 1 月 12 日在北京正式成立，是中国第一家主要由民营企业发起设立的全国性股份制商业银行。小微金融业务方面，中国民生银行全面落地小微企业支持政策，大力推广无还本续贷服务，推出了免还本转期续贷、降低贷款利率、临时性延期还本付息、贷款展期、赠送小微红包等支持措施，以及利罚息减免、征信保护等救助措施，优化提升线上产品和服务功能，推进小微信贷“增量扩面、提质降本”。其中，“财神卡”“商链通”是民生银行最具特色的小微金融产品。

（1）财神卡

“财神卡”是民生银行小微金融业务推出的汇集存款理财、循环额度贷款、支付结算和各类金融服务的一款综合性借记卡产品。该产品可满足广大小微客户在企业经营和家庭财富管理等方面的综合需求。

客户可直接前往民生银行任意网点申请办理，当场发放专属卡面的“财神卡”。获得“财神卡”后，客户便可使用其进行理财投资，同时还可现场填写贷款额度申请表，现场申请“财神卡”专属贷款额度。贷款额度审批通过后，民生银行将通知该客户自助进行额度启用。客户可直接通过网上银行和手机银行进行贷款额度签约，签约完成后即可多渠道使用。

① 产品信息来源于中国民生银行官方网站。

“财神卡”的特点包括：①支持消费、支付、理财、结算、贷款等全部银行服务和功能。②专属额度，无须抵押，信用授信，循环使用，额度最高 50 万元。③快速审批，自主签约，无须前往网点办理。④每日计息，随借随还，其贷款利息为每日 0.33‰起，利率低、负担小。⑤可随时通过自助渠道提前还款，节省利息支出。

（2）商链通

“商链通”（小微供应链金融）是中国民生银行依托核心企业，针对其上游供应商、下游经销商中的小微客户群体，设计个性化或标准化的金融服务产品，提供综合金融解决方案，利用信息流、资金流、物流等交易数据构建授信体系、防范授信业务风险的一种服务模式。

办理该业务的客户需携带个人资料（身份证、户口本、婚姻证明、资产证明等）、用款企业资料（营业执照、组织机构代码证、税务登记证、公司章程、近期公司或个人账户对账单、主要交易合同、财务报表等）和贷款用途资料等前往支行网点或在线进行咨询办理。

“商链通”的特色包括：①担保种类丰富。区别于传统授信产品，供应链金融产品不仅包括货押授信、信用授信等传统产品，还包括 E 押贷、微贷和基于互联网技术的网乐贷等新型产品，支持客户线上、线下申请，满足客户多样化需求。②办理高效快捷。通过核心企业与民生银行实现系统对接，上游供应商、下游经销商中的小微客户在核心企业原有系统中即可实现线上贷款申请、用款、还款全流程，高效快捷。③综合效益高。可以助力核心企业扩大销售规模、提高市场占比、拓展销售渠道、吸引新经销商，从而帮助核心企业和谐供应关系，体现承担社会责任的正面效应。

3. 浙江网商银行的特色产品①

浙江网商银行是由蚂蚁集团作为大股东发起设立的中国第一家核心系统基于云计算架构的商业银行。它作为原银监会批准的中国首批 5 家民营银行之一，于 2015 年 6 月 25 日正式开业，并以“无微不至，专注服务小微企业”作为经营理念，积极推行普惠金融服务，发展小微信贷业务。

（1）网商贷

“网商贷”是一款主要面向淘宝天猫的企业店铺卖家、阿里巴巴卖家等客户的短期经营周转类贷款。“网商贷”凭借阿里巴巴、蚂蚁集团丰富的线上线下交易场景的优势，利用淘宝、支付宝等平台上客户积累的信息，评估商家的信用等级，向这些小微客户发放纯信用小额贷款，并提供综合金融服务。“网商贷”基于客户的信用以及所选择的产品，为客户提供较低利率的信贷方案，其主要产品类型如表 7－2 所示。

---

① 徐婉．数字普惠金融背景下的小额信贷金融创新［D］．南昌：江西师范大学，2020.

表7-2 "网商贷"主要产品

产品名称	贷款对象	贷款期限	审核时间	放款账户	还款账户
阿里信用贷款	阿里巴巴中国站会员或中国供应商会员	6~12个月	1~2个工作日	企业法定代表人的个人借记卡	绑定的法定代表人支付宝账户
网商贷（国际站专享）	出口通客户	12个月	1~2个工作日	企业法定代表人的个人借记卡	绑定的法定代表人支付宝账户
淘宝天猫信用贷款	企业店铺卖家	6~12个月	3分钟	店铺绑定的企业支付宝账户	店铺绑定的企业支付宝账户
速卖通	阿里巴巴国际站会员	最多12个月	3分钟	店铺绑定的注册人支付宝账号	店铺绑定的注册人支付宝账号

资料来源：根据浙江网商银行官网及其他网站信息整理而得。

"网商贷"的贷款产品特点包括：①零抵押。贷款依靠纯信用，无须借款人提供任何抵押和担保。②闪电获贷。获贷时间非常短，借款人30秒就可以完成在线申请，而申请最快可以在3分钟内通过审核，并收到贷款资金。③还款灵活。还款时，客户可以随时选择还款时间，最长可贷24个月。④贷款门槛低。"网商贷"的起贷金额为1元。

"网商贷"的贷款流程易于操作，包括提交资料、等待资料审核、签署合同、获得额度。整个流程均在线上完成，客户随时随地均可贷款。

（2）旺农贷

"旺农贷"是浙江网商银行联合农村淘宝开展的首款专门面向广大村镇客户的金融服务产品，即针对村民和农村企业家开设的贷款项目。浙江网商银行还结合政府在公共服务中产生的数据，协同各地政府建立区域专属授信模型，致力于为农户提供纯信用贷款，对农户的生产经营提供巨大的支持。其主要贷款类型有针对种养殖村民的种养殖贷款和针对农村企业家的经营性贷款（见表7-3）。

表7-3 "旺农贷"产品类型

产品名称	种养殖贷款	经营性贷款
准入条件	居住地为村淘合伙人管辖区；25~60周岁的农户，农业经验2年以上，已婚，配偶同意借款；无赌博和吸毒行为，无欠债不还行为，本人与配偶无法院被执行信息；已有负债不超过50万元	居住地为村淘合伙人管辖区；25~60周岁的农户，从事本地商贸，工商注册2年及以上，已婚，配偶同意借款；无赌博和吸毒行为，无欠债不还行为，本人与配偶无法院被执行信息；已有负债不超过50万元
产品用途	用于养殖或种植	用于生产经营
贷款额度	1000元至50万元	1000元至50万元
贷款期限	3个月或6个月或12个月	12个月或24个月
贷款利率	以贷款界面为准	以贷款界面为准

续表

产品名称	种养殖贷款	经营性贷款
申请方式	到农村淘宝站点现场咨询合伙人，向村淘合伙人提出申请，开通支付宝，通过实名认证并绑定一张银行卡	到农村淘宝站点现场咨询合伙人，向村淘合伙人提出申请，开通支付宝，通过实名认证并绑定一张银行卡
还款方式	按月付息，到期还本；提前还款的，收取提前还款金额的1%利息	等额本金；提前还款的，收取提前还款金额的1%利息

资料来源：根据浙江网商银行官网及其他网站信息整理而得。

二、信贷业务模式

缓解小微群体融资难，关键是帮助金融机构以更低成本获取更多信息、有效覆盖更多客户，从而降低业务成本、风险溢价，实现商业可持续。国内外金融机构在小微信贷业务上的现有实践，均是从不同角度解决这一难题。经过多年探索，国内外的金融机构已经形成了各自的一套业务模式，根据标准化程度，分为“全手动”“半自动”和“全自动”模式。①

（一）“全手动”传统模式

“全手动”传统模式的基本原理是通过业务人员人工采集（或先天掌握）客户的各种信息，包括书面化和非书面化的“软硬信息”，再由人工进行客户筛选和全过程的信贷作业。

具体而言，“全手动”传统模式下的信息大多是由金融机构指派业务员深入、全面了解借款人的情况而来，如个人的人品、习性、才能、家庭收入、人缘和口碑等“软信息”，以及小微企业、个体工商户的营业收入、经营性现金流、水电费、购货单据、生产设备等“硬信息”。根据这些信息，以定性判断和定量分析相结合的方法，考察借款人的还款意愿和还款能力，以便做出更为准确的放款决策。这一方式基于村落、社区等比较完善的熟人网络，以“服务半径数公里以内”的物联网点为基础，降低信息不对称程度。

“全手动”传统模式的优点在于，对借款人的跟踪较为及时、紧密，信息掌握充分，能够洞察借款人的信息变化，及早防控风险。但这种模式人力投入较大，且成本高昂，其人均产能与覆盖客户数均有限。另外，该模式很大程度上需依赖业务员本人的人际关系、业务能力和职业操守，很难快速复制和扩大规模。

① “全手动”、“半自动”和“全自动”模式来源于《银行小微信贷业务深度：原理、模式与实例》。

知识拓展7－6——IPC小微信贷技术

所谓IPC小微信贷技术，就是由德国IPC公司为金融领域提供的一体化信贷咨询服务和解决方案。该项技术的适用范围包括个人和小型企业，技术要点是以软、硬信息分析为基础，利用交叉检验和建立客户基本信息评价模型的方法，评估小微客户的还款意愿与还款能力。IPC小微信贷技术的价值在于节省信贷成本，该技术是将信贷流程中的经验做法固化下来，对软信息逐步“硬化”（书面化），形成可以量化的软信息表，最终在一定程度上实现人工经验的系统化、标准化。IPC客户基本信息评价模型见图7－4。

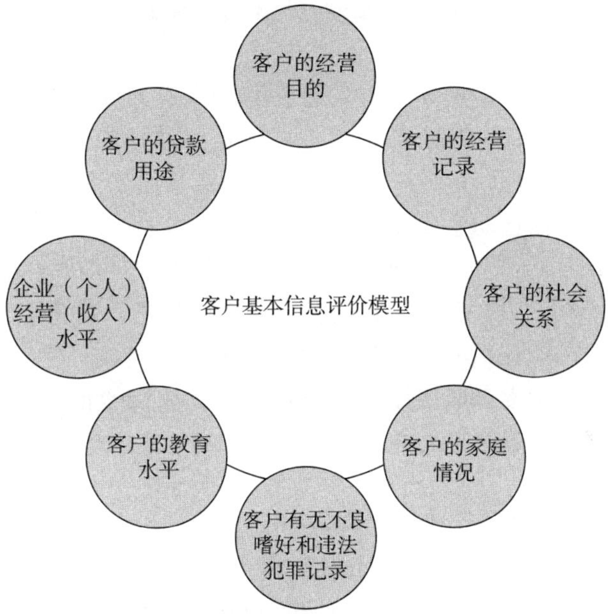

图7－4　IPC客户基本信息评价模型

（二）“半自动”的信贷工厂模式

“半自动”的信贷工厂模式是指借款人的信息采集与数据预处理仍需要人为操作，但对数据进行标准化处理后，即可输入模型，通过模型计算，形成信贷决策，之后的贷后管理仍需人工介入。该模式类似于工厂流水线式的信贷业务办理流程，由新加坡淡马锡控股公司首次提出并实践。

该模式的特点是：（1）信贷产品标准化。产品设计前期进行充分的市场调研，确定目标群体，根据企业不同的发展阶段进行标准化设计，尽可能实现业务流程化和处理批量化。（2）信贷流程标准化。将贷款的贷前调查、贷中审批、贷款发放和贷后管理等各个阶段，乃至小微信贷业务专门团队的内部管理高度标准化，整个流程实现流水线、批量化作业，因此被形象地称为信贷工厂。信贷工厂模式运作流程见图7－5。

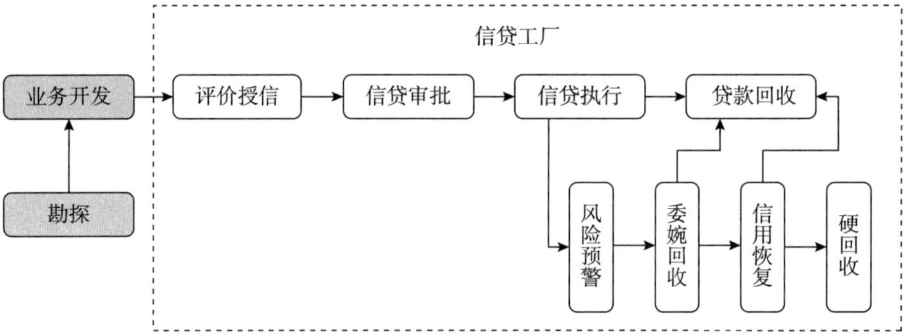

图7－5　信贷工厂模式运作流程

但由于小微企业、个体工商户本身的经营管理没有高度标准化，个人消费型客户的资信情况更是千变万化，前期仍然需要业务人员主动拓展客户，人工采集信息，并将信息按一定规则进行处理，形成一张标准化的表格（比如打分卡），作为后续信贷工厂模型的数据输入，从而自动生成授信决策结果。整体来看，“半自动”信贷工厂模式的效率已较“全手动”传统模式显著提升，但仍然没有实现彻底标准化的“全自动”。

“半自动”的信贷工厂模式初步实现了流程的标准化，避免了“经验主义”的纯人为判断，如若信贷风险评估模型发展成熟，其可复制性强，从而大大节约金融机构的运营成本，提高业务效率。但该模式也存在缺点，如仍然很大程度上依赖人工、模型构建比较复杂且需要不间断更新改进来提升实际效果等。

（三）“全自动”的互联网金融模式

“全自动”的互联网金融模式是依赖现有的大数据源和客户源，利用互联网技术和信息通信技术，实现数据采集、拓客、征信、风控、放款、回款等全流程自动化，尤其在精准获客、征信和风控阶段，大数据、云计算等技术革新贡献巨大，当然必要时也可人工介入。

该模式的基本特征是：（1）以大数据、云计算、社交网络、电商平台和搜索引擎为基础，挖掘小微客群信息并管理信用风险。互联网金融通过社交网络、电商平台生成和传播信息，运用搜索引擎对信息进行统一检索，利用云计算处理信息，将小微客户的交易、支付和评论数据映射为客户的信用数据，有针对性地满足放贷机构在小微客群信息挖掘和信用风险管理上的需求，从而实现贷款自动化审批。（2）部分金融机构以点对点直接交易为基础进行金融资源配置，资金和信贷产品的供需信息在互联网上发布并匹配，供需双方可直接联系并达成协议，交易环节更加透明，小微信贷服务的边界进一步拓宽。（3）通过互联网实现第三方支付的资金转移手段，第三方支付平台（如PayPal、支付宝、银联）的作用日益突出。

“全自动”的互联网金融模式具有放款速度快、业务成本低、小微客户覆盖面广等独特优势，但由于该模式需要海量的借款人数据信息，而这些信息除阿里巴巴、京东等大型互联网平台能够获得以外，鲜有其他放贷机构坐拥如此庞大的数据库，因此也限制了这一模式的推广。目前，商业银行正与税务、工商、司法、公安等机构积极协作，构建信息共享平台，实现类似全自动化的小微信贷业务模式。

以蚂蚁集团为例，蚂蚁集团是中国最大的移动支付平台支付宝的母公司，也是全球领先的金融科技开放平台，致力于以科技推动包括金融服务业在内的全球现代服务业的数字化升级，为消费者和小微企业提供普惠、绿色、可持续的服务。经过 10 多年的发展，蚂蚁集团已经打造了一个综合性的互联网金融平台，旗下有支付宝、余额宝、招财宝、网商银行、蚂蚁花呗、蚂蚁信用贷、芝麻信用等子业务板块。而蚂蚁集团信贷板块中，主要以蚂蚁花呗、蚂蚁信用贷和网商银行为载体，为淘宝、天猫和阿里巴巴商家、消费者提供小额贷款等金融产品。①

思考题

1. 简述信贷资金的运行机制。
2. 何谓融资租赁，其特点是什么？
3. 影响小微信贷供给的主要因素有哪些？并谈谈具体表现。
4. 影响小微信贷需求的主要因素有哪些？并谈谈具体表现。
5. 小微信贷产品的特点有哪些？
6. 简述信贷工厂模式的业务运作流程。

① 刘纷．平台式电商供应链金融的融资模式分析［D］．广州：广东外语外贸大学，2019.

Chapter Eight

小微证券市场 | 第八章

第一节　证券概述

一、证券的本质

证券是各类财产所有权或债权凭证的通称，是用来证明证券持有人有权取得相应权益的凭证。根据证券的定义，证券的票面要素主要有四个：第一，持有人，即证券归谁持有；第二，证券的标的物，即证券票面上所载明的特定的具体内容，表明持有人权利所指向的特定对象；第三，标的物价值，即证券所载明的标的物的价值大小；第四，权利，即持有人持有该证券所具有的权利。证券本身具有合法性，证券中所包含的内容具有法律效力；证券必须采取书面形式或与书面形式具有同等效力的形式，必须按照特定的格式进行书写或制作。

证券按其性质可分为凭证证券和有价证券。凭证证券是指具有证券的某一特定功能，但不能作为财产使用的书面凭证。由于这类证券不能流通，所以不存在流通价值和价格，也无法为持券人或第三者获得收入，实际上是一种无价证券。根据功能的不同，凭证证券可分为证据证券和占用权证券，其中证据证券是指单纯证明某一特定事实的书面凭证，如借据、收据、保险单等；占用权证券是指单纯证明持券人或第三者是某种私权的合法占有者的书面凭证，如购物券、供应证等。有价证券是指标有票面金额，证明持券人有权按期取得一定收入并可自由转让和买卖的所有权或债权凭证。这类证券代表了一定量的财产权利，持有者可以获得一定量的商品、货币或是取得利息、股息等收入，因而可以在证券市场上买卖和流通，客观上具有了交易价格。有价证券在现代经济中具有重要功能，本节也主要围绕有价证券展开。

二、证券的概念及特征

（一）证券的概念

证券有广义和狭义两种概念。

狭义上的有价证券一般专指资本证券。日常生活中，人们通常把资本证券称为有价证券乃至证券。

广义上的有价证券除了资本证券，还包括商品证券和货币证券。

商品证券是指本身就能表明某种财物所有权的证券，取得了这种证券就等于取得了这种财物的所有权，丧失这种证券就意味着丧失了这种财物的所有权，证券持有者对证券所代表财物的权利受法律保护。

货币证券是指证券本身能使持券人或第三者取得一定量的货币索取权的书面凭证。货币证券主要分为商业证券和银行证券，商业证券主要包括商业汇票和商业本票，银行证券主要包括银行汇票、银行本票和支票。票据作为一种兼具支付和融资功能的金融工具，在解决中小微企业资金周转和降低融资成本方面发挥了重要的作用。

（二）有价证券的特征

1. 收益性

持有有价证券可以获得一定数额的收益，这是投资者转让资本使用权的回报。有价证券的收益表现为利息收入、红利收入和买卖证券的差价。收益的高低通常取决于该资产增值数额的多少以及证券市场的供求状况。

2. 风险性

证券持有者在享受收益的同时，也面临预期收益无法实现，甚至使本金也受到损失的可能。这是由证券的期限性和未来经济状况的不确定性所致。未来的经济发展变化有些是投资者可以预测的，而有些则无法预测，因此，投资者难以确定其所持有的证券未来能否获得收益和能获得多少收益，从而使持有证券具有风险。

3. 期限性

有价证券的期限是指从发行日起至到期日止的时间间隔。有价证券主要是指股票和债券，但股票和债券的期限有很大不同。股票一般被视为没有期限性的永久投资，然而股票的有效期与股份公司的存续期间相关联，二者是并存的关系，也就是说，股票的期限性就等于公司的存续期。债券一般都有明确的期限，在发行债券之前即已确定在某个时间以后偿还本金。

4. 流动性

证券持有人可以按照自己的需要灵活地转让证券以获得现金，因此流动性也称为变现性。流动性是证券生命力的所在。证券的期限性约束了投资者的灵活偏好，但是流动性以变通的方式满足了投资者对资金的随机需求。证券的流动性受到证券期限、利率水平及计息方式、信用度、市场便利程度等多种因素制约。

三、有价证券的类型

有价证券可以从不同角度、按不同标准进行分类。

（一）按发行主体分类

按照证券发行主体的不同，可以将有价证券分为政府证券、金融证券、公司证券、国际证券。

1. 政府证券

政府证券是指政府财政部门或其他代理机构为筹集资金，以政府名义发行的证券。从形式上划分，政府证券主要包括国库券和公债券两大类。国库券一般是由财政部发行，用于弥补财政收支不平衡；公债券通常是为筹集建设资金而发行的一种债券。有时也将两者统称为公债。中央政府发行的称为国家公债，地方政府发行的称为地方公债。

2. 金融证券

金融证券是指银行、保险公司、投资公司、信用社等金融机构为筹集经营资金而发行的证券，主要包括金融机构股票、金融债券、定期存款单、可转让大额存款单和其他储蓄证券等。

3. 公司证券

公司证券是指公司、企业等经济法人为筹集投资资金或与筹集投资资金直接相关的行为而发行的证券，主要包括公司股票、公司债券、优先认股权证和认股权证等，其中认股权证是证明持有人拥有购买发行公司一定数量股份的专有权的凭证。

4. 国际证券

国际证券是应国际间资本合理流动的要求而产生的区别于国内证券的证券类型。它是指一国政府、金融机构、公司或企业为筹集资金在国外或国际证券市场发行的、以发行地所在国货币或可兑换货币为面值的证券。国际证券可以在国际市场上发行、流通、转让，主要包括国际债券和在国际证券市场上发行的公司股票和金融机构的股票。

（二）按证券交易所挂牌交易与否分类

按是否在证券交易所挂牌交易，证券可以分为上市证券和非上市证券。

1. 上市证券

上市证券又称为挂牌证券，是指经证券主管机关批准，并向证券交易所注册登记，获得在证券交易所内公开买卖资格的证券。

2. 非上市证券

非上市证券也称为非挂牌证券、场外证券，是指未申请上市或不符合在证券交易所挂牌交易条件的证券。

（三）按募集方式分类

根据募集方式，证券可分为公募证券和私募证券。

公募证券是指发行人通过中介机构向不特定的社会公众投资者公开发行的证券，其审批较为严格并采取公示制度。

私募证券是指向少数特定的投资者发行的证券，其审查条件相对较松，投资者也较少，不采取公示制度。私募证券的投资者多为与发行者有特定关系的机构投资者，也有发行公司的内部职工。

（四）按经济性质分类

按经济性质，证券可分为基础证券和金融衍生证券。股票、债券和投资基金都属于基础证券，它们是金融市场中最活跃的投资工具，是证券市场的主要交易对象。金融衍生证券是指由基础证券派生出来的证券交易品种，主要包含金融期货与期权、可转换证券、存托凭证、认股权证等。

中小微企业除了可以在信贷市场筹集资金，也可以结合自身情况，在证券市场上借助股权和债权等多种金融工具拓宽融资渠道。我国证券市场也在积极改革，推动形成中国特色多层次资本市场体系，缓解中小企业融资难题。

（五）按发行国家或地域分类

根据发行国家或地域，证券可分为国内证券和国际证券。

国内证券是一国国内的金融机构、企业等经济组织或该国政府在国内资本市场上以本国货币为面值所发行的证券。

国际证券是由一国政府、金融机构、企业或国际经济机构在国际证券市场上以其他国家的货币为面值所发行的证券，包括国际债券和国际股票两大类。

第二节　小微证券市场概述

一、小微证券市场的概念

小微证券市场指的是小微证券发行和交易的场所。小微证券市场是市场经济发展到一定阶段的产物，是为解决小微经济主体资本供求矛盾和流动性而产生的市场。小微证券市场主要通过证券发行和交易的方式帮助实现小微个体、企业、组织等筹资与投资的对接，有效地化解了资本的供求矛盾和资本结构调整的难题。在小微证券市场中，资金供给者与资金需求者通过股票、债券等金融工具直接融通资金，因此它也是直接融资市场。直接融资能最大可能地吸收社会游资，直接投资于企业生产经营，从而弥补了信贷间接融资的不足。作为推进金融市场化的重要组成部分，小微金融证券市场不仅反映和调节了货币资金的运动，而且对整个经济的运行具有重要影响。

二、小微证券市场的结构

从结构关系来看，小微证券市场的结构关系可以分为纵向结构关系和横向结构关系。

（一）纵向结构关系

小微证券市场的纵向结构关系，体现了小微证券进入市场的顺序。按照这种顺序关系划分，小微证券市场可进一步分为发行市场和交易市场。

1. 发行市场

小微证券发行市场又称为一级市场或者初级市场，是指小微经济主体以筹集资金为目的，按照一定的法律规定和发行程序，向投资者出售小微证券所形成的市场。小微证券发行市场作为一个抽象的市场，其买卖成交活动并不局限于一个固定的场所，在这个市场中主要体现了小微证券由发行主体流向投资者的市场关系。在小微证券发行市场中，不仅存在由小微经济主体到投资者的证券流，而且存在由投资者到小微经济主体的货币资本流。因此，小微证券发行市场不仅是小微经济主体筹措资金的市场，也是给投资者提供多种投资渠道的市场。

2. 交易市场

小微证券交易市场是已发行的小微证券通过买卖交易实现流通转让的场所。相对于发行市场而言，小微证券交易市场又称为二级市场或次级市场。小微证券经过发行市场的承销后，即进入流通市场，它体现了老投资者退出和新投资者进入的市场关系。因此，小微证券交易市场具有两个方面的职能：其一，当小微证券持有者需要现金时为其提供按市场价格将证券出卖变现的场所；其二，为新的投资者提供进入小微证券市场投资的机会。按照交易是否有固定场所，交易市场又可以进一步分为有形的交易所市场（场内市场）和无形市场（场外市场）。但是随着多层次证券市场结构的出现，这种截然划分的界限已经不再那么鲜明。

小微证券的发行市场与交易市场紧密联系，互相依存，互相作用。发行市场是交易市场的存在基础，发行市场的发行条件及发行方式影响着交易市场的价格及流动性。而交易市场又能促进发行市场的发展，为发行市场所发行的小微证券提供变现的场所，同时交易市场的小微证券价格及流动性又直接影响发行市场中新的小微证券的发行规模和发行条件。

（二）横向结构关系

小微证券市场的横向结构关系是根据小微证券的品种而形成的结构关系。这种结构关系的构成主要包括票据市场、股票市场、债券市场、基金市场以及衍生证券市场等子市场，并且各个子市场之间是相互联系的。

1. 票据市场

票据市场是指以实质交易为基础，以自偿性为保证的短期资金交易或融资活动，它是货币市场中最基础和交易主体最广泛的组成部分。票据市场上交易的票据主要有三种，即汇票、本票和支票，其中汇票又分为银行汇票和商业汇票，是市场参与者进行短期投融资、金融机构进行流动性管理的重要工具（见图 8－1）。

票据市场的快速发展，对改善融资结构、拓宽企业融资渠道、优化商业银行资产负债管理，以及丰富中央银行货币政策手段都起着非常重要的作用。从金融市场参与者的角度看，相对于资本市场直接融资和银行信贷间接融资，票据融资手续较少，是相对快捷方便的融资方式；而票据市场相对较高的收益和良好的市场流动性，又使其成为理想的短期投资工具。从加强金融宏观调控的角度看，以票据为标的物

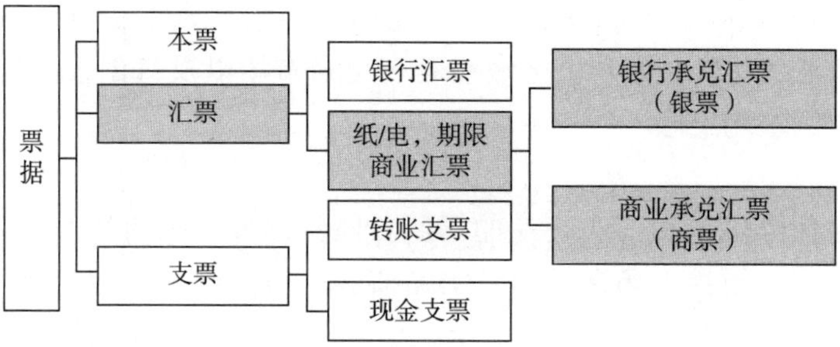

注：灰色框部分为标准化票据的基础资产。

图 8－1 票据分类

的再贴现政策是三大货币政策工具之一，是满足金融机构短期流动性需求的重要手段。从促进社会经济和谐发展的角度看，发展票据市场能够为社会提供持续丰富的短期融资渠道，优化社会资源配置。因此，许多国家和地区都通过政策扶持方式，支持票据市场发展。

知识拓展 8－1——票据功能和属性

票据作为一种可流通、可贴现融资的支付结算工具，因其支付期限、结算金额确定，支付刚性较强，在国内贸易往来中为赊销交易的企业所乐于接受。

票据直贴为银行贷款业务，体现信贷属性；票据二级市场的转贴现作为银行流动性管理工具，体现资金属性，票据具备信贷规模调节和资金头寸管理的功能。

票据承兑余额、承兑量、贴现量与实体经济指标存在显著的正相关关系，相关系数在 0.9 左右，票据业务体现了产业与金融的关系，是企业负债管理的重要工具。

发展票据市场对于提高企业信用意识是有很大帮助的。票据的承兑签发和流转以出票人或债务人的信誉为前提，在票据未到期前，持票人在财务流动性紧张时可以向银行申请票据质押贴现贷款，实现资金融通。票据的信用扩张功能可以给微观经济主体带来低成本的融资，这其中潜在的巨大经济利益会使市场参与主体更加珍惜自己的商业信誉和口碑，在经济往来中更加严谨诚信。单个经济主体的诚信自律叠加在一起可以营造一种集体诚信的氛围，从而提高经济发展的质量。

2. 股票市场

股票市场是股票发行和买卖交易的场所。股票市场的发行人为股份有限公司。股份有限公司在股票市场上筹集的资金是长期稳定、属于公司自有的资本。股票市场交易的对象是股票，股票的市场价格除了与股份有限公司的经营状况和盈利水平有关以外，还受到其他诸如政治、社会、经济等多方面因素的综合影响。因此，股票价格经常处于波动中。经过30余年的发展，我国已形成多层次资本市场体系，其中，创业板、全国中小企业股份转让系统、区域性股权交易市场以及科创板是处于成长中的小微企业补充资本的重要渠道。

3. 债券市场

债券市场是债券发行和买卖交易的场所。债券的发行人有中央政府、地方政府、金融机构、企业等。债券市场交易的对象是债券。债券因有固定的票面利率和期限，其市场价格相对于股票价格而言比较稳定。小微企业发行债券也是获得直接融资的重要方式。

三、小微证券市场的构成要素

小微证券市场的构成要素主要包括证券市场参与者、证券交易工具和证券交易场所三个方面。

（一）证券市场参与者

1. 小微证券发行人

小微证券发行人是指为筹措资金而发行股票、债券等证券的小微企业、金融机构等。小微证券发行人是小微证券发行的主体。小微证券发行是向投资者销售证券的行为。证券发行可以由发行人直接办理，这种证券发行称为自办发行或直接发行。自办发行是比较特殊的发行行为，也比较少见。小微证券发行一般由证券发行人委托证券公司进行，又称承销或间接发行。

2. 小微证券投资者

小微证券投资者是小微证券市场的资金供给者，也是金融工具的购买者。小微证券投资者可分为个人投资者和机构投资者两大类。

个人投资者是指从事证券投资的居民，他们是证券市场最广泛的投资者。个人投资者的主要投资目的是追求盈利，谋求资本的保值和增值，所以十分重视本金的安全和资产的流动性。

机构投资者是指相对于中小投资者而言，拥有资金、信息、人力等优势，能够影响某个证券价格波动的投资者，包括企业、商业银行、非银行金融机构（如养老基金、保险基金、证券投资基金）等，具有投资资金量大、收集和分析信息能力强、注重投资的安全性、可通过有效的资产组合来分散投资风险、对市场影响大等特点。

3. 小微证券市场中介机构

小微证券市场中介机构是指为小微证券的发行与交易提供服务的各类机构，包括证券公司和证券服务机构，通常把两者合称为证券中介机构。证券中介机构是连接证券投资者和筹资人的桥梁，小微证券市场功能的发挥，很大程度上取决于证券中介机构的活动。通过它们的经营服务活动，建立了小微证券需求者与供应者之间的联系，不仅保证了各种小微证券的发行和交易，还起到维持小微证券市场秩序的作用。

证券公司是指依法设立可经营证券业务的具有法人资格的金融机构。证券公司的主要业务有承销、经纪、自营、投资咨询、并购、受托资产管理、基金管理等。证券公司一般分为综合类证券公司和经纪类证券公司。

证券服务机构是指依法设立的从事证券服务业务的法人机构，主要包括证券登记结算公司、证券投资咨询公司、会计师事务所、资产评估机构、律师事务所、证券信用评级机构等。

4. 自律性组织

自律性组织包括证券交易所和证券业协会。

证券交易所是为证券集中交易提供场所和设施，组织和监督证券交易，实行自律管理的法人。其主要职责有：提供交易场所与设施；制定交易规则；监管在该交易所上市的证券以及会员交易行为的合理性、合法性，确保市场的公开、公平和公正。

证券业协会是证券行业的自律性组织，是社会团体法人。证券业协会的权力机构为由全体会员组成的会员大会。根据我国《证券法》的规定，证券公司应当加入证券业协会。证券业协会应当履行协助证券监督管理机构组织会员遵守有关法律法规，维护会员的合法权益，为会员提供信息服务，制定规则，组织培训和开展业务交流，调解纠纷，组织会员就证券业的发展、运作及有关内容开展研究，监督、检查会员行为，以及证券业协会章程规定的其他职责。

5. 证券监管机构

在我国，证券监管机构是指中国证券监督管理委员会及其派出机构。它是国务院直属的证券监督管理机构，依法对证券市场进行集中统一监管。它的主要职责包括：负责行业性法规的起草，负责监督有关法律法规的执行，负责保护投资者的合法权益，对全国的证券发行、证券交易、中介机构的行为等依法实施全面监管，维持公平有序的证券市场。

（二）证券交易工具

小微证券市场活动必须借助一定的工具或手段来实现，这就是小微证券交易工具，也即小微证券交易对象。小微证券交易工具主要包括商业汇票、股票、债券、基金以及金融衍生证券等。

（三）证券交易场所

小微证券交易场所包括场内交易市场和场外交易市场两种形式。场内交易是指在证券交易所内进行的证券买卖活动，进行这类交易的市场称为场内交易市场，这是证券交易场所的规范组织形式。场外交易是指在证券交易所之外进行的证券买卖活动，进行这类交易的市场称为场外交易市场，它包括柜台交易市场（又称店头交易市场）、第三市场、第四市场等形式。

第三节　小微证券市场的工具

一、票据及票据市场现状

（一）小微票据市场工具

1. 商业汇票

商业汇票是出票人签发的，委托付款人在指定日期无条件支付确定的金额给收款人或者持票人的票据。商业汇票分为银行承兑汇票和商业承兑汇票。银行承兑汇票由银行承兑，商业承兑汇票由银行以外的付款人承兑（付款人为承兑人）。商业汇票的付款期限最长不得超过6个月（电子商业汇票可延长至1年）（见图8-2）。

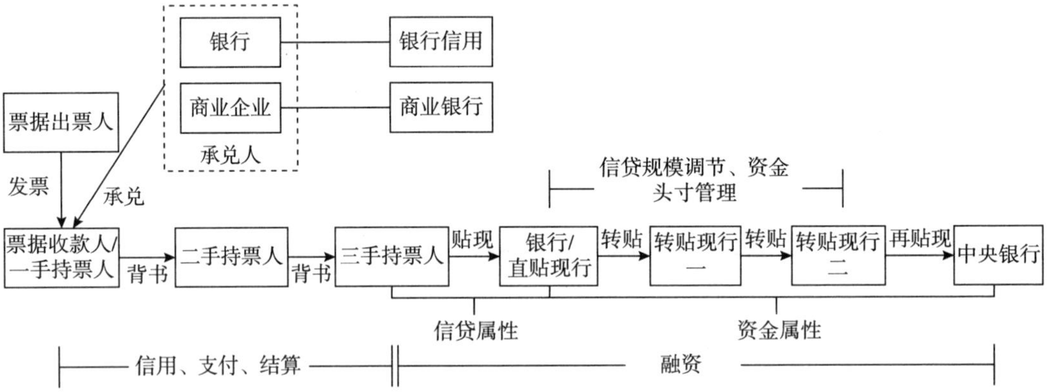

图8-2　票据流通及其功能

由于商业汇票在金融市场中可以发挥重要作用，它可以作为解决中小企业融资难题的重要抓手。

第一，商业汇票为中小企业提供了重要融资渠道。统计表明，我国的银行承兑汇票中大约有三分之二为中小企业所签发。[①] 即使是由大型企业签发的票据，其中也有很大一部分票据的接收方是作为这些大型企业供应商的中小企业。因此，支持商业汇票发展，在一定程度上就是在定向支持中小微企业。

第二，商业汇票与实体经济关系密切。企业在开立票据时必须接受真实贸易背景审查，因此，票据市场天然地跟实体经济的融资紧密相连。随着票据制度特别是电子票据和上海票据交易所的出现，以及银行内控更加完善，伪造贸易资料进行票据诈骗的案例将得到有效杜绝。

① 潘功胜．中国票据市场的发展和规范［N］．金融时报，2016-12-10.

第三，票据融资的门槛较低。持票人只要出具能够证明真实贸易背景的材料，一般都能通过银行的审批将未到期的商业汇票进行贴现。相比而言，企业如果通过发债融资，就需要备案并定期披露财务报表；如果向银行申请短期流动贷款，则需要经历烦琐的贷款审核流程。因此，商业汇票贴现有利于小微企业及时地补充流动资金，维持生产经营的正常进行。

第四，票据融资成本较低。商业汇票可以背书转让，比贷款的流动性更好，同时票据有真实贸易背景作为保障。此外，票据贴现的利率市场化程度高，尤其是银行承兑汇票的贴现利率通常跟 SHIBOR 挂钩，中国人民银行降准降息时，贴现的利率会低于企业贷款利率，这有助于缓解小微企业融资贵问题。

第五，有助于疏通货币政策传导。商业汇票一头连着货币市场，连着中央银行的再贴现窗口，另一头与实体经济和中小企业联系密切，因此，中央银行可以借助票据较好地实现货币政策从货币市场向实体经济的传导。比如，在加拿大，票据占整个货币市场的 25%，是加拿大最大的非政府货币市场融资工具。加拿大中央银行将票据作为其常备流动性便利操作的合格抵押品，也会通过直接买卖票据来执行货币政策。

2. 标准化票据

近年来，随着信用风险的释放，金融机构的风险偏好难以提升，使得中小企业融资的效率越来越低，中小企业面临回归传统信贷市场的趋势。虽然与传统信贷相比，票据服务中小企业融资具备灵活性，但此前受制于各种原因，中小企业票据融资的可得性和效率还有待提升。从金融机构资产交易的角度来看，票据个性化特征比较明显，价格形成机制较为复杂，标准化程度不够高，无法更有效地支持中小企业融资。为加大对中小金融机构流动性的支持，2019 年 8 月，经中国人民银行同意，上海票据交易所创设第一期标准化票据。

标准化票据是指由存托机构委托票据经纪机构（属性为金融机构）或自己进行基础资产归集，将承兑人等核心信用要素相似、期限相近的票据，组建基础资产池，进行现金流重组后，以入池票据的兑付现金流为偿付支持而创设的面向银行间市场的等分化、可交易的受益凭证。存托机构由商业银行或券商担任（之前由上海票据交易所担任）；标准化票据在上海清算所登记托管，在票据市场或银行间债券市场交易流通。商业银行可以根据持票企业、同业金融机构的委托，提供标准化票据基础资产存托、资金保管、发行承销、信息披露等方面的服务，以满足持票人的融资需求（见图 8－3）。

标准化票据具有以下特点。

第一，发行速度快。根据监管相关规定，标准化票据在资料准备完成后，最快 4 个工作日即可完成发行流程。

第二，融资渠道多。标准化票据在银行间市场流转和交易，各类银行间市场参与主体均可进行投资，有助于降低融资成本。

第三，流程灵活。标准化票据发行流程中，信用评级机构、法律顾问、票据经纪机构等角色非必需，可以根据持票人实际情况量身定制。

第四，市场化程度高。标准化票据基础资产归集可以定向或公开，发行利率由投

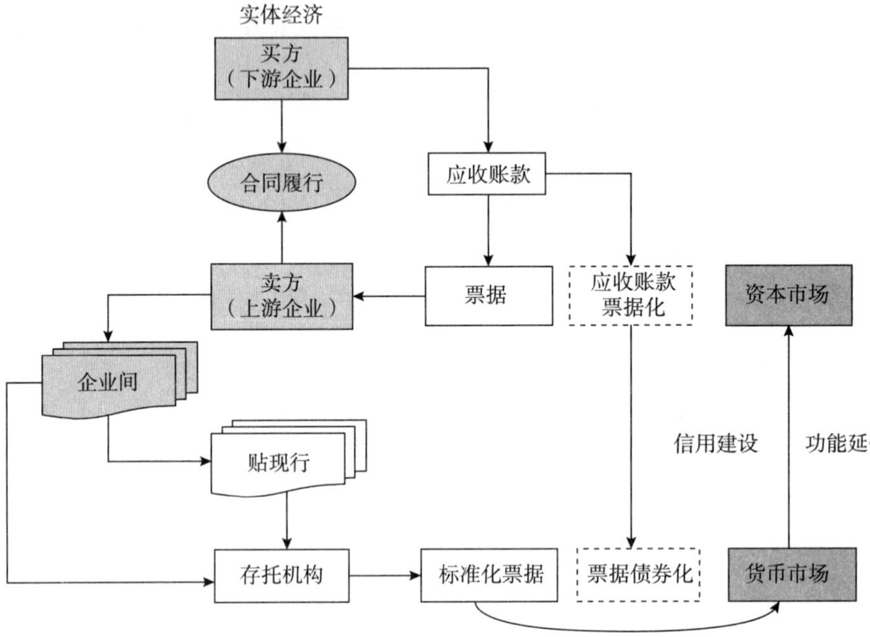

图 8－3　标准化票据

资人竞价确认，具有高度市场化的特点。

在《标准化票据管理办法》中，标准化票据被清晰地定义为货币市场工具。在货币市场流通的金融工具融资期限一般在 1 年以内，具有偿还期限短、流动性强、风险小、成本低等特点，安全性也相对更高，因此此类金融工具也常被视为货币的替代品。作为货币市场工具的标准化票据，将打通票据市场和债券市场，实现中小企业与货币市场的直连和对接，将资本市场海量低成本资金引入票据市场。这不仅将更适配中小企业“短小频急”的融资需求特点，也将在一定程度上丰富现有的直接融资市场，有利于增强票据融资功能和提高市场规范。

（二）小微票据市场现状

我国票据市场起步较晚，在 21 世纪初开始快速发展，在票据融资利率下行和再贴现政策引导等背景下，企业票据融资的意愿增强，票据市场对小微企业的支持力度加大。中国人民银行通过发挥再贴现的结构调整作用，以较低的资金成本引导商业银行为企业提供优惠的票据融资利率，持续加大对中小微企业的金融支持力度。

同时，票据市场基础设施建设进一步完善，服务小微企业的能力进一步提升。2016 年以来，中国人民银行指导上海票据交易所建设票据电子化交易平台、实施电子商业汇票系统迁移。2018 年，在中国人民银行的指导下，上海票据交易所持续加强票据市场基础设施建设，优化票据融资功能。一是完成纸电票据交易融合工作，完善票据交易系统核心交易子系统功能；二是研究建设基于区块链技术的数字票据交易平台，探索以“分布式、弱中心化、不可篡改”技术夯实票据交易平台功能；三是推进金融机构票据电子化系统接入。票据市场交易效率、市场透明度显著提高，票据市场规范化、标准化建设初见成效。

案例 8 -1 票据市场帮扶中小微企业复工复产

疫情发生以来，票据成为银行业支持中小微企业短期资金周转的重要融资工具之一，尤其是随着企业复工复产的全面推进，票据市场日渐活跃，部分中小微企业客户贴现需求旺盛，利用银行票据贴现来实现票据直接融资，从而快速获得生产经营的流动资金。监管部门和各地政府出台多项政策向受疫情影响的企业提供金融保障，金融机构也采取了多项措施，在推进复工复产工作中发挥了积极作用。

中国人民银行设立3000 亿元防疫专项再贷款，一半以上投向中小微企业。财政贴息以后，小微企业负担的利息成本低于1.3%。此外，中国人民银行还新增再贷款再贴现额度5000 亿元，下调支农支小再贷款利率，运用低成本的普惠性资金支持重点领域中小微企业复工复产。

针对疫情防控期间企业不便通过银行网点办理票据贴现业务的现实情况，上海票据交易所大力推广线上贴现信息登记和询价交易业务——“贴现通”，为企业提供方便、快捷的融资支持。苏州一家塑业公司主营生产医用聚炳烯产品，是医用口罩及防护服重要原料供应商。但疫情之下，巨大的资金周转压力使得企业正常运营陷入困境。通过“贴现通”业务办理票据贴现融资，该企业4 小时内就完成了从票据经纪业务签约到贴现放款的全流程操作，及时获得了贴现融资款1000 余万元，顺利恢复生产。据统计，2020 年2 月9 日至21 日，“贴现通”业务累计办理完成152 笔，金额达7.64 亿元，其中54 笔涉及疫情防控相关企业，金额达2.24 亿元，企业足不出户就能获得贴现资金，解决了企业复工复产资金需求难题。

资料来源：张末冬. 足不出户贴现资金快速到账 上海票据交易所“贴现通”助力企业抗击疫情[EB/OL]. [2020-03-04]. https://www.financialnews.com.cn/zq/zj/202003/t20200304_182812.html.

二、股票及股票市场现状

（一）小微股票市场工具

在资本市场上，不同的投资者与融资者有着不同的规模与主体特征，存在着对资本市场金融服务的不同需求。投资者与融资者对投融资金融服务的多样化需求决定了资本市场应该是一个多层次的市场经济体系。我国资本市场自20 世纪90 年代发展至今，主要形成以下几类：主板、中小板、创业板、全国中小企业股份转让系统（新三板）、区域性股权交易市场（四板）及科创板。其中主板定位于服务大型蓝筹、行业龙头骨干型企业；中小板定位于服务中型稳定发展企业；创业板定位于服务无法在主板市场（包括主板和中小板）上市的创业型企业；新三板定位于服务成长型中小企业和主板退市股票；区域性股权交易市场定位于服务其他中小微企业和券商；科创板定位于服务科技型和创新型的中小企业。可见，在我国资本市场中，能够为中小微企业提供直接融资途径和成长空间的资本市场包括创业板、新三板、四板和科创板。

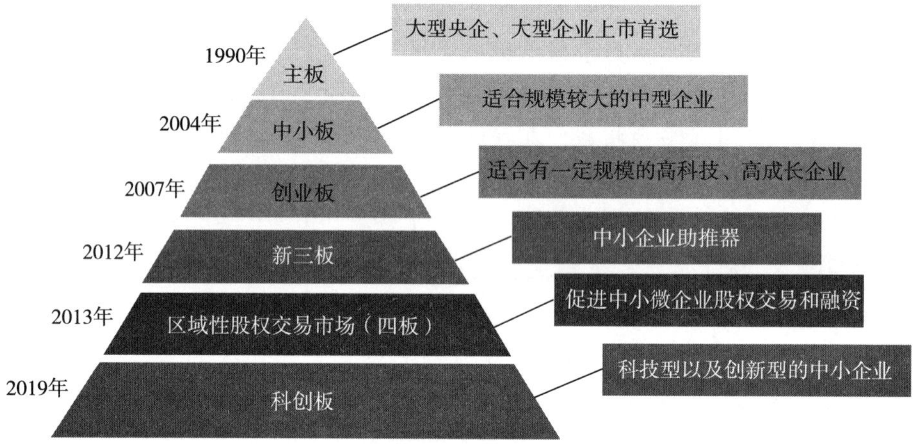

图 8－4　中国多层次资本市场划分

1. 创业板

创业板又称二板市场，即第二股票交易市场，是专为暂时无法在主板市场上市的创业型企业提供融资途径和成长空间的证券交易市场。与主板相比，创业板在成立时间、资本规模、中长期业绩等上市要求上往往更加宽松。由于目前新兴的二板市场上市企业大多趋向于创业型企业，故又称为创业板。

在创业板市场上市的公司大多从事高科技业务，具有较高的成长性，但往往成立时间较短且规模较小，业绩也不突出，但有很大的成长空间。创业板市场具有低门槛进入、严要求运作的特点，有助于有潜力的中小企业获得融资机会，同时有利于促进企业规范运作，建立现代企业制度。

2. 新三板

全国中小企业股份转让系统（新三板）是经国务院批准，依据《证券法》设立的全国性证券交易场所，2012 年 9 月正式注册成立，是继上海证券交易所、深圳证券交易所之后的第三家全国性证券交易场所。在场所性质和法律定位上，全国中小企业股份转让系统与证券交易所是相同的，都是多层次资本市场体系的重要组成部分。

新三板市场产生尤其是扩容之后，为中小企业融资拓宽了平台，带来了持续性的资金支出，对中小企业的快速发展起到了积极的重要作用。中小企业存在市场不成熟等问题，新三板市场的建立与发展，集中展现了中小企业的融资需求，可以帮助潜在的投资者发现企业的价值，提高企业股权融资和外部融资的比例。企业一旦准备登陆新三板，就必须在专业机构的指导下先进行股权改革，明晰公司的股权结构和高层职责；同时，新三板对挂牌公司的信息披露要求比照上市公司进行设置，股权投融资行为也将被纳入交易系统，这些都可以帮助提升公司的运营能力与形象，且可以提高企业的信用等级，很好地促进了企业的规范管理和健康发展，增强了企业的发展后劲。

知识拓展 8－2——北京证券交易所

北京证券交易所于2021年9月3日注册成立，是经国务院批准设立的我国第一家公司制证券交易所，受中国证监会监督管理。经营范围为依法为证券集中交易提供场所和设施、组织和监督证券交易以及证券市场管理服务等业务。设立北京证券交易所，意味着以服务中小企业为己任的新三板将站上改革新起点，中国资本市场改革发展又迈出关键一步。

理解设立北京证券交易所的部署，要放在深化新三板改革的大逻辑之下。近年来，新三板的改革发展为进一步深化改革打下了坚实的基础。证监会介绍，北京证券交易所将“以现有的新三板精选层为基础组建”，总体平移精选层各项基础制度，并同步试点证券发行注册制。北京证券交易所仍是新三板的一部分，与创新层、基础层一起组成“升级版”新三板。

作为深化新三板改革的重要举措，设立北京证券交易所必然会全面提升新三板服务中小企业的能力。据介绍，北京证券交易所将牢牢坚持服务创新型中小企业的市场定位，尊重创新型中小企业发展规律和成长阶段，提升制度包容性和精准性。

这不仅意味着新三板精选层法律地位的提升，更将有效提升市场效率、激活市场活力，引导资源更多关注优质中小企业，提高品牌效应和吸引力，引领中小企业群体更好发展。

设立北京证券交易所，形成北京证券交易所与沪深交易所、区域性股权交易市场错位发展和互联互通的格局，中国资本市场的多层次市场结构将进一步完善，中国资本市场将更有活力和韧性。北京证券交易所上市公司将由创新层公司产生，维持新三板基础层、创新层与北京证券交易所“层层递进”的市场结构。从制度设计出发，北京证券交易所未来的市场运行、投资者结构、主要基础制度安排等都有着显著的中小企业特色，与沪深交易所差异明显。

可以预期，随着改革的稳步推进，新三板将形成一个服务中小企业更加专业化的平台，让越来越多的中小企业、“专精特新”企业得到多层次资本市场的助力，迎来更高质量的发展。

资料来源：北京证券交易所．坚持错位发展、突出特色建设北京证券交易所　更好服务创新型中小企业高质量发展[EB/OL]．[2021－09－02]．https：//www. bse. cn/important_news/200010669. html.

3. 区域性股权交易市场

区域性股权交易市场（俗称四板市场）是为特定区域内的企业提供股权、债券转让和融资服务的私募市场，一般以省级为单位，由省级人民政府监管，是我国多层次资本市场的重要组成部分，也是我国多层次资本市场建设中必不可少的部分。对于促进企业特别是中小微企业股权交易和融资，鼓励科技创新和激活民间资本，加强对实体经济薄弱环节的支持，其具有积极作用。

我国的区域性股权交易市场并不是最近几年才开始出现的。早在2008年，我国就已经出现了最早的区域性股权交易市场，即天津股权交易所。天津股权交易所发展至今，已经成为我国最重要的区域性股权交易所之一，为之后区域性股权交易市场的建立起到了良好的示范作用。之后，经过多年的摸索和发展，2013年得到了制度性的规范。以此为转折点，我国的四板市场进入了高速发展时期。目前全国建成并初具规模的区域性股权交易市场有青海股权交易中心、天津股权交易所、齐鲁股权托管交易中心、上海股权托管交易中心、武汉股权托管交易中心、重庆股份转让中心、前海股权交易中心、广州股权交易中心、浙江股权交易中心、江苏股权交易中心、大连股权托管交易中心、海峡股权托管交易中心等十几家股权交易市场。

4. 科创板

虽然我国目前已形成多层次资本市场，但是资本市场与科技创新企业融资存在矛盾，主要体现在以下几个方面：第一，没有形成阶梯差异化。主板与中小板、创业板的上市条件重叠度较高，未形成显著的阶梯差异化，无法对许多有融资需求的初创企业提供融资帮助。第二，在功能定位上局部有所偏差。创业板在设立之初是为了支持无法在主板上市的创业企业、中小企业和高科技企业，但在实践过程中不乏各类传统行业企业，并不满足证监会要求的创业板上市需符合的“两高六新”① 的特点。而全国中小企业股份转让系统（新三板）的定位不限于高新技术企业，其中存在大批经营传统业务的企业，企业创新能力普遍较弱，很多企业处于亏损状态，致使市场流动性严重不足，较难对科技创新企业提供融资支持。

科创板是由国家主席习近平于2018年11月5日在首届中国国际进口博览会开幕式上宣布设立的，并于2019年6月13日正式开板。科创板是独立于现有主板市场的新设板块，致力于给科技创新企业提供新的融资渠道。科创板主要面向尚未进入成熟发展期，且具有一定发展潜力的企业，非常强调企业的高科技属性。此外，科创板试点注册制，意味着股票上市可以不用通过证监会的核准，只要符合证监会规定的企业达到相关要求就可以上市，不用再一步步审核，将推动更多的中小创新企业上市。根据我国战略性新兴产业发展规划，目前所包含的高科技创新企业，以及随着经济转型和业态变化不断涌现的新兴产业都有机会在科创板上市融资。但需要注意的是，新兴产业往往具有发展速度快、股权结构复杂以及盈利不确定等特点，如果不抓紧完善科创板的相关制度规则安排，增量资金入市对这些企业来说并不一定是好事，有可能会引发欺诈发行等违法违规行为。

---

① “两高”指高成长性、高科技含量；“六新”指新经济、新服务、新农业、新材料、新能源、新商业模式。

（二）小微股票市场现状

党的二十大报告提出，以中国式现代化全面推进中华民族伟大复兴。对于资本市场，明确要求健全资本市场功能，提高直接融资比重，为未来资本市场改革发展指明了基本方向，对于优化资本市场结构，更好服务实体经济高质量发展具有重要意义。随着我国资本市场建设的稳步推进，基本形成了金字塔形的多层次股权融资市场，市场包容性和覆盖面逐步提高，较好地满足了不同发展阶段、不同类型企业的融资需求，小微企业的融资能力得到了一定提升。

为适应创新型企业发展特点，我国不断深化创业板改革，对符合条件的创新型企业可不再使用有关盈利的发行条件，降低企业准入门槛，进一步扩大创业板覆盖面。同时不断完善创业板再融资制度，落实以信息披露为核心的注册制理念，提升上市公司再融资的便捷性和制度包容性。

1. 新三板融资成效显著

新三板成立以来，逐步建立了“小额、快速、灵活、多元”的融资机制，契合了创新创业中小微企业融资特点。证监会发布了系列管理办法，引导做市商合规做市，优化投资者适当性管理，丰富投资者类型，助推新三板行稳致远。自设立以来，新三板在扩大资本市场覆盖面、培育“小特精专”方面发挥了重要作用。据统计数据显示，截至 2021 年 5 月底，新三板累计服务 1.34 万家企业，存量挂牌公司 7519 家，其中现代服务业和先进制造业占比 71.3%。① 一批处于研发阶段或者亏损阶段的小微企业也通过新三板顺利实现融资。

2. 区域性股权交易市场成为有效补充

近年来，我国区域性股权交易市场规范化管理程度不断加深。目前，已初步建立了制度框架和协同监管工作机制，形成了系统有序的市场生态。全国已有 34 个地区（云南、西藏除外）向证监会备案区域性股权交易市场运营机构情况。小微企业可通过区域性股权交易市场挂牌、展示、托管和融资。据中国证券业协会区域性股权市场委员会统计，截至 2021 年底，区域性股权市场共有挂牌公司 3.81 万家（其中股份公司 2.34 万家），展示企业 13.84 万家，托管公司 5.77 万家（其中纯托管公司 1.10 万家）；累计实现各类融资 16664.63 亿元，其中股权融资 3674.39 亿元，债券融资 4420.31 亿元。

3. 科创板不断创新改革

我国设立科创板并试点注册制是一个全新探索，其核心在于制度创新、在于改革。企业若想在创业板上市仍是有一定门槛的，而科创板对上市公司首次公开募股（IPO）的门槛更低，甚至亏损企业也能上市，这使得原本不符合进入创业板条件的科技创新公司，能够加入资本市场。历经三年多探索，科创板从首批 25 家上市公司起步，截至 2022 年底已有 500 家上市公司。值得一提的是，科创板共有 245 家公司入选国家级专

---

① 李云舒，管筱璞．服务创新型中小企业与沪深交易所错位发展［EB/OL］．［2021-09-04］．https://www.ccdi.gov.cn/yaowenn/202109/t20210904_145645.html.

精特新“小巨人”企业名录，占科创板上市公司总数的49%。[①] 通过资本市场的孵化，科创板将推动这些创新高科技公司发展壮大，加速科技成果向现实生产力的转化，为国内经济增长贡献力量。

4. 上市辅导和培育力度加大

我国积极建立中小企业上市培育机制，加大对成长性好的中小企业的宣传培训、辅导、咨询力度，推动更多企业在资本市场获得直接融资，优化融资结构。建立小微企业融资“白名单”库，加强与各类投融资机构的联系沟通，打通投融资机构与优质小微企业间的通道。如浙江省“凤凰行动”计划实施以来，共有102家企业实现首发上市，其中90%以上是民营企业。

5. 资本市场制度建设逐步完善

自2020年3月1日起，我国开始施行新证券法。相比于2005年版的《证券法》，修订后的《证券法》做出了一系列新的制度改革完善，如全面推行证券发行注册制度，不再规定核准制，大幅简化公司债券的发行条件，提高资本市场运行效率。新证券法设专章规定信息披露制度，强化了信息披露要求，这将使上市公司信息更加真实透明，市场价格发现功能以及监管效率也将进一步提升，企业的经营管理由此也将变得更加规范。

三、债券及债券市场现状

随着利率市场化进程的深入推进，特别是近几年金融脱媒现象凸显，银行储蓄资金占比不断降低。若继续依赖普通存款支持小微企业发展，银行资金来源必将受到较大约束。债券市场作为直接融资的另一重要场所，充分发挥其资源配置功能，将能使资金“直达”小微实体经济，变被动负债为主动负债，在实现负债多元化的同时降低存款依赖度，有利于拓宽资金来源。

债券市场在支持小微企业方面，具有直接作用和间接作用两个方面。直接作用体现为小微企业债、创新创业债以及中小企业发行的其他公司信用类债券等。间接作用一方面体现在大型企业更多发债融资，释放信贷资源支持小微企业贷款；另一方面体现在金融机构发行小微企业专项金融债券，用于发放小微企业贷款等。

（一）小微债券市场工具

1. 中小企业私募债

最直接利用债券市场融资的方式，自然是小微企业直接发行债券。然而能够在债券市场发债的企业通常是优质的大型企业。为弥补中小企业发债的制度空白，2011年证监会开始准备，2012年沪深交易所推出《中小企业私募债券业务试点办法》后，中小企业私募债正式发行。

---

① 孙翔峰．“500家”时代已来！科创板峥嵘三年：从25家公司起步，锻造6万亿硬科技军团［EB/OL］．［2022－12－28］．http：//www.stcn.com/article/detail/763471.html.

中小企业私募债的启动有助于民间借贷阳光化，拓宽中小微企业融资渠道，在一定程度上降低小微企业融资成本。由于融资渠道不畅，不少处于初创期的中小微企业在经济下滑阶段盈利不佳，面临资金“瓶颈”，甚至濒临破产。大量小微企业不得不借助民间借贷进行筹资，但由于企业信息不透明，民间借贷利率极高。对于中小企业私募债，要求最高发行利率不得高于同期银行贷款基准利率的 3 倍，低于民间借贷的 4 倍，并且信息披露透明化，能够在一定程度上降低企业的融资成本。

从发达国家的资本市场经验来看，一个成熟的市场必定是直接融资和间接融资并重、风险和收益并存的。在我国，一方面，银行贷款占比太高致使目前直接融资和间接融资比例失衡；另一方面，交易所债市和银行间债市规模差异巨大。因此，发展交易所私募债有助于市场结构的丰富与完善。更重要的一点是，由于中小微企业整体资质较弱，违约概率上升，中国的“垃圾债”有可能在不远的将来使实质违约变为现实，从而促进信用债市场信用利差体系的真正建立，向成熟市场更近一步。

知识拓展 8－3——什么是“垃圾债”？

“垃圾债”是指主要由信用等级较低或盈利记录较差的公司发行的债券。由于信用等级差，发行利率高，此类债券具有风险较高同时收益也高的特征。其发行主体通常有两种，一种是曾经享有投资级评级的公司，由于盈利能力等原因资质下降，其债券沦为“垃圾级”，这种“垃圾债”俗称“堕落天使”。另一种是处于创业期的公司，其评级未能反映其未来的发展潜力。“垃圾债”最早起源于美国，是一些小型公司为开拓业务筹集资金而发行的。从美国市场的经验来看，美国推出“垃圾债”初期也面临违约风险高、流动性差、投资者被迫持有至到期的问题，但随着风险对冲等金融工具的推出，上述现象得到了很大的缓解。

中小企业私募债的推行，是中国债券市场改革进程中的一块重要里程碑，它的出现为企业、投资者和债券市场都带来了重要影响。对于企业而言，私募债对发行人没有净资产和盈利能力的门槛要求，可让有融资需求的中小企业都能通过这个平台融资，切实打开了许多中小企业的融资渠道。对于投资者尤其是风险偏好投资者而言，私募债的推出提供了通过债市获取更高收益的机会。对于债券市场而言，在私募债发行初期，很可能存在投资者认可度较低导致发行成本高于贷款融资成本的情形。但长期来看，如同成熟市场经历的历程一样，随着税收减免等优惠政策、偿债基金等保障机制、风险对冲工具的出台，私募债市场的参与会更加规范，推动债券市场向成熟市场迈进。

2. 小微企业增信集合债

小微企业增信集合债由单一企业（国有企业或地方政府投融资平台）发行，募集资金在有效监管下，通过商业银行转贷给小微企业，属于企业债的一种，由国家发展改革委管理。这种融资方式有了多方参与，能够有效缓解小微企业风险高的问题。

小微企业增信集合债的主要特点是采取多层次风险缓释信用安排措施，作为债券本息偿付的基础。一是发行人设立风险储备基金。债券转贷后可取得相应的利差收入，并由委贷银行设立风险储备基金账户进行管理，转贷中出现不良贷款导致本金损失时，将以该账户资金为限用于本期债券还本付息。二是政府设立风险缓释基金。一般商业银行小微企业贷款不良率不超过1%，由地方政府按照小微企业增信集合债发债规模5%的比例设定风险缓释基金，基本能够覆盖不良贷款导致的本金损失，保障还本付息安全。三是发行人自身信用。发行人应符合企业债发行的基本条件，一般资产实力雄厚，可以自身经营收入和必要时资产变现保障债券偿还。

3. 小微企业专项金融债

当前支持小微企业发展，扶持实体经济成为银行资金的重要投向，而通过发行小微企业专项金融债促进金融机构加大对小微企业的扶持力度成为重要的手段之一。金融债券是指依法在中华人民共和国境内设立的金融机构法人在全国银行间债券市场发行的、按约定还本付息的有价证券。小微企业金融债券是具有专项募集资金用途的金融债券，募集资金专门用于发放小微企业贷款（含个人经营性贷款）。

2020年以来，为应对新冠疫情冲击，银保监会批准多家商业银行发行小微企业专项金融债，对支持中小微企业发展、维护整体经济稳定发挥了较大的积极作用。截至2020年5月底，小微企业专项金融债发行2757.8亿元，这一数字已经达到全年政策目标任务的九成。

4. 微小企业贷款ABS

ABS（Asset Backed Securitization）即资产证券化，是指以基础资产未来所产生的现金流为偿付支持，通过结构化设计进行信用增级，在此基础上发行资产支持证券的过程。它是以特定资产组合或特定现金流为支持，发行可交易证券的一种融资形式。

资产证券化是金融创新的产物，诞生于20世纪六七十年代的美国。当时的美国住房专业银行及储蓄机构以其贷出的住房抵押贷款为基础资产，发行了一种抵押支持证券并进行交易。之后，资产证券化逐渐成为一种被广泛采用的金融创新工具而得到了迅猛发展。

资产证券化融资的基本流程如图8－5所示，发起人将证券化资产出售给一家特殊目的机构（Special Purpose Vehicle，SPV），或者由SPV主动购买可证券化的资产，然后SPV将这些资产汇集成资产池（Assets Pool），再以该资产池所产生的现金流为支撑在金融市场上发行有价证券融资，最后用资产池产生的现金流来清偿所发行的有价证券。

随着我国金融市场的发展，资产证券化也在我国得到应用。2018年，中国银行间市场交易商协会发布《微小企业贷款资产支持证券信息披露指引（2018版）》，鼓励小微企业贷款证券化发展。微小企业贷款资产支持证券，是指在中国境内，银行业金融机构及其他经监管部门认定的金融机构作为发起机构，将非循环资产类型的微小企业贷款信托给受托机构，由受托机构以资产支持证券的形式向投资人发行证券，以该微小企业贷款资产池所产生的现金支付资产支持证券本金和收益的证券化融资工具。微小企业贷款是指银行或其他金融机构按照相关规定对符合条件的微小企业或个人发放的用于生产经营性活动的贷款，具体包含小型企业贷款、微型企业贷款、个体工商户经营性贷款、小微企业主经营性贷款。

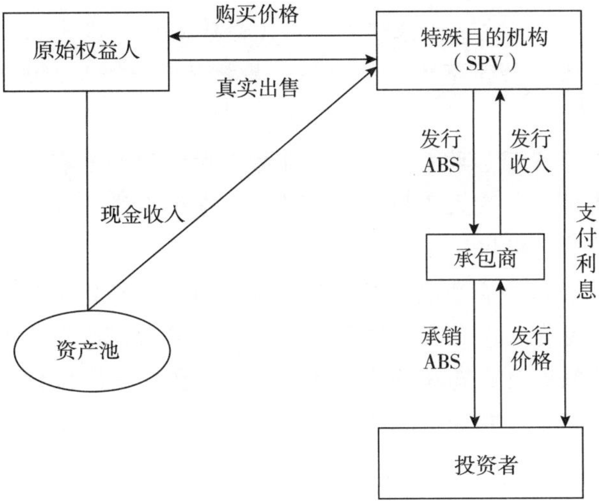

图 8－5　ABS 融资流程结构

目前我国的微小企业贷款 ABS 尚处于起步阶段，发行规模与小微企业庞大的资金需求相比仍然十分有限。但随着 ABS 发行模式标准化、流程成熟化，微小企业贷款 ABS 的未来发展空间将是巨大的。

案例 8－2　浙江泰隆商业银行微小企业贷款资产支持证券

浙江泰隆商业银行是我国首家注册、首家发行微小企业贷款资产支持证券的银行。2017 年 12 月 8 日，浙江泰隆商业银行成功发行"泰和 2017 年第一期微小企业贷款资产支持证券"，发行总量为 7.03 亿元。此后在接下来的两年中，陆续发行了"泰和 2018 年第一期微小企业贷款资产支持证券"和"泰和 2019 年第一期微小企业贷款资产证券化信托项下资产支持证券"，发行规模分别为 30.79 亿元和 41.69 亿元，发行规模逐年增加。

浙江泰隆商业银行发行的微小企业贷款资产支持证券具有以下主要优势。

（1）引入优先/次级偿付结构作为主要增信措施，即优先 A 级资产支持证券能够得到优先 B 级和次级资产支持证券的信用支持，优先 B 级资产支持证券能够获得次级资产支持证券的信用支持，有助于保障优先级资产支持证券的安全偿付。

（2）证券的封包期较长，且入池资产的加权平均年利率高于10%，处于较高水平，高于各档证券加权平均利率以及相关税费和相关参与机构服务费率之和，能够形成较大的利差保护，为优先级资产支持证券本金和利息的安全偿付提供较大支持。

(3) 基础资产从2017年987户借款人的1022笔贷款上升为2019年14243户借款人的14310笔贷款，单户最大未偿本金占比由0.28%下降为0.08%，前五大借款人贷款余额占比也从1.25%下降为0.41%，基础资产借款人集中度很低，有利于分散风险。

(4) 证券在资金管理、收益分配环节等方面所做的安排有助于保障优先级资产支持证券的安全偿付，并设置了加速清偿事件、违约事件等信用触发机制，为优先级资产支持证券的偿付提供了保障。

(5) 整体来看，微小企业类贷款信用风险较高，而贷款发放银行的信贷审批流程、风险管理模式对贷款质量影响较大。浙江泰隆商业银行设计和研发了适合本地区业务发展所需的微小企业贷款操作流程，历史不良贷款率保持在较低水平，风险控制能力较强，有利于提升资产池的信用质量，保障交易结构的稳定。

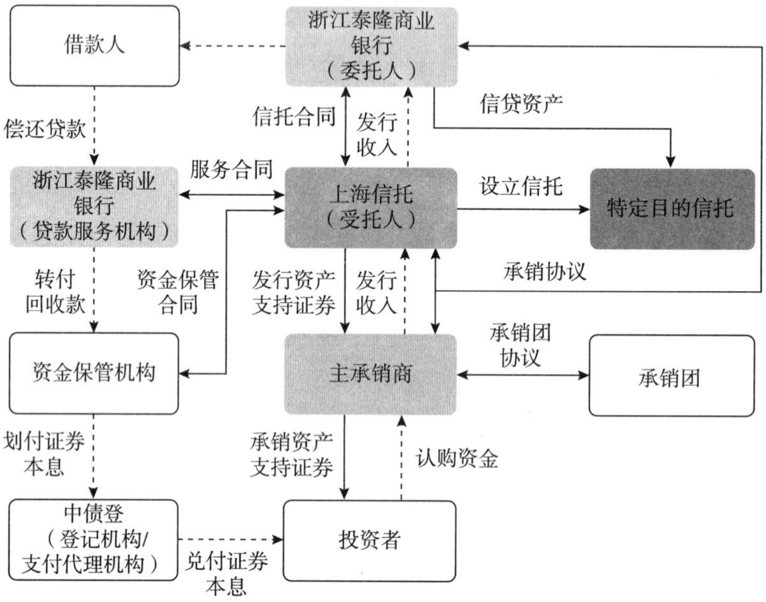

注：实线表示各方之间的法律关系，虚线表示现金流的划转。

图8-6　交易结构

（二）小微债券市场现状

近年来，我国债券市场取得了长足发展，服务实体经济力度不断加大，债券市场产品不断创新，债券市场作用进一步发挥，债券发行量平稳增长。创设民营企业债券融资支持工具，精准支持民营企业扩大债券融资规模，促进改善债券市场融资环境，带动修复民营企业股权融资、信贷融资。债券发行企业覆盖信息技术产业、现代服务业、媒体与文化、生物技术、涉农产业等重点支持领域，契合普惠金融理念。

2013 年，国家发展改革委印发《关于加强小微企业融资服务支持小微企业发展的指导意见》，充分发挥企业债券的作用，精准对接企业融资需求，加大对小微企业的融资支持力度。一是以小微企业增信集合债的方式支持中小企业发展；二是支持发行创业投资类企业债券；三是支持发行“双创”孵化专项债券，优化创新创业领域企业融资环境，培育孵化创新型中小企业，服务创新创业早期项目，支持创新创业型中小企业直接融资。

案例 8－3　中国银行间市场交易商协会助力债券融资工具创新

自 2008 年中国银行间市场交易商协会（以下简称交易商协会）对债务融资工具注册发行实施自律管理以来，交易商协会坚持市场化、注册制理念，积极研究探索服务中小微企业融资发展措施，创新“双创”专项债务融资工具、创投企业债务融资工具、资产支持票据（ABN）等多个专门针对中小微企业融资需求的产品，拓宽中小微企业直接融资渠道。

一、“双创”专项债务融资工具

“双创”专项债务融资工具主要满足科技创新企业的融资需求，其发行主体大多是具备良好盈利能力及偿债能力的园区经营企业、实体产业集团、国有资本投资运营公司、企业示范基地、开展股权投资或资产管理业务的其他企业，募集资金以投债联动模式直接用于支持科技创新企业发展，能够有效降低企业的创业风险和创新成本，多元化支持“双创”企业发展。2017 年 4 月 25 日，首批“双创”专项债务融资工具在交易商协会成功注册。

“双创”专项债务融资工具具备以下特点：一是园区经营企业引领辐射作用有效发挥。通过融资模式和机制创新探索大中小企业融合发展的路径，依托资金输入，吸引众多“双创”企业成为创新共同体，促使创新创业资源集聚区域形成优势互补、相互服务、利益共享的产业生态。二是投债联动的资金使用方式较为灵活。募集资金可以用于偿还银行贷款、园区基础设施建设等常规用途，同时也允许募集资金以股权投资的形式支持“双创”企业发展。三是风险防范措施较为完备。依托园区经营企业较强的风险控制能力，能够有效降低债务的信用风险；通过开立资金监管专户、增加专项信息披露等方式，严格管理募集资金投向，提高用款情况透明度，确保专款专用，精准支持“双创”企业发展。

二、创投企业债务融资工具

为贯彻党中央、国务院关于大众创业、万众创新的决策部署，2015 年交易商协会在征求相关部门及部分主要市场成员的意见后，形成了创投企业发债的工作方案，支持在相关主管部门备案过的，主体信用评级和营收结构符合要求，有募资、投资和退出全流程经验的创投类企业在银行间市场发行债务融资工具，募集资金主要用于对非上市公司股权进行投资，为初创成长中的中小微企业发展提供资金支持。

三、资产支持票据

为积极贯彻落实国家推进普惠金融发展的相关政策，服务中小微企业融资，交易商协会推动资产支持票据（ABN）创新，运用资产证券化手段破解中小微企业融资难融资贵问题。在具体实践中，主要有以下两种模式：一是直接支持小微企业模式。通过结构设计和增信安排，依托核心增信方的信用，为小微企业应收账款等基础资产证券化提供增信，盘活小微企业存量资产，推动具有优质资产的小微企业提升信用评级，直接参与债券市场融资。二是间接支持小微企业模式。以相关主体对小微企业的租赁债权、小微普惠贷款债权等资产开展证券化，间接支持小微企业融资，提高其融资可得性。截至2022年5月末，ABN累计发行近2万亿元，直接或间接支持了约2.6万家民营小微企业实现融资。

资料来源：中国银行间市场交易商协会：《非金融企业债务融资工具专项产品指南》（2022年版）。

思考题

1. 2013年党的十八届三中全会首次提出推进股票发行注册制改革；2019年我国设立科创板并试点注册制，标志着资本市场改革迈出了关键一步；2023年全面注册制改革正式落地。你是如何看待我国资本市场稳步推进注册制这一重要举措的？

2. 中小企业债券融资与银行贷款相比，有哪些有利和不利之处？

3. 分别收集一份中小企业集合债、中小企业私募债、中期票据的募集发行说明书，了解这三种适合中小企业的直接融资方式在现实市场的运作机制。

小微基金市场 | Chapter Nine 第九章

第一节 基金概述

一、基金的含义

基金是一种利益共享、风险共担的集合证券投资方式，即通过发行基金收益凭证（基金份额），集中投资者的资金，由基金托管人托管，由基金管理人管理和运用资金，从事股票、债券等金融工具投资，并将投资收益按基金投资者的投资比例进行分配的一种间接投资方式。

通常来说，基金涉及三方当事人：基金投资者、基金管理人以及基金托管人。基金投资者即基金收益凭证的持有者，是基金的出资人、基金资产的所有者和基金投资收益的受益人；基金管理人是基金的委托人，负责募集基金资产并且管理基金，其主要职责是按照基金合同的约定，运作基金资产的投资，在风险控制的基础上为基金投资者争取最大的投资收益，一般由基金管理公司担任；基金托管人是基金的受托人，独立于基金管理人，为基金开设专门的账户，负责基金资产的保管、清算、会计复核以及对基金投资运作进行监督，一般由依法设立并取得基金托管资格的商业银行担任。

二、基金的性质

（一）基金是一种集合投资制度

基金是一种积少成多的整体组合投资方式，它从广大的投资者手中汇集大量资金，组建投资管理公司进行专业化管理和经营。在这种制度下，基金的运作受到多重监管。

（二）基金是一种信托投资方式

如前文所述，基金的运作涵盖委托人、受托人和受益人三个关系，其中受托人与委托人之间签有信托契约。为保证基金资产的独立性和安全性，基金实行资产管理和保管分开的原则，基金受托人和委托人不能由同一机构担任。

（三）基金是一种金融中介机构

基金存在于投资者和投资对象中间，把投资者的资金转换成金融资产，并且通过专业机构在金融市场上再投资，从而使金融资产获得增值。基金管理人对投资者所投入的资金负有经营、管理的职责，而且必须按照合同规定明确资金投向，保证投资者的资金安全和收益最大化。

（四）基金是一种证券投资工具

基金所发行的凭证，与股票、债券一起构成有价证券的三大品种。投资者通过购买基金完成投资行为，凭之分享基金的投资收益，并承担相应的投资风险。

三、基金的特征

作为一种重要的现代投资工具，基金主要有以下四个特征。

（一）集合投资

基金将零散的资金汇集起来，并交付专业机构投资于各类金融工具，通过这种方式谋求资产的增值。基金对于投资的最低限额要求不高，投资者可以根据自己的经济实力决定购买数量，有些基金甚至不限制投资额大小，完全按照份额计算收益的分配。在参与证券投资时，资本越雄厚，优势越明显，而且可能享有大额投资在降低成本上的相对优势，从而获得规模效益的好处。

（二）分散风险

基金可以在法律规定的投资范围内进行科学的投资组合，将庞大的资金分散投资于多种金融工具，凭借资金雄厚与投资者众多的优势使得每个投资者面临的风险变小，同时利用不同投资对象之间的互补性，达到分散投资风险的目的。

（三）专家管理

普通的中小投资者由于不熟悉市场、缺乏时间和精力、专业能力不足等缺点，容易造成投资失败。基金实行专家管理制度，基金管理人经过专门训练，具有丰富的投资经验，他们利用基金与金融市场之间的密切联系，借助信息资料和先进的技术分析手段，最大限度地减少投资决策失误。对于有投资需求的中小投资者来说，投资于基金能够获得专业人员在市场信息、投资经验、金融知识和技术等方面的优势，在一定程度上避免盲目投资带来的失败。

（四）低交易成本

基金公司进行的大规模交易，可以在经济费用和佣金方面获得优惠，获得规模经济效应，使分散到每个基金单位的交易成本降低。

四、基金的类型

根据不同标准，可以将基金划分为不同的种类。

（一）按投资标的分类

按投资标的分类，基金可分为债券基金、股票基金、货币市场基金和指数基金等。

1. 债券基金

债券基金是以债券为主要投资对象，债券投资比例占总资金的 80% 甚至更多。由于债券本身为投资人提供固定的回报和到期还本，债券基金具有收益稳定、风险较低的特点，但是收益率也相对较低，适合稳健型投资者。

2. 股票基金

股票基金的主要投资对象为股票，其投资目标侧重于追求资本利得和长期资本增值，属于高风险、高收益型的基金。

3. 货币市场基金

货币市场基金是指投资于货币市场中短期有价证券的一种基金，如短期国债、中央银行票据、银行存款等货币市场工具。货币市场基金收益相对稳定，流动性较强，可随时存取，通常被视为无风险或低风险投资工具，适合资本短期投资生息以备不时之需。

4. 指数基金

指数基金是 20 世纪 70 年代以来出现的新的基金品种。为了使投资者能获取与市场平均收益相接近的投资回报，产生了一种功能上近似或等于所编制的某种证券市场价格指数的基金，实现与市场同步成长，由于其收益率的稳定性和投资的分散性，特别适用于社保基金等数额较大、风险承受能力较低的资金投资。

（二）按募集方式分类

按募集方式分类，基金可分为公募基金和私募基金。

1. 公募基金

公募即公开募集。公募基金是受政府主管部门监管，向不特定投资者公开发行基金单位的证券投资基金。公募基金在法律的严格监管下，有着投资者众多、募集潜力大、信息披露公开透明、运行限制等特点。

2. 私募基金

私募基金是指通过非公开方式，面向少数投资者募集资金而设立的基金。私募基金的销售和赎回都是通过基金管理人与投资者私下协商来进行，因此又被称为向特定对象募集的基金。相比于公募基金，私募基金的募集对象只是少数特定投资者，信息披露没有公募基金那么严格，运作也因此相对灵活。私募基金的基金发起人、管理人必须以自有资金投入基金管理公司，基金运作成功与否与他们的自身利益紧密相关，在一定程度上较好地解决了公募基金与生俱来的经理人利益约束弱化、激励机制不够等弊端。

（三）按是否能赎回分类

按是否能赎回分类，基金可分为封闭式基金和开放式基金。

1. 封闭式基金

封闭式基金是指限定了基金受益凭证发行总额和封闭期限，在封闭时期内不接受基金持有人赎回申请，但基金受益凭证可以在依法设立的证券交易所交易的基金，又称为固定型投资基金。封闭式基金的特点是基金规模在发行前就已确定，在发行完毕后的规定期限内基金规模固定不变，投资者日后买卖基金都必须通过证券经纪商在二级市场上进行交易。

2. 开放式基金

开放式基金是指基金受益凭证发行规模不固定，可以随时根据市场供求情况发行新份额或接受投资者赎回申请的基金。同封闭式基金相比，开放式基金通常没有固定期限，发行规模不受限制，投资者可以在首次发行结束一段时间后，随时向基金管理人提出购买或赎回申请，基金规模随之增加或减少。

为稳定和促进中小企业股权融资，中国人民银行正在推动由符合规定的私募基金管理人、证券公司、商业银行金融资产投资公司等机构，发起设立中小企业融资支持工具，由人民银行提供初始引导资金，带动金融机构、社会资本共同参与，按照市场化、法治化原则，为出现资金困难的中小企业提供阶段性的融资支持。

第二节　小微基金市场概述

一、小微基金市场的概念

从广义上说，基金是指为了某种目的而设立的具有一定数量的资金。小微基金则是由一群具有科技或财务专业知识和经验的人士操作，并且专门投资在具有发展潜力的小型、微型企业的基金。小微基金市场是指进行该种基金的募集、发行、退出等运作的金融市场。

二、小微基金市场的功能

（一）为小微企业提供重要的资本支持

小微企业日益呈现出创新速度快、更新迭代快的显著特点，传统社会那种慢节奏的资本积累已很难适应其资本迅速扩张的需要，因此小微企业的成长与发展越来越需要外部金融部门的支持。但是相对于规模大、形态成熟的企业而言，小微企业经营风险更高，且缺乏必要的抵押担保品，很难获得注重稳健经营的信贷资金的支持。而且就银行而言，以信贷方式支持小微企业还存在风险与收益不对称的问题，即使小微企业获得巨大成功，银行也只能获得微薄利息；而一旦小微企业经营不当甚至失败，将形成银行的呆账、坏账。信贷资金的债务性和短期性也不利于小微企业财务状况的改善和长期发展。通过政府直接投入的方式支持小微企业发展，则会给政府财力增添负担，并且难以建立有效的投资风险约束机制，容易导致非理性的投资决策和投资效益低下。小微基金市场的发展，不仅可以在一定程度上缓解小微企业发展的资金需求问题，而且通过与之建立起来的收益共享、风险共担的市场化运作机制，能够为小微企业提供相对长期的有效资本支持。

（二）为小微企业提供重要的创业指导服务

除了融资困难，与大型企业相比，小微企业的整体构架不够成熟完善，在管理体系、人才配置、资本运作等方面都存在较大差距。由于缺乏专业性监督和指导，小微企业的经营管理经常呈现粗放、混乱的状态，导致其在市场竞争中处于劣势，并制约了小微企业的进一步发展。信贷市场、股票市场或债券市场虽然能够帮助小微企业获得融资，但是由于没有投后指导，这些企业也很可能因经营不善而无法获得收益甚至亏损。而专门从事小微基金运作的投资专家，虽然不从事微观层次的产品设计，但是他们在中观层次上的资本经营优势使其熟悉市场发展趋势和产业发展动态，能够较好地为小微企业提供包括制定长期发展战略与市场营销策略、寻找战略合作伙伴、部署后续融资安排以及重构财务结构等多个方面的专业经营服务，以培育和辅导小微初创企业快速成长和发展。

（三）为小微企业提供重要的社会资信支持

一家小微企业若是能够获得小微基金市场的青睐，这在很大程度上就是对该企业良好成长性的认可，因而有利于为其塑造一个良好的社会形象。在获得了小微基金的支持后，还能进一步提高企业的业务资信。而且由于小微基金所提供的是一种长期资本支持，故还有利于降低企业负债率，改善企业财务结构，提高其进一步向社会融资的能力。

三、小微基金市场工具

（一）天使投资

天使投资是自由投资者或非正式风险投资机构对原创项目构思或小型初创企业进

行的一次性前期投资。天使投资是风险投资的一种，是一种非组织化的创业投资形式，属于权益资本投资。

“天使投资”一词起源于美国纽约百老汇的演出捐助。“天使”这个词是由百老汇的内部人员创造出来的，被用来形容百老汇演出的富有资助者，他们为了创作演出进行了高风险的投资，现在则是指对具有巨大发展潜力但同时具有高风险的小型初创企业进行的早期投资。这些进行投资的人士被称为“投资天使”，用于投资的资本称为“天使资本”。

天使投资人有不同的形式，如个体、团体、机构或者与孵化器相结合。个体天使投资人通常是富裕的、拥有一定的资本金、专注于创业企业的专业投资家。他们可以是成功的企业家、成功的创业者或是行业专家，这一类人群拥有较为丰富的创业经验和投资经验，了解企业的难处，并能给予创业企业帮助，往往积极为公司提供一些增值服务，如战略规划、人脉资源、后续融资等。

天使投资团体是多个个体天使投资人的集合。个体天使投资人往往会遇到个人资金实力、时间精力、项目资源、知识储备等方面受限的情况，因此一些个体天使投资人组织起来，形成天使俱乐部、天使联盟或天使投资协会等团队。这样一来，内部成员可以充分交换信息，汇集项目来源，分配尽调工作，并且通过多人联合提高投资额度和分摊风险。

更为常见的形式是天使投资基金。随着天使投资的更进一步发展，产生了天使基金和平台基金等形式的机构化天使投资。机构化天使投资的发展大约分为三个阶段：第一阶段是松散式的会员管理式的天使投资机构，这种天使投资机构采用会员自愿参与、分工负责的管理办法，如会员分工进行项目初步筛选、尽职调查等；第二阶段是密切合作式的经理人管理式的天使投资机构，这种天使投资机构利用天使投资家的会员费或其他资源雇用专门的职业经理人进行管理；第三阶段是管理天使投资基金的天使投资机构，天使投资基金是正规的、有组织的、有基金管理人的非公开权益资本基金，作为一个独立的合法实体，负责管理整个投资的机会寻找、项目估值、尽职调查和投资的全过程。天使投资基金的出现使得天使投资从根本上改变了它原有的分散、零星、个体、非正规的性质，是天使投资趋于正规化的关键一步。投资基金形式的天使投资能够让更多没有时间和经验选择公司或管理投资的被动投资者参与到天使投资中来，这种形式成为天使投资的主要发展趋势。

目前也兴起了孵化器与天使投资相结合的形式。孵化器是指围绕一个或几个项目对其孵化并使其产品化的机构，或者有大量高科技企业集聚的科技园区。孵化器以初创企业为服务对象，通过优惠价格吸引天使投资机构入场，成为创业企业和天使投资基金的媒介。创业企业在其中不仅能获得启动资金，同时还能获得孵化器项目提供的便利的配套措施、廉价的办公场地甚至企业经营管理、人力资源服务等帮助，以降低创业风险和创业成本，提高初创企业的成活率和成长性。

案例 9－1　3 年 2200 倍的回报

1976 年 1 月，还在惠普工作的史蒂夫·沃兹尼克得意洋洋地拿出了自己研发的计算机主板 Apple I，尽管他很努力地向惠普公司推荐该产品，惠普公司却说这不是此时公司要开发的产品。于是他的好哥们史蒂夫·乔布斯说："嘿兄弟，咱们干嘛不自己来卖它。"于是就诞生了苹果公司。

苹果公司启动所需的钱来自两位创始人。沃兹尼克卖掉了他心爱的 HP－65 可编程计算器，价格是 500 美元；乔布斯卖掉了他的大众汽车，由于汽车发动机坏掉了，因此也只卖了 500 美元。不过幸运的是苹果公司可以依靠出售产品来获取资金，而且乔布斯很快就找到了买主。全美第一家计算机零售连锁店字节商店（Byte-Shops）决定以每台 500 美元的价格购买 50 个苹果电路板。

当然，对于新创公司而言，钱还是个问题，除非乔布斯愿意一辈子挨家挨户推销他的计算机。于是，乔布斯去找了一个风险投资家。此人名叫唐·瓦伦丁，今日看来可谓大名鼎鼎，他曾经在仙童半导体公司和国家半导体公司做过管理层，后来创建了红杉资本。乔布斯一天好几个电话的纠缠，使瓦伦丁不堪其扰，于是他说："小伙子，要我投资没问题，但你得先找个市场营销方面的专家，你们两人谁都不懂市场，对未来的市场规模也没有一个明确的概念，这样无法开拓更开阔的市场。"

于是，瓦伦丁找来了迈克·马库拉。马库拉曾经投资过英特尔，因此成名和发家。迈克·马库拉一下子就喜欢上了苹果公司，他不但加入了苹果公司（1977 年），还成为公司初期的投资人，不仅自己投入 9.2 万美元，还筹集到 69 万美元，外加由他担保从银行得到的 25 万美元贷款，总额超过 100 万美元。他相信这家公司会在 5 年内跻身世界 500 强。

1979 年夏天，苹果公司再次融资，此次参与投资的全都是全球最大的风险投资机构和商业银行。比如施乐公司的投资部施乐发展公司投了 105 万美元。这是苹果公司上市前的最后一次融资。1980 年 12 月 12 日苹果公司上市，发行价为每股 14 美元，当天以 22 美元每股的价格开盘，几分钟内 460 万股被抢购一空，当日收盘价为 29 美元每股。乔布斯当日身价达到 2.17 亿美元，那年他 24 岁。而迈克·马库拉身价则达到 2.03 亿美元，最初的 9.2 万美元天使投资最终实现了 2200 倍的增值。

案例 9－2　天使投资各具特色

真格基金是国内较为知名的天使投资机构，由新东方联合创始人徐小平、王强和红杉资本中国基金于 2011 年联合创立。真格基金专注于移动互联网、人工智能、医疗健康、教育、内容娱乐及大文化等领域早期的优秀企业。截至 2019 年，真格基金陆续投资了700余家创业公司，世纪佳缘、兰亭集势、聚美优品、水滴筹、小红书、蜜芽、51Talk等多家公司成为真格基金投资的明星企业。兰亭集势、聚美优品等企业的陆续上市，也为真格基金带来了百倍千倍的回报。投资重赛手、轻赛道是真格基金的一贯做法，这与创始人徐小平的“感性”一脉相承。他认为天使投资的秘诀在于投人，而不是投事、投模式、投方向。因为早期创业一定需要经过无数试错和调整，只要创始人强大、团队战斗力强，就能走过暴风骤雨，抵达胜利的彼岸。

层出不穷的“投资+孵化”模式在中国的鼻祖是李开复于2009年创办的创新工场。创新工场的基金来自全球顶尖的投资者，由美元基金和人民币基金构成。成立至今，创新工场共管理着超过60亿元的基金总额。创新工场的投资方向立足于信息产业最热门的“互联网+”领域：移动互联网、数字娱乐、互联网汽车、O2O和共享经济、在线教育、智能硬件、智能商务、云计算、电子商务等领域；知乎、美图秀秀、人人美剧等都接受过创新工场的投资。李开复是个典型的“技术咖”，智能硬件、技术投资也是创新工场的一个重要方向。除了投资，“投后”是创新工场的主打模块，能够为创业企业提供商业、技术、市场、人力、法律、培训等一揽子服务，帮助早期阶段的创业公司顺利启动和快速成长，同时帮助创业者开创出一批最有市场价值和商业潜力的产品。

（二）创业投资基金

创业投资又称风险投资。根据《国务院关于促进创业投资持续健康发展的若干意见》，创业投资是指向处于创建或重建过程中的未上市成长性创业企业进行股权投资，以期所投资创业企业发育成熟或相对成熟后，主要通过股权转让获取资本增值收益的投资方式，从事符合上述条件的创业投资的基金即为创业投资基金。创业投资基金是当今世界上广泛流行的一种新型投融资方式。它以一定的方式从机构和个人吸收资金，投向那些不具备上市资格的中小微企业和新兴企业，尤其是高新技术企业。通过注资的形式对企业的增量股权进行投资，从而为企业提供发展所需的资金。在中小微企业从无到有、从小到大的发展过程中，创业投资基金不仅为其提供资金，而且对其公司治理结构影响甚大。创业投资基金参与企业的公司治理主要是通过一系列契约来实现的。

创业资本市场是一个极不完全竞争的市场，小微企业及初创企业与投资者之间存在着高度的信息不对称。小微经济体对于自身的发展前景拥有更多的信息，而投资者却知之甚少。因此，由个体创业投资者分散而直接地从事创业投资，不仅要面临收集和处理有关小微创业企业信息的问题，还要面临如何签订投资契约及监管契约执行的问题，这些都需要付出巨额成本。由多数投资者以集合投资方式设立创业投资基金，并委托专家管理和运用基金资产，则既可以减少因信息生产和监测活动重复而导致的资源浪费，降低总交易成本，也可以凭借基金管理专家的知识、技能和经营优势，有效降低投资者与小微创业企业之间的信息不对称，降低单笔交易成本。

具体来说，创业投资基金的运作还具有以下特点：第一，从投资对象看，主要是不具备上市资格的小型的、新兴的或未成立的企业，特别是高新技术企业；第二，从投资方式看，通常采取参股性投资，较少采取控股性投资；第三，从投资目的看，是注入资金或技术，取得部分股权（而不是为了控股），促进受资公司的发展，使资本增值、股票上涨从而获利；第四，从杠杆应用看，一般不借助杠杆，以基金的自有资金进行投资；第五，从投资收益看，主要来源于所投资企业因价值创造而带来的股权增值。

案例9－3　投资界的传奇——红杉资本

红杉资本创始于1972年，是全球最大的风险投资公司，曾投资了推动个人计算机革命的苹果公司、开创游戏机工业先河的Atari、最有名的数据库公司Oracle、网络硬件巨人Cisco、网络传奇Yahoo等。其创始人唐·瓦伦丁享有“硅谷风险投资之父”的美誉，在他的带领下，红杉资本投资了超过500家公司，其中一大半都是新科技公司，并且实现了200多家公司成功上市，100多家公司通过兼并收购成功退出的案例。红杉资本共有近30只基金，拥有逾100亿美元的管理资本，公司总市值超过纳斯达克市场总价值的10%。

作为创始人，唐·瓦伦丁之所以为自己的合伙制企业选择“红杉”这个名字，是因为它代表着红杉树长久的生命力，在各种环境中都能顽强生长。成立50多年来，红杉一直经久不衰，引领风投潮流。瓦伦丁的投资策略至今仍影响着红杉资本，也影响着无数投资人。其投资风格可以归纳为一句话：“投资于一家有着巨大市场需求的公司，要好过投资于需要创造市场需求的公司。”在这一策略的领导下，每一个大热的行业或公司里，总能窥见红杉资本的大名。后来这句话被引申为风投领域最有名的话：“下注于赛道，而非赛手。”红杉成功的重要因素之一是其对行业趋势的前瞻性判断，然后选择最有前途和投资机会的领域去投资，也就是买最好的赛道。也正因如此，红杉资本在大型机时代发掘了个人计算机（PC）先锋苹果电脑，当个人计算机大肆发展时，它培养起网络设备公司3Com、思科，而当计算机被广泛连接、互联网时代来临时，它又投资于雅虎、谷歌。据业内推算，2004年谷歌上市，红杉将其1250万美元的投资变为50亿美元以上的回报；而它在YouTube上的1150万美元投资也随着谷歌的收购，变为4.95亿美元。

早在2003年，瓦伦丁就开始将目光投向蓬勃发展中的中国市场，并于2005年选择与德丰杰全球基金原董事张帆和携程网原总裁兼CFO沈南鹏一起始创了红杉资本中国基金（以下简称红杉中国）。瓦伦丁“赌赛道”的投资理念在中国依然有所延续。十几年前，因为抓住了电子商务蓬勃发展所带来的机遇，红杉中国成为这场资本游戏中的佼佼者，阿里巴巴、麦考林、乐蜂网、聚美优品、美丽说，彼时几乎能叫得上名字的电商背后都有红杉中国的影子。再到几年前，伴随移动互联网的升温，红杉中国又开始押注本地生活类项目，大众点评、美团、饿了么、赶集网都成为线上网店、线下消费（O2O）赛道上的重量级玩家。

现如今，投资已经成为科技创新的重要引擎，虽然红杉资本的创始人唐·瓦伦丁已逝去，但红杉资本和"下注于赛道，而非赛手"的投资理念仍将影响一个又一个投资者和企业。

资料来源：华尔街见闻．硅谷传奇陨落，红杉创始人去世，他是苹果、谷歌、思科背后的男人［EB/OL］.［2019－10－28］. https：//baijiahao. baidu. com/s？ id = 1648562914705538742&wfr = spider&for = pc.

（三）私募股权基金

私募股权基金是面向特定投资者，通过私募股权资本以私募资本的形式投资于非上市企业，同时对所投资的非上市企业进行长期性投资。私募股权基金愿意用资金帮助企业的根本目的就是在企业的商业价值上升时出售所持有的企业股份并获得相当可观的收益。因此，早期的私募股权基金主要介入即将上市或被兼并收购的成熟企业。但随着各方政策的引导以及受到市场趋势转换的影响，私募股权基金的投资倾向逐步迁移至初创阶段的企业，"投早"和"投小"成为新的市场趋势。

私募投资基金作为一种新型金融工具，除了为中小微企业增加注册资本，降低负债率，提升融资能力，带来企业初期发展必需的资金外，还提供专业的增值服务，包括帮助企业制定发展战略、优化股权结构、完善组织架构、组建管理制度、规范财务管理、建立激励机制、推进人才战略和优化盈利模式等，特别适合为优秀的中小微企业服务，既是当前体制下对中小微企业主要依赖银行贷款等间接融资模式的有力补充，也是督促企业加强信用建设，提升中小微企业核心竞争力的有效手段。

案例9－4　天使投资、风险投资（VC）与私募股权投资（PE）的区别

就技术层面而言，风险投资（Venture Capital，VC）是广义上的私募股权投资（Private Equity，PE）的一种，天使投资（Angel Investment）在广义上也在此列。而在狭义上或在日常使用中，人们更多地根据公司不同的发展阶段及投资金额大小进行区分。

- 天使投资主要对具有专门技术或独特概念的原创项目或小型初创企业进行投资，其对被投资项目几乎无要求，可能投资的仅仅是一个想法，投资金额一般在百万级别。

- VC更关注早期及成长期的初创企业，通常要求企业的发展团队较为齐全或已有良好的业绩，一些尚未盈利但极具成长性的企业也可能受到VC的青睐，投资金额通常在千万级别。
- PE则更多指代公司已经发展到较成熟的阶段，进行规模较大的投资，特别是对于营业额、EBITA达到某个范围，在Pre－IPO阶段进行的融资，通常属于长期战略性产业资源整合。

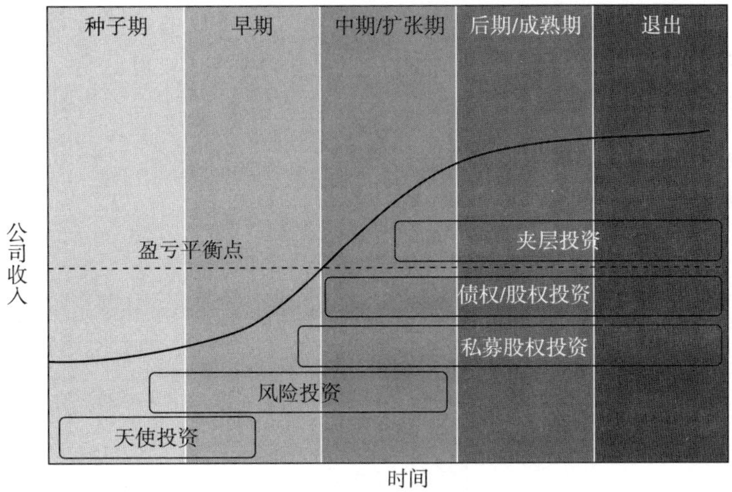

图9－1　天使投资、VC与PE的对比

（四）投贷联动

投贷联动可以理解为信贷投放与股权融资相结合的一种融资方式，其中信贷投放主要由商业银行来完成，股权融资的主体则根据不同的投贷联动运作模式而有所不同，常见的有外部股权投资机构（VC/PE）、商业银行集团内部具备投资资格的子公司、产业投资基金等。

2016年4月21日，银监会、科技部与中国人民银行联合出台了《关于支持银行业金融机构加大创新力度开展科创企业投贷联动试点的指导意见》，其将投贷联动的定义界定为：银行业金融机构以“信贷投放”与本集团设立的具有投资功能的子公司“股权投资”相结合的方式，通过相关制度安排，由投资收益抵补信贷风险，实现科创企业信贷风险和收益的匹配，为科创企业提供持续资金支持的融资模式。即试点机构在境内设立具有投资功能的子公司开展股权投资活动，而机构业务部门则设立科技金融专营机构专司与科创企业股权投资相结合的信贷投放。该定义是相对狭义上的定义，仅仅是投贷联动运作模式中的一种。

《商业银行法》第四十三条规定“商业银行在中华人民共和国境内不得从事信托投资和证券经营业务，不得向非自用不动产投资或者向非银行金融机构和企业投资，但国家另有规定的除外。”商业银行不能直接进行股权投资，只能通过第三方载体完成对企业股权投资的过程，按照第三方载体的不同，可以将投贷联动分为三种模式：一是“银行＋子公司”模式，二是“银行＋VC/PE”模式，三是“银行＋其他机构”模式。

1. “银行＋子公司”模式

该模式的主要代表是国家开发银行的“母行贷款＋国开金融股权投资”。作为国家开发银行进行股权投资的子公司，国开金融既可直接投资，也可通过定向增发、借壳上市等方式参与企业股权重组、资产重组或债务重组，并对目标公司形成投资，还可通过基金或母基金等方式参与企业股权投资，同时国开金融与国开证券的配合，可为客户提供完整的从股权投资到企业上市的一揽子金融服务。“母行贷、子公司投”模式补充了创新型企业稀缺的权益性资金来源，而且通过股债结合，一揽子解决了创新创业企业融资难问题，缓解了其财务压力。缺点是风险无法分散，客户出现问题可能导致银行投贷同时失败，放大了银行所承担的风险。

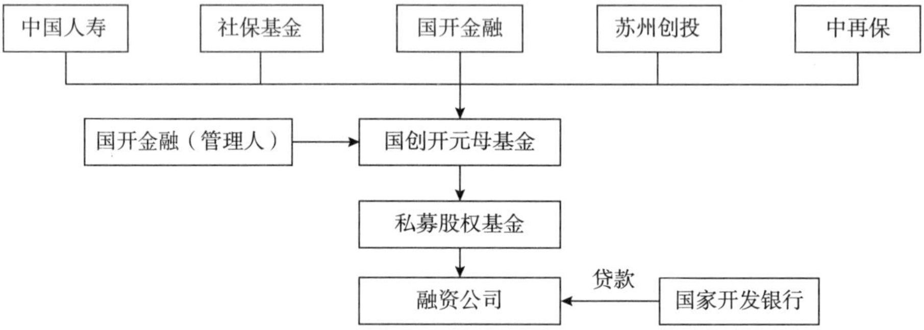

图 9－2　“国开行＋子公司”投贷联动模式

2. “银行＋VC/PE”模式

商业银行与外部股权投资机构开展投贷联动，是当前国内银行采用最广泛的一种投贷联动模式。这种模式中银行只负责“贷”的部分，“投”的部分由外部股权投资机构完成。银行与外部股权投资机构合作，一般有一个合作名单，对于合作名单内的VC、PE 拟投或已投的中小企业，在综合考虑投资机构的投资管理能力和授信申请人未来发展前景等因素的基础上，以信用、股权质押、PE 保证或类保证等方式，向授信申请人发放资金。“内部贷、外部投”模式有利于银行与投资机构双方共享客户资源，发挥各自的专业优势，实现优势互补；但是双方的风险偏好不同，客户判断标准不一，协调成本较高，决策效率较低。

3. “银行＋其他机构”模式

在这种模式下，商业银行与其他机构（如资产管理公司）共同发起设立有限合伙企业（LP）/股权投资基金/资产管理计划，再凭借股权投资基金平台对外进行股权类投资，最终实现投贷联动。其中，商业银行以信贷资金或理财资金持有基金/资管计划的优先级份额，其他机构作为管理人，持有基金/资管计划的劣后级份额。

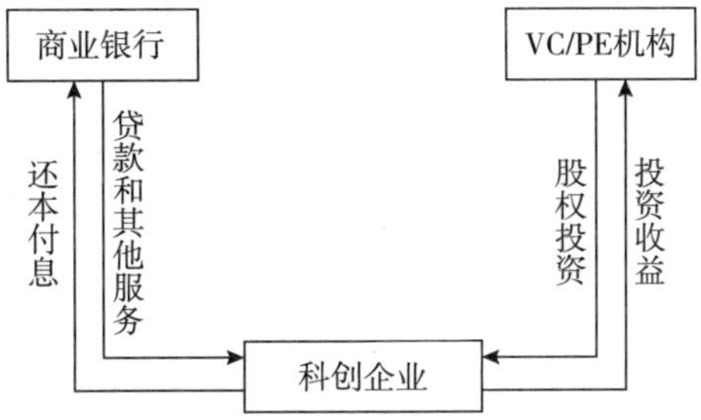

图9-3 "银行+VC/PE"投贷联动模式

案例9-5 浦发银行创新投贷联动模式

2018年9月，首单独角兽企业科技含权贷在浦发银行上海分行落地，额度为1000万元，该笔流动资金贷款的发放，标志着浦发银行在探索高速成长的企业融资方面有了新突破。

借款人Q公司为我国知名独角兽企业，在云存储、数据管理、云视频细分市场居于领先地位。作为一家VIE架构科技企业，该公司已完成5轮融资，投资者包括阿里巴巴集团等知名机构，正处在F轮融资阶段和Pre-IPO进程中。由于互联网行业竞争激烈且发展较快，该企业除股权融资外，也在寻求银行债权融资。

针对该企业轻资产、利润亏损、VIE架构等特点，浦发银行上海分行为其量身定制了科技含权贷授信产品方案，并推荐优质资产管理公司作为认股选择权的战略投资人，仅用了两周时间，即推动项目成功落地。

科技含权贷是浦发银行针对高科技型、成长性的科技企业设计的特色投贷联动产品。企业与银行战略合作的基金签署《认股选择权协议》，实现增信，获得无抵押的类信用贷款，未来，企业可根据实际发展情况，灵活选择对于期权的处置方式，包括回购、出售或转让。这一模式突破了传统授信模式，为新兴科技企业发展打开了空间，切实解决了客户的融资需求。

资料来源：张淑贤．浦发银行创新投贷联动模式［EB/OL］．［2018-09-18］．http：//pudong-epaper. shmedia. tech/Article/index/aid/2430143. html.

知识拓展9-1——商业银行开展投贷联动业务起因

从融资方来看，当前中国经济面临结构调整、经济增速放缓的新常态，万众创新成为政府支持产业升级的方向，大量科技创新型中小企业蓬勃兴起，融资需求旺盛。但由于初创期科技型企业往往具有轻资产、高风险的特征，缺乏抵押资产，较难获得银行贷款，融资难融资贵问题突出。而投贷联动的推进有助于放松银行的风险容忍度，提升银行参与初创科技企业融资的热情，不仅可以通过股权融资满足科技型中小微企业发展需要的长期资金，而且可以通过贷款解决日常营运资金的缺口，缓解初创企业融资压力。

从银行的角度来看，利率市场化改革的推进使得商业银行的传统信贷业务盈利空间被逐渐压缩，商业银行有转型发展和谋求更高投资收益的内生动力，投贷联动为商业银行涉足股权投资提供了可能，有助于推动银行业向混业经营、全能型银行转变，丰富收入来源，获取更多的综合收益。

思考题

1. 私募股权基金适合做中小微企业的股权投资吗？
2. 积极培育天使投资、创业投资，对于我国资本市场的发展具有怎样的意义？

Chapter Ten

小微保险市场　第十章

第一节　保险概述

一、保险的含义

保险是指以集中起来的保险费建立保险基金，用于补偿被保险人因自然灾害或意外事故所造成的损失，或对个人因死亡、伤残、疾病或者达到合同约定的年龄期限时，承担给付保险金责任的商业行为。

保险，本意是稳妥可靠保障，后延伸成一种保障机制，是用来规划人生财务的一种工具，是市场经济条件下风险管理的基本手段，是金融体系和社会保障体系的重要支柱。

从经济的角度看，保险是分摊意外事故损失的一种财务安排；从法律的角度看，保险是一种合同行为，是一方同意补偿另一方损失的一种合同安排；从社会的角度看，保险是社会经济保障制度的重要组成部分，是社会生产和社会生活“精巧的稳定器”；从风险管理的角度看，保险是风险管理的一种方法。

二、保险的职能

（一）经济补偿是保险的基本职能

保险实际上是从空间和时间两个维度分散风险。在空间上，保险将参保的少数成员的损失平均分摊给全体投保人来承担，实现“一人为众，众为一人”；在时间上，保险通过预收分担金，在实际损失发生以后进行补偿。保险公司将保险费集中起来建立保险基金，用于补偿因约定事件发生而遭受的经济损失。

（二）融通资金是保险的派生职能

保险公司通过开展承保业务，将社会中的闲散资金汇集起来，形成规模庞大的保险基金，保险公司又通过投资将积累的保险资金运用出去，以满足未来支付和保险基金保值增值的需要。

（三）保险兼具重要的社会管理职能

（1）社会保障管理——现代商业保险是社会保障体系的重要组成部分。

（2）社会风险管理——保险公司参与了全社会的风险管理工作。

（3）社会关系管理——保险赔付能够减少社会摩擦，起到“社会润滑剂”的作用。

（4）社会信用管理——保险公司所经营的产品是一种以信用为基础，以法律为保障的服务，其对于社会公众的诚信建设可以起到重要的推动作用。

三、保险的分类

（一）按保险人是否承担全部责任划分

按保险人是否承担全部责任可将其分为原保险和再保险。再保险又称分保，是保险人将承保的保险责任向另一个或若干保险人再一次投保，以分散风险。再保险的种类有比例再保险和超额损失再保险，前者可细分为成数再保险和溢额再保险，后者可细分为超额赔款再保险和超额赔付率再保险。分保的形式有临时分保、固定分保和预约分保等。

（二）按保险经营性质划分

按保险经营性质可将其分为政策性保险和商业性保险。绝大多数保险都具有商业动机，由保险公司按商业惯例经营，而政策性保险则按政府有关法令或政策规定开办，有社会保险、财产保险和责任保险等，多为贯彻政府的某一项经济政策或社会政策服务。

（三）按保险实施方式划分

按保险实施方式可将其分为自愿保险和强制保险。自愿保险是当事人在平等互利和自愿的基础上确立合同关系，被保险人可自行决定是否投保、保险标的种类、金额和期限等，保险人也可选择承保与否及其有关承保项目和内容。强制保险又称法定保险，是政府以法令或政策形式强制规定被保险人与保险人的法律关系，在规定范围内，不管当事人双方自愿与否，必须按规定办理保险。凡属法令规定必须保险的标的，其保险责任自动开始，保险金额按规定标准收取，被保险人不得自行选定。强制保险的另一种形式是政府规定某些行业或个人从事某种经营或其他活动时，必须参加保险，否则不准从业。

（四）按其他方式划分

除按各国有关法规所作不同具体分类外，还可按保险主体将其分为个人保险与团体保险，按承保危险范围将其分为单一险、综合险和一切险。但大多数国家是按业务保障对象将其分为财产保险、人身保险、责任保险和信用保险四个类别。

四、保险的特征

（一）保险是集合多数单位或个人的行为

保险是具有社会经济互助性质的活动，体现“人人为我，我为人人”的精神，有相同危险的千家万户的投保人缴纳保险费，集中起来，分担某一户的经济损失。

（二）保险对约定的灾害事故和约定的事件负责

保险是承担各种自然灾害和意外事故所致的损失，但保险所保的不是世界上的一切危险，而是有一定的范围，即保险中所列明的保险责任，或者合同双方当事人特别约定的危险或者约定的事件。约定的危险范围广泛，包括自然灾害、意外事故和人身的意外事件；约定的事件，主要是对人身保险而言，是指人的生、老、病、死、残等事件。

（三）使用科学的计算方法

通过大数法则就可以比较精确地预测危险，制定出合理的费率。保险费率的高低与危险发生频率、损毁程度相适应。这样就能做到公平合理，符合商品经济经营保险业务的基本要求。

（四）建立专用基金

聚集被保险人缴纳的保险费（或储金）构成的专用基金即保险基金，是保险人得以履行赔偿和给付（或返还）义务的基础。

（五）保险组织经济补偿或给付

保险的目的是减少不确定性，保障经济生活的安定，保险人是经济补偿和保险金给付的承担者和组织者。

（六）保险是一种经济形式

保险是国民经济中不可缺少的组成部分，体现国民收入分配中一种特殊的分配再分配关系，通过货币（保险基金）的运行来实现其经济补偿和给付的职能。

第二节　小微保险市场概述

一、小微保险市场的概念

保险作为市场经济条件下风险管理的基本手段，具有经济补偿、资金融通和社会管理等功能，能够在稳定生产、融通资金和防灾减灾等方面为小微企业提供有力保障和支撑。专门为小微企业提供全方位的保险服务和可满足需求的保险产品，让小微企业分享保险的功能和作用的市场，我们称之为小微保险市场。

二、小微保险市场的功能

（一）为小微企业提供全生命周期的风险保障

小微企业经营不稳定，容易受到市场波动影响，存在较高的财产损失风险。小微保险市场可以根据小微企业的需求，有针对性地推出企业财产保险、保证保险、责任保险等产品和服务，对小微企业生产经营过程中面临的财产损失、资金短缺等多类风险提供保险保障，为小微企业的健康发展构建一张保障网。

（二）有效弥补小微企业的意外损失

小微企业规模小，因意外、灾害、操作失误容易遭受重大损失，小微保险市场积极开展责任保险，包括雇主责任险、安全生产责任险、环境污染责任险、医疗责任险等，弥补小微企业的意外损失。其中，医疗责任险参保的小微营利性医疗机构多为营利性乡村卫生服务站、私人诊所，是保险业服务“三农”、支持农村社会经济发展的重要举措。

（三）为小微企业提供融资支持

小微企业经营风险大，信用评级往往较低，难以获得银行等金融机构的贷款。资金短缺成为制约小微企业发展的“瓶颈”。为有效解决小微企业融资难融资贵、资金短缺的问题，小微保险市场可以针对小微企业开展保证保险，以保险产品为担保，为小微企业提供增信服务。如开展贷款保证保险业务，小微企业无法按时还本付息时，由保险机构按一定比例代为偿还，降低了放贷机构所面临的风险，由此增强小微企业的融资能力。

（四）与政府合作营造服务小微企业的外部环境

我国明确将保险作为金融支持小微企业发展的重要一环加以重视，各级政府也逐渐加大对小微企业投保的支持力度。小微保险市场积极与政府部门对接，将政府财政对小微企业的直接支持转变为政府对保险服务小微企业工作的支持，从而通过少量的政府财政投入，激发保险市场对小微企业的支撑作用，通过杠杆效应，极大提升财政资金的使用效率。

三、小微保险市场工具

（一）保险保障小微企业经营的主要工具

小微企业规模小，资金实力薄弱，抗风险能力较差。针对小微企业经营特点及风险管理需求，小微保险市场推出了符合小微企业需求的保险产品和服务。一是着力解决小微企业保障能力不足、资金压力大等痛点，推出小微企业专属财产保险产品，包括财产基本险、财产综合险、机器损坏险、现金保险、货运险等，涵盖企业采购、生产、仓储、发货等各个经营环节的财产损失风险，对原材料、存货、在途产品、固定资产、现金等各类企业资产进行全方位保障，有力地解决了企业因财产损失而导致的资金链断裂、停工停产等风险。一些保险产品在传统产品的基础上，费率下调10% ~30%，大大减轻了小微企业投保负担。二是针对小微企业推动各类一揽子综合产品，小微企业可根据自身需要灵活投保。相关产品以企业财产综合险为主险，企业可根据自身需要灵活选择公众责任险、雇主责任险、盗窃险、现金险、员工家庭财产保险等附加责任，以避免小微企业因意外、灾害、操作失误而遭受重大损失。三是强化投保理赔服务，部分保险机构打造了小微企业专属投保系统，能根据行业、企业类型，快速审核客户信息，完成系统自主报价，有效提升小微业务的时效性。四是提高对新冠疫情等公共卫生事件及重大自然灾害的应急响应能力，在保险理赔、线上服务、技术保障等方面开辟绿色通道，支持遇疫受灾地区和行业的小微企业生产自救、纾困发展。

案例10 -1　专注小微企业的保险中介公司——Next Insurance

科技的发展促进了大数据技术在保险领域的应用，并催生了一批智能化的保险中介公司。2016年成立于美国的Next Insurance就是这样一家智能化保险公司，为中小企业客户提供定制化保险服务，客户超过10万家，产品超过1000个，迄今企业估值已超过10亿美元，并在2019年获得了《福布斯》杂志的认可，成为年度最具创新性的金融科技公司之一。

Next Insurance的主要目标客户群为小微企业（包括独资企业）和独立工作者。在承保、设定价格和配置政策方面拥有更多自由，为小企业主和自由职业者提供简单、经济实惠且针对其特定需求量身定制的保险。这一群体就个别而言与大型企业相比支付能力小且利润不高，而相比个人，风险更高，种类和事情更杂且难以标准化。因此，小型企业以往是被保险公司冷落的一块业务。但是，作为Next Insurance的服务对象，美国小微企业市场规模庞大：约有3020万家，占整个市场的99.9%，拥有5890万名员工，占整个劳动力市场的47.5%。随着数据分析与人工智能的日益发达，Next Insurance认为大批量地为不同细分市场的人群提供标准化但契合度高的保险服务已经成为可能。

通过简化注册和沟通流程，Next Insurance克服了许多传统保险公司面临的困难，能为被保险人（前提是符合相应要求且没有任何不良记录者）提供全天候24小时服务，让其能够随时随地在几分钟内就完成购买保险的程序（不包括售后保险公司私下的核实程序），花费的时间少于10分钟。为了进一步改善用户体验，Next Insurance与Facebook达成了合作并联合智能社交媒体开发商Small Talk开发了一款名为“Chat bot”的人工智能程序，该程序已于2017年3月开始在Facebook的Messenger中使用，Next Insurance因此成为业内第一家拥有在社交网站24小时待机的智能客服的保险公司。Chat bot 通过语音和文字识别技术以及交互的计算程序，能对被保险人进行答疑和营销，而且这个过程并不需要用户下载任何 App。只有在客户要求的情况下，人工客服才会进一步介入销售。

Next Insurance 致力于成为一个容易操作、便捷高效且高度自动化的互联网保险销售平台（平台也设保险销售专员以便在有需要的时候为客户提供更人性化的解答），希望能够以快速和低成本的方式进行保险销售和提供售后服务，以便谋取庞大的客户群和更大的盈利空间。与保险销售人员不同的是，Next Insurance 收取的是平台服务费，而不是佣金。此外，这个服务费是单向的。通过高度自动化，Next Insurance 将很多售后服务（每月一付的模式以及无限次提供证明文件需要行政工费）的成本大幅度降低，因此不向被保险人即购买者收取服务费，仅向承保人即保险公司（因为提供销售服务）收取。这使得 Next Insurance 售卖的保险配套更具备竞争优势，具体包括：（1）价格平民化且保险适用范围广；（2）平台实用性高且操作便利，能高效地、随时随地地下载相关证明文件且不收服务费；（3）在人工智能无法解答疑问时，一对一的咨询服务起到了人性化的辅助作用。

案例 10－2　保险业为小微企业织密风险保障网

小微企业由于自身规模小、业务较为单一等特性，存在风险集中、抗风险能力较弱的问题，在重大灾害事故面前表现得尤为突出。因此，发挥保险保障功能，护航小微企业持续健康发展，需要保险业助力提升小微企业的抗风险能力。多家保险机构在健全完善金融支持抗疫救灾长效机制方面做出了重要努力。

例如，2021 年河南发生特大暴雨灾害后，太平财险特别成立了紧急产品小组，开发河南专属小微企业保险产品方案——“店家无忧保”，保障范围包括财产损失（含水灾损失责任）、停业损失、三者损失责任。该产品上线 4 个月，就累计为 236 家小微企业提供约 2.2 亿元的风险保障。

中国人寿财险则开发推出了“云端赔”线上化自助理赔工具，通过最大限度简化理赔流程，开辟理赔绿色通道，确保小微企业赔款快速到账。在河南特大暴雨灾害期间接到某贸易公司报案后，18 天内即完成 288 万元赔款结案支付，另有十余笔百万元以上的企财险案件在 1 个月内完成结案，帮助这些企业快速实现复工复产。此外，该公司还开发了“安心防”智慧防灾防损云平台。据统计，2021 年全年该平台累计为客户推送灾害预警等信息 450 余万条次，开展灾前和临灾防灾风险检查服务 11037 余次，出具防灾建议书近 2000 份。

资料来源：保险业全面发力护航小微企业渡难关［EB/OL］．［2022－04－13］．http：//stock.10jqka.com.cn/20220413/c638287354.shtml.

随着科技型中小微企业对国民经济增长发挥越来越重要的作用，科技保险也应运而生。科技保险是以与科技企业技术创新和生产经营活动相关的有形或无形财产、科技企业从业人员的生命或健康、科技企业对第三方应承担的经济赔偿责任以及创新活动的预期成果为保险标的的保险。

科技保险在转移企业风险方面有其独特的优势，它适合各种类型的科技企业以及企业发展的各个阶段，可以覆盖各个环节，包括研发、生产、销售及其他经营管理活动中所面临的财产损失、人身伤害、研发中断、民事赔偿、侵权责任、融资等各种风险。科技企业在初创和孵化的过程中面临多种高风险，这就需要保险来帮助企业分散风险，促进新兴、小型科技企业存活发展。

案例10－3　保险聚焦科创领域和薄弱环节

近年来，数量不断增长的科技型小微企业，创新投入成本高，面临的风险较大，需要保险机构提供有力支持。2022年4月，银保监会办公厅发布《关于2022年进一步强化金融支持小微企业发展工作的通知》，特别提出要强化科技保险服务，进一步推进首台（套）重大技术装备保险试点和新材料首批次应用保险试点，丰富知识产权保险业务品种。该通知的颁布给保险业如何更好地为科技型小微企业提供融资增信和保障服务指明了方向。

例如，中华保险大力推广首台（套）重大技术装备、首批次新材料和首版次软件的“三首”保险，在财政补贴支持下，通过保险机制，化解生产方和使用方的经济风险，服务自主创新能力提升。在首版次软件方面，中华保险积极配合安徽、山东、四川等省经信厅开展做好软件首版次质量安全责任保险推广工作，已为多家软件企业累计提供1.16亿元的风险保障。此外，该公司还陆续开发推出高新技术企业财产保险、产品研发责任保险、关键研发设备保险、研发中断保险、研发费用损失保险、侵犯专利权责任保险、专利执行保险等，产品体系已覆盖企业研发、生产、知识产权保护等多个环节。

案例10－4　科技保险支持科技型小微企业

我国小微企业具有数量大、经营活力强等特点，随着“大众创业、万众创新”的不断推进，小微企业的活跃度日益提升，对国民经济的稳定增长发挥着越来越重要的作用。尤其是科技型中小微企业，作为技术创新活动中较为活跃的企业群体，已成为推动建立创新体系的重要主体。太保产险推出的“科创E保”是国内首创的创业保障保险，它打破了传统保险产品的局限，直接聚焦科创企业在孵化阶段的实际需求，创造性地对企业创始人在创业过程中的费用提供保障，有力地体现了保险公司促进科技金融服务创新的支持作用。

2018 年 4 月，财政部、工业和信息化部、银保监会发布《关于深入做好首台（套）重大技术装备保险补偿机制试点工作的通知》。该通知鼓励有条件的地方结合当地产业基础、行业特征，因地制宜制定地方首台（套）重大技术装备保险补偿政策，并做好与国家政策的衔接。鼓励首（台）套重大技术装备用户企业对投保装备免收质保金，发挥保险对质保金的替代功能。

保险业以科技型小微企业需求为导向，创新开发科技型小微企业急需的各类科技保险产品，已经形成了研发、产品、融资、人员、财产、环境等多个类型的科技保险险种。以四川省为例，仅成都市就有重点引导险种 20 个、一般引导险种 210 个，针对科技型小微企业技术研发和设备开发面临的风险，积极推动首台（套）技术装备保险，涵盖航空航天、轨道交通、智能制造装备等多个领域。成都、德阳、绵阳出台科技专利保险保费补贴机制，对投保科技专利保险的科技型小微企业提供保险费 20% ~50% 的补贴，减轻科技型小微企业投保负担。

资料来源：保险业全面发力护航小微企业渡难关［EB/OL］.［2022－04－13］. http：//stock.10jqka.com.cn/20220413/c638287354.shtml.

（二）保险支持小微企业融资的主要工具

小微企业经营风险大，信用评级往往较低，难以获得银行等金融机构的贷款。资金短缺成为制约小微企业发展的“瓶颈”。为有效解决小微企业融资难融资贵、资金短缺的问题，小微保险业积极强化与政府、银行、企业等的合作，多方加强资源整合，各司其长，为小微企业提供增信服务，努力形成服务小微企业多赢局面。

1. 保证保险

保证保险是指保险人承保因被保证人行为使被保险人受到经济损失时应负赔偿责任的保险形式。保证保险分为诚实保证保险与确实保证保险两类。诚实保证保险是保险人对权利人因义务人盗窃、侵占、挪用等不诚实行为造成的经济损失承担赔偿责任的一种保险；确实保证保险是保险人对依照法律或合同约定，在义务人不履行其法律或合同义务而给权利人造成经济损失时承担赔偿责任的一种保险，此种保险由被保证人投保。而其中针对小微企业整体的保险保障需求，主要涉及贷款保证保险、关税保证保险和工程履约保证保险。

（1）贷款保证保险

贷款保证保险是指以企业信用风险为保险标的的保险，当借款企业无法偿还贷款时，由保险公司代为偿付。保证保险的被保证人指的是借款企业，它在保证保险中作为投保人，通常是保费的缴纳者；受益人是债权人，在贷款保证保险中指的是向企业贷款的金融机构。

在贷款保证保险中，债权人对债务人能否履约缺乏足够的信息，但对保险公司的履约能力有充分的信心。提供贷款保证保险的保险公司以其对债务人履约能力的深入调查和了解为基础来向符合条件的小微企业提供贷款保证保险，从而通过提升申请贷款企业的资信改善贷款交易双方之间的信息不对称。保险公司可通过专业的资信调查来获得被保险企业的信息，使保险公司与被保险企业间的信息基本对称，同时通过大数定律来分散个别企业的违约风险。保险公司与被保险企业之间、银行与贷款企业之间的信息对称，使市场交易效率得到很大提高，从而实现三方的共赢：银行实现了规模扩张和收益增加，小微企业降低了融资成本及资金筹集难度，保险公司也从贷款保证保险中获得了发展。

贷款保证保险的作用主要体现在以下几方面。

第一，有助于保障信贷资产的安全。通过银行、小微企业、保险公司三方合作，化解商业银行信贷资产风险，提升商业银行信贷资产的质量和增加信贷资产的收益能力，保障信贷资产的安全。

第二，贷款保证保险可以通过降低贷款双方的信息不对称程度改善小微企业融资环境。

第三，有利于提高小微企业的信用等级和融资能力。我国小微企业普遍存在信用等级不高的问题，使得银行在发放贷款时对小微企业的资格条件和抵押担保条件要求极其严格，限制了对小微企业的贷款；信用等级低也阻碍了小微企业潜在资金需求向有效资金需求的转化，使其资金需求停留在较低水平上，融资规模难以扩大。贷款保证保险通常向小微企业提供“免担保、利率低、额度高、手续简、放款快”的融资服务，有利于增强小微企业的融资能力。

第四，可以增强银行对小微企业贷款的信心，降低银行信贷风险。随着改革的推进，银行越来越注重资产质量及贷款安全。通过由小微企业投保贷款保证保险，银行贷款多了一个风险承担者，相对降低了银行的贷款风险和管理成本，使银行愿意提供更多的贷款来支持小微企业发展。若小微企业贷款保证保险制度得以建立，则银行可以在保险公司的参与下将资金贷给小微企业，既可以提高资金的收益率又可以保证资金的安全。

（2）关税保证保险

关税保证保险是我国首例被保险人为政府机关的保险产品，通过保险公司提供的关税担保，企业在货物通关时可凭借关税保证保险的保单享受“先放行后缴税”的便利。作为投保人的进出口企业一旦未按海关规定缴纳关税，相关保险公司就需要按照保险合同的约定，向海关赔付投保人应缴纳的税款，国家税收安全得到了充分保障。在部分海关试点两个月后，关税保证保险于2018年11月1日起正式在全国实施。从理论上讲，关税保证保险有助于信用良好的企业进行海外贸易，使企业在银行担保这个选择之外拥有了取得海关税收担保的新选择途径，在很大程度上缓解了企业的资金压力，同时压缩了整体通关时间，将进一步为外贸企业减负增效。

关税保证保险拥有旺盛的市场需求和广阔的发展前景。以外贸大省广东省为例，据海关总署广东分署统计，2019年前7个月，广东省多家保险公司共为省内1083家企业提交了9462份关税保证保险保单，担保额度高达183.7亿元，海关此举得到许多外贸企业的称赞和支持。在关税保证保险逐步推广的过程中，保险公司也在不断寻求突破创新，力求将服务落实到位。一方面，各家保险公司针对关税保证保险业务展开相关培训，通过学习法律条款和海关缴税及担保流程，保证展业工作的顺利进行；另一方面，积极探索与“互联网+”相结合，简化业务程序，如2019年8月，深圳率先上线“单一窗口”，进出口企业可通过该平台上传相关投保资料，保险公司审核通过后企业完成保费支付即可生成关税保证保险保单，系统会自动实现保单数据电子传输、海关线上备案等程序，实现无纸化办理，达到省钱、省时、省力的效果。

（3）工程履约保证保险

工程履约保证保险是指保证人（保险公司）应工程合同一方（被担保人、委托人、承包方、施工方）的要求向另一方（权利人、受益人、业主）做出书面承诺，保证如果被担保人无法完成其与权利人签订的合同中规定应由被担保人履行的义务，则由保证人代为履约或做出其他形式的补偿。

我国正处于基础设施等工程建设从规模扩张为主向提高质量为主的转变阶段，特别是随着智慧经济时代的发展，我国对于新型基础设施建设的需求将会不断提升，目前仍存在大量在建工程和预建工程。在这样的经济环境下，工程履约保险市场持续趋热。围绕工程建设招标投标、施工质量、员工福利等配套的保证保险险种也在不断完善。

在工程领域引入工程履约保证保险，是用保险取代保证金的有益尝试。建设工程领域有种类繁多的保证金，让建筑企业背负了沉重的资金成本。而购买工程履约保证保险所需支付的保费较低、审核流程更为简便，尤其适合小微企业资金量不足、周转困难且缺少银行授信无法办理银行保函的情况。通过购入工程履约保证保险，小微企业释放了保证金的占用负担，缓解了经营管理中流动性资金的压力，从而提高工程建设质量和效率，同时保险市场需求也得到了提升。

案例10－5　建立以小额贷款保证保险为核心的保险扶贫增信体系

（1）“张农致富保”支农扶贫项目

人保财险张家口市分公司开展“张农致富保”支农扶贫项目，通过市、县农业担保公司提供担保，以张农集团为平台承接保险资金，为扶贫龙头企业、农村专业经济合作组织提供融资支持，带动和覆盖更多农户；支持人保财险张家口市分公司开展“政融保”保险融资项目，通过政府提供政策支持和增信，保险资金提供融资，保险产品提供风险保障的融资模式，重点支持辐射广、效益高、效果好的扶贫产业项目，带动农户脱贫。推动保险机构与政府合作开展农业保险，进一步扩大政策性农业保险覆盖面，创新开展特色农业保险，推动人保财险等保险机构通过农业保险“联办共保”模式，实现农业保险全覆盖。

（2）江苏人保财险“农业保险贷”和“扶贫小额贷”

2017年江苏人保财险协同地方政府和银行，推出了“农业保险贷”和“扶贫小额贷”两项产品，在传统的融资渠道之外，提供无抵押、免担保、低利率的贷款产品。短短两年，江苏人保财险的助农脱贫融资产品已累计融资3.51亿元人民币，惠及农户1401户次，精准助力脱贫攻坚和乡村振兴。其中，“农业保险贷”项目整合了财政、邮储银行和人保财险这三方力量，有力地缓解了农村融资难、农民融资贵的关键问题；“小额扶贫贷”聚合地方财政、农商行、扶贫办等多方力量，为建档立卡贫困户提供致富起航的启动资金，充分发挥了保险助力精准扶贫的积极作用。

案例10-6　嘉兴银行首创“银行+担保+保险”增信新模式

企业先向担保公司申请担保，担保公司向保险公司投保责任保险，三方共同审核后，银行向企业发放贷款。一旦出现信贷风险，担保公司先负责偿还贷款，共同处置反担保抵押物后，再向保险公司索赔不足部分。浙江省嘉兴地区试点的“保易贷”产品就采用这种模式。“保易贷”是由嘉兴银行联合长安责任保险股份有限公司和担保公司推出的一项针对中小企业融资难问题的新产品。它采用保险原理，由银行向中小企业提供贷款，担保公司为贷款提供担保，再由保险公司为担保公司的担保责任提供保险。通过银行、担保公司、保险公司的合作，建立起市场化的风险分散补偿模式，使得企业不再依赖传统的抵押物和企业互保来从银行获得资金，大大拓宽了企业的融资渠道。

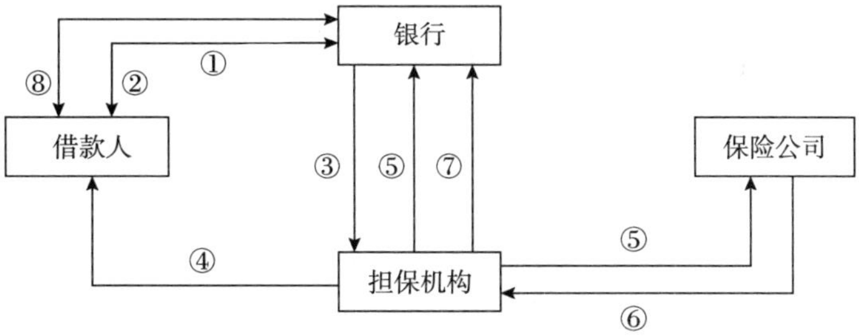

图10-1　“保易贷”业务流程

注：

①由小微企业向银行申请贷款。

②银行收到申请后，对小微企业进行贷前调查，核实该企业申请材料的真实性和业务经营状况，分析借款人的资信状况、借款用途、还款来源、还款能力及风险状况。

③银行认为申请企业符合基本授信条件的，由借款人自主选择合作的担保机构，再由担保机构进行独立审查。

④担保机构在受理业务后，根据其自身风险评估的要求，对借款人进行风险评估，根据借款人的经营状况和实力，确认是否提供担保，认为符合担保条件的，要求借款人提供反担保，并对反担保物进行必要的评估。

⑤担保机构对审核通过的小微企业通知银行并同意提供担保服务，同时提交保险公司审核，并提交投保申请。

⑥保险公司根据自身的业务管理办法和风险控制要求对小微企业及其反担保进行审核，决定是否给予承保。保险公司同意承保的，担保机构办理正式投保手续，保险公司签发保单；若审核不通过，则拒绝承保。

⑦担保公司见到保单后，通知银行放款。

⑧银行根据担保机构的担保和保险公司的保险单，向小微企业放款。

资料来源：银保合作试解融资难［EB/OL］.［2011-08-15］. http://m.sinotf.com/News/index/id/73621.

（4）贸易融资保险

贸易融资保险是指企业在赊销商品时，向保险公司投保买方信用保险，并将赔款权益转让给银行，银行以应收账款权益为质押提供信用贷款，出现损失后，保险公司直接向银行支付欠款，并保留买方追偿权。出口信用保险和国内贸易信用保险就是典型的贸易融资保险。

出口信用保险就是保险人与投保人通过订立保险合同，承保被保险人在出口业务中所面临的来自进口商方面的商业风险（拒付或者丧失履约能力）和来自进口国方面的政治风险，保险标的是出口贸易中国外买方的信用风险，适用于卖方为国内企业、买方为国外企业的国际贸易。出口信用保险经常与贸易融资联系在一起，为出口方通过银行融资提供保险保障。

出口信用保险最基本、最直接的功能是在出口商无法回收贸易合同款项时起到转嫁风险、减损的作用。同时，国内卖方可以通过保险人强大的信用调查网络和买方数据库对国外买方进行资信调查，降低国内卖方的交易风险。此外，利用保险公司信用换取银行信用，在无法提供抵押、质押、保证担保的情况下实现获取银行融资款的目的。

知识拓展 10－1——什么是出口信用保险?

出口信用保险作为国际通行的贸易促进手段，已有近百年的历史。出口信用保险经历了纯商业性、纯政策性、政策性与商业性并存的发展过程。出口信用保险最初是由商业保险公司发起的，但因其高风险的特征和复杂的经济属性而未得到大规模发展。第一次世界大战后，战争加剧了出口的风险程度，商业性保险公司纷纷退出。同时，欧洲各主要国家的政府认识到出口信用保险是扩张贸易、复苏经济、提高就业的有力工具，开始由官方经营出口信用保险并使其发挥重要作用。此后，其他发达国家及一些发展中国家陆续效仿。20 世纪 90 年代以前，出口信用保险在各个国家一直作为政策性业务由国家专营。之后，随着国际政治趋于稳定、经济快速发展和欧洲一体化的推进，欧洲几家规模较大的保险公司认为一部分出口信用保险业务有利可图，遂将其中的可盈利业务逐步剥离出来，在欧盟国家逐渐形成了官方支持的出口信用保险与商业性保险共存的局面。

国内贸易信用保险简称内贸险，承保的是在赊销贸易中由于商业风险（买方无清偿能力或拖欠）导致卖方无法收回应收账款（非其他资产）的风险，是一项提供与风险监控、风险管理咨询相关的信用服务的保险产品。其基本功能是，当上述风险发生时，如果企业难以收回货款、造成应收账款损失，提供损失补偿。内贸险项下融资业务是借鉴国际上通行的“应收账款＋信用保险”融资模式，当卖方为与买方开展商品交易所产生的应收账款购买了内贸险并履行了保险生效所必需的各项义务之后，卖方利用其投保的应收账款向银行进行融资的业务。

案例 10－7　出口信用保险推动共建“一带一路”高质量发展

2021 年 10 月 27 日，由中国信保承保的哈尔滨电气国际工程有限公司孟加拉国迈门兴 360MW 双燃料联合循环电站项目出口信贷保险保单保险责任生效。

为充分发挥各方优势，这座以天然气为主要燃料的绿色电站在融资过程中采用了中国、日本、德国和孟加拉国四国多家金融机构共同合作的模式，即由日本三井住友银行为孟加拉国业主 RPCL 对哈电国际和德国西门子的应付合同款项分别提供 15 年期欧元贷款，并分别由中国信保和德国裕利安怡保险公司（德国官方出口信用保险机构）对贷款本息偿还风险提供保险，由孟加拉国财政部提供担保、孟加拉国 SONALI 银行为当地代理行，该项目把中国优势产能、日本充裕资金、德国先进技术与孟加拉国国家发展需求有效地对接整合起来，在多方国际合作中实现了共赢，成为共建“一带一路”第三方市场合作的典范。

2021 年，海外疫情继续蔓延，中国信保充分发挥政策性和金融性的双重特性，将更多信用资源投入到共建“一带一路”中，众多项目在沿线国家遍地开花，支持对“一带一路”沿线国家出口和投资 1699.6 亿美元，增长 11.3%；支付赔款 3 亿美元。

资料来源：王笑．巩固提升出口信用保险作用　中国信保 2021 年承保金额达 8000 亿美元［EB/OL］．［2022－01－19］．https：//www.financialnews.com.cn/bx/jg/202201/t20220119_237736.html.

2. 保单质押贷款

保单质押贷款是指投保人把所持有的保单直接抵押给保险公司，按照保单现金价值的一定比例获得资金的一种融资方式。一般贷款金额不得超过保单现金价值扣除各项欠款后余额的 70%，贷款期限一般为 6～8 个月，贷款利率一般在银行半年期和一年期贷款基准利率的基础上略有浮动。该项业务最大限度地满足了当下客户的融资需求，变“沉睡”保单为“活钱”，能够解决小微企业融资燃眉之急，帮助缓解短期资金压力。

案例 10－8　中国太保寿险保单质押贷款支持中小微企业复工复产

2020 年初的新冠疫情使全国经济陷入停滞。随着各地企业陆续复工复产，如何解决前期停工带来的资金紧张问题，如何切实有效地保障复工后员工的健康与安全，是很多中小企业主最为关心的焦点。

为有效解决中小企业主资金周转问题，中国太保寿险开通微信和 App 保单贷款自助办理渠道，客户可以快速便捷地办理保单质押贷款，获得短期资金融通，快速实现复工复产。自2020年1月24日以来，申请保单质押贷款的客户已达52万人次，其中超过99%的客户通过自助渠道办理，贷款金额合计280亿元。

大连的一家贸易公司在疫情发生后停工，资金周转出现了问题。该公司老板正在犯愁的时候，突然想到自己名下拥有多张中国太保寿险保单，可通过质押贷款方式获得短期资金融通。于是，她向保险公司申请了110万元保单贷款。中国太保寿险得知企业的实际困难和需求后，立即多方协调并加快办理，款项在当天就打到了公司账户，为企业主解了燃眉之急。

同样的情况也发生在位于河南邢庄村的一家便利店，该店主要销售生活用品及水果蔬菜。疫情期间封村封路，为解决村民的日常生活问题，该便利店主动申请复工并得到政府批准，成为村民购买日常生活用品的定点网点。然而，封路后村民购买需求大，进货成本也大大增加，店铺顿时陷入了资金短缺的困境。中国太保寿险的业务人员在线上回访时得知该店店主的难题后，向他提出可申请保单贷款的建议。在业务人员的指导下，该店主通过“太平洋保险”App自助申请，两个小时就收到了11万元贷款，进货资金问题顺利解决，村民的日常生活又有了保障。

考虑到疫情较为严重地区的特殊情况，中国太保寿险还特别针对湖北、广东、河南等12个地区的客户，推出多项贷款优惠政策，如免收逾期利息、延长贷款保单还款期限及贷款利率下浮等，降低中小微企业融资成本。截至2020年3月，这些举措已惠及保单33万件，涉及贷款金额近36亿元。

复工复产后，员工的人身安全和保障也是企业尤为重视的问题，为此中国太保寿险主动向众多中小微企业客户提供保障升级，如在保险产品中加入新冠责任。截至2020年3月，已为5000多家中小微企业提供了保障。

思考题

1. 小微企业的风险有哪些特征？理解其风险的特征对于保险运作机制有何意义？
2. 联系实际谈谈我国小微保险市场发展的现状及存在的问题。

Chapter Eleven

第十一章 小微金融监管机构和支持机构

第一节 小微金融监管机构

党的二十大报告中强调：加强和完善现代金融监管，强化金融稳定保障体系，依法将各类金融活动全部纳入监管，守住不发生系统性风险底线。本节将介绍从事小微金融监管的主要机构。根据2010年中国人民银行发布的《金融机构编码规范》，金融监管当局被定义为对金融机构及其经营活动实施全面的、经常性的检查和督促，实行领导、组织、协调和控制，行使实施监督管理职能的政府机构或准政府机构。我国主要的金融监督管理机构包括“一行一总局一会”，即中国人民银行、国家金融监督管理总局和中国证券监督管理委员会。此外，地方金融监督管理局也是小微金融监管体系的重要组成部分。

一、中国人民银行

（一）成立背景

1948年12月，中国人民银行在华北银行、北海银行、西北农民银行的基础上于河北省石家庄市成立。当时由人民银行发行的人民币在华北、华东、西北三区统一流通，所有公司款项收付和一切交易均以人民币为本位货币。在中华人民共和国成立后，人民币成为法定本位币，中国人民银行成为中央银行，被纳入政务院的直属单位系列，承担发行国家货币、经理国家金库、管理国家金融、稳定金融市场、支持经济恢复和国家重建的任务。

1949年至1952年，在中央人民政府的领导下，中国人民银行开始建立统一的国家体系。到1952年为止，中国人民银行建立了全国垂直领导的组织机构体系；统一了人民币发行，逐步收兑了解放区发行的货币，全部清除并限期兑换了国民党政府发行的货币，很快使人民币成为全国统一的货币；对各类金融机构实行了统一管理。中国人民银行充分运用货币发行和货币政策，实行现金管理，开展“收存款、建金库、灵活调拨”，运用折实储蓄和存放款利率等手段调控市场货币供求，扭转了新中国成立初期金融市场混乱的状况，终于制止了国民党政府遗留下来的长达20年之久的恶性通货膨胀。同时，按照“公私兼顾、劳资两利、城乡互助、内外交流”的政策，配合工商业的调整，灵活调度资金，支持了国营经济的快速成长，适度地增加了对私营经济和个体经济的贷款；便利了城乡物资交流，为人民币币值的稳定和国民经济的恢复与发展做出了重大贡献。①

可见在中国人民银行成立之初，其主要任务在于统一货币体系、遏制通货膨胀、建立国家银行体系以及统一管理外汇等。随着我国经济的不断发展，经济体制的变革，中国人民银行的职能、地位、作用等方面也都相应地发生了变化。

（二）机构设置②

中国人民银行的机构设置主要包括：中央纪委国家监委驻中国人民银行纪检监察组、内设部门、上海总部、直属机构和分支机构。

其中内设机构包括办公厅（党委办公室）、条法司、研究局、货币政策司等，各自承担相应的责任。例如：办公厅（党委办公室）组织协调中国人民银行总行机关日常工作，承担重要会议的组织、有关文件的起草、文电处理、秘书事务、督查督办、应急值守、信息综合、新闻宣传、网络信息、党务和政务公开、档案管理、信访、保密和密码管理、电子政务组织协调工作等。条法司负责拟订相关法律法规草案，拟订、审核规章。拟订银行业、保险业重要法律法规草案和审慎监管基本制度。承担合法性审查和中央银行法律事务。承担行政复议和行政应诉工作。货币政策司负责研究、拟订货币政策调控方案并组织实施；拟订货币政策中介目标并组织执行；研究提出各种货币政策工具选择并组织实施；拟订并组织实施本外币存款准备金政策、本外币利率政策、再贷款再贴现政策及相关管理办法等。

中国人民银行上海总部于2005年8月10日成立，这是我国中央银行体制的一次自我完善，是更好地发挥中央银行在宏观调控中作用的重要制度安排。中国人民银行的直属机构包括：中国人民银行机关服务中心、中国人民银行集中采购中心、中国反洗钱监测分析中心等。中国人民银行的分支机构包括：上海市分行（与中国人民银行上海总部合署办公）、北京市分行、天津市分行、河北省分行等多地分行。

（三）主要职能③

中国人民银行是我国的中央银行，负责宏观经济调控，在国务院领导下制定和执行货币政策、维护金融稳定以及提供金融服务。具体职能包括：拟订金融业改革、开放和发展规划，承担综合研究并协调解决金融运行中的重大问题、促进金融业协调健康发展的责任；牵头国家金融安全工作协调机制，维护国家金融安全；牵头建立宏观审慎管理框架，拟订金融业重大法律法规和其他有关法律法规草案，制定审慎监管基本制度，制定和执行货币政策、信贷政策，完善货币政策调控体系，负责宏观审慎管理等其他职能。

---

① 引自中国人民银行官方网站“中国人民银行历史沿革”。

② 具体信息，参见中国人民银行官方网站，http：//www. pbc. gov. cn/rmyh/105226/105442/index. html.

③ 引自中国人民银行网站“中国人民银行职能”介绍．中国人民银行金融消费权益保护局．金融知识普及读本（第二版）［M］．北京：中国金融出版社，2017.

其中与小微金融机构联系较为紧密的职能包括制定和执行货币政策、维护金融稳定。货币政策是人民银行运用货币政策工具，调节货币供求以实现宏观经济调控目标的策略和方针的总称。常见的货币政策工具包括：公开市场业务、存款准备金、中央银行贷款、利率政策、常备借贷便利、中期借贷便利等。金融市场上货币供给是否充足影响小微企业获得贷款的难易，因此货币政策从根本上影响小微金融机构的融资情况。

同时，金融稳定是金融市场健康发展的必要保障，历史上多次金融危机的出现，伴随着实体经济发展的停滞和社会的动荡。因此，人民银行防范和化解系统性金融风险对保障小微金融机构存续和发展是非常必要的。

二、国家金融监督管理总局

为小微企业提供金融服务的机构主要包括银行和保险公司，目前我国对这些金融机构进行监管的专业机构是国家金融监督管理总局。

（一）成立背景

2018 年 3 月，十三届全国人民代表大会第一次会议表决通过关于国务院机构改革的决定，将中国银行业监督管理委员会（简称银监会）和中国保险监督管理委员会（简称保监会）整合，组建中国银行保险监督管理委员会（简称银保监会）。银监会和保监会拟定银行业、保险业重要法律法规草案和审慎监管基本制度的职责划归中国人民银行，同时这两个委员会不再保留。①

此次国务院改革方案中提到，组建银保监会的目的是深化金融监管体制改革，解决现行体制存在的监管职责不清晰、交叉监管和监管空白等问题，强化综合监管，优化监管资源配置，更好统筹系统重要性金融机构监管，逐步建立符合现代金融特点、统筹协调监管、有力有效的现代金融监管框架，守住不发生系统性金融风险的底线。2018 年 4 月，银保监会正式挂牌。

2023 年 3 月，党的二十届二中全会通过了《党和国家机构改革方案》。在这次改革方案中，国家金融监督管理总局在中国银行保险监督管理委员会基础上组建，并吸纳了中国人民银行对金融控股公司等金融集团的日常监管职责、有关金融消费者保护职责，以及中国证券监督管理委员会的投资者保护职责。2023 年 5 月，国家金融监督管理总局正式挂牌。

---

① 1998 年 11 月，保监会成立，根据国务院授权履行行政管理职能，依照法律法规统一监督管理全国保险市场，维护保险业的合法、稳健运行。2003 年，第十届全国人民代表大会第一次会议批准设立银监会，同年 4 月银监会正式挂牌成立，并开始履行银行监管职责。至此，我国“一行三会”的分业监管格局正式确立。

案例 11-1 分业监管下的“宝万之争”

在“一行三会”时期，银监会和保监会分别对银行业和保险业进行监管，个别企业钻分业监管的空子，造成了监管套利现象。2015 年 7 月 10 日，宝能系控制的前海人寿通过二级市场耗资 80 亿元买入万科 A 约 5.52 亿股股票，占万科 A 总股本的约 5%，拉开了“宝万之争”的序幕。这次股权争夺的关注焦点在于前海人寿的资金来源，这么多的资金是否来源正当，是否使用合规？宝能集团的业务横跨地产、银行和保险多个领域，单一部门难以对其实施有效的监管。具体而言，宝能集团可以利用地产抵押从银行获得贷款，再将贷款作为保险业务扩张的资本，保险业务为集团提供了长期、低成本的保费收入，这些收入又可以直接或间接地投入房地产和 A 股市场。宝能对万科的收购资金涉及过高的杠杆和资金运用违规问题。最终，在 2016 年 12 月，保监会叫停了前海人寿的万能险业务，责令整改；2017 年 2 月，保监会对前海人寿及其控制人处以行政处罚，宝能集团董事长姚振华被撤销任职资格、10 年内禁入保险业，“宝万之争”落下帷幕。

资料来源：根据新华社 2016 年 7 月《起底宝能系资金链》《万科股权之争绕不过的监管有哪些?》等相关报道整理。

（二）机构设置①

国家金融监督管理总局在各地设立派出机构，包括：北京监管局、天津监管局、河北监管局、山西监管局、内蒙古监管局、辽宁监管局、吉林监管局、黑龙江监管局、上海监管局等多地监管局。

（三）主要职责

国家金融监督管理总局统一负责除证券业之外的金融业监管，强化机构监管、行为监管、功能监管、穿透式监管、持续监管，统筹负责金融消费者权益保护，加强风险管理和防范处置，依法查处违法违规行为，作为国务院直属机构。在原中国银行保险监督管理委员会职责的基础上，其新增的职责包含中国人民银行对金融控股公司等金融集团的日常监管职责、有关金融消费者保护职责，中国证券监督管理委员会的投资者保护职责。

① 整理自国家金融监督管理总局概况，http://www.cbirc.gov.cn/cn/view/pages/jigougaikuang/jigougaikuang.html。

三、中国证券监督管理委员会

小微企业的一个重要融资渠道是证券市场，我国对证券市场进行监管的机构是中国证券监督管理委员会。

（一）成立背景

1990 年 12 月上海证券交易所开业以及 1991 年 7 月深圳证券交易所开业，代表我国证券市场的正式建立。为了保障证券市场健康发展，1992 年 10 月，国务院证券委员会和中国证券监督管理委员会（简称证监会）成立。国务院证券委员会作为主管机构对证券市场进行统一宏观管理，证监会作为执行机构，依照法律法规对证券市场进行监管。

1998 年 4 月起，证监会与国务院证券委员会合并，成为国务院直属正部级事业单位，依照法律、法规和国务院授权，统一监督管理全国证券期货市场，维护证券期货市场秩序，保障其合法运行。

在 2023 年的《党和国家机构改革方案》中，证监会由国务院直属事业单位调整为国务院直属机构。为强化资本市场监管职责，划入国家发展和改革委员会的企业债券发行审核职责，由证监会统一负责公司（企业）债券发行审核工作。

（二）机构设置①

中国证监会设在北京，设有主席 1 名，副主席 4 名，驻证监会纪检监察组组长 1 名；机关内设 20 个职能部门，1 个稽查总队，3 个中心。中国证监会在省、自治区、直辖市和计划单列市设立 36 个证券监管局，以及上海、深圳证券监管专员办事处。2023 年 2 月，因我国股票市场实行注册制，原证监会股票发行审核委员会、并购重组审核委员会被撤销。

（三）主要职责②

依据有关法律法规，中国证监会对证券市场实施监督管理，其主要职责包括：研究和拟订证券期货市场的方针政策、发展规划；起草证券期货市场的有关法律、法规，提出制定和修改的建议；制定有关证券期货市场监管的规章、规则和办法。垂直领导全国证券期货监管机构，对证券期货市场实行集中统一监管；管理有关证券公司的领导班子和领导成员。监管股票、可转换债券、证券公司债券和国务院确定由证监会负责的债券及其他证券的发行、上市、交易、托管和结算；监管证券投资基金活动；批准企业债券的上市；监管上市国债和企业债券的交易活动等方面。2023 年 3 月，证监会的投资者保护职责被划入新成立的国家金融监督管理总局。

---

① 整理自中国证券监督管理委员会官方网站，http：//www. csrc. gov. cn/csrc/jggk/index. shtml。

② 引自中国证券监督管理委员会官方网站。

四、地方金融监督管理局

（一）成立背景

“一行一总局一会”的监管涵盖了银行、证券、保险等主要金融行业，却缺少对一些规模小、地方性的金融活动的监管，如融资租赁、保理、典当等。为了避免监管死角、补齐监管短板，在2017年第五次全国金融工作会议后，地方性的金融监管机构也进行了改革。地方金融工作办公室（简称金融办）转变为金融监督管理局（简称监管局），主要职能由金融发展服务转变为金融监管。一般而言，地方金融监管的监管范围包括“7+4”类机构，具体为小额贷款公司、融资担保公司、区域性股权交易市场、典当行、融资租赁公司、商业保理公司、地方资产管理公司七类机构，由中央监管部门制定规则，地方金融监管部门实施监管；对投资公司、开展信用互助的农民专业合作社、社会众筹机构、地方各类交易场所四类机构，强化地方金融监管，提高准入门槛，严格限定经营范围。

2023年《党和国家机构改革方案》要求深化地方金融监管体制改革，建立以中央金融管理部门地方派出机构为主的地方金融监管体制，统筹优化中央金融管理部门地方派出机构设置和力量配备。地方政府设立的金融监管机构专司监管职责，不再加挂金融工作局、金融办公室等牌子。

案例11-2　P2P市场乱象与地方金融监管

2007年，P2P开始进入中国，彼时金融体系创新乏力、普惠金融难以推进，小微企业的融资需求与个人投资者的理财需求恰好为P2P的繁荣发展提供了一片沃土，P2P甚至一度被视为中国普惠金融和金融科技时代的开端。

2013年起，P2P迎来了爆发式增长，平安集团、百度、腾讯、支付宝等纷纷投资入局。到2017年，国内P2P平台数量超过5000家，网贷余额突破5万亿元……然而，由于国内征信体系不发达，大多数P2P机构采用担保模式，逐渐从“信息中介”的平台演变为拥有资金池的“信用中介”，一大批P2P平台在缺乏完备风控制度的情况下“跑马圈地”。流动性潮水退去，“裸泳”平台的“爆雷”引起监管放严，金融去杠杆推进、逾期率提高、投资者信心降低等因素导致野蛮发展的P2P行业“爆雷潮”不断：资金链断裂、高管入狱或跑路、暴力催收、集体信访事件……一时间，P2P的形象轰然倒塌。①

P2P市场的乱象严重影响了我国金融市场稳定，为了保障P2P市场的健康发

① 引自陈龙、崔焕平：《P2P谢幕，本质问题出在哪里?》，长江商学院案例中心。

展，我国政府多次出台政策，加强监管。其中，2016 年 8 月发布的《网络借贷信息中介机构业务活动管理暂行办法》明确了中央和地方金融监管职责分工，由中央金融监管部门制定统一的业务规则和监管规则，督促和指导地方人民政府金融监管工作，由省级人民政府对机构实施监管，承担相应的风险处置责任，并加强对民间借贷的引导和规范，防范和化解地方金融风险；2016 年 11 月发布的《网络借贷信息中介机构备案管理登记指引》明确规定地方金融监管部门负责 P2P 网络平台的备案登记管理工作。此后，各地金融监管展开 P2P 网贷风险专项整治活动，取缔了大量不合规的 P2P 网贷平台。

（二）机构设置

此处以浙江省地方金融监督管理局为例，介绍地方金融监督管理局的机构设置概况。浙江省地方金融监督管理局内设机构包括：办公室、政策研究处、银行保险处、证券融资处、新兴金融处（科技金融处）等部门。例如，政策研究处拟订并组织实施全省金融产业发展规划，承担全省金融业运行监测与研判工作。承担组织、推动、指导地方金融改革工作。承担推进"一带一路"、长三角等对外金融合作交流与协调发展工作。组织起草综合性材料、重要文件，承担重点课题调研和信息工作。银行保险处推动金融机构服务实体经济的金融保障工作。指导推动银行业、保险业等地方金融机构改革创新发展。配合防范和处置地方银行保险业金融机构重大风险。承担金融机构支持地方实体经济等情况的考核评价工作。

此外，浙江省地方金融监督管理局还包括管理机构——浙江省地方金融风险监测中心。其主要承担地方金融风险数据的归集、分析和金融风险监测、研判、评估、预警；开展全省金融运行态势、风险形势分析和案例研究，为地方金融监管、风险防范处置提供决策建议和咨询意见等。

（三）主要职责

浙江省地方金融监督管理局的主要职责包括：贯彻执行金融工作法律、法规，组织起草相关地方性法规、规章草案。拟订并组织实施全省金融产业发展规划。研究全省金融发展的重大问题，为省委、省政府提供决策参考。配合国家金融监管部门及其派出机构做好货币政策落实及金融监管工作，负责地方金融监管。配合推动地方金融信用环境建设工作。加强地方金融监管能力建设。

建立健全地方金融工作协调机制，加强与相关部门的沟通协调，落实金融服务实体经济、防控金融风险、深化金融改革责任。搭建政府、金融机构和企业沟通合作平台，加强与在浙江金融机构的沟通联系。

推动全省金融产业发展，协调和推进金融重大战略、重点项目和重点集聚区建设。推动全省区域金融改革创新工作，协调和推进金融改革创新试验区和试点项目建设。组织开展金融对外交流与合作，推进"一带一路"、长三角等金融协调发展。拟订金融产业发展有关配套政策。此外，还包括与地方金融监管相关的其他工作。

图 11－1 总结了各金融监管部门的组成情况。

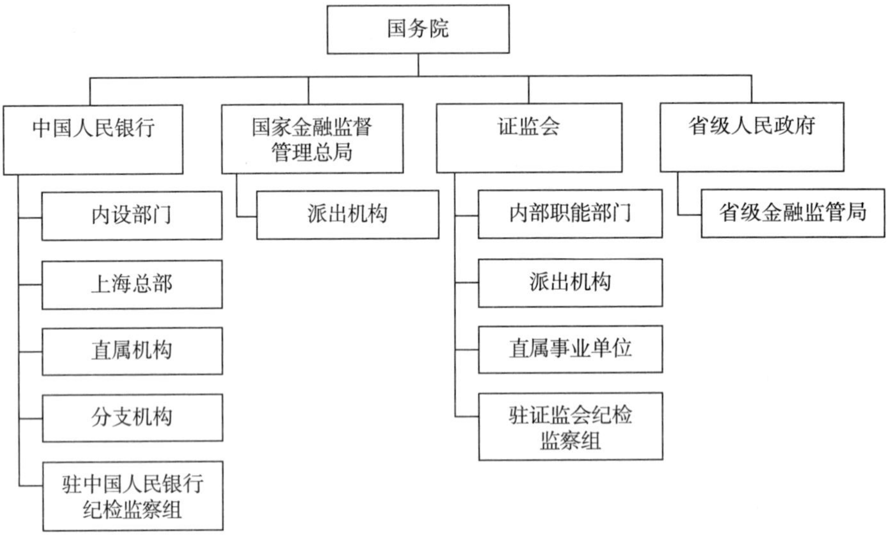

图 11－1　我国金融监管体系

五、美国金融监管组织

美国金融行业发达，相应的监管体系也相对成熟，下面简要介绍美国的金融监管机构。

联邦储备委员会（The Board of Governors of the Federal Reserve System）是联邦储备系统的主管部门，负责监管联邦银行和制定美国的货币政策，根据 1935 年颁布的《银行法》（*Banking Act*）设立。委员会包括 7 名委员，他们由总统任命，并由参议院最终确认，任期为 14 年。7 名委员中 2 人被总统任命为主席和副主席，任期为 4 年。不同于我国的中国人民银行，委员会独立于美国政府运行，其主要职能是通过公开市场业务、准备金率和再贴现率来影响货币供给。此外，它负责监管美国的银行系统，维持金融系统的稳定。

联邦存款保险公司（The Federal Deposit Insurance Corporation）是独立的联邦机构，负责为银行存款提供保险，避免挤兑发生。该机构依据 1933 年颁布的《紧急银行法》（*Emergency Banking Act*）设立，目的是在大萧条后维持公众信心和金融稳定性。该机构还负责分析和监督金融机构的安全性和稳定性，履行消费者保护职能并管理破产的银行。它的保险范围包括支票和储蓄账户、存款证明、货币市场账户、个人退休金账户、可撤销和不可撤销的信托账户以及员工福利计划，但不包括基金、年金、寿险保单、股票和债券等。

货币监理署（The Office of the Comptroller of the Currency）是监督与国家银行有关的法律执行情况的联邦机构，属于美国财政部的一个部门，依据1863年颁布的《国家货币法》（*National Currency Act*）成立。它对美国的国家银行、联邦分支机构和外国银行在美国的机构进行监管。它的权力包括：拒绝银行新分支机构的申请，罢免银行董事，对银行采取监督行动。

商品期货交易委员会（Commodity Futures Trading Commission）是根据1974年《商品期货交易委员会法》（*Commodity Futures Trading Commission Act*）设立的美国联邦机构。商品期货交易委员会对商品期货和期权市场进行监管。其目标包括促进竞争性和高效的期货市场发展，保护投资者免受操纵、滥用交易行为和欺诈行为的侵害。

证券交易委员会（Securities and Exchange Commission）是一个独立的联邦政府监管机构，负责保护投资者，维持证券市场的公平有序运作，以及促进资本形成。它依据1934年颁布的《证券交易法》（*Securities and Exchange Act*）创建，是证券市场的主要联邦监管者。它的主要职能包括促进全面公开的信息披露，保护投资者免受市场中欺诈和操纵行为的侵害，监控美国的公司收购行动等。其本身还可以对违法者提起民事诉讼，以及与司法部合作处理刑事案件。

消费者金融保护局（The Consumer Financial Protection Bureau）成立于2010年，向消费者提供的金融产品和服务会受到该机构的监管。它成立的目的在于减少金融对消费者的伤害，为消费者提供金融相关的教育支持，并提供数据驱动的建议。它的管辖范围包括银行、信用合作社、证券公司、发薪日放款人、抵押服务业务、止赎赎回权服务和其他在美国运营的金融公司。其中，抵押贷款、信用卡和学生贷款是该机构的首要监管对象。

第二节　小微金融支持机构与组织

一、融资担保公司

依据2017年10月起施行的《融资担保公司监督管理条例》，融资担保是指担保人为被担保人借款、发行债券等债务融资提供担保的行为；融资担保公司是指依法设立、经营融资担保业务的有限责任公司或者股份有限公司。其经营范围包括：借款担保、发行债券担保等融资担保业务，投标担保、工程履约担保、诉讼保全担保等非融资担保业务以及与担保业务有关的咨询等服务业务。

融资担保服务是我国普惠金融的组成部分，可以更好地为小微企业和农业、农村、农民提供融资服务。并且依据《融资担保公司监督管理条例》，国家推动建立政府性融资担保体系，发展政府支持的融资担保公司，建立政府、银行业金融机构、融资担保公司合作机制，扩大为小微企业和农业、农村、农民提供融资担保业务的规模并保持较低的费率水平。由银保监会、中国人民银行发布的《2019年中国普惠金融发展报告》提到，发展政府支持的融资担保公司，逐步搭建完成农业信贷担保体系，推动省级农担公司加快提升服务能力、落实强化激励约束相关政策。例如，安徽省农业信贷融资担保公司推出适应安徽农业生产实际的“劝耕贷”模式，浙江省农业融资担保公司借助大数据技术优势推出“浙里担”系列产品。

又如，浙江省农业融资担保公司（以下简称浙江省农担公司）成立于 2016 年 9 月，是一家国有控股有限责任公司。浙江省农担公司与银行建立起责任共担机制，并且与浙江农民合作经济组织合作，了解农民的融资需求，再统一推送给银行，降低了银行考察的成本，提高了贷款效率。更为关键的是，农担公司与政府部门合作，利用互联网、大数据的技术手段，可以为需要贷款的农民精准画像，建立农业主体信用评价体系，以及相关的风控模型。

二、资产评估机构

根据 2016 年 7 月发布的《中华人民共和国资产评估法》，资产评估是指评估机构以及评估专业人员根据委托对不动产、动产、无形资产、企业价值、资产损失或者其他经济权益进行评定、估算，并出具评估报告的专业服务行为。根据 2011 年财政部颁布的《资产评估机构审批和监督管理办法》，资产评估机构是指依法设立，取得资产评估资格，从事资产评估业务的机构。资产评估机构的业务范围包括单项资产评估、资产组合评估、企业价值评估、其他资产评估，以及相关的咨询业务。

例如，中联资产评估集团有限公司（以下简称中联评估）成立于 1994 年，前身是财政部、原国家经贸委联合组建的中国经济技术投资担保公司。中联评估的业务包括资产评估、土地使用权评估、房地产评估，以及矿业权评估、森林资源评估等多种评估种类。①

三、征信机构

依据 2013 年 1 月由国务院发布的《征信业管理条例》，征信是指对企业、事业单位等组织的信用信息和个人的信用信息进行采集、整理、保存、加工，并向信息使用者提供的活动。征信机构是指依法设立，主要经营征信业务的机构。2006 年 3 月，中国人民银行设立中国人民银行征信中心，作为直属事业单位专门负责企业和个人征信系统（金融信用信息基础数据库）的建设、运行和维护。

截至 2020 年 12 月底，征信系统共收录 11 亿自然人、6092.3 万户企业及其他组织；其中，收录小微企业 3656.1 万户、个体工商户 1167 万户。② 其中，以银行信贷信

① 整理自中联资产评估集团网站。

② 孟超．截至去年底，央行征信系统收录 11 亿自然人［EB/OL］．［2021－01－26］．http：//paper.people.com.cn/rmrb/html/2021－01/26/nw.D110000renmrb_20210126_3－10.htm.

息为核心，还包括社保、公积金、环保、欠税、民事裁决与执行等公共信息。征信系统接入了商业银行、农村信用社、信托公司、财务公司、汽车金融公司、小额贷款公司等各类放贷机构；征信系统的信息查询端口遍布全国各地的金融机构网点，信用信息服务网络覆盖全国。形成了以企业和个人信用报告为核心的征信产品体系，征信中心出具的信用报告已经成为国内企业和个人的“经济身份证”。[①]

随着互联网、大数据技术的普及，其他第三方公司提供的征信系统也相继出现。例如，上海盈蜂征信服务有限公司推出了蜜蜂数据，这是一个网贷分布式征信查询系统，平台实行用户自行管理自有数据，系统仅负责通信、对接，不存储任何数据，系统用户可以查询借款人相关的网贷征信数据。

第三节　其他相关机构

一、律师事务所

根据《中华人民共和国律师法（2017 修正）》，律师是指依法取得律师执业证书，接受委托或者指定，为当事人提供法律服务的执业人员。律师事务所是律师的执业机构。

金融机构为小微企业提供资金的过程中涉及较多的法律问题，比如农村中小金融机构筹建、开业、设立分支机构，信贷业务风险控制；借贷担保合同纠纷；农村信用社改制组建农村商业银行；融资担保公司、小额贷款公司业务、产品设计以及封闭期处理；商业银行发行小微企业贷款专项债券等，这些问题都需要专业的律师事务所提供法律服务。此外，各级政府对小微金融机构提供税收优惠等扶持措施，并且存在多项法律法规对小微金融、互联网金融、P2P 网贷等领域进行规范，对这些政策法规的解读和应用同样需要律师事务所提供法律服务。

二、会计师事务所

根据《中华人民共和国注册会计师法（2014 修正）》，注册会计师是依法取得注册会计师证书并接受委托从事审计和会计咨询、会计服务业务的执业人员。会计师事务所是依法设立并承办注册会计师业务的机构。注册会计师可以承办以下审计业务：（1）审查企业会计报表，出具审计报告；（2）验证企业资本，出具验资报告；（3）办理企业合并、分立、清算事宜中的审计业务，出具有关的报告；（4）法律、行政法规规定的其他审计业务。注册会计师可以承办会计咨询、会计服务业务。

---

① 中国人民银行征信中心．全国集中统一的企业和个人征信系统简介［EB/OL］．［2015－06－08］．http：//www. pbccrc. org. cn/zxzx/zxzs/201506/d708068ce66c4cd6bbd5c37884b93c05. shtml.

会计师事务所通过对企业财务报表以及经济活动的审计，规范企业的经营活动。小微企业可能并不需要相应的审计服务，但是为小微企业提供贷款的金融机构一般规模较大，涉及服务风险较大，按照相关规定需要会计师事务所出具的审计报告。比如，2017 年 8 月颁布的《网络借贷信息中介机构业务活动信息披露指引》指出 P2P 网贷机构需要进行信息披露，其财务报告需要会计师事务所进行审计。总之，律师事务所和会计师事务所的存在，规范了小微金融机构的经营活动，同时提高了这些机构的信用，减轻了小微金融市场上的信息不对称，便于投资者做出合理的投资选择。

思考题

1. 除了教材上提到的“宝万之争”外，你还知道哪些对我国金融监管改革有重大影响的事件？

2. 地方金融监管的监管范围包含“7 +4”类机构，这些机构在小微金融发展中扮演的具体角色是什么？

3. 尝试比较我国和美国金融监管的异同。

4. 你如何看待 P2P 信贷模式的未来？

第四篇

小微信贷原理与技术

Chapter Twelve

第十二章 银行小微信贷业务流程

银行贷款是小微群体最主要的正规融资渠道，本章将从银行业的视角分析小微信贷业务全流程。

第一节 银行小微信贷业务流程概览

虽然对不同银行、不同信贷产品或业务类型而言，小微信贷业务流程或多或少都存在一定差异，但信贷业务的基本流程和原理大致相同。银行的小微信贷业务，从获客到发放贷款、贷款收回，基本要经历贷前、贷中、贷后三个阶段，每个阶段又包含多个业务步骤，分别涉及不同业务岗位与人员。具体而言，小微信贷业务流程按步骤可分为营销与推广、受理贷款申请、贷款初审、尽职调查、方案确定及报告撰写、贷中审查与审批、签订合同及放款、贷后管理及回收贷款等。小微信贷业务的基本流程如图 12－1 所示。

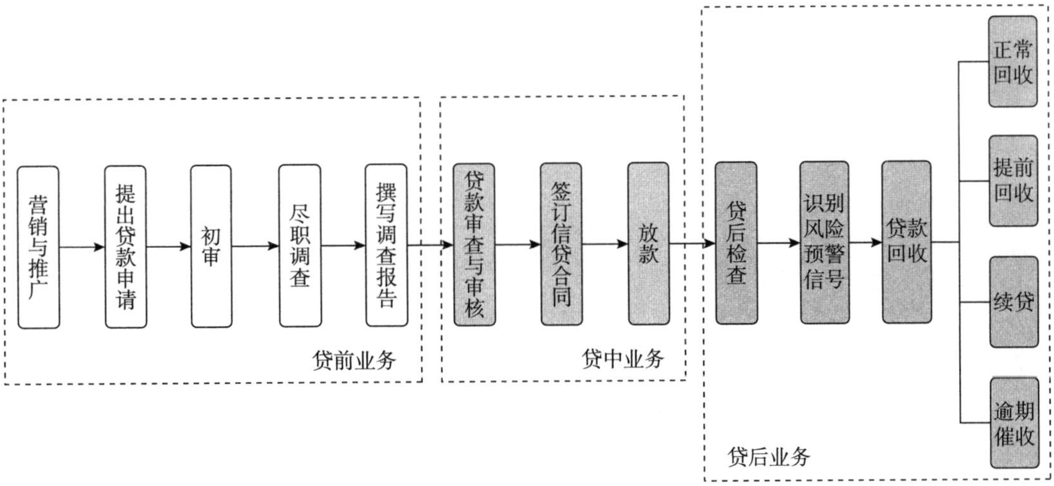

图 12－1 小微信贷业务流程

第二节 小微信贷的贷前业务

小微信贷的贷前业务包括营销与推广、受理贷款申请、贷款初审、尽职调查、撰写调查报告、提交调查报告至审批人员（见图 12－2）。该阶段的业务旨在收集小微客户信息、分析信贷风险、合理筛选贷款项目，并为贷中环节的贷款审查和审批提供有力依据。

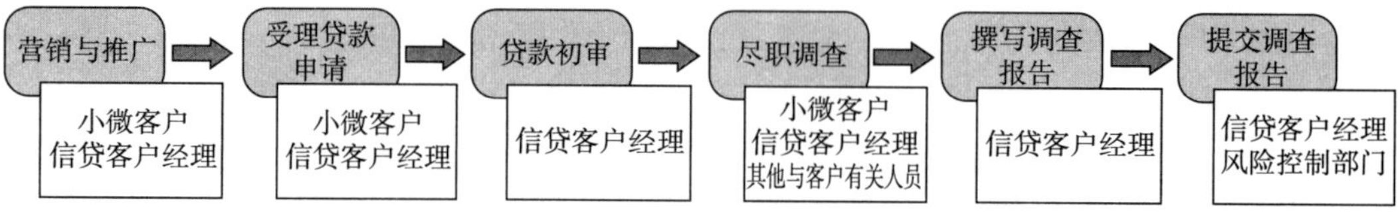

图 12－2　贷前业务

一、营销与推广

小微信贷营销是指银行通过一定媒介将贷款供给方与贷款需求方对接的活动，也是银行创造、传播、推广小微信贷产品和了解信贷客户的信贷需求、偏好的活动和过程。

近年来，得益于新一轮的金融科技创新，金融机构尤其是商业银行在小微金融营销模式方面进行了大量的创新探索。银行业小微金融营销实践大体包括线下社交模式、线上数字模式、线上线下一体化模式、生态圈模式等（见表 12－1）。①

表 12－1　商业银行现行主要小微金融营销模式

模式	定义	获客模式	风险	优势	劣势	应用
线下社交模式	依托营销人员个人能力和熟人社会信息，向一定区域范围内的小微群体进行销售	营销人员朋友圈营销或陌生拜访；老带新客户引荐营销；社区关键人营销	该模式高度依赖人的能力，道德风险和操作风险较高	简单易行且有利于银行小微专业营销队伍的培养	人力资本投入大、营销效率相对较低	绝大多数地方性商业银行
线上数字模式	依托大数据信息技术手段，对小微客户信息进行采集、挖掘、分析，从而进行营销	强调模型算法在目标客户的遴选、营销策略匹配、主动客户服务方面的作用	信息技术的合规性风险相对较高	边际成本低、边际收益高，营销人员操作风险、道德风险相对较低	系统固定成本投入大、技术要求高、客户体验缺乏落地渠道	网商、微众、新网等互联网银行

① 张烨，刘伯良．邮储银行小微金融营销模式转型升级研究［J］．邮政研究，2020，36（3）：10－14.

续表

模式	定义	获客模式	风险	优势	劣势	应用
线上线下一体化模式	线下社交模式与线上数字模式的整合	强调线上线下相互配合获客	强调线上线下协同风控	客户可根据需要选择服务场景，客户体验得到进一步优化	既要付出线下人力资源，又要为线上信息系统投入沉没成本	国有大型银行、全国性股份制银行
生态圈（商圈）模式	银行和政府、电商、物流供应链等合作方协同营销服务	通过合作平台价值提升，加大对目标客户的吸引力，进行批量获客	合作方合作风险和业务连续性风险较大	获客针对性强，能够更好地实现差异化竞争	随着交易结构复杂化，协调和风控成本大幅增加	中国民生银行“商贷通”业务

资料来源：张烨，刘伯良．邮储银行小微金融营销模式转型升级研究［J］．邮政研究，2020，36（3）：10－14.

金融机构根据自身资源禀赋、战略导向和目标客户的不同，其运行的小微信贷营销模式也不尽相同，但每家金融机构的营销模式并不是单一的，而是可能同时应用多种策略进行信贷产品的营销，其区别主要在于客户覆盖数的多寡与业务量占比的高低。例如，浙江泰隆商业银行主要采用“子社区”线下零售营销模式，通过有效社交了解小微客户的贷款需求及人品情况，并将金融服务从信贷业务延伸到客户的事业与生活等综合服务上，从而建立起比一般业务往来更深的感情维系，获得较高的客户忠诚度。不仅如此，浙江泰隆商业银行还利用 PAD 金融移动服务平台推广业务，探索创新如“融 e 贷”等线上产品。“一圈两链”① 的营销模式是中国民生银行“商贷通”业务的营销特色所在。商圈作为商贸型小微客户最具代表性的集群形式，能够有效地获取圈内小微企业的信用信息，并通过分析商圈群体的共同特征和金融需求来设计小微信贷产品，实现批量化开发小微客户，降低单户融资的贷款投放成本。网商银行作为基于电商平台的线上营销模式的代表，在 2017 年依托支付宝移动支付，开启从服务线上网商延伸到服务线上码商，仅通过一张二维码便让线下小微经营者零门槛接入互联网，为其提供“多收多贷”的贷款业务。2018 年 5 月，支付宝与合作伙伴推出了“码商成长计划”，为线下近 1 亿码商提供“保障”和“成长”两大便利：其一是码商可以通过“多收多贷”获得网商银行等金融机构提供的贷款；其二是通过“多收多赊”享受一站式进货服务，并有机会赊购。此外，码商还可以在支付宝“商家服务”里通过商家信用获得免抵押服务。

① “一圈”是指各个城市以及个体工商业发达的地域的主要大型商圈，主要涵盖两种类型：有形商圈和无形商圈。有形商圈是指批发市场、特色商业街、开发区等以具体的企业或门店存在的商业聚集体，如义乌小商品市场商圈、成都荷花池市场商圈等。无形商圈是指行业协会、商会和产业链等以抽象形式存在的商圈。“两链”是指以某个大型企业为中心而形成的销售链和供应链，在这两条链条上分布着大量的小微企业和商户，如家乐福大卖场供应链。

二、受理贷款申请

小微信贷申请与受理环节主要由信贷业务部门办理，信贷业务人员（客户经理）初步了解小微客户的贷款需求与基本情况后，协助客户进行贷款产品的匹配。符合贷款条件的客户提交相应贷款申请表，客户经理对其进行初步审查，满足贷款受理准入条件的，可进行下一步贷款申请的受理环节。

申请与受理是贷款业务的第一道关口，其收集和验证资料的能力会直接影响到后续贷款调查和贷款决策，若发现不符合条件的小微贷款项目应及早排除，将不必要的风险拒之门外，减少借贷双方的成本。

（一）贷款申请简介

根据《贷款通则》第二十五条关于贷款申请的规定，借款人需要贷款的，应当向主办银行或者其他银行的经办机构直接申请。借款人应当填写包括借款金额、借款用途、偿还能力及还款方式等主要内容的借款申请书并提供以下资料。

（1）借款人及保证人基本情况证明；

（2）财政部门或会计师（审计）事务所核准的上年度财务报告，以及申请借款前一期的财务报告；

（3）原有不合理占用的贷款的纠正情况；

（4）抵押物、质物清单和有处分权人的同意抵押、质押的证明及保证人拟同意保证的有关证明文件；

（5）项目建议书和可行性报告；

（6）贷款人认为需要提供的其他有关资料。

由于小微客户的特殊性，大多数银行对其财务报告、抵质押物的相关证明无硬性要求，申请资料一般包括申请人的有效证件、企业经营执照、经济收入证明等。贷款申请人将填写好的借款申请表及其相关申请资料一并提交银行客户经理进行受理。不同银行不同信贷产品所需填写的借款申请表形式多样，但包含的贷款申请人与贷款申请的基本信息大同小异。

在收集贷款资料时，为了对贷款申请人有一个客观整体的认识，把控贷款申请人的重要风险点，应遵循以下几点原则：

（1）客观性原则。客户经理在收集资料的过程中，应严格按照其资料本身的客观情况来进行，不得随意篡改、伪造客户提供的资料，确保资料的客观、真实、有效。

（2）完整性原则。客户经理在调查过程中，应关注贷款申请人各方面的重要信息，以识别其中的重要风险点。

（3）合规性原则。客户经理在收集资料时应该严格按照该银行的规定，进行合规性操作。

（二）个人客户借款申请书及申请资料

1. 个人客户借款申请书。表 12－2 展示了某银行机构个人贷款的借款申请表。

表 12－2 个人借款申请表（样表）

<table>
<tr><td colspan="6">借款人基本情况</td></tr>
<tr><td>姓名</td><td></td><td>性别</td><td></td><td>出生日期</td><td></td></tr>
<tr><td>文化程度</td><td></td><td>婚姻状况</td><td></td><td>手机号码</td><td></td></tr>
<tr><td>家庭电话</td><td></td><td>身份证号码</td><td colspan="3"></td></tr>
<tr><td>户籍所在地</td><td colspan="5"></td></tr>
<tr><td>现居住地址</td><td colspan="5"></td></tr>
<tr><td>工作单位</td><td colspan="5"></td></tr>
<tr><td>职务</td><td colspan="2"></td><td>月收入</td><td colspan="2"></td></tr>
<tr><td colspan="6">配偶情况</td></tr>
<tr><td>姓名</td><td></td><td>性别</td><td></td><td>出生日期</td><td></td></tr>
<tr><td>文化程度</td><td></td><td>婚姻状况</td><td></td><td>手机号码</td><td></td></tr>
<tr><td>家庭电话</td><td></td><td>身份证号码</td><td colspan="3"></td></tr>
<tr><td>户籍所在地</td><td colspan="5"></td></tr>
<tr><td>现居住地址</td><td colspan="5"></td></tr>
<tr><td>工作单位</td><td colspan="5"></td></tr>
<tr><td>职务</td><td colspan="2"></td><td>月收入</td><td colspan="2"></td></tr>
<tr><td colspan="6">借款信息</td></tr>
<tr><td>申请借款金额</td><td colspan="2"></td><td>借款期限</td><td colspan="2"></td></tr>
<tr><td>还款来源</td><td colspan="2"></td><td>还款方式</td><td colspan="2"></td></tr>
<tr><td>担保方式</td><td colspan="2">□担保　□质押　□保证　□无</td><td>抵（质）
押物名称</td><td colspan="2"></td></tr>
<tr><td colspan="6">借款用途简述：</td></tr>
<tr><td colspan="6">本人再次郑重声明：
1. 本人承诺以此申请书及其他所附资料作为向贵司借款的依据；
2. 上述各项资料属实，且随本申请书报送的资料复印件可留存贵司作为备查凭证，如资料失实或虚假，本人愿承担相应的法律责任；
3. 本人不可撤销地授权贵行（包括各分支机构）在向本人/本公司（机构）提供金融产品和金融服务以及与贵行开展其他业务的过程中，有权按照《征信业管理条例》的规定查询、使用、报送本人/本公司（机构）全部或部分信息；
4. 经贵司审查，如本人的借款申请因不符合规定的借款条件而未获贵司受理，本人无异议；
5. 本人保证在取得贵司贷款后，按时足额偿还贷款本息；
6. 本人承诺贵司有权向个人征信系统提供本人有关信息，并有权查询、使用信用报告。</td></tr>
<tr><td colspan="6">借款人签名：</td></tr>
<tr><td colspan="6">配偶签名：　　　　　　　　　　　　　　　　日期：　　年　　月　　日</td></tr>
</table>

2. 个人客户所需提交的贷款资料。① 贷前资料的收集和调查是小微信贷业务的重要一环，这些资料有助于客户经理了解客户的资质情况，以便为后面信贷业务的成功办理以及审核人员的决策提供可靠依据。个人客户通常需按银行要求提交以下部分或全部资料。

（1）夫妻双方身份证、户口本、结婚证原件及复印件（离婚者提供离婚证明；未婚者出具未婚证明）。②

（2）固定住所证明，包括房产证和住房所缴水电、煤气、电话费、物业管理等费用单据。

（3）夫妻双方职业与收入证明及家庭财产、资产和投资状况等证明其偿债能力的资料，如工资存折、房屋出租的租赁协议、村民分红凭证、房屋产权证明、股票、债券、基金和其他相关股权证明等。

（4）能证明自然人客户一定期间现金流的资料，包括银行存折流水、购买保险取得的保险单、购置重要资产的付款凭证等。

（5）个人资信证明，如人民银行征信系统信息查询授权书、已有的贷款合同（包括民间贷款协议）。

（6）个人简历、专业资格（如经济师、会计师等）和职业资格（如律师、医生、注册会计师等）以及其所担任社会职务的相应证明；学历与学位证明的原件与复印件。

（7）有第三方担保人的，需提供担保人的居民身份居住信息、第三方担保人的担保能力与同意担保的相关资料；客户拟提供财产抵押的，应提供相应财产的所有权证明或处分权证明。

（三）小微企业客户借款申请书及申请资料

1. 小微企业客户借款申请书。表 12 – 3 展示了某银行机构小微企业贷款的借款申请表。

表 12 – 3　小微企业借款申请表（样表）

借款人信息					
借款人全称					
注册地址					
办公地址					
注册时间		注册资本		所属行业	
营业执照代码		税务登记代码		组织机构代码	

① 本部分引自陈工孟，傅建源．小额信贷理论与实务［M］．北京：清华大学出版社，2017.

② 一些金额较小的纯线上信贷业务只需一张身份证即可申请办理。

续表

<table>
<tr><td colspan="6">借款人信息</td></tr>
<tr><td rowspan="5">法定代表人或企业负责人情况</td><td>姓名</td><td></td><td>性别</td><td></td><td>年龄</td><td></td></tr>
<tr><td>证件号码</td><td></td><td>婚姻状况</td><td></td><td>学历</td><td></td></tr>
<tr><td>从业年限</td><td></td><td>办公电话</td><td></td><td>手机号码</td><td></td></tr>
<tr><td>家庭住址</td><td colspan="5"></td></tr>
<tr><td>联系人</td><td></td><td>职务</td><td></td><td>联系电话</td><td></td></tr>
<tr><td rowspan="3">银行开户情况</td><td>基本户</td><td>开户银行</td><td colspan="2"></td><td>账号</td><td></td></tr>
<tr><td>结算账户</td><td>开户银行</td><td colspan="2"></td><td>账号</td><td></td></tr>
<tr><td>个人结算</td><td>开户银行</td><td colspan="2"></td><td>账号</td><td></td></tr>
<tr><td colspan="7">主要经营业务信息</td></tr>
<tr><td colspan="2">年份</td><td>资产总额</td><td>负债总额</td><td>销售收入</td><td>销售利润</td><td>销售净利润</td></tr>
<tr><td colspan="2"></td><td></td><td></td><td></td><td></td><td></td></tr>
<tr><td colspan="2"></td><td></td><td></td><td></td><td></td><td></td></tr>
<tr><td colspan="2"></td><td></td><td></td><td></td><td></td><td></td></tr>
<tr><td colspan="2">借款人经营范围</td><td colspan="2"></td><td>借款人主导产品</td><td colspan="2"></td></tr>
<tr><td colspan="2">组织形式</td><td colspan="2">□个体经营 □法律实体
□企业法人 □事业单位</td><td>经营场所</td><td colspan="2">□自有 □租赁 □其他</td></tr>
<tr><td colspan="7">已有贷款情况</td></tr>
<tr><td colspan="2">借款金额</td><td>余额</td><td>债权人</td><td>期限</td><td>到期日</td><td>担保方式</td></tr>
<tr><td colspan="2"></td><td></td><td></td><td></td><td></td><td></td></tr>
<tr><td colspan="2"></td><td></td><td></td><td></td><td></td><td></td></tr>
<tr><td colspan="2"></td><td></td><td></td><td></td><td></td><td></td></tr>
<tr><td colspan="7">申请人拟借款情况</td></tr>
<tr><td colspan="2">借款额度</td><td colspan="2"></td><td>借款期限</td><td colspan="2"></td></tr>
<tr><td colspan="2">还款来源</td><td colspan="2"></td><td>还款方式</td><td colspan="2"></td></tr>
<tr><td colspan="2">担保方式</td><td colspan="2">□抵押 □质押 □保证
□无</td><td>抵（质）
押物名称</td><td colspan="2"></td></tr>
<tr><td colspan="7">借款人用途概述：</td></tr>
<tr><td colspan="7">客户承诺</td></tr>
<tr><td colspan="7">1. 本申请人郑重声明此表所填内容属实；
2. 本申请人所提交的所有材料均是真实合法的；
3. 本公司（机构）不可撤销地授权贵行（包括各分支机构）在向本人/本公司（机构）提供金融产品和金融服务以及与贵行开展其他业务的过程中，有权按照《征信业管理条例》的规定查询、使用、报送本人/本公司（机构）全部或部分信息；
4. 本申请人将按期归还贷款；
5. 本申请人无违法、违纪、舞弊现象；
6. 本申请人若在规定期限内不能偿还贷款，则抵押资产由贵司处置；
7. 本申请人所提供抵押资产的所有权真实合法。</td></tr>
<tr><td colspan="7">借款人：　　公司（公章）
法定代表人或企业负责人：　　（签字）
财务负责人：　　（签字）</td></tr>
<tr><td colspan="7">申请日期：　　年　月　日</td></tr>
</table>

2. 小微企业客户所需提交的贷款资料。申请贷款的小微企业客户通常需要按照银行机构的要求提交以下资料中的全部或部分。

（1）法定代表人证明（委托）书、法定代表人及（或）委托人身份证（法定代表人授权委托书需法定代表人亲笔授权）、主要股东身份证件。

（2）法定代表人家庭财产和经济收入的证明。

（3）能够证明贷款用途和还款来源的资料，如生产经营计划、纳税凭证、采购合同及现金流预测。

（4）生产经营状况说明，包括银行对账单、购销、租赁、服务合同等资料和合作协议等。

（5）企业开户许可证、人民银行征信系统信息查询授权书。

（6）营业执照、组织机构代码证及税务登记证，并有相关年检证明。①

（7）企业基本介绍、注册资本验资报告、出资协议、公司章程、管理人员及组织架构资料、上下游关联企业资料、企业及相关个人荣誉称号证书等。

（8）申请固定资产项目贷款时，提交项目可行性研究报告、主管部门批件、项目概算、自筹资金来源等。

（9）特殊行业需提供特殊行业生产经营许可证及环境评价资料（环评报告、排污许可证等）。

（10）若有抵（质）押担保，则需提供抵（质）押的权属证明（土地证、房产证）和抵（质）押物的评估报告；若贷款有保证担保，则需提供保证人基本资料及情况说明，以证明其保证能力与保证意愿（参照借款人申请资料要求）。

三、贷款初审和尽职调查

（一）贷款初审

贷款初审主要是对客户提交的申请表及其相关资料进行审查与验证，确保信息真实有效。信贷业务人员应凭借贷款申请人及担保人提供的征信查询授权，对其征信记录进行查询（部分银行在信贷业务进入调查环节后查询征信），结合从客户处收集到的资料进行整理与审查。该环节业务的负责人主要是银行信贷部门的客户经理。

贷款初审要秉承资料真实、完整、有效的原则，对个人客户以及小微企业主进行如下方面的审查（见表 12－4）。

表 12－4　个人客户及小微企业主申请资料的审查要点

申请资料	审查要点
借款申请书	申请书贷款信息与协商内容相符，审查填写内容是否完整规范，签章处是否经本人签名，谨防被涂改或伪造。

① 2015 年 10 月 1 日起，营业执照、组织机构代码证和税务登记证“三证合一”。

续表

申请资料	审查要点
个人有效身份证件	个人有效身份证件包括身份证、军官证、警官证、港澳台通行证、护照等，通过公安信息系统查询身份证真伪，查看证件是否在有效期内，借款人年龄加借款期限之和一般不超过70年。
个人收入来源	检查个人所在企业、单位的真实性，以及收入来源证明公章的有效性；通过查询个人工资收入账户的交易流水以及税务证明、社保缴纳数据等方式验证其个人收入的合理性。
个人征信报告	确认姓名、证件号无误；检查借款人的负债情况和还款情况，对于出现逾期贷款的，应要求借款人说明原因。
企业营业执照、组织机构代码证、税务登记证	通过工商管理部门、税务部门审查营业执照、组织机构代码证以及税务登记证的真伪，检查证照是否在有效期限且有年检记录；贷款期限、担保期限不宜超过借款企业、担保企业的经营期限。
股权证明	检查是否为已经破产或解散的企业的股权；企业应为本人经营。
法定代表人证明书	检查企业法人代表是否与营业执照所列一致，是否具有明确的签署日与到期日，是否盖有企业公章。
法人授权委托书	检查是否由法定代表人签发；是否载明代理人姓名、代理事项权限及时间，是否有代理人签名或盖章。
企业章程	检查是否发生企业名称、法定代表人、股东、股份、股权或其他登记内容的变更，变更登记是否提供工商部门出具的相关证明材料；贷款期限应在章程有效使用期限内，其章程所列贷款有关条款与贷款事项应不冲突；担保企业的章程中关于担保方面的条款与贷款手续不冲突，且没有涉及不得为其他企业提供担保的条款。
财务报表	检查财务报表上的企业名称与营业执照上的名称是否一致，盖章是否清晰；区分经审计和未审计的财务报表，以权威部门审计的财务报告为主。
抵（质）押物的财产权证	检查财产权证上的财产名称、数量、持有人等信息是否无误；抵（质）押物产权是否清晰，若为共有财产，需提供财产共有权人的身份证、户口本、婚姻证明等材料。

在银行信贷部门初审过程中，若有资料欠缺，应督促客户及早补充完整；若存在资料不符合条件的，应及时告知客户并要求其进行更正弥补，重新提交材料。这些资料作为贷款进入后续尽职调查环节的一部分。对于未通过审核的贷款申请，客户经理应向借款人解释其不予受理的原因，并退还借款人提交的资料。

除传统信贷模式外，对于依托金融科技和平台数据（自身和第三方数据），利用模型进行实时自动信贷决策的线上信贷项目，借款人只需一些基本证件资料即可申请，初审迅速。

案例 12-1　假冒他人签订的贷款合同无效　银行赔偿损失

2010 年 10 月，李先生到某银行申请借款，银行经查询人民银行个人信用数据库，发现李先生有不良信用记录，在银行有近 10 万元借款本息逾期未偿还，不符合贷款条件，银行拒绝为其贷款。李先生百思不解，自己从未向那家银行借款，更没有借款后逾期未偿还的事实。李先生通过向银行询问和查询，得知自己曾经与银行签订过借款合同，借款 10 万元用于购买住房，遂向银行陈述自己从未向该行申请过借款，也未签订过借款合同，要求银行查清是谁假冒自己名义借款，让假冒者承担还款责任，消除其在人民银行个人信用数据库中的不良信用记录。银行拒绝了李先生的要求。李先生无奈，向法院提起诉讼。

银行辩称：借款合同等手续是李先生亲自签字办理的，并且当时李先生还向银行提供了身份证和一份单位开具的工资证明，借款合同有效，李先生应承担归还借款本息的责任，驳回李先生的诉讼请求。李先生反驳答辩：当时李先生的朋友梁某对李先生称，要到移动通信公司申请电话卡，因其是外地人，不能办理，需要使用李先生的身份证办理。李先生将身份证交给了梁某，并依梁某的要求在单位开出了工资证明，一并交给了梁某。工资证明没有注明具体用途，是开给移动通信公司用于办理电话卡的。工资证明和身份证不是委托梁某用于与银行签订借款合同的，李先生对借款之事毫不知情。如果银行知道借款人是李先生，为什么从未要求李先生偿还借款本息？

后经笔迹鉴定以及双方举证质证，法庭查明了基本事实：2009 年某日，梁某持李先生的身份证到银行申请借款，向银行提交了李先生工作单位开具的李先生的工资证明，工资证明没有注明具体用途，也未注明受理单位。梁某同时提交了一份李先生为买受人的购房合同，该合同不是李先生签订的。银行初步审查后，要求梁某填写了以李先生为借款人的借款申请书，申请书上李先生爱人的姓名也与李先生爱人的姓名不符，且银行未到李先生的工作单位核实相关情况，直接同意贷款。之后以李先生为借款人，梁某以李先生的名义与银行签订了借款合同。手续办妥后，银行将贷款转账到了以李先生名义开户的储蓄存折上，梁某以李先生的名义签字支取了存款。借款到期后，银行从未要求李先生归还借款本息，李先生也不知道在银行借款一事。

最后，法院判决：（1）李先生与银行签订的借款合同无效；（2）银行消除李先生在人民银行个人信用数据库中的不良信用记录；（3）银行赔偿李先生精神抚慰金 3000 元；（4）驳回李先生的其他诉讼请求。

资料来源：根据华律网相关资料整理，https：//www. 66law. cn/goodcase/19240. aspx。

（二）贷前尽职调查

尽职调查又称审慎调查，贷前尽职调查一般是指由信贷业务人员或风险管理人员抑或中介机构在企业或个人的配合下，采用查询、审核、面谈、征询、现场考察、网络查询等多种方式，对贷款企业或个人的历史数据和现实数据、资料、信息、文件和档案等涉及其经营（收入）情况、资产负债状况、信誉、家庭背景等各方面进行全面深入的了解与分析。贷前尽职调查是小微信贷业务服务客户的重要环节，是防范风险、减少坏账的重要前提，也是决定后续决策（包括贷与不贷、贷多贷少、贷款利率及期限等）的重要依据。

1. 尽职调查的内容

贷前尽职调查的内容主要包括四大方面，分别是贷款申请人及家庭基本信息、借款人的生产经营及财务信息、借款人的融资及信用状况信息、借款人所在行业的特征及发展趋势。

（1）贷款申请人及家庭基本信息

①申请人的年龄、性格爱好、生活习性、受教育程度、职业、工作经历、健康状况、婚姻状况等。一般情况下，申请人的年龄与他的社会阅历、工作经历、从业年限成正比，社会阅历、工作经验丰富、工作能力强的申请人还款能力更强。同时，教育背景良好且具有较高职位和稳定职业的申请人，其自身社会地位也相对较高，更重视自己的声誉，还款意愿更加强烈。身体健康且有广泛爱好的人，一般对工作、生活充满激情，能够通过强健的体魄展开工作，还款能力和还款意愿更强。一般而言，已婚的申请人比未婚的申请人更注重家庭责任，而且由于组建了家庭，申请人有较为固定的住所和工作场所，还款也更有保障。

②申请人的家庭住房情况。了解申请人的居住情况，如房屋价值、房龄、装修情况、家具摆设，以及家庭成员共有房产等情况，能够帮助客户经理掌握并确定申请人的房屋能否抵押或被执行。详细记录申请人的家庭住址，在出现借款人发生逾期或影响贷款回收的不良状况时，催收人员可以第一时间到达借款人住处了解情况。住房情况也可以反映申请人的稳定性，自有住房对应较低的违约风险。住房面积小、房屋老旧且市场价值不高的申请人，其还款能力往往相对较弱。

③主要家庭成员的基本情况，包括健康情况、家庭收入和主要支出情况。了解其家庭成员的生活习性，是否有赌博、吸毒等不良嗜好；了解家庭成员的生活、工作状态、社交圈类别和主要兴趣爱好；了解家庭成员的身体情况，是否有长期生病人员或先天不足人员，关注医疗开支；了解家庭月收入与支出情况，如子女教育开销、私家车费用、人情往来支出等，观察该户家庭是否有稳定的消费偏好。以上这些调查内容，可以侧面反映还款能力和还款意愿，家庭成员生活习性良好、身体健康、工作学习稳定、家庭收入高、支出较平稳的，该申请人的违约风险较小。

④家庭主要资产和负债情况。资产包括存款、理财、股票、名下房产、交通工具等，负债包括住房贷款、汽车贷款等银行借贷和私人借贷。家庭存款余额可以反映家

庭的资产和财富状况，家庭名下有负债的，了解家庭总资产是否覆盖总负债，家庭月收入是否高于家庭月还款额的50%。若资产负债率过高，表明该借款人对融资有较高依赖度，其将来的还款能力有一定风险。

⑤亲友及邻里关系。包括申请人家庭成员对贷款是否知情、申请人是否孝顺老人、亲属关系是否和睦、工作单位同事以及周围邻里对申请人的评价。家庭成员对贷款知情非常重要，若申请人配偶对贷款不知情，则有可能是因为家庭关系不和或申请人试图隐瞒配偶将贷款资金转借。与配偶相处融洽、兄弟姐妹关系和睦、疼爱子女、孝顺父母的申请人具有较强的家庭责任感，对家庭的责任是一个人劳动意愿的最大动力之一。此外，从申请人的同事、邻居、居（村）委会相关人员处了解申请人的作风与口碑，往往能反映出其人品。

（2）借款人的生产经营及财务信息。还款来源是衡量借款人预期偿债能力的重要指标。小微企业、个体工商户等通常以经营利润作为第一还款来源，调查其生产经营情况和财务状况尤为重要，这些信息直接反映了借款人的财务风险和还款能力。生产经营信息主要包括企业的基本信息和经营情况；财务信息主要包括资产负债信息、利润表信息和流水信息。

①借款人法律主体资格证明，包括企业营业执照、公司章程、工商查询单、验资报告、税务登记证、法人代码证等。考察原件是否与提供的复印件相符、相关权限是否已过期、相关证件是否经过年检、证件之间的相关内容是否一致。

②核查企业名称、法人代表或主要负责人是否变更、主营业务是否改变、企业股本总额和股东结构是否出现过变动，对企业历次变动的合法合规性做出判断。

③调查借款人的员工，包括员工人数及职务构成、员工工作内容及工作时长、员工工作态度等，通过员工口述了解借款人的经营水平，并试探性询问其每月大致工资。

④核查借款人的生产场所或施工地点是否整洁、场所是否存在安全隐患、机器设备是否为专业设备、设备运转是否正常，佐证借款人是否进行正常生产经营。

⑤核查成本，包括小微企业、个体工商户的水电气费是否出现异常，例如每月水电气费发票数据是否存在较大差异（考虑是否存在经营的淡旺季），运输企业则可以通过油费发票进行了解，佐证借款人是否正常经营。

⑥检查库存，评判产品质量，其原材料及产成品是否存在过期、积压等情况，了解存货进出库情况，与资金进出进行对比，佐证借款人生产或销售情况是否良好。

⑦核查相关生产经营单据，包括订单、出货单、进货单、运费单据、销售合同、采购合同等资料，佐证借款人生产经营的真实性。

⑧核查近几年或几个月借款人的销售收入、利润总额和销售利润率，观察是否存在增长、下降或者上下波动的情况，佐证借款人的生产经营情况。

⑨核查货币资金，通过银行对账单核实借款人开户情况、存款余额（包括保证金存款和已冻结的定期存款）以及企业现金流水，佐证借款人的经营能力。

⑩核查借款人的预付账款、应收账款，通过查阅明细账和原始凭证，分析应收账款账龄，估计坏账损失，同时判断借款人是否存在抽逃资金及资金挪用等情况。

⑪核查固定资产，通过原始发票核实真伪，对未计入企业固定资产但实际投入企业经营的固定资产予以记录和说明，判断企业的固定资产折旧计提是否足额，此外还需了解固定资产入账依据，固定资产账面价值与实际购买价值是否相符。

⑫核查借款人提供的近期工资、福利表单、缴税单及银行提供的代发工资表、公积金缴存清单，了解借款人缴纳税收、社保费用情况，佐证借款人生产经营是否稳定。

（3）借款人的融资及信用状况信息。借款人融资及其对信用的重视程度直接关系到贷款能否按期回收。尽职调查人员可以通过征信报告或者侧面调查等方式了解借款人近几年的融资水平、融资方式以及还本付息、对外担保等情况。

①个人征信证明反映贷款申请人以往还款信誉的情况。

②借款人固定资产是否已抵押或查封、是否已有应收账款质押情况。

③借款人银行借款、票据资金（敞口）到期日、担保方式及对外担保情况。

④借款人是否及时足额支付水电费和网络费等经营成本费用。

⑤借款人的税收缴纳记录及信用等级。

⑥借款人是否有被执行人信息或记入失信被执行人名单。

⑦当地法院或政府主要的信息公开通报、媒体发布的借款人相关信息。

⑧借款人上下游企业、合伙人及员工的舆情评价及信用评价。

应特别注意的是，在进行调查时，调查对象可能存在虚构或隐瞒事实的情况。特别是当借款人事先与调查对象沟通，或者承诺取得该笔贷款后即归还过去欠款时，容易出现调查对象替借款人隐瞒不良还款信誉的情况。

（4）借款人所在行业的特征及发展趋势。借款人从事或经营任何一个行业都存在风险，因为各个行业是组成国民经济的基本元素，不但会受到借款人生产经营管理水平、技术设备性能、产业发展周期和市场需求等行业内部因素的制约，还会受到宏观经济、国家政策、地区生产布局、产业链位置等行业外部条件的约束。因此，在进行小微信贷调查时，必须对行业特征有清晰认识，把握行业最新的发展动态，紧跟市场方向。

①行业所处阶段和行业未来的增长空间。若借款人所处的行业市场容量较大，增长趋势明显，那么借款人的发展前景较好。

②行业受经济周期影响情况。若借款人所处的行业存在经济周期性变化，那么应当考虑借款人的历史借款时间或当期申请借款所处的时间是否合理。

③行业产能情况。若行业产能过剩，产出超出社会需求，借款人很可能难以承受市场压力，盈利相对艰难。

④行业发展受国家政策导向、国家政策扶持影响的情况。例如，一些高污染或者过分依赖出口的行业，受国家节能减排政策和中美贸易摩擦相关情况影响较大。

⑤行业的进入壁垒和竞争程度。若借款人所处行业进入壁垒（如技术、资源禀赋等）较高，则可以减小竞争风险。

⑥借款人在行业中的地位、市场占有率，是否为龙头企业。

2. 尽职调查方法

贷前尽职调查方法主要分为线上调查和线下走访两类。

（1）线上调查

①客户方提供的资料。通过对客户提供的证照证明、财务账簿、业务文件、法律合同、银行流水等各项资料进行审阅，核实客户相关信息。如尽职调查内容中提及的营业执照、公司章程、场地租赁合同（物业单、水电费单）、资质证明（消防许可、安全生产许可、环评报告、卫生许可）、供货合同、销售合同、客户订单、银行汇票、员工工资单及各类费用支出证明等。

②第三方渠道获取的资料。从第三方渠道获取其相关信息主要有两个方面。一方面，外部信息来源于借款人在全国及地方政府部门的系统中登记的个人或企业信息。如税务局纳税服务平台登记的纳税记录；工商部门国家企业信用信息公示系统登记的企业或个体经营者的注册登记信息、营业执照、行政处罚信息、营业异常信息等；海关（中国电子口岸）处登记的海关注册信息、信用等级、行政处罚信息等；公安部门及下属交管局登记的车辆资产状况和抵押信息；司法部门下设全国失信被执行人名单查询系统中记载的相关涉诉信息、全国失信被执行人名单（老赖）；生态环境部门（环境影响评价信用平台）记载的企业环境评价信息和环保验收报告等。

另一方面，外部信息来源于网络新媒体、行业杂志、报纸、广播电视等公开发布的客户相关信息。例如，大众点评网、美团等以生活信息为主的消费平台提供的商户基本信息、消费者点评及消费记录等；又如，淘宝天猫、京东、拼多多等综合性购物网站提供的电商基本信息、客户评价及销售记录等，以及蚂蚁集团和京东旗下的芝麻信用和小白信用提供的客户个人信用状况。此外，通过微博、知乎等网络社交平台，可以了解消费者对产品及服务的情感体验及购买意愿，探询企业口碑及舆论情况。

以上两个方面的信息获取渠道均来自线上（数据）平台，在收集信息时应特别注意信息渠道的权威性、可靠性和全面性。

（2）线下走访。小微企业、个体工商户等客户群体，绝大多数没有规范的财务会计制度和管理制度，没有规范的财务报表，缺少由独立第三方提供的审计报告，信息不对称的情况普遍存在，因此实地走访能给予客户经理对贷款客户最直观的了解，线下调查对于获取小微客群信息尤为重要。同时，客户经理通过实地走访，能从侧面收集到更多客户“软信息”，印证已有资料信息的真实性。实地走访环节应坚持“眼见为实，四眼原则”“面对面、背靠背”，实行双人现场调查，采用“看”与“听”相结合的方式进行信息采集。①

看，即实地考察查看。俗话说“百闻不如一见”，客户经理到借款人家庭生活地或生产经营地进行实地考察查看，有利于客户经理对借款人的客观情况进行精确评估。第一，查看了解企业的实际经营状态，即查看借款人的厂区和仓库、主要经营内容，总体把握企业的生产规模和作业情况，同时核实借款人的相关经营资质证照及其他相

---

① 范鑫豪．小额贷款：业务·实战·疑难［M］．北京：法律出版社，2017.

关生产经营证明原件。通过这一步骤，可以对借款主体的资质、借款用途的合法合规性进行了解并做出判断。第二，走访借款人真实住址，关注住所的装修档次、面积、小区绿化及周边公共基础设施、所在地区的繁华程度等，从而判断自然人客户的生活水平。第三，观察借款人经营场地的员工数量、员工士气、工作氛围、相关机器设备的运转情况。对于从事服务业的，应该了解其经营场所的安全隐患、客流情况和经营场所所处的繁华程度。必要时，可以记录产品、存货、生产设备的大概数量，为后续估算产值打下基础。

听，即多方侧面打听。“听”是通过与借款人的相关人士进行面对面交流，倾听企业员工、亲友邻里的声音，从侧面了解借款人的人品和企业经营情况，从而进一步收集更多的感性资料。第一，与员工进行交流。询问生产设备运转情况、日常生产量、主营业务的原料辅料消耗情况等；与负责销售的相关人员交流，询问市场行情、产品的供货频率及出货规律、产品销售数量及存货情况、销售渠道等；与负责财务的相关人员交流，询问企业的销售收入、各项费用支出情况、企业利润情况、现金流情况等；此外，也可向员工打听借款人的为人处世情况。第二，与上下游客户进行交流。了解借款人的回款情况和销售情况、借款人产品质量、服务水平、投诉问题解决能力和时效、信誉等。第三，与借款人家庭成员及邻里进行交流。了解借款人的性格、爱好、生活作息、家庭家族情况、家庭成员有无其他债务等相关信息；了解邻里融洽程度，从侧面打听客户家庭是否和睦、亲友来往是否频繁等。

知识拓展 12－1——浙江泰隆商业银行的“社区关键人”

浙江泰隆商业银行实行社区化经营模式，对管辖区域进行统一规划，划分综合社区和子社区，并在各社区中积极寻找符合标准的社区关键人，组建社区关键人队伍。社区关键人能够帮助客户经理得到难以获取的客户真实信息，更好地了解客户，从而有效地解决信息不对称问题，推进社区化业务的开展。社区关键人在业务推广、尽职调查等信贷环节中都起到了重要作用。

社区关键人队伍建设的第一责任人为客户经理，各级管理者可根据自身资源辅助客户经理进行社区关键人寻找，通过社区化不断下沉，在每个子社区逐步建立起社区关键人队伍，队伍结构要丰富，既要有便于地域开拓的社区关键人，如村镇干部、社区物业管理者，也要有便于行业开拓的社区关键人，如行业协会人员、企业管理者等。

四、调查分析和调查报告

对于调查收集得到的信息，客户经理务必要做好整理与分析，认为符合贷款条件的项目，则应撰写调查报告并提交给下一环负责人。该阶段是贷前调查的最终阶段，若前期贷前调查为双人负责，则此环节也须两人配合完成，工作步骤如图 12－3 所示。

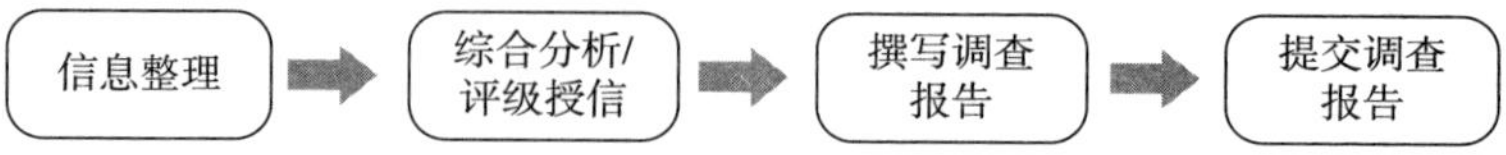

图 12-3　调查整理及分析步骤

（一）调查分析——交叉检验

在保证信息基本真实完整的基础上，客户经理应分析贷款需求的合理性、贷款用途的合法合规性、贷款项目的风险点及综合收益。分析时应注意：（1）既要分析实地调查获取的信息，也要分析客户提交的书面资料；（2）既要做定性分析，也要做定量分析；（3）既要分析第一还款来源，也要分析第二还款来源。在小微信贷实践中，交叉检验是运用最为广泛的一种去伪存真的分析技术。

交叉检验是指通过对不同信息来源获取的借款人的财务信息、经营信息、个人信息等进行对比、验证，以确认借款人提供信息的真实性和准确性，从而判断借款人真实的还款能力和还款意愿。其基本逻辑是：当不同来源的同一信息或相互之间存在逻辑关系的信息结果一致时，那么这个结果的真实性和准确性就较高；若结果不一致，则信息中至少有一个是错误的。借款人有可能说谎，但“撒了一个谎就要用无数个谎来圆”，客户经理应尽可能多环节、多角度分析信息资料，还原借款人最真实的情况。

交叉检验可以通过不同信息渠道交叉验证同一信息，也可通过相关联的不同信息验证其是否具有逻辑一致性。

1. 检验多渠道获得的同一信息是否一致

（1）检验客户提供的信息（书面或口述）、相关人员的口述信息及客户经理收集的书面信息，两两或三者之间的信息是否一致。比如客户口头陈述的资金流情况与银行流水有无出入；客户口头陈述的销售、经营情况与其他员工口述的情况是否一致，与各种单据、发票、报表是否一致；客户对自我的认知与家庭成员、邻里以及同行口述的形象是否一致；客户介绍的家庭关系与客户经理实地了解的情况是否一致等。

（2）检验书面调查、现场调查、委托调查机构调查的信息是否一致。比如客户经理从网络、报刊等新闻媒体以及工商、税务等部门了解到的情况与现场调查了解到的情况是否相符，如果委托第三方调查机构调查，前述事实与第三方调查得到的情况是否一致。如客户提供的库存情况与实际盘点情况是否相符；营业执照、租赁或场地承包合同上的经营地址与实际经营地址是否一致等。

（3）检验客户提供的资料是否与市场基准相一致。将客户提供的信息与当地该行业的平均水平进行比较，若差距较大，应分析具体原因。如客户提供的收入、利润水平、经营费用、职工工资等是否在当地同行的上下限范围内，如果远超出同行业经营水平的上下限应查找原因，以确认信息是否有误或不实之处。

2. 检验不同信息是否具有逻辑一致性

利用不同信息之间的逻辑关系对信息可靠性进行验证的交叉检验方法，也叫逻辑检验。在小微信贷调查分析中，主要应掌握以下几种重要逻辑关系。

（1）不同时间、不同时期获取的数据信息的相关性。如客户不同时期相同时间段的销售收入、利润是否基本一致（注意区分淡旺季）；日销售额、利润与通过月销售额推算的日销售额是否一致（或每日的营业收入累计是否与每月的营业收入大体相同）；多次调查所获得的信息是否一致。

（2）不同数量数据的相关性。如单价与销售数量可用于检验销售总额是否合理；对于销售多种产品的商户、企业，可以通过一类产品的销售额及该类产品的销售占比来验证其营业额；餐饮服务业可通过上座率及平均消费额检验营业额；税率与缴税额也可用于检验收入是否合理。

（3）同一原因引起的不同结果之间的相关性。如营业额应与应收账款及库存水平的变化相匹配；耗电量与营业额之间是否相互匹配；原材料购进额与产品销售额之间是否相互匹配。此外，小微企业、商户的营业额、利润或个人的收入都可以通过企业或个人客户的生活水平、拥有的个人资产状况进一步加以验证。

知识拓展 12－2——非财务信息的不对称偏差分析法

不对称偏差分析法是一个“软信息”方面的决策支持工具，它能帮助信贷人员迅速发现潜在风险点，并帮助决策人员做出决策。这种方法的原理在于：一般情况下，正常客户的各方面状况（如婚姻、年龄、经营年限、朋友圈）都是有对应关系的，而出现偏差往往表示“不合常理”，这就预示着风险。在做小微贷款的非财务信息分析时，不对称偏差分析法的标杆必须由各信贷机构根据当地实际情况制定。

例如，客户 40 岁，开店半年，有多套房产，妻子无业。担保人 30 岁，公司职员，工龄 12 年，未婚，租房。把这些信息连成线（如图 12－4 所示），就会发现问题：(1) 客户 40 岁，经营历史才半年，可能是转行，而财产较多，说明以前的生意不错，为什么要转行？(2) 担保人工作年限不短了，为何财产很少？可见，连线越曲折，说明客户各方面情况的偏差越大，越不合理。

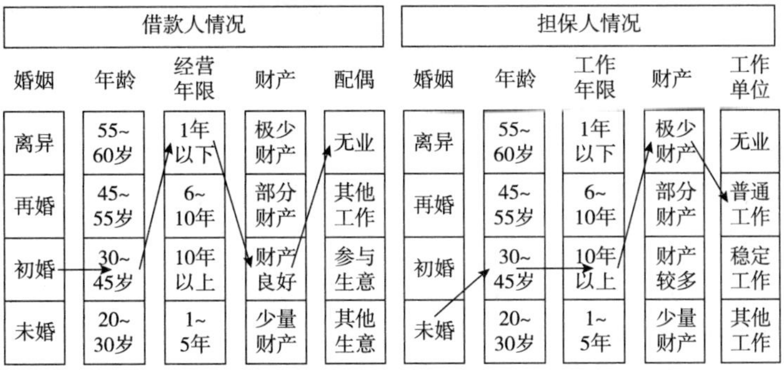

图 12－4　不对称偏差分析

资料来源：何华平．一本书看透信贷：信贷业务全流程深度剖析［M］．北京：机械工业出版社，2017.

（二）调查报告

尽职调查完成后，调查人员应将上述情况汇总并撰写形成调查报告。在撰写过程中，应坚持客观、全面地对借款人的情况进行展示，不夹带主观感情色彩，不遗漏重要信息。银行使用的尽职调查报告一般有两种形式：文字型报告和表格型报告。不同银行会根据自身的需要选择不同的报告类型，并就其中具体的内容，结合自身的风控特点进行制定。

尽职调查报告以文字陈述为主，其中穿插图表对客户的情况进行介绍或佐证。文字型报告内容翔实、逻辑性强，对信贷人员的文笔功底有一定要求。表格型报告是按照设计好的表格逐项填写内容。相比文字型报告，表格型报告的写法较为简便，容易书写，对信贷人员的文笔功底要求稍低一些。一般来说，信贷人员对申请贷款数额小且内容简单的业务使用表格形式。

以小微企业为例，调查报告的主要内容包括以下几个方面的内容。

（1）调查过程简介。包括调查时间、方式、参与人员、调查对象、业务推荐部门等。

（2）个人及家庭基本情况。包括申请人姓名、性别、年龄、婚姻状况、证件号码、联系方式、个人履历、家庭成员信息及家庭资产情况等。

（3）经营实体基本信息。包括实体名称、成立时间、营业执照、实际控制人、注册资本、主营业务、经营地址、面积、经营地权属、经营历史、经营渠道、近期规划等。

（4）经营状况。包括资产及负债情况（现金及银行存款、应收账款、应付账款、预付账款、存货、固定资产、资产负债率、对外担保、民间融资等）、销售情况（销售额、材料成本、水电费、毛利润、利润总额、销售渠道、主要销售单位、回款结算方式、所得税、市场前景等）、月流水、享受的优惠扶持政策及获得荣誉或接受处罚等情况。

（5）信用情况。包括央行征信情况、法院查询情况、工商及海关部门查询情况、人品及企业口碑的“软信息”等。

（6）担保情况。包括抵押物、质押物、保证人的相关信息。

（7）还款能力及还款意愿分析。对调查获得的资料进行交叉检验，明确申请人的贷款原因、用途、用款计划，分析该笔贷款的风险点、预计效益，并提出风险防范措施。

（8）基本结论。根据上述调查情况，综合分析评价贷款风险程度，以及还款来源的可靠性，明确提出贷与不贷，并为认为可贷的借款人制订贷款方案（包括贷款方式、贷款额度、贷款利率、贷款期限、还款方式及其他限制性条款等）。

调查报告完成后，应由信贷客户经理（调查人员）提交至有权审查人（通常为风险管理部门人员）与审批人进行审查、审批。客户经理还应按照银行规定，将调查报告内容录入信息系统，并更新其他相关信息。

第三节　小微信贷的贷中业务

在确定贷款方案并提交贷前调查报告后，即进入办理小微信贷的贷中业务环节。

该环节主要包括贷款审查、贷款审批及签约放款三个步骤，涉及风控经理、贷款审批委员会委员、信贷客户经理及相关财务人员（见图12－5）。

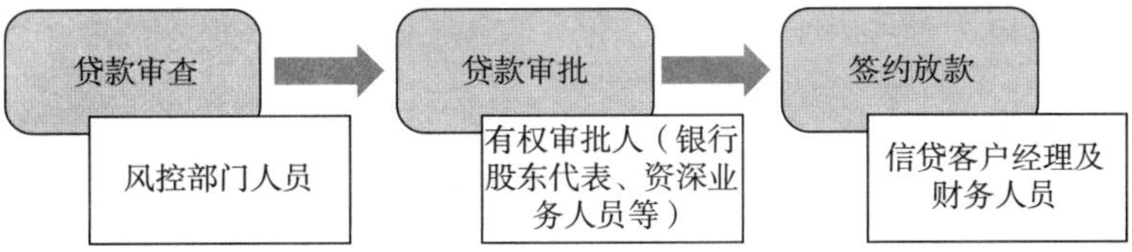

图12－5　贷中业务流程

一、贷中审查与贷中审批

《贷款通则》第二十八条关于贷款审批的规定，贷款人应当建立审贷分离、分级审批的贷款管理制度。审查人员应当对调查人员提供的资料进行核实、评定，复测贷款风险度，提出意见，按规定权限报批。因此，在贷款调查完成后，风险管理部门（岗位）应对资料的合规性、真实性和完整性再次分析判断，进行审查并提出审查结论，对于符合规范要求的信贷项目，审查人员再将相关资料报送给审批人员，审批人员可根据贷款额度、风险程度等指标确定不同形式的审批方式，最终确定放贷方案（贷或不贷）。

从广义来说，审批可以细分为贷中审查与贷中审批。不同银行的审批流程、同一银行不同信贷项目的审批流程均存在差异。一般贷中审批流程可以是一人审批、多人审批（包括贷款审批会）、多级逐级审批等。

可以说，贷中审查、审批是贷款决策的关键环节，旨在将贷款风险控制在银行可接受的范围内，实现贷款的经济效益。

（一）贷中审查

贷款调查完成后，风控部门等审查人员对调查人员提供的贷款调查报告和相关资料进行核实、评定，复测贷款风险度，提出建议，提交审批。

贷中审查工作内容包括以下几点：

（1）审查客户经理的合规性操作。

（2）审查借款人资料内容与信贷管理系统内相关信息的一致性。

（3）审查借款人借款用途的合理性。

（4）审查贷款定价、金额和期限的合理性。

（5）审查借款人资信状况及融资情况。

（6）审查借款人还款来源的可靠性。

（7）审查贷款的风险与收益。

（8）审查抵（质）押品的价值以及担保人情况。

完成审查后，风控经理应在借款审批表上写明项目审查意见报批。部分银行对一定金额以上的贷款审查要求出具贷款风险审查表或审查报告。对于符合条件的贷款项目，即可提交审批。对于不符合条件的贷款项目，须退回信贷客户经理，要求根据审查意见进行相应的材料补充或者拒绝。

（二）贷中审批

贷中审批包括报审资料移交、安排审批方式、汇总审批意见、反馈审批意见、通报审批意见等环节（见图12－6）。必要情况下，需要进行复议。①

图12－6　贷中审批工作流程

审查人员上报的资料主要有借款申请书、借款审批表、贷前调查报告以及借款人和担保人主体资料的复印件或扫描件等。审批人员通过分析贷前调查报告内容，结合审查人员的意见，在权限内对贷款给出审批意见。

1. 贷中审批工作要点

（1）应先确定申请贷款额是否在审批权限之内，有权审批人须在书面授权范围内进行审批，不得超越权限审批。

（2）判断借款人单户贷款金额是否超过所在类别规定的单户限额。

（3）授信审批结论应明确、具体。审批人根据贷款业务预计给银行带来的效益和风险，决定是否审批，同时还可在申报意见的基础上进一步完善授信方案。

（4）考察审查人、信贷客户经理（调查人员）是否与贷款申请人有利害关系，审查人意见是否客观公正。

（5）确保审批质量与效率。对于同一笔贷款，参与决策人数不应过多。根据业务需要，可设立独立审批人、信贷审批委员会，引入专家及专职审批制度，实现集中快速审批。

若审批结果为同意，则复批反馈至信贷部门，通知客户办理贷款发放，明确信贷业务种类、金额、期限、利率或费率、担保等，并将资料整理成卷，存档管理；若为复议，则按规定进行复议；若审批结果为不同意，则由信贷部门通知客户，并终止该信贷业务。

2. 审批方式②

相比于授信客户金额较大的信贷项目，小微企业、个人贷款主要采用流程性线上信贷审批系统进行审批，根据金额不同，由审批部门人员依不同层级的权限快速决策，

① 陈工孟，傅建源．小额信贷理论与实务［M］．北京：清华大学出版社，2017.

② 中国银行业监督管理委员会完善小企业金融服务领导小组办公室．小企业融资理论、政策与实践［M］．北京：中国金融出版社，2011.

提高信贷业务审批效率。表 12－5 将浙江泰隆商业银行的“授权审批”与多数城商行采用的审批方式进行比较。

表 12－5　信贷审批方式比较

商业银行	审批方式	具体方式
浙江泰隆商业银行	授权审批	在风险可控的前提下，将审批权、定价权层层授权下放给各级同时承担风险控制和营销推动业务发展职责的机构或部门，包括基层网点的行长及营销团队负责人，赋予一线业务人员充分的信贷决策权，缩短决策链，真正兑现“三三制”的服务承诺。如单人审批，即采用单一审批人或银行行长直接审批通过。此外，当贷款超过一定大额额度时，分行及以上管辖范围的银行才需要召开贷审会。
其他城商行	集中审批	基层行没有审批权限，由总、分行的风险审批部门集中审批。总、分行的审查岗、审批岗人员在内部系统中执行贷款审查、审批工作，审批人员多级逐级审批，提高信贷决策层次，对大金额的风险敞口强化集中授信审批职能。当贷款项目风险较大时，可通过贷审会审批，一般经三分之二以上成员表决同意的贷款项目方能通过审批。

知识拓展 12－3——揭开贷审会的“面纱”

贷审会全称为贷款审批委员会，由三名以上审批人员组成，审批人员可以是银行股东代表、高级管理层、资深业务人员、外聘行业和金融高级管理人员等。被聘委员对贷款和风险相关的重大事宜进行集体讨论、独立表决，一般经三分之二以上成员表决同意的项目方能通过审批，贷审会负责人作为审批的主审人，对贷审会表决通过的贷款项目有一票否决权，并对该项目审批负主要审批责任。贷审会审批的流程如下。

（1）汇报调查结果。由信贷业务部及风控部门经办人员向贷审会汇报调查情况；记录员开始做会议记录。

（2）答辩。由贷审会成员发表意见、提出问题并进行讨论，信贷部门和风控部门员工有义务回答贷审会成员提出的有关问题。

（3）投票表决。贷款项目审议后，由各位贷审会成员书面记名投票表决是否同意贷款发放。

（4）填制审批表。根据投票结果填制贷款审批委员会审议审批表，连同会议记录一并呈报有权审批人进行审批。

（5）签署审批意见。审议结果为同意的，直接转由有权审批人（一般为银行董事长、总经理、分管副总经理和独立审批人等）在会议记录和审批表上签署审批意见；结果为复议的，信贷客户经理就复议的疑问点调查总结后，重新交由委员审议；结果为否决的，由信贷客户经理委婉拒绝客户并告知缘由。

二、合同签订及贷款发放

（一）合同签订

授信审批完成后，由借款申请人与银行签订信贷合同。信贷合同是指银行在信贷业务办理过程中与借款人、担保人或其他相关方签订的借款合同、担保合同、合作协议、代理协议等文本。

1. 信贷合同的种类

信贷合同包括借款合同和担保合同，其中，担保合同又包含了保证合同与抵（质）押合同。当申请人通过保证方式进行贷款时，保证人和贷款人应当共同签订保证合同，或由保证人在借款合同上载明与贷款人协商一致的保证条款，加盖保证人的法人公章，并由保证人（自然人）、担保人的法定代表人或其授权代理人签署姓名。当申请人通过抵押、质押进行贷款时，抵押人、质押人与贷款人签订抵押合同、质押合同，需要办理登记的，应依法办理登记。

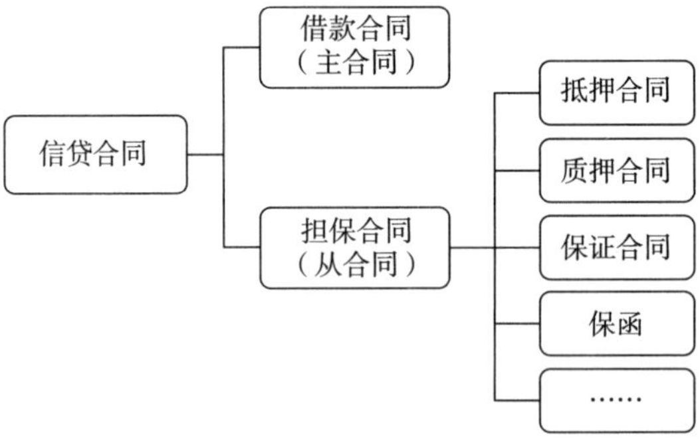

图 12－7　信贷合同的组成

（1）借款合同。借款合同是信贷合同中的主合同，它是借贷双方约定，贷款人将一定种类和数额的货币所有权转移给借款人，借款人于一定期限内返还同种一定数额货币的合同。借款合同的内容主要包括以下几个方面。

①借款种类：按贷款期限可分为短期贷款、中期贷款和长期贷款；按贷款对象可分为生产企业贷款、进出口企业贷款、外商投资企业贷款；按贷款利率可分为浮动利率贷款和固定利率贷款等。

②借款币种：人民币或其他外币。

③借款用途：用于消费、生产经营等。

④借款金额：借款金额是贷款人向借款人提供的贷款具体数量。

⑤借款利率：银行机构应当按照中国人民银行规定的贷款基准利率允许浮动的上下限确定每笔贷款的利率，并在借款合同中予以载明。

⑥还款方式、还款计划。

⑦借贷双方的义务与责任。

⑧违约责任。

⑨担保条例：对于担保贷款，借款合同可以设置担保条款约定担保方式等内容，也可以另行签订担保合同。

（2）担保合同。担保合同是从合同，其效力主要受借款合同效力影响。同时，保证人的责任也与其过错程度有关。例如，分支机构未经授权对外担保，导致担保合同无效的，担保人明显有过错（内部管理松懈），不承担担保责任但应当承担过错责任。[①]

小微信贷由于贷款额度较小，一般采用无抵押、无质押的形式。但由于贷款存在一定风险，可建议申请人追加保证人来降低贷款的风险性。保证合同是指保证人与债权人签订的，在主债务人无法履行其债务时，由保证人承担代为履行或连带责任的协议。该合同的主要内容包括以下几个方面。

①被保证人（主债权）的主债权种类、数额。一般为债务人应偿还的借款本息及其他相关款项。

②债务人履行债务的期限。

③保证的方式：一般保证和连带责任保证。[②]

④保证担保的范围。担保范围包括债务人的借款本金及其孳生利息，债务人产生的违约金、违约罚息、复利，保证人（甲方）产生的违约金，银行（乙方）为实现债权而采取必要的法律措施所支付的律师费、诉讼费及差旅费等。

⑤违约责任。

2. 签订信贷合同

在签订合同之前，合同签订人员应审查合同是否真实完整、合法有效，书面表达是否清晰准确。审查无误的，才能办理签订合同相关手续。签订合同前，信贷人员应事先通知客户（借款人和担保人）签订时间及地点，告知客户携带必要证件、证照等。此外，还须询问客户是否在本银行办理了结算账户，若未办理，应要求客户在签订合同前办理好结算账户，作为放款账户。委托他人签字的，必须向银行提供委托书原件。

信贷合同签订要严格履行面签程序（除一些线上贷款项目外），借款人（借款人若已婚，配偶一同前往）、担保人等须在信贷客户经理和专职面签人员的共同监督下当面签署合同。借款人确认合同内容后，工作人员应提请借款人和担保人对合同条款的含义、银行对信贷资金的监督管理权利及借款人、担保人的义务全部通晓并充分理解，而后签署合同。一般签署过程中，银行会同步录像，防范签订操作问题引发的合同风险。

签订书面合同后，借款人（及配偶）应在工作人员的监督下填写并签署借款借据，它是表明债权债务关系的书面凭证，表明债务人已经欠下债权人借据上注明金额的债务。

---

① 何华平．一本书看透信贷：信贷业务全流程深度剖析［M］．北京：机械工业出版社，2017.

② 一般保证是指当事人在保证合同中约定，债务人不能履行债务时，由保证人承担保证责任的保证。连带责任保证是指当事人在保证合同中约定保证人与债务人对债务承担连带责任的保证。连带责任保证的保证人与债权人未约定保证期间的，债权人有权自主债务履行期届满之日起六个月内要求保证人承担保证责任。

（二）贷款发放

合同签订并落实贷款条件之后，即进入贷款发放流程。财务部门（放贷岗）人员收到信贷合同、借款借据后对其进行审核，审核内容包括以下几个方面。

（1）放款资料是否齐全、一致。

（2）信贷合同是否合规有效。

（3）所有签章的真实有效性。

（4）贷款条件（报告担保条件等）以及审批意见中的限制性条款等是否已落实。

（5）借款用途、提款计划、提款进度是否符合借贷双方约定。

审核无误的，财务部门完成网银提交付款。在贷款发放期间，银行务必密切关注借款人的资金使用方向，若出现严重风险情况，应及时采取措施防范风险，甚至停止放贷。

第四节　小微信贷的贷后业务

一、贷后管理概述

（一）贷后管理的含义

贷后管理是指银行机构贷后管理人员通过对借款人的资信状况、财务状况、现金流量、经营环境、担保情况、竞争能力、行业政策、合同履行等可能影响其还款能力及意愿的各个重要方面进行跟踪调查和监控分析，据此判断借款人的履约能力及意愿，并对贷后管理过程中发现的重大风险及时提出风险防范与控制措施，在减少贷款损失的同时维护现有客户，实现银行信贷业务的商业可持续发展。

（二）贷后管理的一般流程

贷后管理一般包括实施贷后检查、识别贷后风险预警信号、回收正常贷款以及管理不良贷款等流程。首先，银行放款后要在一定时间内对贷款申请人进行回访，了解和检查贷款是否用于借款合同规定的用途，了解申请人和申请人企业与贷款前有无异常变化。其次，根据贷款金额和风险的大小，确定对借款人常规回访的频率，并根据每次回访的情况重估风险。最后，视风险严重性情况采取相应的贷款回收方式。

贷后的日常管理主要由信贷业务部门负责，承担借款人的日常贷后经营管理业务。其主要职责包括以下几个方面。

（1）客户监管及贷后检查。监管借款人资金账户往来、信贷资金用途、客户生产经营及财务状况，贷后跟踪检查，收集借款人信息并定期联系借款人。

（2）担保人及担保物的监管。

（3）风险分类及日常管理。监控借款人的资信状况，维护贷后管理台账，整理、

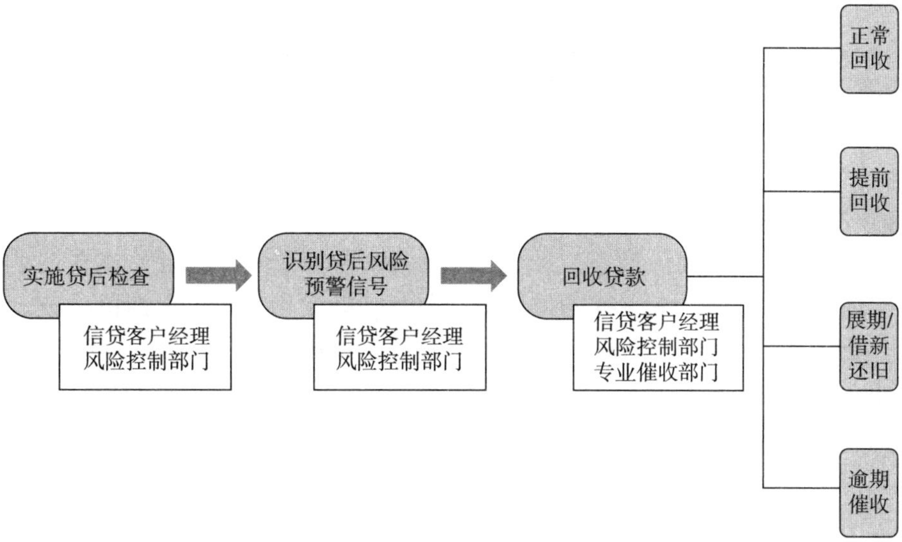

图 12－8 贷后管理的一般流程

收集客户档案有关资料，并将数据和资料输入、扫描到信贷管理系统。

（4）风险预警。发现风险信号并及时提出处理建议及报告。

（5）会同有关部门制订不良贷款管理的方案并组织实施。

风险控制部门是贷后管理的风险监测部门，设立风控经理。通过系统监测借款人风险，检查信贷业务部门贷后管理行为，进行定期或不定期抽查，与信贷业务部门共同控制借款人信贷风险。财务部门则在中间进行配合。

（三）贷后管理的原则

贷后管理人员应遵守以下几项原则。

（1）审慎原则。贷后管理人员应明确自身工作职责，既不能盲目乐观估计客户的经济实力和经营能力，也不能过分悲观预测客户的还款能力，应秉持客观公正的工作原则和严谨的工作态度。

（2）及时性原则。贷后管理人员应当及时进行贷后管理工作，不得拖延、滞后。贷后管理如不及时，就很难准确把握客户近期的经营状况和最真实的状态，增加信贷风险。

（3）协同分离原则。贷后管理岗与贷款调查、审查审批等工作岗位应实现分离，信贷业务部门、风险控制部门及财务部门等应按各自不同的分工和岗位职责各司其职，相互合作，但不能越权操作。

（4）保密原则。贷后管理人员对客户进行贷后管理的时间和内容不应在银行内部或客户之间公开，如果公开就有可能导致客户提前编造虚假信息。

（5）适度性原则。贷后跟踪检查应保持适度性，根据客户的风险程度适当调整调查走访的频率，以免影响贷后管理人员的工作效率及客户的生产经营。

（6）服务与监管相结合原则。贷后管理工作应坚持服务与监管有机结合的原则，要在向客户提供优质服务，提高客户贡献度、忠诚度的同时，监管客户贷款资产的安全性，实现信贷效益最大化。

二、贷后检查及风险预警

贷款发放后，信贷业务人员应对借款人执行信贷合同情况及借款人各方面情况进行跟踪检查，识别贷后风险预警信号并采取必要的应对措施。贷后检查作为银行贷后管理中最基础性的工作，其工作的重点也是贷后风险预警主要关注的风险点。除此之外，贷后检查还有利于银行机构及时发现自身在信贷业务操作及管理中存在的问题和薄弱环节，从而提高经营管理能力。

（一）贷后检查的形式及内容

贷后检查从形式上看，包括非现场检查和现场检查，其中非现场检查的方法主要有通过银行账户查阅核实客户资金情况、互联网在线查询、面向社会收集资料、电话查询等。从检查内容上看，包括贷款申请人基本情况、经营状况、现金流及资金用途、借款担保等。表 12－6 展示了在不同调查形式下贷后检查的主要内容。

表 12－6　不同调查形式下贷后调查的主要内容

项目	非现场检查	现场检查
借款人基本情况	（1）借款人股东、股权是否变化及变动具体情况；（2）申请人及企业关键负责人是否涉及相关民事、行政或刑事纠纷及责任；（3）还款记录及征信信息是否正常。	（1）申请人及家庭成员是否出现吸毒、赌博或其他不良嗜好；（2）申请人及家庭成员身体是否出现状况；（3）申请人是否出现诚信危机或违约情况。
经营状况	（1）企业产品或服务的竞争力变化和市场占有率变化；（2）企业相关证、照、批文、检查、验收、许可是否到期和办理续转或完结手续情况；（3）企业经营服务口碑是否转变。	（1）企业是否有盲目扩大（过度）投资的事项；（2）企业是否出现或存在安全或质量风险；（3）关键设备或人员是否出现异常或变动；（4）企业重要的供应商或销售商是否出现重大变化；（5）企业员工前后的工作情绪转变和工资福利待遇；（6）企业存货或原材料变化情况。
资产及财务管理情况	（1）结合工商、房管、土地、车辆等公开信息，进行资产盘存，比较各期资产变化情况；（2）各期代发工资、代扣代缴税、水电费是否正常，有无拖欠情况；（3）借款人账户存款余额、近期月均存款、资金流入量、资金流出量是否出现重大变化或异常情况。	（1）借款人盈利能力是否下降；（2）借款人资金周转能力是否下降；（3）财务管理是否混乱，财务信息与经营情况是否严重不符；（4）财务报表中非经营性项目是否增加，考虑信贷资金是否被挪用；（5）月度、季度或年度资金收付总量的波动情况；（6）检查相关交易单证、支付凭证等。
借款担保情况	（1）抵（质）押物的市场价值是否变化；（2）如若中途借贷双方协商变换抵（质）押物，价格、质量是否降低，抵（质）押物所属权是否改变；（3）保证担保人是否存在新增贷款项目。	（1）抵（质）押物是否变质、接近或已过保质期；（2）保证担保人的担保是否出现大幅下降甚至消失的情况。

（二）贷后检查的频率与时间

贷后管理应该根据每个借款人或项目的具体情况以不同的频率在关键时点进行。对于非现场检查，如征信记录、缴费纳税记录、银行现金流动记录、还款情况记录、舆情信息记录等资料的收集、更新和核查，通常作为贷后检查的周期性日常工作。而现场检查，按照时间来分，包括首次检查、定期（间隔期）检查和不定期（特殊事项）检查。

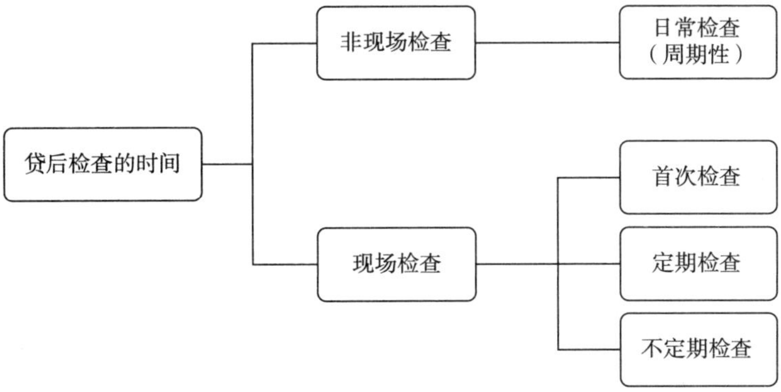

图 12－9　贷后检查的不同时间

（1）首次检查。根据贷款对象和贷款期限的不同，银行首次现场检查的时间通常要求在放款后的一周内、一个月内或半年内不等。对于借款金额相对较大或经营活动较为复杂的客户，可考虑放贷后的一周或两周内进行首次贷后现场检查。

（2）定期检查。根据贷款对象和贷款期限的不同，银行定期现场检查的时间间隔也不尽相同，通常要求每月一次、每季度一次、每半年一次或每年一次不等。对于老客户或上次贷后管理评级较高的，可减少检查频率，对于大额、潜在风险较大或已违约（欠息、逾期）的贷款或借款人还款很大程度上依靠第二还款来源的，应适当提高定期检查的频率。

（3）不定期检查。不定期现场检查主要是针对非现场检查已发现问题的，或特定时点的专项风险排查。如通过媒体报道、举报而得知的风险情况或政府政策导向变化而引起的风险情况，须进行重点检查。

（三）识别贷后风险预警信号

风险预警信息是贷后管理人员对借款人进行贷后跟踪监控过程中应该获取的，因为在每一笔贷款出现损失时，往往会提前发出一些预警信号。有效监管和分析这些早期预警信号，有助于银行机构及时发现问题，提早预防和控制风险，降低贷款损失。换言之，对于问题的提早发现有赖于贷后管理人员对预警信息的捕捉和分析。

银行可以通过一套动态化、系统化机制实现贷后风险的预警，即贷后风险预警机制。首先，信贷业务人员对风险信息进行收集，运用定量或定性的方法对其进行分析，在贷款发生损失之前识别和重估风险，并采取必要的应对措施（见图 12－10）。

图 12－10　贷后风险预警的步骤

1. 收集风险信息

贷后管理人员从信贷机构内外收集与贷款项目风险相关的信息，将其录入风险预警分析系统中。贷后检查是收集贷后风险信息最主要的手段。贷后主要关注的风险信号包括以下几个方面。①

（1）借款人信用、道德以及违法风险信号。借款人未按约定用途使用贷款，未能诚实地全面履行合同；借款人被发现或新增赌博、吸毒、嫖娼恶习或被新闻媒体披露有其他违法或违反社会公德的行为；借款人拒绝接听贷后管理人员的电话或经常关机；借款人拒绝提供财务数据、经营资料或向贷款人提供虚假的财务报表或其他虚假材料；借款人卷入劳务纠纷或其他诉讼、仲裁等。

（2）经营管理风险信号。产品或服务价格异常降低或超出正常市场波动范围；产品或服务利润已降低或低于预期行业平均水平；水电费、电话费等日常费用支出异常增多或减少；借款人的经营规模不断缩小或开工不足甚至暂时停产等情况；借款人对上下游业务合作伙伴进行调整，开辟另外的采购或营销渠道；由于原材料、技术、质量、流通渠道等因素的不利影响，企业生产经营出现问题等。

（3）财务状况风险信号。银行存款余额持续下降；销售性现金流非正常下降；投资类现金流或融资性现金流增加；应收、应付账款出现异常波动；流动比率、速动比率降低，现金流动负债比率变小；资产负债率过高或严重恶化，债务增多；流动资产周转速度变慢；其他贷款人提高贷款利率；其他贷款人提高借款人的贷款条件或对其借款提供担保的审查趋于严格等。

（4）担保风险信号。抵押房产被擅自出租，封存的质物被使用；抵（质）押物的价格因市场波动而下降；抵（质）押物的所有权出现争议或涉诉被司法机关查封；保证人经济或经营恶化，担保能力明显降低或已没有能力承担保证责任等。

2. 分析风险及风险分类

银行机构根据过往经验与相关规定，事先设定好一套风险预测系统或预警指标体系，贷后管理人员能够据此对收集到的风险信息进行分析，判断风险的严重程度，并对贷款做风险分类，发出警报。

分析后按风险程度划分的贷款有五类，分别是正常贷款、关注贷款、次级贷款、可疑贷款、损失贷款。这五类贷款的判定依据具体如下。

---

① 朱玉伯．小额贷款事务操作与法律风险防范［M］．北京：中国经济出版社，2014.

（1）正常贷款。借款人能够履行合同，一直能正常还本付息，不存在任何影响及时全额偿还的消极因素，银行对借款人按时足额还款有充分把握。贷款损失的概率为零。

（2）关注贷款。尽管借款人目前有能力偿还贷款本息，但存在一些可能对还款不利的影响因素［如销售收入及利润下滑、抵（质）押物价值下降、市场及宏观经济等外部因素改变等］，当这些影响因素增大到一定程度时，对借款人的偿债能力产生影响，才能归为关注贷款。一般关注贷款的贷款逾期（含展期后）及欠息不超过 90 天（含），贷款损失概率不超过 5%。

（3）次级贷款。借款人的还款能力出现明显问题（如经营活动的现金流为负、借款人处于半停产状态且担保为一般或较差的），完全依靠其正常营业收入无法足额偿还贷款本息，需要通过处分资产或对外融资抑或执行担保来归还贷款本息。一般次级贷款的贷款逾期（含展期后）及欠息在 91 天至 180 天（含），贷款损失的概率一般在 30% 至 50%。

（4）可疑贷款。借款人无法足额偿还贷款本息，即使银行机构执行抵押或保证担保也会造成一部分损失，但损失金额尚不确定。进入这一风险程度的贷款，说明借款人实际已资不抵债，处于停产、半停产状态，贷款逾期（含展期）及欠息在 180 天以上，贷款损失的概率一般在 50% 至 75%。

（5）损失贷款。在该阶段，借款人完全停止营业活动且依法宣告破产、关闭、解散，已无力偿还贷款本息，且无论采取何种措施或履行任何法律程序都无法改变既定的损失，或者只能追回极少部分贷款。造成这种情况的原因很可能是借款人死亡、宣告失踪，且以其财产或遗产偿债仍无法还清。贷款损失的概率在 75% 至 100%。

3. 应对措施

根据风险预警报告，贷后管理人员应对贷款采取必要的应对措施，以降低风险造成的损失。同时，根据贷款风险的不断变化，要及时调整借款人的信用等级、用信方式、风险措施等。贷后风险预警的应对措施有以下几点。

（1）加强与借款人之间的沟通联系。贷款发放后，信贷业务人员应及时与借款人电话联系，向其介绍贷款的有关情况，重申贷款发放日期、贷款划入的账户以及还款日期等。同时，应该经常与借款客户保持联系，掌握客户的动态信息，增加与客户之间的黏性，在出现风险预警信号时，及时了解情况，并告知其于还款日将贷款本息足额存入扣款账户。

（2）加强担保物（人）的管理。

①抵（质）押物的价值管理。若发现抵（质）押物价值非正常减少，应及时查明原因，若发现抵押人的行为将造成抵押物价值的减少，应要求抵押人立即停止其行为。

②抵（质）押物转让受偿和保险受偿。抵押人只能在银行允许的情况下对抵押物进行转让和处置，并以所获价款优先偿还给银行。在抵（质）押物出险时所得的赔偿金也应优先偿还给银行。

③加强关注担保人。对于已触发风险预警的贷款，应加强对担保人的观察与管理，及时联系担保人，了解其担保能力是否出现变化，发现保证人不再具备保证资格的，

或经营财务发生重大变化时，应及时采取调减、取消保证额度，或要求借款人更换保证人等措施。

（3）调整授信（贷款）方案。一般来说，当借款人的偿债能力逐渐出现问题时，信贷人员可根据风险的不同程度对授信方案进行调整，具体包括以下内容。

①调整授信额度。对于出现轻微风险的客户，可以利用客户最新或调整的财务数据重新计算额度，并对授信总量进行调整。

②调整用信期限。缩短用信期限，即提前收回已发放贷款，降低风险，但有时适当的展期也可以达到化解或降低风险的效果。

③调整定价。风险增加后，银行承担了更高的风险，增加了贷后管理成本，可通过提高信贷产品的定价来弥补这些成本，同时通过增加借款人负担来催促其加紧还款。

④要求追加担保物或保证人、要求担保人提前履行担保责任。当第一还款来源出现问题时，可增加第二还款来源的风险补偿，同时增加借款人的违约成本。

⑤解除借款合同。对于风险程度很高，难以走出困境的客户，要考虑信贷退出，停止贷款资金的发放和支付，解除借款合同。

除此之外，当借款人出现风险时，还应对贷后管理方案进行调整。首先，应根据不同风险因素迅速做出相应的贷后检查重点的调整。其次，当客户的第一还款来源出现较大风险时，银行必须对客户资金进行封闭式管理，要求企业开立专用账户，企业的贷款资金以及相应的回笼资金必须通过该账户。最后，当客户出现严重风险时，信贷人员要及时掌握借款人的细微变化，密切跟踪了解借款人的经营管理情况。

三、贷款回收管理

安全回收贷款本息是信贷工作的最高目标，回收方式可以分为到期正常回收、客户提前还款、银行提前收款、贷款展期与借新还旧、逾期催收和不良贷款清算。

（一）正常回收

正常回收是指借款人根据合同约定的还款时间按期偿还贷款本息。在这一阶段，信贷业务人员须进行如图 12 – 11 所示的工作。

图 12 – 11　正常回收贷款流程

在贷款到期前一段时间，信贷业务人员应通知借款人贷款即将到期，并在可能的情况下现场检查客户还款能力和还款资金落实情况。通知形式一般包括书面、电话、短信等。借款人应提前将资金划入还款账户（或开具转账支票），并填制还款凭证，由财务（会计）部门进行扣款和结息操作，打印结息凭证。

若有抵（质）押物，对于已清偿的贷款，信贷业务人员要协助客户办理抵（质）押物出库手续，包括退还质押物、退还抵（质）押物权利凭证，客户当场核实接收后，前往有关部门办理抵（质）押登记注销手续。

还款后，银行人员应及时将结清（或每期还款）信息录入业务信息系统、人民银行征信系统、贷款台账，并根据客户需要出具结清证明。

（二）提前回收

提前回收是指在贷款未到期之前就收回贷款本息。提前回收是对信贷合同的变更，即在信贷合同有效成立后，尚未履行或尚未完全履行之前，当事人就合同的内容达成修改或补充。信贷合同履行期限变更的两种方式分别为客户提前还款和银行提前收款。

1. 提前还款

《贷款通则》第三十二条第五款规定："借款人提前归还贷款，应当与贷款人协商。"无论是提前偿还全部贷款还是部分贷款，都要经过如图 12－12 所示的流程。

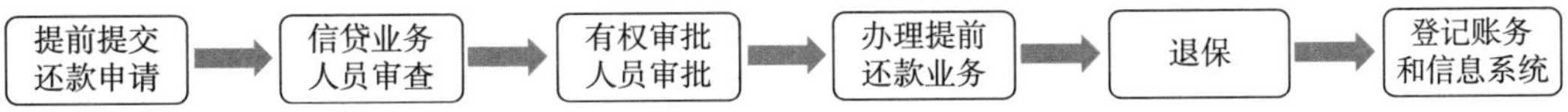

图 12－12　客户提前还款流程

银行允许提前还款的，借款人应在还款日前一段时间（具体天数依照银行规定）向银行提出提前还款申请，申请中要列明提前还款的本金金额，并将提前还款所要的相关资料交由信贷业务人员审查。信贷业务人员应审查借款人是否具备提前还款的条件，如借款人是否已经还清提前还款日之前的所有到期贷款本息，是否同时向银行缴纳损失违约金，提前归还部分贷款的还款金额是否符合最低还款额度等。审查通过的，再由有权审批人员对提前还款申请提出审批意见。经审批同意提前还款的，信贷业务人员应通知借款人携带有关证件到银行办理提前还款相关手续。

若借款人办理了抵（质）押担保贷款，贷款结清后，借款人须携带房产证、结清证明和抵押在银行的他项权利证去各区建委办理解除抵（质）押手续。若有保险公司提供担保的，借款人应携带银行开具的贷款结清证明原件、原保单的正副本和发票前往保险公司完成退保事宜。最后，银行人员将该笔贷款的结算信息录入账务和信息系统。

2. 提前收款

提前收款是指银行根据借款合同中约定的事由（主要是客户出现风险），将合同约定的还款期限提前，要求借款人履行还本付息义务的行为。合同中列明的提前到期条款，又称为加速到期条款。

《民法典》第六百七十三条规定："借款人未按照约定的借款用途使用借款的，贷款人可以停止发放借款、提前收回借款或者解除合同。"各银行在借款合同中约定了诸多提前到期事由，例如，借款人出现本息违约；借款人未履行重大事项报告、通知义务（如股东发生变动）；借款人或其关联公司及担保人涉讼；借款人或担保人被吊销营业执照、进入破产程序（企业）、死亡（自然人）、失联（自然人）等。在以上各种情况下，信贷业务人员应提报银行的相关管理人员审批同意，再向借款人和担保人发出“贷款提前到期通知”，限期提前还款。

但在实务中，也会出现有轻微风险苗头就提前收贷的情况，这往往会给企业的经营活动带来干扰。同时，随意抽贷、压贷也会给其他债权人造成恐慌，如触发交叉违约条款（一家银行主张提前到期，导致其他银行的贷款也自动到期），引发流动性危机，容易引起企业破产。

（三）贷款展期与借新还旧

对于借款人来说，有贷款逾期记录意味着自己的信用受损，会导致未来融资困难。所以，在贷款到期之前，无法偿还本息的借款人往往会申请展期或者借新还旧。

1. 贷款展期

贷款展期是指借款人在向贷款人申请获得批准的情况下，延期偿还贷款的行为。《贷款通则》第十二条规定：“不能按期归还贷款的，借款人应当在贷款到期日之前，向贷款人申请贷款展期。是否展期由贷款人决定。申请保证贷款、抵押贷款、质押贷款展期的，还应当由保证人、抵押人、出质人出具同意的书面证明。已有约定的，按照约定执行。短期贷款展期期限累计不得超过原贷款期限；中期贷款展期期限累计不得超过原贷款期限的一半；长期贷款展期期限累计不得超过 3 年。借款人未申请展期或申请展期未得到批准，其贷款从到期日次日起，转入逾期贷款账户。”

贷款展期的办理流程如图 12－13 所示。

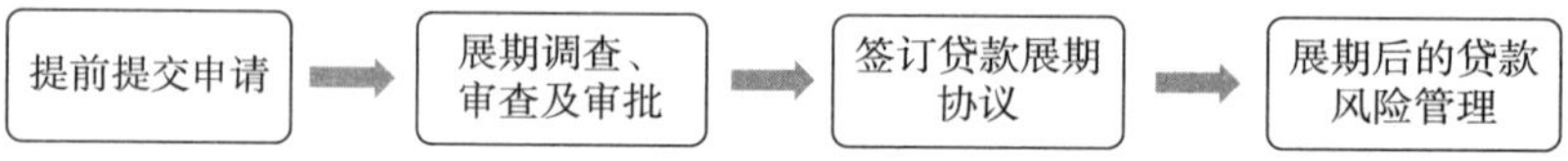

图 12－13　贷款展期流程

同提前还款一样，贷款展期也会打乱银行原有信贷项目的工作计划和资金安排，因此借款人应在还款日前一定天数提出申请。申请书内容主要包括展期理由、展期期限，以及展期后的还本付息计划、拟采取的补救措施，还应提供有权机关（借款人、担保人）关于同意申请贷款展期的决议文件。若为担保贷款，借款人申请贷款展期必须有保证人和抵（质）押人的书面同意，出具相关书面证明或在展期申请书上签字同意担保。

收到申请后，信贷业务人员应对借款人的展期原因、展期贷款条件（金额、期限、利率）以及借款人的偿债能力及意愿进行调查评估、审查及审批。借款人如因为暂时性的资金流动性原因导致不能还款，通常展期不会扩大风险的，银行一般会考虑办理贷款展期。对于信用贷款，银行一般要求借款人在提供担保的基础上进行展期。对于保证担保贷款，银行会重新评估确认保证人的担保资格和担保能力，要求担保范围为借款人在整个贷款期内（包括展期部分）应偿还的本息费用。

在办理展期时应由银行和借款人重新确定有关贷款条件，贷款展期不得低于原贷款条件。经审批同意后，贷款人、借款人及担保人应在原贷款到期前签订贷款展期协议书，不得直接改动原信贷合同和借据。自展期之日起，贷款利息按新的期限档次利率计收。

展期后的贷款也应由信贷业务人员进行检查跟踪，通常会列入“关注贷款”进行管理。后续展期到期前，通知借款人及时还款。

2. 借新还旧

借新还旧是指贷款到期（含展期后到期）后款项不能按时收回，又重新发放贷款用于归还部分或全部原贷款的行为，又称为以贷还贷。借新还旧的本质是对原借款合同中贷款期限、利率等条款的变更；其实质内容是对借款期限法律契约上的延长；其特殊之处在于该笔借款仅用于偿还前一笔到期借款，借款人只需继续向银行支付利息。借新还旧作为一种手续，银行的风险敞口和信用风险均没有发生变化，但是存在一些操作风险，其总体风险程度较展期更高。

银保监会对贷款借新还旧提出了以下四个条件：

（1）借款人生产经营活动正常，能按时支付利息。

（2）重新办理了贷款手续。

（3）贷款担保有效。

（4）属于周转性贷款。

（四）管理逾期贷款

逾期贷款是次级贷款、可疑贷款和损失贷款的总称，逾期贷款也可称为“非正常贷款”、“问题贷款”和“不良贷款”，是指借款人未能按原定的贷款协议按时偿还贷款本息，或者已有迹象表明借款人不可能按原定的贷款协议按时偿还贷款本息的贷款。

对于这些逾期贷款，银行应做好逾期贷款管理，使逾期贷款损失最小化。一般把逾期贷款管理分为三个阶段，如表 12－7 所示。

表 12－7　不同阶段逾期贷款的管理方法

阶段	贷款状态	催收方式	具体实施
逾期前	贷后管理阶段出现风险预警信号，有逾期可能，但还未逾期的正常贷款。	短信、电话提醒	向借款人发送短信或电话联系，提醒借款人及时还款，并告知其贷款逾期所带来的信用影响及危害，有效地减少逾期发生。
常规催收贷款阶段	刚出现逾期情况，银行需进一步调查了解借款人的逾期原因，并对逾期后借款人的还款能力及意愿重新评估，属于关注类贷款。	通过短信、电话、邮件等方式催收	以协商为主，施加压力为辅。对于有良好还款能力和还款意愿的借款人，主要采用短信、电话、邮件、信函等方式向借款人、担保人发出逾期催款函。
		通过面谈磋商等方式催收	对于出现暂时性困难但有良好偿债意愿的借款人，信贷业务人员可以约见借款人进行磋商，落实可行的还款计划，帮助其渡过难关，从而增加贷款偿还的机会。债务重组（展期、借新还旧等）是化解前期的逾期贷款使用最多、最有效的手段之一，通过对贷款条件做出调整，来维护债权和减少损失。

续表

阶段	贷款状态	催收方式	具体实施
强力催收阶段	逾期时间较长，前期催收效果甚微，借款人基本无能力偿还贷款本息，属于次级及次级以上贷款。	担保代偿	有保证担保的，借款人逾期了或者严重违约，银行应当及时书面通知保证人，要求其履行保证责任并取得回执。有抵（质）押物的，银行可以与担保人协议处置抵（质）押物，处置方式包括折价、拍卖、变卖。处置后，应先支付处置费用，然后清偿债务人欠银行的主债权、利息、违约金等，剩余部分退给担保人，不足的继续向债务人追偿。
		委托与转让	委外清收是指把不良贷款的催收业务外包给一些第三方清收公司，这些公司通常与公检法等强力部门有联系。转让清收是指银行对一定规模的不良贷款进行组包，定向转让给资产管理公司，或者通过银行业信贷资产登记流转中心平台进行转让。
		以物抵债	以物抵债是经过法院裁决的，债务人不能以货币资产足额偿付贷款本息的，用借款人、担保人或第三人实物资产来抵偿贷款本息的一种保全形式。清收时要以货币受偿优先，再考虑土地使用权、房屋、设备所有权，其次考虑大宗产品、材料所有权或处置权，最后考虑办公设备、汽车等的所有权和处置权等。
		司法清收	不良贷款的司法清收是指利用司法力量将不良贷款本息及应收未收账款以现金方式收回。诉讼清收流程主要包括立案、财产保全、申请支付令、申请强制执行、申请债务人破产。

知识拓展 12 -4——诉讼清收知多少

（1）立案。首先向人民法院提起民事起诉状和证据材料，提出诉讼请求，人民法院审理案件，一般应在立案之日起 6 个月内做出判决。银行如果不服当地人民法院第一审判决的，有权在判决书送达之日起 15 日内向上一级人民法院提起上诉。

（2）财产保全。在起诉前或起诉后，为了防止债务人转移、隐匿财产，债权银行可向人民银行申请财产保全。例如，保证人拒绝承认或承担保证责任，有能力清偿但是拒不代偿或开始转移隐匿资产，或者保证人对其他人有重大违约行为、被他人起诉而足以损害银行债权时，银行应当向法院起诉，并申请对保证人采取财产保全。财产保全的具体措施包括查封、扣押、冻结等，如查封房地产、扣押车辆、冻结账户。

（3）申请支付令。对于借贷关系清楚的案件，债权银行也可以不经起诉而直接向人民银行申请支付令。债务人在收到支付令之日起 15 日内向债权人清偿债务，或者向人民法院提出书面异议。债务人在收到支付令之日起 15 日内既不提出异议又不履行支付令的，债权人可向人民法院申请执行。如果借款企业对于债务本身并无争议，仅仅由于支付能力不足而未能及时偿还的，直接申请支付令可达到与起诉相同的效果，但申请支付令所需费用和时间远比起诉少。

(4) 申请强制执行。银行获得了生效的法律文书后，债务人并未履行还款义务，这时候就需要申请强制执行。强制执行包括采取拘传、罚款、拘留、搜查等手段来保障执行力，还包括强制财产报告、限制出境、限制高消费、纳入失信人名单等措施。启动执行程序以后，法院开展查询被执行人存款、房地产、车辆、股权等财产。对于查明的被执行人的财产，执行法院会及时采取查封、扣押、冻结等执行措施。通过财产查找和处置，能够覆盖全部债务的，执行圆满结束；不能覆盖，又无新的财产线索的，法院可以终结本次执行，待有新线索时再重启执行。

(5) 申请债务人破产。当债务人不能偿还到期债务而且经营亏损的趋势无法逆转时，应当果断申请对债务人实施破产，从而终止其他强制执行程序，避免债务人非法转移资产。

资料来源：何华平．一本书看透信贷：信贷业务全流程深度剖析［M］．北京：机械工业出版社，2017.

案例 12－2　借款人违反约定拒绝贷款人检查监督、拒绝提供财务报表的责任

2007 年 7 月 19 日，乙公司向甲信用社借款 500 万元，借款期限至 2009 年 8 月 8 日，丙公司承担连带保证责任。保证担保借款合同中约定：乙公司应接受贷款人对其信贷资金使用情况和有关生产经营、财务活动的检查监督，并按月向贷款人提供相关财务报表，否则贷款人有权提前收回尚未到期的贷款，保证人相应承担提前收回贷款的保证责任。因乙公司拒绝向甲信用社提供资产负债表、损益表等财务报表，甲信用社于 2008 年 3 月 14 日向法院起诉，请求判令：(1) 解除保证担保借款合同；(2) 乙公司偿还甲信用社贷款 500 万元及相关利息；(3) 丙公司对债务承担连带清偿责任。

法院审理后认为：乙公司向甲信用社按月提供真实的资产负债表、损益表等承诺义务应当属借款人的主要义务，因为金融机构可以根据财务报表及时、准确了解企业生产经营状况，对可能出现的风险及时做出预警判断，从而及时防范金融风险，保障信贷资金安全。乙公司未履行该主要义务，甲信用社有权根据约定提前收回尚未到期的贷款。遂判决：解除保证担保借款合同；乙公司偿还甲信用社借款本金 500 万元及利息；丙公司对上述债务承担连带保证责任。

资料来源：朱玉伯．小额贷款实物操作与法律风险防范［M］．北京：中国经济出版社，2014.

思考题

1. 梳理银行小微信贷业务基本流程。

2. 贷前尽职调查的内容主要包括哪些？调查这些内容可从中获得什么信息？

3. 贷前尽职调查的方法有哪几种？其具体做法是什么？

4. 什么是交叉检验？其基本逻辑是什么？

5. 撰写小微企业贷前调查报告时需要注意哪些重点？

6. 根据所学知识，结合相关资料，试论述小微信贷与大企业信贷在贷中审批方面的差异。

7. 贷后检查有哪些形式？基本检查内容有哪些？

8. 进入贷后管理阶段，应注意哪些风险预警信号？举例说明怎样识别贷后风险预警信号。

9. 按风险程度划分，贷款可分为五类，分别简述这几类贷款的特点。

10. 对于有逾期可能性和已逾期的贷款，应分别采取什么措施进行催收？

小微信贷利率定价 | Chapter Thirteen 第十三章

第一节　定价原则

目前，小微企业的蓬勃发展极大地推动了我国经济的增长，并为我国经济结构的调整优化注入了活力。小微企业的不断发展及其规模的不断扩大为社会提供了更多的岗位，有效地缓解了就业压力。在现阶段我国加快推进经济结构转型和产业结构升级的宏观背景下，推动助力小微企业高质量发展具有重大现实意义。

由于小微企业的市场竞争力并不是很强，缺乏足够的化解市场风险的能力，因此银行在扩大开展小微金融业务的同时，还必须构建出完善的小微金融信贷机制。贷款利率定价就是其中重要的一环。科学的定价机制不仅要保证贷款利率覆盖风险和运营成本，实现预期的盈利水平，还要有利于最大限度地满足客户需要，支持小微客户发展。小微信贷利率定价主要遵循以下五大原则。

一、价格覆盖成本原则

价格覆盖成本原则是指商业银行从贷款业务中获得的收入能够覆盖其资金成本和业务成本，这也是商业银行能够独立生存及发展壮大的基本要求。

资金成本是指商业银行为筹集贷款资金所发生的成本，业务成本是指开展信贷业务所需要的成本，又分为固定成本和变动成本。固定成本是指商业银行开展运营所产生的必要成本支出，包括办公场地的建设费用或租金等。由于小微客户的单笔业务量较小，放款人如果没有获取到足够的业务量，就难以覆盖固定成本。因此，需要尽可能多地去拓展客户，但这又会产生更多变动成本。变动成本包括做单笔业务所需要的各种支出，与业务量正相关。信息收集和识别成本是变动成本中的主要部分。如果信息生产成本太高，就会导致业务难做，小微群体融资就会出现难或贵的局面。

二、价格覆盖风险原则

小微企业受到生产规模小、生命周期短、经营情况复杂等条件的制约，较之于大中型企业而言，抗周期能力弱，单个企业信贷风险较大。因此要在“价格覆盖风险”的原则下，为小微企业制定贷款价格。一个合理的利率水平除了覆盖放款机构自身的资金成本、开展业务的成本、一定的利润水平之外也需要包含对信贷可能发生的风险损失的合理补偿（风险溢价、风险成本）。

风险溢价应该要覆盖所有放款的损失率，是风险定价原理的关键。风险溢价主要包括违约风险溢价和期限风险溢价。

（一）违约风险溢价

银行根据客户的信用情况对贷款的预期损失率和非预期损失率进行分析，计算两者之和就可以得出违约风险溢价数据。其中，预期损失率是指银行在经营过程中不可避免地会产生风险损失。在一定的时期内，风险损失发生的概率是客观且不可预测的。银行可根据一定时期内有关小微企业的贷款状况及发生违约事件的情况，判断各信用等级的小微企业违约的可能性，并计算出其违约损失率，二者相乘便可得出预期损失率数值。银行根据预期损失率对贷款风险进行定价。

非预期损失率是指因经济随机波动等因素而导致的信用风险损失。这种信用风险损失并不在预期内，需借助银行经济资本进行填补。

（二）期限风险溢价

期限风险是指因债务期限长短不同而形成的风险。贷款期限越长，风险发生概率越高，期限风险溢价也会增加。进行期限风险溢价计算时，应结合银行自身状况和贷款发放时期的信贷风险情况，以国债市场为参照系，对期限风险发生情况进行判断，对期限风险溢价进行预测。

银行在放款前可以综合以上两个风险溢价因素，预估贷款损失率，并将其作为风险溢价的水平加到信贷利率中去即可覆盖风险。

三、商业可持续原则

商业可持续原则是指银行能够从其主营业务中获取持续、稳定的合理利润。小微信贷利率应由资金成本、业务成本、风险溢价以及目标利润率构成。资金成本表示放款人的资金成本，既可以用实际资金成本表示（如银行的计息负债的平均付息率），也可以用放款人的其他无风险投资的收益率来表示（如国债收益率）；业务成本是指放款人开展信贷业务时，在拓展客户、开展业务、维持自身运营等方面所花费的成本；合理利润是指放款人从事信贷业务所赚取的合理利润，这也是放款人能实现商业可持续的必要条件。目前中国银行业资产收益率（ROA）的平均水平为1%左右，这也可视为合理利润水平的参照。

资金成本是相对外生的，银行自身无法完全决定，因此，商业可持续原则的关键是用技术手段完成信息生产工作时，能把业务成本和风险溢价控制在合理水平内，以便留存合理利润。

业务成本与风险溢价之间有着很强的关联性。如果放款人希望更加准确地了解借款人的预期违约率，就需要投入更多人力、物力去挖掘更多信息，也就意味着更高的业务成本。由于小微企业信息不对称程度较高，且其信息大多是非书面化、结构化的“软信息”，所以放款人需要花费更多成本去获得信息，再用非标准化模型处理信息（比如使用经验去处理信息），形成判断，完成风险定价。总的来说，业务成本与风险溢价之间有一定的负相关关系，放款人需要根据自身偏好权衡二者大小，确定合理的定价水平。

四、普惠原则

普惠原则要求商业银行能够为小微企业提供全面、有效的贷款服务，支持小微企业发展，在满足商业可持续的前提下，为小微企业合理让利。

根据普惠原则，银行在对小微企业发放贷款时应在信贷定价、信贷流程、不良贷款容忍度等方面实施更加差异化的支持政策。

商业银行在服务小微企业时，要充分剖析小微客户信息，根据不同客户群体的特征匹配不同的贷款利率，实施差异化定价策略，以更好地服务小微企业。例如在其他条件相同的情况下，给予新客户中间水平的利率，而给予老客户适当的利率优惠；根据贷款规模，对额度大的贷款给予相对较低的利率，额度小的贷款给予相对较高又有竞争力的利率；对于科技行业、盈利能力强的行业，适当提高一定利率调整幅度，而对于传统行业，在政策支持的情况下，给予一定的利率扶持。对贷款效益较好、定价能力较高的分支行适当放权，充分发挥分支行的利率管理职能。

商业银行需创新信贷流程，建立一套适合小微企业的信贷流程，减少不必要环节的程序和收费，切实减少企业的融资成本，提高服务效率。

商业银行必须建立尽职免责相关制度，增加对小微企业贷款不良率的容忍度。在制度规章范围内，要对遵守法律法规、履行尽职调查、尽职投放的分支机构和个人减轻和免予处罚。

五、依法合规原则

信用是商业银行生存的关键，建立起一个守信的社会形象是其生存与发展的重要基础。商业银行要建立起信用形象，就必须守法、诚信、稳健经营，通过自己的业务活动维护社会的整体利益，不能唯利是图。在贷款定价中，银行应严格遵守国家有关法律法规和货币政策、利率政策的要求，不能利用贷款价格搞恶性竞争，破坏金融秩序的稳定，损害社会的整体利益，扰乱金融市场的稳定性。例如，《中华人民共和国商业银行法》第三十八条规定：商业银行应当按照中国人民银行规定的贷款利率的上下限，确定贷款利率；第四十七条规定：商业银行不得违反规定提高或者降低利率以及采用其他不正当手段，吸收存款，发放贷款。

第二节　贷款价格的构成

贷款价格是个组合概念，狭义的贷款价格包括贷款利率、贷款承诺费、补偿余额，广义的贷款价格在前者的基础上又包括了贷款服务费、逾期罚款等。其中，贷款利率是贷款价格的主要组成部分，是影响信贷市场供求关系的关键变量。

一、贷款利率

贷款利率是一定时期内客户向贷款人支付的贷款利息与贷款本金之比率，是借款人偿还本金之后需要额外支出的部分，是对贷款方的一种补偿，反映机会成本。

银行的贷款利率一般有一个基准水平，其受中央银行的货币政策和相关的法律法规、资金供求状况和同业竞争情况等因素影响。

根据利率计算时间尺度的不同，贷款利率可分为年利率、月利率以及日利率。其中年利率是贷款利率的基本形式，通常以百分比来表示。根据贷款利率变动与否，其还可以分为固定利率和浮动利率。固定利率是指发放贷款时就已经确定了一个在贷款期间不再变动的利率；浮动利率则是会在贷款期间根据市场利率的变化而实行定期调整的利率。

二、贷款承诺费

贷款承诺费也称为承担费，是指银行对已经承诺发放贷款给贷款申请方而申请方又没有使用的那部分资金收取的费用。也就是说，银行已经与借方签订了贷款意向协议，并为此做好了资金准备，但借方实际上并没有从银行贷出这笔资金，那么贷款承诺费就是对这笔已经做出了承诺但没有贷出的款项所收取的费用。由于贷款承诺费是借方为了取得贷款而支付的费用，故而也属于贷款价格的一部分。

贷款承诺费的收取是合理的，因为其是对银行为了保证承诺贷款额的正常借出而放弃其他收益贷款或投资所损失利益的补偿。支付了承诺费的贷款承诺是受法律保护的正式承诺，如果此时银行拒绝履行贷款承诺将会承担法律责任。

三、贷款服务费

贷款服务费是指商业银行在办理贷款业务时所收取的费用，包括手续费等。《中华人民共和国商业银行法》第五十条规定：商业银行办理业务，提供服务，按照规定收取手续费。收费项目和标准由国务院银行业监督管理机构、中国人民银行根据职责分工，分别会同国务院价格主管部门制定。近年来，中国政府和金融监管部门始终致力于降低小微企业融资成本，目前商业银行的贷款服务费已经大幅下降，部分银行甚至取消了贷款服务费用的收取。

四、补偿余额

补偿余额是指贷款银行要求借款人按借款的一定比例留存于银行的那部分存款。贷款银行根据借款人的信用程度确定借款人留存补偿余额占贷款额度的比例。信用程度较高的借款人，补偿余额所占贷款额度的比例较低；反之，信用程度较差的借款人，该比例较高。对银行来说，补偿余额有助于降低贷款风险；对企业来说，补偿余额提高了借款的实际支付利率。补偿余额的计算分为两部分：一部分是按实际贷款余额计算的补偿余额；另一部分是按已承诺而未使用的限额计算的补偿余额。

五、逾期罚款

根据《民法典》的相关规定，借款人未按照约定的期限返还借款的，应当按照约定或者国家有关规定支付逾期利息。对于逾期贷款，商业银行通常要加收惩罚利息，即逾期罚款。逾期贷款利息计算的方式主要包括以下两种。

一是按合同期内利率约定计收。借款合同约定的履行期限内，借款方支付利息的利率，民间借贷的利率不高于一年期贷款市场利率的 4 倍，便可按其利率约定计算逾期贷款的逾期利息。

二是按照人民银行的有关规定计算利息。这种计息方式下，对于借款合同履行期限内的贷款利率仍然遵照原约定，遇利率调整不分段计息；对于逾期后的贷款利率则按人民银行确定的不同时期所调整的利率，采取分段计息的办法计算逾期利息，在收取逾期利息的同时，按一定比例加收罚息，或按人民银行确定的逾期贷款罚息利率，随罚息调整分段计算罚息。

另外，对合同履行期限内和逾期后的贷款采取按季结息（其中一年内短期贷款还可按月结息），每季结息日为季末月 20 日，对于借款人不能按期支付利息的，其利息计算复利。

知识拓展 13－1——“生意贷”

“生意贷”是招商银行对于小微企业贷款的创新产品。“生意贷”采用内部资金转移定价（FTP）的下限价格管理进行贷款定价。FTP 定价模式是招商银行内部的资金中心和业务部门通过规则有偿转移资金，在系统内为贷款交易计算与市场相关的、适合产品属性的内部转移价格，最终达到核算业务资金成本、收益等目的。招商银行总行的资金部门依据市场收益率、人民币贷款基准利率、贷款成本、贷款期限、预计损失率等多个因素得出贷款 FTP 定价曲线，并在后期不定时进行调整，该曲线是贷款 FTP 定价的基准。贷款 FTP 价格是在定价曲线对应的收益率上进行调整，确定最终的价格。

第三节 定价方法

一、银行贷款定价的影响因素

在银行贷款业务经营管理中，科学定价是贷款业务非常重要的一环。对于银行来说，银行存贷利差是其重要的收入来源之一，高的利息收入能覆盖贷款的风险，并给银行带来可观的利润，因此尽可能高的贷款定价是银行所期望的。但对于借款企业来说，过高的贷款利率将导致企业资金成本上涨，可能给企业造成很大的还款压力，还有可能使企业不得不放弃前景较好的投资项目，不利于企业健康发展。当发现银行贷款定价过高时，一些客户会向其他银行或者非银行金融机构寻求资金，会使银行流失优质客户。但过低的贷款利率将无法补偿银行所面临的各种风险，使银行无法盈利甚至对银行健康发展产生诸多不利影响。

信贷资金的供求状况决定信贷资金价格体现了基本的经济学原理，但对于银行贷款业务而言，在定价时若只遵循一般的供求关系，很有可能会忽略其他影响价格的重要因素，为了使实务中定价更为合理，需要将影响贷款利率的重要因素纳入银行定价体系。根据第一节中几种常用的定价方法可以归纳出以下影响贷款定价的因素。

（一）资金成本

资金成本是指商业银行为筹集贷款资金所发生的成本，银行的资金成本可分为资金平均成本和资金边际成本。资金平均成本是指平均每一单位的资金所花费的利息、费用额。资金边际成本是指银行每增加一个单位的可投资资金所需要花费的利息、费用额。在实际操作中，资金成本主要包括吸收公众存款所支付的利息和费用、从中央银行或其他商业银行借款所支付的利息和费用。

（二）运营成本

运营成本是指商业银行发放贷款时所需支付的非利息成本，包括人员工资、设备成本、办公场所费用及其他未被补偿的相关费用，既包括办理业务所发生的直接费用，也包括分摊在单位业务上的间接费用。

$$\text{运营成本} = \text{相应贷款产品的成本费用率} \times \text{该笔业务的日均余额} \quad (13-1)$$

（三）资本成本

资本成本是指贷款业务所占用的经济资本的机会成本，简要的计算公式为

$$\text{资本成本} = \text{资本充足率} \times \text{股东资本回报率} \quad (13-2)$$

其中资本充足率由监管部门决定，股东资本回报率则根据各个银行的股本回报要求来确定。

（四）贷款风险程度

风险因素贯穿于商业银行整个经营过程中，贷款业务涉及的风险主要有信用风险、利率风险、流动性风险、操作风险等。信用风险是商业银行经营中应重点应对的风险之一，主要衡量客户违约的可能性。信用风险越大，商业银行需要补偿的利率就越高。另外一个与经营密切相关的风险就是流动性风险，主要表现为存款、贷款期限不匹配而引起的风险。市场利率变化的不稳定性也会引起银行资产价值的不确定性，这部分风险即为利率风险，它对银行浮动利率信贷资产价值的影响最大。操作风险则是指由于银行在贷款过程中涉及的程序、人员和系统的不完备而造成损失的风险。

银行为承担贷款风险而花费的费用，称为贷款的风险费用，也是贷款的风险成本。银行在进行贷款定价时必须将风险成本纳入贷款价格之中。一般情况下，商业银行在进行贷款定价时会综合考虑各方面的风险因素，科学测算风险溢价，并确立风险补偿对应的价格浮动幅度。

（五）目标利润值

目标利润值是指发放贷款时预期实现的回报，即商业银行经营管理期望取得的目标利润水平，与市场环境和经营目标相关。追求利润最大化是企业的核心目标，因此盈利在商业银行经营目标中占有重要的分量。贷款作为银行最重要的资产类产品，为了完成利润目标，商业银行对自身目标利润的制定必然会对贷款价格产生直接的影响。显然，贷款定价的前提是要科学制定目标利润值，这也是成本加成定价法需要重点考虑的因素，商业银行需要制定合理的盈利目标值，不能过高进而拉高贷款利率从而失去市场竞争力，也不能过低进而影响银行的整体盈利能力。

（六）其他因素

影响贷款价格制定的因素除了以上五个还包括银企关系、市场竞争度、贷款还款的方式、税收政策等。在贷款客户与银行的关系方面，主要考量客户与银行业务关系密切程度，如客户在银行有大量存款或与银行属于长期合作伙伴关系等都会使银行在最终的贷款定价时进行适当的降低；税收政策方面，当小微企业贷款享有税收优惠时，商业银行可以适当调低贷款利率；市场竞争激烈时，为了短时间获得较大市场份额，银行可以在行内利润允许和风险可控的前提下制定较优惠的贷款价格吸引客户。总之，商业银行在确定贷款价格时，要多方面考量各种因素，使最终的贷款价格相对合理科学。

知识拓展 13-2——常见的利率种类

贷款利率是一定时期内客户向贷款人支付的贷款利息与贷款本金的比率，是借款人偿还本金之后需要额外支出的部分，是对贷款方的一种补偿，属于机会成本。小额信贷的利率种类多样，常见的有以下几种利率。

一、根据利率计算时间尺度的不同，可分为年利率、月利率和日利率

年利率一般按本金的百分之几表示。如年利率为8%，即表示每100元的年利息额为8元，年利率8%又可称年息8厘。月利率一般按本金的千分之几表示，如月利率7‰抑或月息7厘，即表示每100元的月利息额为7角。日利率一般按本金的万分之几表示，如日利率0.35‰，又称日息三厘五毫，即每100元的日利息额为3.5分。

二、按是否考虑通货膨胀，可分为名义利率与实际利率

名义利率是中央银行或其他提供资金借贷的机构所公布的未调整通货膨胀因素的利率，即利息与本金的比率，是借款人每期依照贷款合同所支付的利率。实际利率是考虑通货膨胀影响后的利率，即货币购买力不变条件下的利率，用来计算利率是否足以补偿通货膨胀所带来的损失。

以i表示实际利率，r表示名义利率，p表示通货膨胀，名义利率与实际利率之间的关系可表示为：

$$I = (1 + r)/(1 + p) - 1$$

当通货膨胀率较低时实际利率近似于名义利率与通货膨胀率之差。当实际利率为负值时，意味着利率不足以弥补通货膨胀所带来的损失。

三、有效利率

有效利率是包括了利息、借款费用、佣金、利息计算方法和其他借款要求等因素的利率。有效利率综合考虑了各种因素，因此它考虑了复利的影响。对于借款人来说，有效利率就是借款的真实成本，包含了所有的财务费用。

知识拓展13-3——常见的还款方式

等额本息和等额本金是贷款的两种还款方式，在贷款额度、贷款时间和贷款利率相同的情况下，等额本息比等额本金的月还款额度低，总利息方面，等额本息还款的利息要比等额本金高。

等额本息每个月还款的额度都是一样的，在每个月的还款额度中利息和归还的本金都是变化的，这种还款方式下前期还款利息比较多，后期还款本金多，这种每月还款相同的还款方式适合具有稳定收入的人群。

等额本金每个月还款的额度是递减的，在每个月的还款额度中利息逐月减少，归还的本金保持不变，这种还款方式下前期归还的利息要比等额本息多，由于前期还款额度较多，对还款人的收入有一定的要求。

二、定价方法

（一）成本加成定价法

成本加成定价法是指贷款的价格必须补偿银行筹集资金的成本、相关管理费用和贷款风险，并使银行获取一定的利润。在成本加成定价模式中，贷款价格包括资金成本、贷款费用、风险补偿费用和目标利润等因素。资金成本是指银行机构为筹集贷款资金所发生的成本。

贷款费用也可称为"非资金性操作成本"，包括对借款人进行信用调查所发生的费用、对借款人进行信用分析所发生的费用、抵押物的鉴别和估价费用、贷款资料和文件的工本费用、贷款资料的整理保管费用、信贷业务人员的工资、信贷业务人员的福利和补贴等。

风险补偿费用是指因贷款风险的客观存在而对客户收取的费用。对于每一笔贷款来说，贷款的对象、期限、种类、保障程度都存在很大的差异。因此，每笔贷款的风险程度也各不相同。一般而言，贷款价格中必须要考虑风险补偿，否则银行不如将贷款资金用于购买无风险的国库券。贷款定价中所考虑的风险因素主要包括违约风险补偿费和期限风险补偿费。违约风险补偿费可以根据客户不同的信用评级，并结合历史统计数据来分档设定。对于期限风险补偿费而言，贷款期限越长，借款人信用恶化的可能性就越大，期限风险补偿费就越高。银行可通过对风险补偿费用进行调整，以实现风险覆盖。

目标利润是指银行机构为银行股东提供一定的资本收益率所应达到的利润水平。一般是由上级分行或总行直接制定，并由各银行根据实际情况做相应调整。

成本加成定价的基本计算公式分为贷款保本利率和贷款保利利率两种形式。

第一种形式是：

$$\text{贷款保本利率} = \text{资金成本} + \text{贷款费用} + \text{风险补偿费} \quad (13-3)$$

第二种形式是：

$$\text{贷款保利利率} = \text{资金成本} + \text{贷款费用} + \text{风险补偿费} + \text{目标收益率} \quad (13-4)$$

成本加成定价法属于成本导向型定价方法。银行在进行贷款定价时是以贷款成本为基础的，保证每笔贷款业务都能获得利润。这种贷款定价方法比较简便，有利于保持贷款价格的稳定。

商业银行在运用成本加成定价模式时，需要精心构建一个成本计算系统，能够精确地归集和分配贷款过程中发生的成本。同时，成本加成定价模式的运用，需要银行充分估计贷款的违约风险、期限风险和其他相关风险，从而需要银行建立一种健全的信用评级制度，并培育一批具有丰富实践经验的风险评估人才。

（二）基准利率加点定价法

基准利率加点定价法又称价格领导定价法，是20世纪中期出现的一种贷款定价模式，随着金融业的发展，成熟的市场基准利率陆续推出，使价格领导定价模式逐渐成为一种主流的定价方法。基准利率加点定价法是指这样一种产品定价模式，银行选择某种基准利率为“基价”，在“基价”的基础上加上不同水平的利差，使银行对不同风险程度的客户和贷款种类确定不同的贷款利率。基准利率加点定价模式在确定资金成本的基础上着重考虑了不同贷款的违约成本，以市场一般价格水平为出发点来寻求适合本行的贷款价格，具有较强的可操作性，是国际银行业较为流行的贷款定价方法。其主要方法是首先确定一个最优惠的短期营运资金贷款利率，银行只向信誉最好的客户实行该基准利率，因此该利率也被称为基准或参照利率。而对于其他借款人，则要根据其信用风险大小，额外加征违约风险补偿和期限风险补偿，作为商业银行承担贷款风险所要求的风险溢价。其计算公式为

$$\text{贷款利率} = \text{基准利率} + \text{风险溢价点数} \tag{13-5}$$

$$\text{或贷款利率} = \text{基准利率} \times \text{风险溢价乘数} \tag{13-6}$$

采用这种方法进行贷款定价时，选择何种利率作为基准利率是核心问题。对于基准利率的选择，20 世纪西方商业银行通常以各主要银行对最可靠、信誉最好的大顾客发放短期贷款时所征收的利率的加权平均值为最终的基准利率。表 13 - 1 是科普兰银行对英航贷款定价行为中，风险溢价和贷款风险等级之间关系的建议。

表 13 - 1　科普兰银行贷款风险等级与风险溢价的关系建议

风险等级	风险溢价
无风险	0
轻微风险	0.25%
标准风险	0.50%
特别关注	1.50%
次级	2.50%
可疑	5.00%

目前美国和诸多西方国家的商业银行仍在使用该方法，美国银行界采用的基础利率为美国联邦基准利率（FFR），是由 30 多家主要商业银行定期公布的贷款利率为基础加权平均推算得出的；我国香港银行界则采用香港银行间同业拆借利率（HIBOR）。自 2020 年 3 月 1 日起，我国采用贷款市场报价利率（Loan Prime Rate，LPR）为基础性贷款参考利率，金融机构主要以 LPR 为定价基准加点（加点可为负值）形成贷款定价。现行的 LPR 包括 1 年期和 5 年期以上两个品种。

基准利率加点定价法从一般市场利率水平出发，同时考虑了贷款信用风险和贷款市场风险，制定出的贷款价格具有一定的合理性和市场竞争力。但是，在定价的过程中，基准利率加点定价法没有考虑银行与借款人的全面关系，对资金成本不够重视，且制定的贷款利率与市场利率水平比较接近，降低了银行方的盈利水平。另外，在考虑信用风险之外，对利率风险控制性不强，提高了贷款风险管理的难度。所以商业银行在运用基准利率加点定价法时要充分考虑贷款价格的各个影响因素，选择并确立合适的基准利率，而且要能针对借款人贷款风险的大小确定合适的风险溢价，从而使制定的利率趋于合理且有竞争力。

（三）客户盈利分析定价法

客户盈利分析定价法也称为“以银、客整体关系为基础”的贷款定价模式，是指银行在进行贷款定价时从“银行—客户”的整体关系入手，通过全面分析借款人对银行的贡献来考虑价格的影响因素。在这里，借款人对银行的贡献包括资产业务、负债业务和中间业务等方面。银行机构需要在综合计算与客户的各种业务往来的成本和收益之后，根据银行的目标利润和客户风险给出贷款的价格。客户盈利分析定价法主要针对客户为银行带来的收益与为客户提供服务的成本之间的关系，这是将客户成本和费用相结合的一种方式，能够体现出客户对于银行的贡献。

客户盈利分析定价模式的思想是，银行在为每笔贷款定价时应优先考虑客户和本行的整体关系，全面考虑客户和银行之间的各种业务往来的成本和收益。从经济学的视角来看，银行与客户往来是以获取一定的收益为前提。所以，客户盈利分析定价模式的三大要素分别是为客户提供贷款服务所发生的总成本、来源于客户的总收入、银行的目标利润。

银行“为客户提供贷款服务所发生的总成本”主要包括以下各项：（1）资金成本，即银行对客户提供贷款所需资金的成本。（2）贷款费用，即在贷款发生过程中的信用调查费用、项目评估费用、抵押物的维护费用、贷款回收费用、贷款资料档案费用、法律文书费用和信贷业务人员薪金。（3）客户违约成本，是指由于客户的违约而给银行所带来的损失，一般根据客户的风险等级和平均违约率来确定。（4）客户存款的利息支出费用，是指银行为客户活期存款账户和定期存款账户所支付的利息。（5）账户管理成本，是指客户的活期存款账户和定期存款账户的管理费用和操作费用，如提现、转账、存现、账户维持等业务行为所发生的费用。

“来源于客户的总收入”主要包括以下各项：（1）贷款的利息净收入。这里的贷款包括所有的银行授信资产，如进出口押汇、打包贷款和票据贴现等。同时，我国商业银行的贷款利息收入要缴纳营业税和附加税。（2）客户存款账户收入。客户将款项存入银行之后，银行要向人民银行缴纳一定额度的存款准备金，余额再用于贷款和投资，从而产生一定的收益。（3）结算手续费收入，是指银行为客户办理国内结算和国际结算所取得的手续费收入。银行在计算结算手续费收入时，需要将应缴纳的营业税及附加税扣除。（4）其他服务费收入。包括银行为客户提供其他服务所获得的收入，如代发工资、代理买卖外汇、保管箱业务等。

目标利润受到银行的产权资本目标利润率、贷款额和贷款的资本金支持率三个要素的影响。产权资本目标利润率通常由银行上层管理者决定。银行的贷款资金来源于“资金库”，而“资金库”中的资金来源于“负债”和“产权资本股东权益”。客户盈利分析定价法的基本公式为

$$\text{贷款利率}=(\text{银行的目标利润}+\text{为客户提供所有服务的总成本}-\text{除贷款利息以外的其他收入})/\text{贷款额} \tag{13-7}$$

这种方式能够带来一定的收入，而且还可以为客户带来一定的优惠，增加银行贷

款对于客户的吸引力；还可以控制总成本的生成，让银行的目标利润得到满足；更可以为客户提供充足的服务，形成费用体系，让银行的信贷费用得到满足。客户盈利分析定价法是在基准利率加点定价法的基础上演变而来的，它弥补了后者忽略银企关系的局限性，综合考虑了银行与企业的长期合作关系。

（四）风险收益调整定价法[①]

风险收益调整定价法又称 RAROC（Risk - Adjusted Return on Capital）贷款利率定价法。为了全面考虑收益和风险的关系，衡量银行的真实盈利，20 世纪 90 年代以来，国际银行界开始将风险调整过的收益（RAROC）作为绩效考核的重要指标，并用于指导业务调整和战略决策。目前，大部分国际活跃银行采用的计算公式本质上都可以划归为

$$RAROC = (\text{收益} - \text{预期损失}) / \text{经济资本} \tag{13-8}$$

其中，经济资本（Economic Capital，EC）又称为风险资本（Capital at Risk，CaR），是银行内部用于覆盖非预期损失的资本。经济资本并非真实的银行资本，其在数值上等于一定置信区间下非预期损失的值。RAROC 将银行的盈利活动明确地与风险联系在一起，表明了银行经营过程中风险度量、价格补偿对价值管理的重要性。

1. RAROC 定价模型

RAROC 定价模型的核心思想是在贷款信用风险定价模型中引入风险调整函数，将贷款的预期损失量作为当期成本，衡量经风险调整后的收益大小，同时计算银行为缓冲非预期损失而保有的资本金，将收益与其所承担的特定风险直接挂钩，衡量资本收益率，通过预设资本收益率来决定贷款定价。贷款的 RAROC 可以被用来与反映银行资金成本的某种要求的最低收益率相比较。如果 RAROC 大于最低收益率，那么贷款就被视为能为股东带来价值增加。因而稀缺的银行资本就应该配置到这种贷款活动上，否则，就不应提供贷款。简言之，就是以 RAROC 指标为核心确定授信方案。

RAROC 的计算公式如下：

$$\begin{aligned} RAROC &= (\text{收益} - \text{预期损失}) / \text{经济资本} \\ &= [(\text{贷款收入} - \text{资金成本} - \text{经营费用}) - \text{预期损失}] / \text{经济资本} \\ &= (\text{贷款额度} \times \text{贷款利率} - \text{资金成本} - \text{经营费用} - \text{预期损失}) / \text{经济资本} \end{aligned} \tag{13-9}$$

其中，资金成本即内部资金转移价格，可以存款利率加上存款管理成本作为其计算基础。经营成本包括固定成本和可变成本。分摊后固定成本率 = 贷款业务所应承担的固定成本总量/该期限内贷款的平均余额。可变成本率可采用作业成本法先进行费用分配，将贷款业务分解为若干活动因子，计算出每个活动因子的单位成本率，再根据每笔贷款的活动数量计算其可变成本率。赋税成本也包含在经营成本中。预期损失（EL）的计算公式为 $EL = EAD \times PD \times LGD$，其中 EAD 为风险敞口，即客户贷款总额；

---

① 本部分参考周凯．基于 RAROC 的商业银行贷款定价模式研究［J］．世界经济与政治论坛，2008（2）：106－110.

PD 为违约概率，取决于客户的信用等级；LGD 为违约损失率，在初级内部评级法中主要取决于抵押品的种类和价值。经济资本衡量了银行进行交易或开办业务时已经承受的非预期风险额，是个动态的概念，即它随着不同借款人违约风险的不同而变化，随着同一借款人借款期限的长短而变化，随着不同产品内含风险的不同而变化。《巴塞尔新资本协议》（Basel II）给出了非预期损失 UL 及经济资本 EC 的计算公式：

$$\begin{aligned} UL &= EAD \times \sqrt{PD \times \delta_{LGD}^2 + LGD^2 \times \delta_{PD}^2} \\ &\approx EAD \times \sqrt{PD \times (1 - PD)} \times LGD \end{aligned} \tag{13-10}$$

$$\begin{aligned} EC &= \beta \times UL - EL = EAD \times \beta \times \sqrt{PD \times \delta_{LGD}^2 + LGD^2 \times \delta_{LGD}^2} - EL \\ &\approx EAD \times \beta \times \sqrt{PD \times (1 - PD)} \times LGD - EL \end{aligned} \tag{13-11}$$

其中，δ_{LGD}^2是违约损失的方差；δ_{PD}^2是违约概率的方差；β 是经济资本乘数，其大小取决于置信区间，主要与银行自身的信用等级有关。

需要注意的是，RAROC 定价模型给出了单笔贷款的基准利率，但是贷款定价不仅受到单个借款者风险的影响，还受到商业银行当前资产组合结构的影响。由于资产组合的风险分散效应，一项贷款在放入资产组合后将会改变资产组合的整体风险，而非简单地加总。因此，只有根据单个授信业务再贷款组合中的风险贡献将经济资本细分到每个业务中，才能正确评估每个授信业务经风险调整后的 RORAC。

RAROC 定价模式的基本流程如下：

（1）由总行的管理层确定银行整体的资本底线回报率。对于上市银行，可以直接采用资本市场的数据利用 CAPM 模型计算得到；未上市银行可比照同一类型、规模的上市银行进行估算。考虑到分行所处地区的金融生态以及客户所处行业的产业政策，管理层有必要针对不同的情况制定具有一定差异性的底线回报率并根据外部环境的变化和自身的发展及时做出调整。

（2）依托银行内部各系统的技术支持，信贷部门可以得到 RAROC 定价模型所需的各项参数，结合给定的资本回报率将单笔贷款成本的四个组成部分简单加总，以初步确定该笔贷款的基准价格，并报有权部门审批。

（3）审批部门对客户资料进行核实、评定复测贷款风险度并从资产组合的角度分析该笔贷款的风险贡献，确认或要求调整授信方案以保证该决策在组合层面满足整体风险—收益的平衡。当需要调整时，审批部门可以直接就贷款价格提出意见，可以对授信额度、贷款方式、贷款期限、风险缓释措施等信贷条件给出风险指引。

（4）客户经理以审批后的贷款价格为底线，与客户进行谈判，就最终的贷款条件达成一致。谈判过程实际上是在保证基准利率的前提下争取尽可能多的利润率。一般而言，管理层已从同业竞争及金融市场资金松紧状况等宏观角度就目标利润率设定了一个区间，在这个区间范围内，客户经理主要结合借贷双方的全面关系敲定每一笔贷款的期望利润率。

RAROC 定价模式的基本流程见图 13－1。

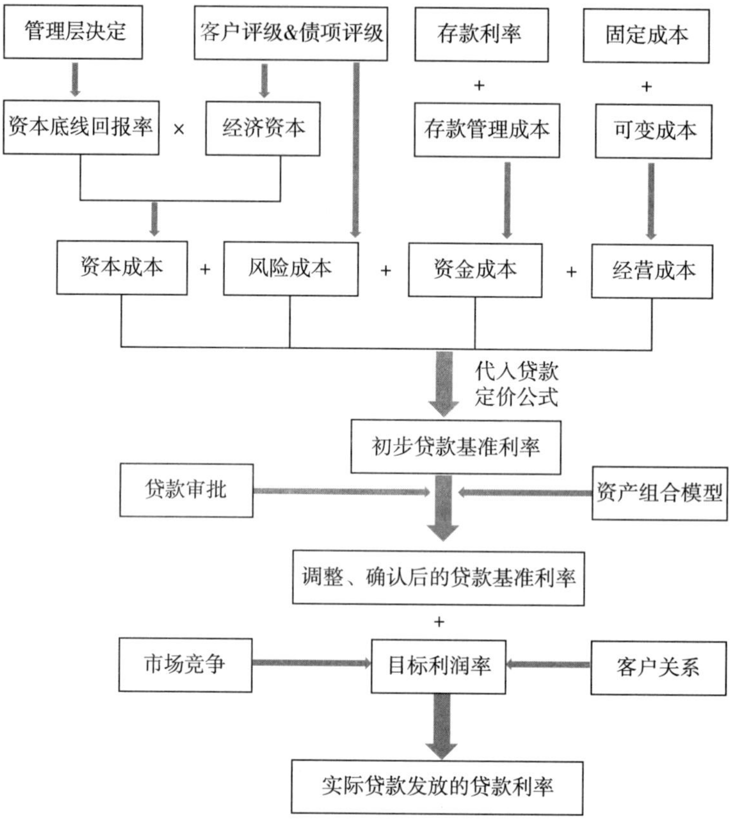

图 13－1 RAROC 定价基本流程

2. RAROC 定价方法的特点

RAROC 以银行的安全性和盈利性为目标，综合考虑了银行的资金成本、经营成本和风险溢价，在为贷款分配经济资本的同时优化了银行的资本结构。RAROC 定价法通过经济资本分配，调整了银行的收益率，将收益与风险挂钩，在控制风险的同时计量银行的盈利。RAROC 定价法的特点表现在以下两个方面。

（1）RAROC 定价法充分考虑每一笔贷款的风险，实现了收益和风险衡量挂钩，缓冲了非预期风险给商业银行带来的潜在损失，有利于银行资本结构优化。它解决了单一定价条件下的客户逆向选择问题，通过对客户风险的差异化衡量，科学测算单个客户的风险补偿，使贷款定价更趋于合理。

（2）RAROC 定价法弥补了传统定价法对风险考量模糊的缺陷，实现了收益、风险和期限的统一性。和传统定价法不同，RAROC 定价法使用经风险调整后的收益指标，将预期损失视作当期成本，并考虑了非预期风险补偿，能够衡量商业银行在未来很长一段时间的经营成果和承担的风险。同时，RAROC 强调了资本对风险的抵补，将风险作为资本需求的参考值，提高了银行对资本的要求，符合《巴塞尔协议Ⅲ》中的商业银行监管规则。

RAROC 定价法对信贷资产进行风险覆盖，能够从中小商业银行的自身特点出发，对每笔贷款做出合理的定价。在覆盖风险的同时，RAROC 定价模型很好地考虑到了成本和收益，在其定价公式中对银行的基本成本有所补偿，能够保证利润的共赢，实现最终利益的最大化。此方法能够使银行结合客户基本情况和特点制定出相对合理的利率水平，也有助于银行资产的风险管理。

第四节　商业银行贷款定价应用

利率市场化是指将利率的决定权交给金融机构，由金融机构根据资金状况和对金融市场供求关系的判断来自主调节利率水平，由市场供求来决定金融机构存贷款利率的市场定价体系和利率形成机制。利率市场化意味着竞争加剧，是否建立了有竞争力的价格体系决定了商业银行在利率市场化中的成败。本节主要讲解基准利率加点法、客户盈利分析法、风险收益调整法（RAROC）在小微信贷定价中的应用。① 通过三个银行贷款定价案例来详细阐述银行贷款定价的具体操作方法。

一、基准利率加点定价法案例

A 农村商业银行由农村信用合作联社改制而成，近年来始终坚持"服务地方、服务'三农'、服务中小企业、服务市民"的市场定位，大力推进体制改革、机制创新、业务发展和管理提升，全行存款份额在当地金融市场上遥遥领先。

A 农村商业银行贷款利率定价模式的选择受到内外部各种因素的影响，贷款利率定价呈现出多样化的特点，针对不同的借款人设计不同的贷款品种，采取差异化的贷款利率定价方法。

个人按揭贷款是指个人购买房产时，自己支付一定比例的资金，剩余资金向银行申请的贷款品种。A 农村商业银行的个人按揭贷款主要采用基准利率加点定价法，综合考虑客户户籍、现有住房情况和地区政策因素。个人按揭贷款定价公式为

$$利率 = 基准利率 \times (1 + 利率浮动幅度) \qquad (13-12)$$

A 农村商业银行个人按揭贷款利率定价的具体方法是：按照人民银行规定的利率政策和计息方法，以及 A 市的地方政策，确定按揭贷款利率。A 市籍人士和非 A 市籍人士执行不同的上浮标准，名下住房情况也作为利率执行依据，具体如下。

1. A 市籍人士

居民家庭首次购买住房的，贷款执行基准利率上浮 10%；居民家庭名下已购有一套或多套住房但没有购房贷款记录的或已有一套或多套住房并已结清相应购房贷款的，贷款购买首套房的，贷款执行基准利率上浮 15%；居民家庭已有一套住房、有住房贷款，即使相应购房贷款尚未结清（有住房、有贷款且未结清贷款的），贷款购买二套房的，贷款执行基准利率上浮 20%。

① 本部分参考汤金凯．小银行贷款利率定价研究［D］．苏州大学，2019；黄炎．A 银行苏州分行贷款定价体系优化研究［D］．苏州大学，2021.

2. 非 A 市籍人士

居民家庭首次购买住房的，贷款执行基准利率上浮 15%；居民家庭名下已购有一套或多套住房但没有购房贷款记录的或已有一套或多套住房并已结清相应购房贷款的，贷款购买首套房的，贷款执行基准利率上浮 20%；居民家庭已有一套住房、有住房贷款，尽管相应购房贷款尚未结清（有住房、有贷款且未结清贷款的），贷款购买二套房的，贷款执行基准利率上浮 25%；居民家庭购买非普通性住房（房产面积在 200 平方米以上）的，贷款执行基准利率上浮 30%。

例如，已知某家庭为非 A 市籍，名下已购有一套住房，没有购房贷款记录，向 A 农村商业银行贷款购买一套普通住房，贷款期限为 15 年。已知人民银行五年以上中长期贷款基准利率为 4.9%，试确定 A 农村商业银行对该家庭执行的贷款利率。

$$利率 = 基准利率 \times (1 + 利率浮动幅度) = 4.9\% \times (1 + 20\%) = 5.88\%$$

二、客户盈利分析定价法案例

B 银行是一家区域性城市商业银行，成立以来始终贯彻“服务中小企业、服务地方经济、服务城市居民”的内部指导方针，认真做好有关部门提出的对小型微利企业的各项优惠政策，将重点放在对小企业金融业务服务上，并在银行内部设立专门的小企业信贷部门，设计出各种适合小企业的金融产品和金融服务，全力扶持小企业经营发展。为适应利率市场化背景下的利率管理方式和要求，B 银行建立了合理规范的贷款利率执行制度，也建立了贷款利率浮动管理机制，逐步完善了“根据客户的信用等级、抵押担保状况和对银行的贡献等因素从总行到分支行的利率逐级授权审批”的贷款定价模式。

（一）贷款利率调整因素

表 13－2 列出了 B 银行营业网点在贷款指导利率基础上根据贷款企业自身差异进行贷款定价调整的具体方案。基于此方案确定的贷款利率是 B 银行营业网点贷款定价审批的最低权限。

表 13－2　贷款利率调整因素及权重设置

<table>
<tr><th>调整项目</th><th>调整指标</th><th colspan="6">类型（基准利率基础上加点数）</th><th>权重占比</th></tr>
<tr><td rowspan="9">客户调整</td><td rowspan="2">存贷比</td><td>50% 以上</td><td>30% ~50%</td><td>10% ~30%</td><td colspan="2">10% 以下</td><td>权重 1</td><td rowspan="9">30%</td></tr>
<tr><td>20</td><td>40</td><td>60</td><td colspan="2">80</td><td>40%</td></tr>
<tr><td rowspan="3">金融产品持有数</td><td>企业</td><td>4 项（含）以上</td><td>2 ~4 项</td><td>1 ~2 项</td><td>无</td><td rowspan="2">权重 2</td></tr>
<tr><td>个人</td><td>8 项以上</td><td>6 ~8 项</td><td>4 ~6 项</td><td>3 项以下</td></tr>
<tr><td>—</td><td>20</td><td>40</td><td>60</td><td>80</td><td>20%</td></tr>
<tr><td rowspan="2">客户上年度综合贡献</td><td>>100 万元</td><td colspan="2">50 万 ~100 万元</td><td colspan="2">0 ~50 万元（含新客户）</td><td>权重 3</td></tr>
<tr><td>0</td><td colspan="2">20</td><td colspan="2">40</td><td>40%</td></tr>
</table>

续表

调整项目	调整指标	类型（基准利率基础上加点数）					权重占比
信用等级调整	客户评级	AA+及以上	A+至AA	BBB+至A		BBB及以下	30%
		0	20	40		60	
担保方式调整	贷款担保方式	抵（质）押		保证		信用	20%
		0		30		60	
还款方式调整	贷款还款方式	按月还款	按季还款	按半年还款	按年还款	利随本清及其他	10%
		0	20	40	60	80	
网点差异化调整	贷款利率排名	前25%		25%~75%		后25%	10%
		-20		0		20	

1. 客户调整

该项调整是从贷款客户存贷比、持有该行产品数量、上年度综合贡献三个维度综合评价贷款客户在存贷款、中间业务、银企合作等方面的贡献与潜力。上述三个维度可以较准确地反映贷款客户的存量贡献、客户黏性与挖掘潜力，对于客户综合贡献多、银企合作紧密的贷款客户，可以给予一定的定价优惠。

2. 信用等级调整

客户信用等级为B银行内部根据客户的经营情况对贷款客户进行的内部评级，信用等级可以在一定程度上反映贷款客户经营情况、风险程度，信用等级越高的客户经营情况越好，贷款风险越低。B银行内部信用等级从高到低依次为SAAA+、AAA+、SAAA、AAA、SAAA-、AAA-、SAA+、AA+、AA、AA-、A+、A、A-、BBB+、BBB、BBB-、BB、B、C、D，共20个等级。

3. 担保方式调整

该项调整是根据每笔贷款担保方式的差异进行贷款定价调整。贷款担保方式主要分为抵（质）押方式、保证方式、信用方式三种，贷款风险依次递增。由于不同担保方式贷款银行所面临的风险敞口不同，根据“高风险高收益”的原则，三种担保方式的贷款定价予以依次递增的调整。

4. 还款方式调整

该项调整是根据每笔贷款还款方式的差异进行贷款定价调整。根据还款周期的不同，贷款还款方式主要分为按月还款、按季度还款、按半年还款、按年还款以及利随本清，还款周期依次增长。对银行来说，还款周期越短的贷款银行面临的利息风险越低，故本项调整中，还款周期短的贷款的定价应低于还款周期长的贷款。

5. 网点差异化调整

一是根据各网点贷款利率执行水平排名进行调整，对贷款执行利率排名靠前的网点增大利率转授权，对贷款执行利率排名靠后的网点收紧利率转授权。二是根据年末贷款加权执行利率同比变化情况进行转授权调整，加权执行利率同比下降的网点收紧利率转授权。

（二）应用案例

案例1：H企业申请法人短期流动性贷款，贷款金额为500万元，期限为1年，再定价周期为固定利率6～12个月，企业规模为小型企业，所处区域为常熟，企业信用等级为A。本笔贷款为普惠金融线下贷款，价格类型为跟随型，企业存贷比例为0.85%。企业持有2种该行金融产品，贷款担保方式为信用，还款方式按月还款，客户上年度综合贡献度为5万元，放款网点执行利率排名后25%。

贷款利率＝基准利率＋0.8%×0.4×0.3＋0.6%×0.2×0.3＋0.4%×0.4×0.3＋0.6%×0.2＋0.4%×0.3＋0.2%×0.1＝基准利率＋0.0044

案例2：F为个体工商户，申请个人助业贷款50万元，期限为1年，再定价方式为固定利率6～12个月，所处区域为苏州工业园区，信用等级为BBB。本币贷款为普惠金融线上贷款，价格类型为跟随型，存贷比为40%。该客户持有该行10项金融产品，贷款担保方式为商用房抵押，还款方式按月还息，客户上年度综合贡献度为3万元，放款网点执行利率排名后25%。

贷款利率＝基准利率＋0.4%×0.4×0.3＋0.2%×0.2×0.3＋0.4%×0.4×0.3＋0.6%×0.3＋0.2%×0.1＝基准利率＋0.00308

三、风险收益调整定价法（RAROC）案例

公司经营类贷款是C银行的常见贷款业务，其特点是具有更大的风险性。本着公司收益覆盖风险的原则，C银行在公司经营类贷款定价上选择类RAROC贷款利率定价法。

在实际的贷款业务中，C银行只收取正常产生的利息，不收其他费用。所以在C银行的RAROC计算公式中剔除了贷款相关收费这一项，调整后的RAROC计算公式为

$$
\begin{aligned}
RAROC &= \text{经风险调整后的收益}/\text{经济资本} \\
&= (\text{贷款利息收入}-\text{运营成本}-\text{资金成本}-\text{预期损失})/\text{经济资本} \\
&= (R \times L \times T - OC - DC - EL)/EC \qquad (13-13)
\end{aligned}
$$

其中，贷款利率用 R 表示；L 为贷款额度；T 为贷款期限；OC 为运营成本；DC 为资金成本；EC 为经济资本；EL 为预期损失。

由调整后的RAROC计算公式很容易推导出：

$$
R = (RAROC \times EC + OC + DC + EL)/L \times T \qquad (13-14)
$$

贷款利息收入、运营成本、资金成本皆为C银行内部数据，无须加以计算；预期损失是衡量银行信用风险的一项重要指标，是银行在开展业务的过程中所占用资金预期损失的平均值。预期损失的计算公式为

$$
\text{预期损失} = \text{预期违约率} \times \text{违约损失率} \times \text{各项贷款总额}
$$

预期违约率可由银行内部数据测算得出，违约损失率可参照同业的经验值。2022年C银行的预期违约率为0.82%，违约损失率为50%。根据表13－3可计算出预期损失为9450万元（0.82%×50%×2305065.84）。

表 13－3　C 银行 2022 年 12 月贷款分类情况

单位：万元

项目		本外币合计
1	1. 各项贷款	2305065.84
2	1.1 正常贷款	2259429.11
3	1.1.1 正常类	2186664.92
4	1.1.2 关注类	72764.19
5	1.2 不良贷款	45636.73
6	1.2.1 次级类	42428.71
7	1.2.2 可疑类	3208.02
8	1.2.3 损失类	0
9	2. 逾期贷款	46494.02
10	2.1 预期 90 天以上贷款	39549.83

表 13－4　C 银行资本情况

年份	资本充足率	核心资本充足率
2020	12.96%	11.83%
2021	12.59%	11.46%
2022	12.14%	11.01%

C 银行经济资本和贷款的经济资本计算公式分别为

C 银行经济资本 ＝银监会对商业银行最低资本要求 ＋ 贷款的经济资本

贷款的经济资本 ＝损失类贷款金额 ＋50% ×可疑类贷款金额 ＋25% ×次级类贷款金额

以 C 银行 2022 年一年期贷款数据为例，已知其一年期贷款运营成本率为 0.27%，风险成本率为 0.82%，FTP 价格为 3.5044%，贷款利息收入总额为 123571 万元。

经济资本(EC) ＝ 2305065.84 × 12.14% ＋0 ＋3208.02 ×50% ＋42428.71 ×25%

＝ 279835 ＋1604 ＋10607 ＝ 292046(万元)

运营成本(OC) ＝ 2305065.84 ×0.27% ＝ 6223(万元)

资金成本(DC) ＝ 2305065.84 ×3.5044% ＝ 80779(万元)

根据 RAROC 计算公式可得出 C 银行的 RAROC 基准值：

$RAROC$ ＝ 经风险调整后的收益／经济资本

＝（123571 －9450 －6223 －80779）/292046 ＝ 9.29%

贷款利息收入 － 预期损失 － 资金成本 － 运营成本 ＝ 风险调整后收益

最后，根据式（13－14）即可得出 C 银行基于 RAROC 定价模型所确定的利率 R：

$$R = (RAROC \times EC + OC + DC + EL)/L \times T \qquad (13-15)$$

例如，假设某客户向银行申请额度为 100 万元的抵押贷款，期限为 1 年。则经营成本为 100 ×0.27% 万元，资金成本为 100 ×3.5044% 万元，预期损失为 100 ×0.82% ×

50%万元。再将RAROC值和经济资本值一同代入式（13－15），最终得到贷款利率R为5.31%。

知识拓展13－4——利率市场化进程

自20世纪90年代开始，我国利率市场化改革已经走过了20多年的历程：1996年中国人民银行放开了银行间同业拆借利率，1999年起政策性金融债、国债发行采取高度市场化的方式，外币存贷款利率管制也逐渐放松。存贷款利率方面，中国人民银行在2004—2013年不断调整金融机构贷款利率浮动区间，先后取消了贷款利率的上限和下限，直至2013年7月全面放开金融机构的存款利率浮动上限。虽然利率管制在2015年名义上放开了，但仍旧保留存贷款基准利率，大部分商业银行定价仍旧参考基准利率，仍存在存款利率和市场化利率“两轨并存”现象：尚未完全市场化的存贷款基准利率和已经市场化的货币利率、债券市场利率并存。双轨制的存在引发了诸多弊端，削弱了我国货币政策的传导效果，降低了资金配置效率，包括银行负债短期化、同业化、融资成本所有制歧视、资金稳定性下降等。

2019年8月17日，中国人民银行宣布利率“双轨并一轨”，改革完善贷款市场报价利率（LPR）形成机制，就LPR的报价方式予以调整。LPR是指金融机构对其最优质客户执行的贷款利率。“双轨并一轨”是指各银行在新发放的贷款中主要参考LPR定价，并在浮动利率贷款合同中采用LPR作为定价基准。

从理论上看，利率并轨消除了市场化利率和非市场化利率之间的套利空间。利率并轨后，利率传导渠道更为顺畅，金融系统的稳定性也随之增强，社会福利水平能够得到更好的提高。

思考题

1. 一般情况下，客户数的增加能够更好地覆盖固定成本，如覆盖必要的办公楼租赁、信息系统维护等支出。而当单客变动成本不变时，总变动成本会随着客户数的增加而增加。试讨论如何在覆盖固定成本的同时尽可能减少变动成本。

2. 小微信贷利率由资金成本、业务成本、风险成本以及目标利润率构成。通过对各项成本及目标利润率的理解，试探讨影响利率定价的关键因素，并说明原因。

3. 某银行在进行利率定价时会关注借款人的基本情况，并充分考虑每笔贷款项目的风险，从成本和收益的角度出发，实现利润最大化。那么，该银行会采用哪种方法进行利率定价？该种方法的定价基本流程是怎样的？

4. 查阅文献、书籍，了解其他定价方法。

Chapter Fourteen

小微信贷风险管理 第十四章

第一节 信贷风险概述

一、信贷风险的定义

信贷风险是一个复合的概念，因此定义它需要明确相关概念的含义。根据第六章的解释，信贷是指货币持有者将约定数额的资金按约定的利息率在一定期限内借出，借款者在约定期限内按约定条件还本付息的信用活动；风险本质上是一种不确定性①，因此信贷风险可以定义为由信贷活动导致的贷款人收益的不确定性。

需要指出的是，尽管我们关注的是贷款者的风险，但是小微信贷市场上存在各种风险，比如借款人的经营风险、宏观政策的变动风险，都会影响贷款最终的收益。尽管产生这些风险的主体并不相同，但只要这些风险能够影响小微贷款机构的收益，就属于小微信贷风险的范畴。

二、信贷风险的分类

巴塞尔委员会对商业银行风险进行了分类，大致包括信用风险、市场风险、操作风险、流动性风险等。

（一）信用风险

在借贷市场，信用风险是指借款人是否能按照合同规定偿本付息的不确定性。造成信用风险的原因大致可以分为主观原因和客观原因。主观原因是指借款人有还款能力，却无还款意愿。这可以看作信贷市场上道德风险的一种表现。客观原因是指借款人有还款意愿，但是由于没有预见事故的出现，丧失了履约的可能。举例而言，信用风险导致损失可以发生在以下情况中：消费者没有偿还房贷、信用卡等其他债务；公司因经营不善而无法偿还债务；银行无法为储户支付存款；政府无法支

① 在一些文献中，将风险严格定义为结果服从已知概率分布的环境。而现实中，我们经常不能确定结果服从的分布，这种不确定性被称为模糊（Ambiguity）。

付到期的债券。

根据2013年巴塞尔委员会发布的《监管一致性评估项目：关于银行信用风险加权资产的分析》①，信用风险资产占据当时大型银行的风险加权总资产的比重高达77%，因此信用风险是商业银行面对的主要风险之一。并且，由于小微信贷市场上借款人的信息更加稀缺，从主观和客观上都难以评估其还款的可能性，因此小微信贷涉及的信用风险更大。还需要指出的是，由于市场主体之间存在各种业务债务联系，一方的违约可能导致其他关联方的违约，最终造成信用危机。也就是说，信用风险具有传染性。

（二）市场风险

根据2005年3月起实施的《商业银行市场风险管理指引》，市场风险是指因市场价格（利率、汇率、股票价格和商品价格）的不利变动而使银行表内和表外业务发生损失的风险。市场风险存在于银行的交易和非交易业务中。与信用风险不同的是，市场风险更多是客观的，单个主体难以影响市场风险的大小。

以利率风险为例，借贷双方在规定好借款利率后，如果市场利率上升，实际借款利率会降低，进而造成借款方的损失。显然，金融市场上的绝大多数主体都会受到市场风险的影响，但是由于利率、汇率及其他商品价格的剧烈变动是较为罕见的，因此相较于信用风险，市场风险对小微信贷的影响较小。

（三）操作风险

根据2007年5月起实施的《商业银行操作风险管理指引》，操作风险是指由不完善或有问题的内部程序、员工和信息科技系统，以及外部事件所造成损失的风险。本定义所指操作风险包括法律风险，但不包括策略风险和声誉风险。同时《商业银行操作风险管理指引》列出了以下几种需要向银监会上报的重大操作风险事件：（1）抢劫商业银行或运钞车、盗窃银行业金融机构现金30万元以上的案件，诈骗商业银行或其他涉案金额1000万元以上的案件；（2）造成商业银行重要数据、账册、重要空白凭证严重损毁、丢失，造成在涉及两个或两个以上省（自治区、直辖市）范围内中断业务3小时以上，在涉及一个省（自治区、直辖市）范围内中断业务6小时以上，严重影响正常工作开展的事件；（3）盗窃、出卖、泄露或丢失涉密资料，可能影响金融稳定，造成经济秩序混乱的事件；（4）高管人员严重违规；（5）发生不可抗力导致严重损失，造成直接经济损失1000万元以上的事故、自然灾害；（6）其他涉及损失金额可能超过商业银行资本净额1‰的操作风险事件；（7）银监会规定其他需要报告的重大事件。

---

① 巴塞尔委员会. Regulatory Consistency Assessment Programme（RCAP） – Analysis of Risk – Weighted Assets for Credit Risk in the Banking Book [EB/OL].［2013 –07］. https：//www. bis. org/publ/bcbs256. pdf.

表14－1　小微信贷操作风险示例

业务环节	操作风险示例
评级授信	➢ 涉及贷款人员擅自更改评级标准和指标，弄虚作假测定客户信用等级和最高授信额度。 ➢ 涉及贷款人员在客户企业发生重大变化或出现其他重大不利因素时，未能及时下调信用等级和调整或终止授信额度。
贷前调查	➢ 信贷调查人员未按规定对信贷业务的合法性、安全性和营收性及客户资料真实性、生产经营状况进行调查，或者调查不深入细致，或按他人授意进行调查，未揭示问题和风险，造成调查严重失实。
信贷审核	➢ 审查人员风险把控能力较弱，调查过程中对敏感信息未引起关注，缺乏风险识别能力，为追求量而忽略质。 ➢ 审查人员隐瞒审查中发现的重大问题和风险，或按他人授意进行审查，撰写虚假审查报告。 ➢ 未按规定对调查报告内容进行审查，未审查出调查报告中的明显纰漏，或未揭示出重大关联交易，导致审批人决策失误。
信贷审批	➢ 超越权限或变相超越权限放款，向国家明令禁止的行业、企业审批发放信用贷款。 ➢ 对前面审核报告不重视，仅通过表象审查。
贷款发放	➢ 未按程序发放贷款。 ➢ 未按审批时所附的限制性条款发放贷款。 ➢ 贷款合同要素填写不规范。 ➢ 贷款录入上账错误。
贷后管理	➢ 未及时收取贷款利息，贷款利息计算错误。 ➢ 未履行贷款定期检查和强制性报告义务。 ➢ 未按规定对贷款资金用途进行跟踪检查。 ➢ 未关注企业生产经营中的重大经营活动和重大风险问题。 ➢ 不注意追索未偿还贷款而丧失诉讼时效。

历史上出现过多次操作风险造成银行巨额损失的例子，比如，1995年，英国巴林银行的期货经理在未经批准的情况下，以银行名义购买了70亿美元的日经255股指期货，造成巴林银行14亿美元的损失，并最后导致银行破产；2006年1月至2007年12月期间，四名瑞士银行员工动用30个以上客户账户，每天至少操作50次未授权交易，2009年被英国金融行为监管局处以800万英镑的罚款；2008年1月，法国兴业银行的一名交易员在未经许可的情况下大量投资欧洲股指期货，为了轧平这些仓位，银行付出了49亿美元的代价；2011年9月，瑞士银行承认，交易员的违规操作造成了23亿美元的损失。

操作风险包含了除交易对手外其他的人为风险因素，以及除市场价格外其他的外在风险因素。这些风险同样存在于小微信贷市场中，并且相较于大型金融机构中的人员，小微信贷的操作人员更可能因为监管缺失等因素而造成小微金融机构的损失。因此，操作风险也是小微信贷机构面对的主要风险之一。

（四）流动性风险

流动性风险是指某一段时间内，一项金融资产、证券、商品无法在不影响市场价格的条件下快速交易。流动性风险可以进一步由市场流动性或融资流动性不足引起：当市场上总体流动性不足时，或者债务不能被足额偿还时，都会导致一项资产无法以原价出售。由此可以发现，流动性风险是一种复合风险，难以和市场风险和信用风险明确区分。

在2008年美国次贷危机中，流动性风险扮演了重要角色。当金融机构面临急迫且大量的资金需求时，其需要减价出售流动性不高的资产（Fire Sale），这会造成资产的市场价格下跌。价格的下跌会进一步导致其他持有该资产的机构陷入困境，为了维持必要的杠杆率，它们也需要出售资产。这导致资产价格进一步下跌，形成了机构陷入困境—资产价格下跌的恶性循环，最终导致危机的发生。

第二节　信贷风险管理概述

由于风险包含可预测的部分，因此我们可以通过识别、评估、监测和控制风险，减少损害发生的概率，或者减轻损害产生的影响，或者实现最大的预期收益。这个过程被称为风险管理。

一、信贷风险管理相关理论

在介绍具体的风险管理方法之前，本节先对信贷风险管理涉及的相关理论进行简要概述[①]。

（一）企业生命周期理论

企业生命周期理论认为，像有机生命体一样，企业也会经历从生到死的几个阶段，具体表现为创业、成长、成熟和衰退。处于不同阶段的企业市场竞争力、市场占有率、销售增长率、经营成本等指标各不相同，因而信用风险和偿债能力也不同。根据该理论，信贷机构应当根据企业生命周期不同阶段的特点选择目标市场，做好市场定位，在恰当的时机进入，在合适的时机退出，制定有针对性的发展策略和风险防控措施，做好信贷分析及信贷决策。

例如，对于初创期早期的企业，信贷机构应主要观察企业，可给予一定的信息方面的支持，原则上不给这一阶段的企业提供信贷支持。对于初创期后期的企业，信贷机构应该积极观察了解，在认可其技术和产品的基础上，给予少量信贷支持，促进其成长。

---

① 整理自孙自通．小微企业信贷业务流程与法律实务［M］．北京：中华工商联合出版社，2017.

（二）信息不对称理论

信息不对称是指在市场交易中，交易一方对另一方的信息缺乏进而影响其做出正确决策，导致交易效率降低的现象。信息不对称在信贷领域表现得非常突出，借款人一方对于自身的财务状况、经营状况、还款能力和还款意愿等有着较为全面的了解，借款人还可能会为了达成申请贷款的目的，隐瞒重要的申请信息或者修改重要信息，在申请贷款达成后，还有可能会将资金挪为他用。

这种信息劣势使信贷机构在发放贷款的过程中对借款人的信用评估可能与实际情况产生偏离，进而给信贷机构带来损失。信贷机构为了转移或弥补未来可能产生的损失，可能会采取要求借款人提供保证人、抵押等担保，或要求借款人提供保险等手段进行风险缓释。有些机构甚至为了规避信息不对称所带来的问题，直接拒绝与较难获得信息的客户进行信贷交易，这也是传统银行对小微企业信贷支持力度不够的主要原因。由于缺乏有效的信用甄别手段，有些信贷机构通常采取较高的准入策略，同时也催生了大量的“不认信用、只认抵押”的经营模式。

（三）信贷配给理论

现代信贷配给理论认为，信贷配给是信贷机构作为贷款人基于利率价格、风险、利润等各方面的考察后，通过配给的方式实现与借款人之间的信贷交易。信贷配给的原因在于信贷市场上的逆向选择效应和道德风险效应。逆向选择效应使本来相互独立的贷款利率和贷款风险变得相互关联。而当银行提高利率时，低风险类型的企业退出市场（逆向选择行为），或者银行诱使借款人选择更高风险的项目（道德风险行为），从而使银行的平均贷款风险增大。平均贷款风险增大会使得银行的期望收益下降。所以银行宁愿选择在相对低的利率水平上拒绝一部分贷款要求，也不愿意选择在高利率水平上满足所有借款人的申请，由此信贷配给就出现了。

（四）大数定律理论

大数定律是个数学与统计学的概念，是指在大量独立重复的实验中，事件发生的频率趋近于期望值。信贷机构在开展小微企业信贷业务前，可通过运用大数定律理论预先测算出同一集群客户的预期损失结果概率，然后在实际开展过程中通过合理的产品设计、过硬的风险控制技术、足够的客户数量，将最终的实际风险损失控制在理论预期损失水平之内，实现总体上的盈利。

（五）委托代理理论

委托代理理论是指由于委托人与代理人之间的利益不一致，代理人有可能为了自身的利益而做出损害委托人利益的行为。为了保证委托人和代理人利益的一致性，委托人会采取监督或者激励促使代理人不做出违背委托人意愿的行为，但是这样会产生一定的成本，如何以最低成本保证利益一致是委托代理理论的主要目的。

在小微信贷业务中，商业银行与银行从业职员之间就是一种委托代理关系，银行作为委托人不可能完全了解职员的行为。在缺少有效约束的情况下，客户经理可能会为了自身利益而做出一些对银行不利的行为，这种可能性属于前文提到的操作风险。例如，客户经理可能将资金贷给过高风险的客户，以提高自己的业绩表现，但这可能会增加银行的坏账比率，造成银行的损失。所以，设置一套兼顾成本的监督管理机制和绩效考核机制对于银行控制操作风险是十分必要的。

（六）大数据风控理论

大数据（Big Data）是指无法在一定时间范围内用常规软件工具进行捕捉、管理和处理的数据集合，是需要新处理模式才能具有更强的决策力、洞察发现力和流程优化能力的海量、高增长率和多样化的信息资产。随着计算机、互联网、云计算等技术的发展，人类已经进入信息大爆炸的时代，每天都会产生大量各种各样的信息。

很多信贷机构依托互联网的优势，通过自行采集信息或者与大数据公司合作，对客户信息的采集早已突破了传统授信业务中资产、收入、负债等传统信息，会对客户的消费行为及消费能力、兴趣偏好等进行综合分析和判断。通过各种设备、网络或者借助大数据公司，收集到的客户信息更多元、维度更广，为减少线下调查环节提供了可能性，也是重要的交叉检验渠道，可以在一定程度上提高风险管理的效率。

二、风险管理的一般原则

国际标准化组织在 ISO31000：2018① 中给出了风险管理的基本原则。这些原则的目的是创造和保护价值。一个组织建立风险管理框架或过程时，应当考虑这些原则。

原则 1：相互协调的。风险管理应该是所有组织活动的有机组成部分。

原则 2：结构化、综合的。通过结构化、综合的方式进行风险管理更容易得到一致的、可比较的结果。

原则 3：定制的。风险管理的框架和过程是定制的，应与组织内部、外部的环境相协调。

原则 4：包容的。合理、及时地引入利益相关者，考虑他们的知识、观点和认知，这样可以提高风险管理意识。

原则 5：动态变化的。随着组织内部、外部环境的变化，风险也会出现、改变或者消失。风险管理应及时、合理地对这些变化进行预测、发现、确认和反应。

原则 6：最好的可得信息。管理风险要基于历史和现在的信息，以及对未来的预期。风险管理要明确考虑到这些信息和预期的局限性和不确定性。信息应当能够及时、清晰地被利益相关者获得。

---

① 这是国际标准化组织（ISO）公布的一系列与风险管理相关的标准。详见 https：//www. iso. org/obp/ui/#iso：std：65694：en。

原则 7：人和文化因素。人的行为和文化会对风险管理造成全面显著的影响。

原则 8：持续改进。风险管理应当随着学习和经历不断改进。

三、风险管理的流程

在时间维度上，风险管理的流程大致分为四步，分别为风险识别、风险评估、风险监测和风险控制。

（一）风险识别

风险识别是风险管理的第一步，在结果出现之前，应通过预先设定一系列方法及时辨别其前导因素变动，并分析可能损害发生的潜在原因。如果我们将风险明确为概率分布已知的不确定性，那么风险识别可以看作识别所有可能出现的结果。[①] 风险识别的方法包括以下 3 种。[②]

（1）资产财务状况分析法。通过对小微信贷机构的资产负债表、损益表、实际盈利情况等资产财务资料进行分析，从中识别最可能发生损害的点。但是在小微金融市场上，借款人往往难以提供详尽可靠的资产财务报告，因而也难以帮助贷款机构进行风险识别。

（2）失误树分析方法。通过画失误树状图，自上到下、由总到分地识别尽量多个可能引发损失的潜在因素，然后再具体分析这些因素。

（3）成分分析法。将复杂的风险分解成多个相对简单的风险因素，再识别其中最有可能造成损失的成分。

（二）风险评估

假设通过风险识别，我们已经掌握所有可能出现的结果，那么接下来我们需要赋予每个结果一个概率权重，最终得到我们关心的概率分布。这在实践中往往是非常复杂的，赋予概率的过程可能涉及简单个人推断，或者复杂的数学模型。无论何种方法，都应使用真实、有效的数据，并通过一定的压力测试、敏感性分析、情景设计等对风险评估结果进行检验。

（三）风险监测

在风险评估之后和结果发生之前，我们仍需要对风险不断地重新认识，即风险监测。这个阶段，需要对各类指标进行监测，同时将重要结果以风险监测报告的形式定期提交给决策层，以便及时制定相关政策，控制风险进一步发展。风险监测报告除一

---

① 根据决策理论，结果由决策和状态共同决定，状态是指不受自己控制的变量，决策是指自己的选择。举例而言，客户违约的结果可以是信贷机构给予贷款的选择和宏观经济下行共同导致的。实际上，掌握各种状态，明确所有的选择，进而确定所有的结果是非常困难的，或者是不可能的。

② 宣信，北京联办财经研究院．小额信贷：互联网微金融时代［M］．北京：中信出版社，2014.

些常规指标外，要对因变化而不再有影响的旧的风险遗存进行清理，对新出现或最近需要注意的风险进行重点提示。例如，借款者首先通过抵押获得贷款，但抵押物随后价值下降，或者抵押物随后被租赁给他人，这些情况都可能会导致新风险的出现，应当被追踪监测。

（四）风险控制

若将风险决策者看作一个系统，风险识别、风险评估、风险监测看作信息输入过程，那么采取分散、对冲、转移、规避、补偿等策略就可以看作输出过程，这个输出过程就是风险控制。风险控制依赖于之前的各个流程，同时风险控制的结果还会影响下一次对风险的识别、评估和监测。

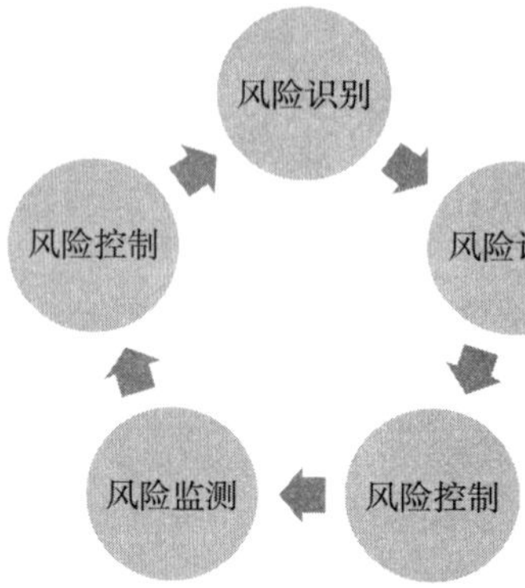

图 14－1 风险管理流程

此外，还可以按照放贷时间，将风险控制分为事前控制、事中控制和事后控制。事前控制主要指对贷款人的资格进行审核，然后对贷款额和贷款期限做出限制。事中控制主要指风控部门对贷款材料进行审核、审批。事后控制是指持续关注客户的经营状况、行业的整体表现、上下游企业的经营状态，当出现风险点时及时做出预警。可以发现，风险控制的各个环节并非严格可区分的，而是形成一个统一的整体，一起作用达到降低损失发生概率、减少损失的目的。

四、风险控制的具体策略

目前比较流行的风险控制策略包括风险分散、风险对冲、风险转移、风险规避和风险补偿。

（一）风险分散

“不要把鸡蛋放在同一个篮子里”是一种朴素的关于风险分散的表述。在金融学中，风险分散是指通过分配资本来减少其对某一种风险的暴露。一般而言，可以通过增加资产种类来达到分散风险的目的。在信贷市场，银行等金融机构可以通过放贷给不同行业、地区的主体来降低风险。需要说明的是，此处的风险更进一步细化为资产的方差或者波动率，分散风险主要是降低资产组合的整体方差。

还需要注意的是，被分散掉的是单个资产的异质性风险，仍有风险是无法被分散的，称为不可分散风险。举例而言，如果只购买沪深 300 指数中的某一只股票，投资者就暴露于两种风险下，一种是沪深 300 指数的整体风险，另一种是这只股票的异质性风险。投资者可以通过购买多只沪深 300 指数中的股票来分散第二种风险，但却一直暴露于第一种风险下，因此称第一种风险为不可分散风险。

知识拓展 14-1——投资组合模型和分散风险

投资组合模型假设投资者只考虑资产的期望收益和方差，并且他们偏好更高预期收益率和更小方差的资产。考虑一个由 N 种资产组成的资产组合 M，那么 M 收益率的方差可以表示为

$$\sigma_M^2 = \sum_{i=1}^{N} \omega_i^2 \sigma_i^2 + \sum_{i=1}^{N} \sum_{j=1,j\neq i}^{N} \omega_i \omega_j \sigma_{ij}$$

其中，ω_i表示第 i 种资产在整个资产组合中的权重，σ_i和σ_{ij}分别表示第 i 种资产收益的方差和第 i、第 j 两种资产收益率的协方差。可以发现，M 收益率的方差由方差和协方差两部分组成。为了简化分析，假设每种资产在资产组合中的权重是相同的，即$\omega_i = 1/N$。这样，平均后的方差部分可表示为

$$\overline{\sigma^2} = \frac{1}{N} \sum_{i=1}^{N} \sigma_i^2$$

平均后的协方差部分变为

$$\overline{\sigma_{ij}} = \frac{1}{N(N-1)} \sum_{i=1}^{N} \sum_{j=1,j\neq i}^{N} \sigma_{ij}$$

整个资产组合的方差可简化为

$$\sigma_M^2 = \frac{\overline{\sigma^2}}{N} + \left(1 - \frac{1}{N}\right)\overline{\sigma_{ij}}$$

显然，随着资产数量 N 的不断增大，方差项会趋于零，只剩下协方差部分。也就是说，我们可以通过增加资产种类来分散掉每种资产特有的风险，最终无法分散的风险是资产间的相关程度。假设任何两种资产的收益率都是不相关的，那么随着资产数量的增加，整个资产组合的风险会趋向于零。

（二）风险对冲

风险对冲也是一种流行的风险管理方法，是指通过购买收益率负相关的资产，来抵消可能损失的投资策略。在风险分散中，投资者并不十分在意资产之间的相关性，

而在风险对冲中，资产的负相关性是必须考虑的。金融市场中的对冲多是通过金融衍生工具来完成的，比如远期合约、互换、期权等。

在小微信贷市场，银行等金融机构可以向两个竞争行业贷款以达到风险对冲的目的。具体而言，A 行业和 B 行业属于两个竞争行业，一方的发展就意味着另一方的衰退，银行向这两个行业贷款就可以对冲掉行业间的异质性风险。

（三）风险转移

风险转移是指将风险转移给其他经济主体的策略。与风险分散和风险对冲不同，风险转移并没有降低损害发生的概率，而是降低了损害发生时所产生的影响。

最常见的风险转移方式是通过购买保险，将风险转移给保险公司。保险公司在损害产生时，弥补投保者的损失。除去保险的方式，小微金融机构可以通过抵押、质押等担保方式转移风险。当借款人没有如约还款时，银行可以通过处置抵押物等方法来减少损失。

（四）风险规避

风险规避是指通过拒绝、退出交易的方式，减少所承担的风险。针对一些资质较差的客户，小微金融机构可以通过拒绝向其贷款的方式来降低风险。显然，风险规避屏蔽了风险产生的根源，降低了风险造成的损失，也放弃了风险所带来的收益。是否采用风险规避策略取决于小微金融机构的风险承担能力。

（五）风险补偿

风险补偿是指通过要求更高的回报来减少风险的策略。与风险转移相比较，风险补偿不仅减少了损害发生时的损失，还提高了各种条件下的收益。所补偿的数额也被称为风险溢价。例如，经常出事故的汽车在购买保险时需支付更高的保费。在小微信贷市场上，可以看到资质越差的借款人支付的利息越高，这是风险补偿的一种表现。

知识拓展 14－2——风险溢价的正式表述

假设投资者是严格风险厌恶的，并且他的偏好可以用期望效用函数表示，那么在面对一个均值是 $\bar{w}$ 的风险资产 $\tilde{w}$ 时，我们有

$$u(\bar{w}) > E[u(\tilde{w})]$$

也就是说，相较于有风险的财富 $\tilde{w}$，投资者更愿意接受无风险财富 $\bar{w}$。为了使两种资产无差别，需要补偿给投资者一定的无风险财富 a，使得

$$u(\bar{w}) = E[u(\tilde{w} + a)]$$

补偿的 a 就被称为风险溢价。$\bar{w}$ 被称为 $\tilde{w} + a$ 的确定性等价。

第三节　小微信贷风险管理特点

小微信贷与传统信贷并无本质上的差别，这使风险管理的一般原则、具体策略和大致流程也适用于小微信贷。但是，小微信贷市场上信息不对称更严重，少量多次的贷款提高了获取信息、提供贷款的成本，因此小微金融机构在风险管理上有其自身特点。下面将从贷前、贷中、贷后三个阶段（见图 14－2），介绍小微信贷风险管理的特点。

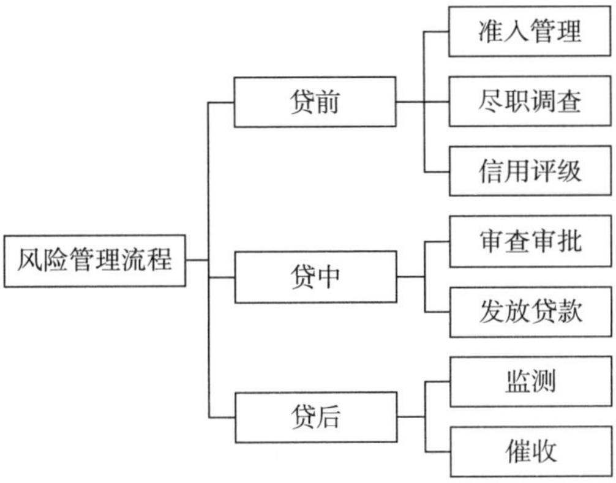

图 14－2　风险管理流程

一、小微信贷的贷前风险管理

贷前风险管理主要是降低信贷机构和借款人之间的信息不对称程度，具体措施包括准入管理、尽职调查和信用评级。

（一）准入管理

准入管理也可以看作信贷项目的初审，是开始进行尽职调查前的步骤。浙江泰隆商业银行对普惠类客户设定的准入条件可归纳为“两有一无”，即借款人只需有劳动意愿和劳动能力，且没有不良嗜好，就有机会获得贷款。

台州银行在准入方面并不排斥无资产、无担保，甚至以往经营状况不佳的客户，更关注客户的当前状况与劳动意愿。只要是“有能力”“有意愿”“有前途”的小微企业、个体工商户、城乡居民都是该行“小本贷款”的发放对象。同时，强调主动筛选目标客户群体，适度授信、合适授信。审慎对待授信银行家数达 4 家以上的客户。强化客户准入管理，坚持客户负债与其生产、经营管理水平相适应，主张不盲目跨界、多元化扩张，也不过度负债经营。

民生银行针对小微客户推出的微贷产品，除了法律规定的必需条件外，要求贷款人有经营体且成立并持续稳定经营2年以上，拥有3年以上行业经验；征信记录良好，符合银行准入要求；借款人及名下企业无不良社会记录，无司法、工商行政执法等违法违规记录；具备相应的资产实力及还款能力等。

（二）尽职调查

尽职调查是指银行客户经理通过现场调研和其他渠道尽可能地获取整理、调查核实、分析论证有关借款人及信贷业务、担保等方面的情况，揭示和评估信贷业务可能存在的风险并提出应对措施，为贷款决策提供依据。

浙江泰隆商业银行在实践中探索具有中国特色的小微企业信贷服务模式和风险控制技术，总结出一套以“三品三表”“三三制”等为特色的小微企业金融服务模式和风控模式。浙江泰隆商业银行提出的“三品三表”有效缓解了信息不对称问题。具体而言，“三品三表”分别指“人品”“产品”“押品”、水表、电表、海关报表。“人品”反映客户的还款意愿；“产品”反映客户的还款能力；“押品”反映客户的还款保障。针对生产型、外贸型企业，浙江泰隆商业银行还会通过水表、电表和海关报表了解客户的生产经营情况。这些“软信息”的供给弥补了“硬信息”的不足，使银行更加准确地了解客户的情况，提供个性化的贷款服务。除“三品三表”外，浙江泰隆商业银行还坚持“跑基层”和“跑数据”相结合，一方面，坚持眼见为实，每笔贷款发放都必须经过两人现场调查；另一方面，推进数据模型化，积极引入工商、司法等外部数据，实现了传统与现代相结合的风控技术。

台州银行的核心信贷调查技术可以归纳为“十六字方针”：下户调查、眼见为实、自编报表、交叉检验。具体而言，客户经理通过实地调查的形式，掌握客户所处的行业特征、经营历史、产品竞争力、经营场所、雇员情况、家庭信息等基本情况，调查客户的营业额、存货、固定成本、可变成本、利润、电费单、水费单、工资表、提货单、订货单、银行对账单、税务单等原始凭证并据此编制财务报表，调查结束后，两名客户经理就关键财务指标进行交叉检验。此外，针对小微客户缺乏财务信息和抵押的特点，台州银行提出“三看三不看”原则，具体为不看报表看原始，比如原材料进出库记录、车间里的成品、库存等；不看抵押看技能，抵押、质押占10%，保证和信用的比重则高达90%；不看公司看家里，如经营者的人品是否可靠，家庭关系是否和睦。

民生银行的小微信贷业务实行“批量化定制”，这样可以降低尽职调查的难度和成本。这种模式可以概括为“一圈一链”：“一圈”就是城市主要商圈，是商贸型小微客户典型的集群形式。以商圈而不是单户的思路做小微，能够把握商圈客群的共同特征和金融需求，避免散单方式带来的高成本和高风险，通过规划等机制的配套，实现规模化生产。“一链”就是分布于实体经济各领域的产业链，由核心企业和上下游小微企业、商户组成。民生银行强调抓住区域重点产业，依托核心企业交易信息和行内公私联动，为生产型上下游小微企业提供综合金融服务，打造特色产业链。

“一圈一链”模式下，客户经理可以利用商圈、产业链的信息来判断客户的资质，省去了为每一位客户定制服务的成本。在降低成本的同时，圈内担保人也有动机督促借款人履约。但需要注意的是，这种做法违背了风险分散的原则，当特定地区或者特定行业遭遇冲击时，所涉及的商圈或产业链会同时陷入困境，此时借款人和担保人都可能违约造成银行的损失。

（三）信用评级

通过尽职调查获得借款人信息后，银行可以利用这些信息对借款人的信用状况进行评级。具体而言，信用评级是指银行运用一套规范、统一的评价体系，对被评估对象的偿债能力和偿债意愿进行分析，并得出其违约风险的量化评定过程。信用评级为客户分类、贷款方案设计、贷款决策、贷后管理提供了重要依据。表 14－2 展示了中国工商银行针对小企业法人的信用评级指标体系。

表 14－2　中国工商银行小企业法人信用评级指标体系

<table>
<tr><th colspan="2">指标</th><th>权重</th><th>指标解释</th><th>评分标准</th></tr>
<tr><td colspan="2">股东（5）</td><td>5</td><td>母公司或控股投资个人的经济实力</td><td>母公司所有者权益/母公司对本企业投资大于 4 的得 5 分，大于 3 但不大于 4 的得 3 分</td></tr>
<tr><td rowspan="3">管理层（15）</td><td>品质</td><td>4</td><td>管理者的谈吐、行为、诚实程度</td><td>艰苦创业、谈吐诚实、社会反映良好的得 4 分，一般的得 2 分，行踪不定、背景繁杂的为 0</td></tr>
<tr><td>从业经验</td><td>7</td><td>企业经营管理者从事本行业的经营年限</td><td>曾经营的企业发生关、停、并、破产的得－10 分</td></tr>
<tr><td>经营能力</td><td>4</td><td>经营管理能力</td><td>管理规范、经营稳健、思路清晰的得 4 分，管理一般、经营一般的得 2 分，管理混乱、领导层经营思想不统一的得－10分</td></tr>
<tr><td rowspan="3">条件（20）</td><td>经济环境</td><td>10</td><td>根据企业所在地区人均地区生产总值而定</td><td>人均地区生产总值在 18000 元以上的得 10 分，16000～18000 元的得 9 分</td></tr>
<tr><td>政策支持</td><td>5</td><td>客户所在区域对客户的政策支持力度</td><td>支持力度大的得 5 分，一般的得 3 分，较差的为 0，受到政策限制的得－10 分</td></tr>
<tr><td>信用环境</td><td>5</td><td>按工商银行在当地分支机构的不良贷款率而定</td><td>不大于 10% 的得 5 分，大于 10% 但不大于 20% 的得 3 分，其余的得 1 分</td></tr>
<tr><td rowspan="2">发展前景（10）</td><td>行业排名</td><td>4</td><td>依据工商银行每年公布的行业排序而定</td><td>前 20 名的得 4 分，21～40 名的得 3 分，41～60 名的得 2 分，其余的得 1 分</td></tr>
<tr><td>产品市场（工业）</td><td>3</td><td>依据产品的预期销售情况判断</td><td>产品非常热销的得 3 分，一般的得 2 分，可能滞销的为 0</td></tr>
</table>

续表

指标		权重	指标解释	评分标准
发展前景（10）	产品技术（工业）	3	根据其与同类产品相比的科技含量判断	科技含量高的得3分，一般的得1分，较差的为0
	销售渠道（商业）	3	根据供货商和购货商的实力而定	购销都很有保障的得3分，单方面有保障另一方面一般的得1分
	地理位置（商业）	3	根据经营场所的地理位置进行判断	地处闹市区的得3分，地段一般的得2分，位置较偏僻的为0
	盈利能力（非工商）	4	企业盈利能力与同行业同规模企业相比	很好的得4分，较好的得3分，一般的得1分，较差的为0
	客户群体（非工商）	2	企业的客户消费能力和集中度	消费能力强、集中度不大的得2分，消费能力强、集中度大的得1分，其他的为0
偿债能力（50）	实收资本	10	以验资报告为准	以50万元为起点，每50万元得1分，最高10分
	担保能力	40	对企业已经和可能向工商银行提供的全部有效抵（质）押物［包括第三方提供的抵（质）押物］情况，以及能够出具有效承诺证明的保证情况进行评价	担保能力得分有其他具体方法

在信用评级中，通常使用信用要素分析法对客户进行评估，如6C、5P、5W、4F等（见表14－3）。①

表14－3　相关信用评级方法

6C	借款人品德（Character）、能力（Capacity）、资本（Capital）、担保（Collateral）、环境（Condition）、持续性（Continuity）
5P	个人因素（Personal）、资产用途（Purpose）、还款源（Payment）、债权保障（Protection）、企业前景（Perspective）
5W	借款人（Who）、借款用途（Why）、还款期限（When）、担保物（What）、如何还款（How）
4F	组织要素（Organization Factor）、经济要素（Economic Factor）、财务要素（Financial Factor）、管理要素（Management Factor）
CAMPARI	品德（Character）、偿债能力（Ability）、获利能力（Margin）、借款目的（Purpose）、借款金额（Amount）、偿还方式（Repayment）、贷款抵押（Insurance）
LAPP	流动性（Liquidity）、活动性（Activity）、盈利性（Profitability）、潜力（Potentiality）
CAMEL	资本充足率（Capital Adequacy）、资产质量（Asset Quality）、管理水平（Management）、收益状况（Earning）、流动性（Liquidity）

① 整理自陈工孟，傅建源．小额信贷理论与实务［M］．北京：清华大学出版社，2017.

二、小微信贷的贷中风险管理①

（一）审查审批

审查审批是银行信贷全流程风险管理的决策环节，是信贷业务执行实施的前提和依据。具体而言，审查是银行信贷审查部门以客户部门或下级行提交的客户资料和信贷调查资料为基础，依据相关规定，对信贷业务的合法合规性、安全性、效益性等方面进行审查，对业务风险进行判断，提出可行的风险控制方案和明确的审查结论，供信贷审批人参考；审批是银行决策机构和决策人，比如贷款审查委员会、独立审批人、主管行长，根据上述审查报告做出贷款批复决策。

审查审批的主要目标是：（1）揭示信贷风险。通过对调查环节提交资料的分析，客观、充分地揭示银行办理业务可能面临的各类风险，并提出相应的风险防控措施。（2）提供决策依据。通过审查，出具明确的审查意见和信贷方案，为审议、审批环节提供参考和依据。（3）优化信贷结构。通过审查，对信贷业务进行进一步筛选取舍，促进信贷业务在客户结构、行业结构和区域结构等方面的优化和调整。（4）促进有效发展。通过审查，提出科学合理的信贷发放条件、贷款使用条件和风险管理要求，防控信贷业务的经营风险和贷后管理风险，促进信贷资产质量提高和各项业务健康发展。

（二）发放贷款

为了保障贷款人资金安全，防止借款人挪用资金，银行应将贷款审批环节和放款环节分离，设立独立放款操作部门，落实贷款前提条件，并负责贷款发放审核。具体而言，放款部门应负责以下几个方面：（1）审核银行内部授信流程的合法合规性、完整性和有效性；（2）审核限制性条款落实情况；（3）审核放款前提条件，比如提款申请是否与贷款约定用途一致；（4）审核担保落实情况等。

案例 14－1 银行放款不慎，招致损失

2016 年 9 月 15 日，某银行与 A 公司签订借款合同：A 公司办理流动资金贷款 600 万元，自 2016 年 9 月 15 日至 12 月 14 日；借款用途为购买电器；约定放款方式是把贷款划转到 B 公司在该行开立的账户中。借款到期借款人未偿还贷款本息的，贷款人有权要求保证人履行保证责任。C 公司和 D 公司与该行签订了担保合同，对该笔贷款承担连带责任。

① 整理自巴伦一．信贷全流程风险管理［M］．北京：北京联合出版公司，2018.

某银行放款时将贷款资金600万元支付到A公司账户上。A公司全额支用该笔贷款后逾期三个月仍不还，银行多次催收，A公司拒不归还贷款本息。为此，银行将借款人A公司、担保人C公司及D公司起诉到法院，要求承担还款责任和担保责任。

法院判决：借款人A公司于判决生效后十日内清偿借款本金及利息，若借款人不能偿还本息，担保人C公司和D公司承担60%的连带责任。之所以法院只判决担保人C公司和D公司承担60%的连带责任，是因为银行没有按照借款合同规定的委托支付方式进行支付，导致主合同违约，而主合同违约会导致从合同减责甚至免责。

三、小微信贷的贷后风险管理

贷款发放后，银行仍需要跟踪监测贷款的用途、借款人的经营情况等，当发现风险时，采取必要的应对措施。

浙江泰隆商业银行认为小微企业一般受企业主完全控制，因此对企业主依赖较大，企业主自身的情况对小微企业的经营发展有着重要影响。所以当企业的管理者或者实际控制人有所变动，或者企业主有道德问题出现，发展出如赌博等不良嗜好时，银行应密切关注。

台州银行的贷后风险管理主要为：（1）定期监控。客户经理应在贷款发放后的一定时间内对客户进行首次贷后检查。（2）不定期监控。客户经理要不定期对客户的资金用途、贷款质量及小微企业经营情况进行实地调查，并通过周围人了解小微客户的近期状况。（3）担保物监控。针对抵（质）押客户，客户经理应特别关注担保物的状态是否正常，担保物价值有无重大不利变化。（4）逾期贷款管理。客户经理负责督促借款人按时还款付息，发生逾期行为的，要采取特别措施，及时跟进借款人的行为，逾期贷款催收力度应随着逾期时间的增加而加强。

民生银行实行“总行负责全面规划和指导，分行负责具体实施”，具体包括：（1）要求借款人在授信后将借款人个人及企业主要经营结算账户转至民生银行，方便通过银行对账单、经营部门采销记录等凭证对客户的资金流向、账户余额、结算流量等进行监测。（2）按季度进行现场检查，包括库存情况、销售、结算往来情况，定期核实借款人的征信状况等。

案例14－2　勤跟踪，少问题

某银行向某置业公司发放房地产开发贷款6000万元，贷款发放之初抵押物为在建工程（土地及两层地下室、地上1～5层建筑物），项目建成后该银行将在建工程抵押变更为地面1～3层建筑物。由于1～3层部分商铺对外出售，购房人已实际取得所购房产所有权。后来此笔开发贷款形成不良，该银行处置抵押物时，抵押物与其他已出售房产属于一个商场整体，物理界限不明显、不能独立经营、受经营方式限制、拍卖变现难度较大。同时，抵押物上存在租赁关系，影响买受人竞买的积极性，从而难以处置。这说明，银行应在贷后坚持对押品的使用情况、权属变更情况、变现能力变化情况等进行持续监控，严防物理界限不明显、不能独立经营、受经营方式限制、拍卖变现难度较大等问题出现。

四、信贷风险管理的文化制度

法律规则可以看作风险管理的硬性约束，而文化制度则是风险管理的软约束。小微信贷业务中，利用银行借款人之间的情感信任来降低信息不对称程度，同样地，情感文化因素也对风险管理起了重要作用。

浙江泰隆商业银行坚持“廉洁自律”的风险文化，树立“文化是最廉价的风控”理念，制定“泰隆人行为准则”“双十禁令”“三九条令”，防范客户信用风险和员工道德、操作风险；坚持严爱一体“家文化”，将“现代经营管理”与“中国传统文化思想”并举；秉持“员工第一”理念，对员工“高关怀、严要求”，打造“有温度”的企业文化。①

台州银行推进企业文化转型，提高内部凝聚力，倡导“积极、主动、合作、快乐”的工作氛围。2013 年，台州银行通过自董事长到中层管理人员的管理作风转变，使员工普遍感受到了更多的尊重与关心，工作方向也更易达成共识。全行倡导“聚焦、合作、补短板”的工作方式，促进部门之间、岗位之间分工合作互补。与麦肯锡公司合作，开展中层领导力培训，从领导自我、领导他人、领导业务、领导组织四个维度，全面系统地帮助中层主管调整管理视角。企业员工更强的归属感有利于降低银行内部的操作风险。

民生银行也推行“行稳致远”的合规文化，认为合规是银行的生命线。民生银行坚守“风险底线不可碰，合规底线不可越，道德底线不可破”的底线思维，将合规经营建设作为长远发展的坚实基础和强劲推力。民生银行建立并完善了一系列规章制度和职业道德行为规范体系，持续开展“遵纪守规，廉洁从业”等多项风险文化教育实践活动；建立健全了覆盖信用风险、市场风险、操作风险的全面风险管理框架和制度，提升了风险内控管理的专业化水平，确保了各项业务平稳运行。民生银行还持续推进全体员工学法、守法、用法，逐步形成了“诚信、责任、规则、共享”的合规文化，合规的观念和意识渗透到每个岗位、每个业务操作环节中。

---

① 资料来源：浙江泰隆商业银行．2019 年度社会责任报告［EB/OL］．［2020－04－30］．http：//www．zjtlcb．com/zjtlcb/resource/cms/article/362843/391403/2020043008501196532．pdf．

第四节　小微信贷风险管理模式

本节将对信贷工厂模式、信贷员（IPC）模式、打分卡（FICO）模式、关系型信贷模式4种小微信贷风险管理模式进行简要介绍。

一、信贷工厂模式[①]

信贷工厂（Credit Factory）是指信贷机构在进行中小企业授信业务管理时，摆脱传统小额信贷业务中一人包干的责任落实理念，从前期接触客户开始，到授信的调查、审查、审批，贷款的发放，贷后维护、管理，以及贷款的回收等工作，均采用专业化分工、流水线作业、标准化管理的方式进行。对信贷业务流程各环节中的岗位职责和要求进行标准化，并分解到多人中去，共同完成，仿佛工厂中的流水线。

在信贷工厂模式下，信贷业务人员、审批人员和贷后监督人员各自专注于自身环节，定位明确，既提高了业务操作的专业化和精细化程度，也减少了不必要的流程和部门协调工作，提高了工作效率，有利于扩大信贷机构的业务规模，并以规模效应降低授信业务的成本。这种模式由新加坡淡马锡公司创立，因此也被称为淡马锡模式。

二、信贷员模式

信贷员（IPC）模式由德国国际项目咨询公司创立。有别于传统信贷业务对抵押物的重视，IPC模式不完全看重抵押物，而更加重视评估客户的还款能力，包括考察借款人的还款能力、还款意愿和内部的操作风险。在评估客户偿还能力方面，主要是信贷员通过实地调查，了解客户生产、营销、资金运转等状况，自编财务报表，分析客户的还款能力，为发放贷款提供信息；对客户偿还意愿的调查，主要考察个人声誉、信用历史、所处社会环境等因素；通过适当的激励和约束机制，对内部的操作风险进行控制。浙江泰隆商业银行的“三品三表”风险防控方法可以看作IPC模式的本土化。

三、打分卡模式

打分卡（FICO）模式通过打分的方式综合评估客户信用状况，并将打分结果作为授信依据。采用该模式，业务人员只需按规定对每一项指标进行打分，打分结果直接反映了客户信用度、违约率和预计损失，实现了信用评级、核定授信额度和业务调查等多项流程的合并统一。

在国外该模式已被广泛应用，比如成立于1852年的美国富国银行（Wells Forgo）

① 整理自陈工孟，傅建源．小额信贷理论与实务［M］．北京：清华大学出版社，2017.

是一家多元化、以社区为基础的金融服务机构，为个人和小企业提供贷款是其业务的重要组成部分。富国银行采用 FICO 评分作为信用评分来衡量借款人的信用风险。FICO 评分的使用非常广泛，影响美国 90% 的借款决策，评估了超过 1.9 亿美国人的信用水平。特别地，为了公平和消除歧视，FICO 评分并不考虑年龄、性别、种族、收入、婚姻情况等信息。FICO 评分依据的是美国三大信用咨询公司［益博睿（Experian）、环联（TransUnion）和艾可飞（Equifax）］提供的个人信用数据。该信用评分影响贷款的发放以及利率等条款。

四、关系型信贷模式①

银行的贷款决策主要基于通过长期和多种渠道的接触所积累的关于借款企业及其业主的相关信息而做出。这些信息除了通过办理企业的存贷款、结算和咨询业务而直接获得以外，还可以从企业的利益相关者（股东、债权人、员工、供应商和顾客等）以及企业所在的社区获得；它们不仅涉及企业的财务状况和经营状况，还包含了许多有关企业行为、信誉和业主个人品行的信息。关系型贷款的基本前提是，银行和企业之间必须保持长期、密切而且相对封闭的交易关系，即企业固定地与数量极少的（通常为一到两家）银行打交道。由于关系型贷款不拘泥于企业能否提供合格的财务信息和抵押品，因而最适合于中小企业。

例如，浙江泰隆商业银行通过社区化、网格化操作，不仅解决了信息不对称问题，也方便了利率的市场化定价。在掌握客户足够信息的基础上，浙江泰隆商业银行设立了 60 多个利率档次，对每一位客户首先根据资质和贷款期限将其划分至一个档次，再根据其他条件适配 20 多个优惠项，做到一户一价、一笔一价、一期一价。

需要注意的是，关系型信贷在降低信息不对称程度的同时，产生了较大的委托代理问题。因为信贷员与借款人的密切关系使得其有动机串通借款人骗取银行贷款，给银行造成损失。

思考题

1. 风险的本质是什么？在日常生活中，你是如何管理风险的？

2. 信贷风险可以分为信用风险、市场风险等几种类型，你认为哪种风险对小微金融的影响更大？

3. 比较民生银行、台州银行和浙江泰隆商业银行的小微信贷风险管理特点，你认为哪家银行做得更好？

4. 比较信贷工厂、IPC 等几种风险管理模式，你认为小微金融风险管理的未来方向是什么？

---

① 整理自张捷．中小企业的关系型借贷与银行组织结构［J］．经济研究，2002（6）：32－37＋54－94.

小微金融的监管　第十五章

Chapter Fifteen

第一节　金融监管概述

金融监管是指一个国家的金融监管当局为保证金融体系的安全、稳定以及保护金融行为人的利益，依据国家法律法规，对金融业实施的监督与管理。

金融监管有广义和狭义之分，广义的金融监管是指以一个国家或地区的中央银行、其他金融监管部门、其他金融组织机构、金融活动投资者和上市公司等为监管主体和对象的监管，监管的对象比较宽泛。狭义的金融监管是指以国家法律法规为依据，通过该国或地区的中央银行、其他金融监管部门对其金融机构的业务活动进行监督管理，实现金融机构合法稳健经营，有效维护金融体系的安全与稳定。在金融经济学语境下，金融监管通常是指狭义的金融监管。

金融监管不是从来就有的经济活动，而是随着经济的不断发展和金融活动在经济活动中地位的不断上升，以及人们对市场有效运行规律认识的不断深入而逐步形成的经济金融行为。18 世纪爆发的资本主义经济危机使人们认识到竞争性市场理论在现实经济中的缺陷，开始思考市场监管在保障市场稳定运行方面的重要作用；20 世纪 30 年代的世界性经济大萧条催生了凯恩斯思想理论，也使现代金融监管理论走上了快速发展的道路；20 世纪 60 年代和 70 年代发达资本主义国家出现的经济滞胀和 80 年代以后出现的金融全球化浪潮，以及不断加快的金融创新，又使得基于凯恩斯理论和新古典经济理论的金融监管理念难以为继；以 2008 年美国次贷危机爆发为契机，以宏微观审慎和行为监管为目标的“双峰”监管理论成为当前国际金融监管改革的新趋势。① 2017 年，中国人民银行成立金融科技（FinTech）委员会，标志着金融科技在金融创新发展中的地位得到了确认，也意味着金融科技给金融安全带来的新挑战引起了监管部门的重视，以强化监管科技（RegTech）应用为特征的金融监管手段开始普遍推广。

一、金融监管理论基础

（一）金融监管的需求理论

金融监管需求理论主要包括公共利益论和风险需求论。公共利益论认为金融市场

① 刘超，谢启伟，马玉洁，等．金融监管学［M］．北京：中国铁道出版社，2019.

存在失灵现象，这主要表现为自然垄断、外部性、信息不对称以及市场导致的不正当竞争、收入分配不公等。金融资源配置不能实现帕累托最优，金融监管是政府降低或消除市场失灵的手段。

风险需求论认为金融市场存在三个方面的风险：金融体系的脆弱性、金融主体的有限理性和金融资产价格的波动性。保罗·克鲁格曼（Paul. Krugman）提出了一种利用收支平衡表研究银行金融风险的模型，用于解决信贷过程中的银行风险控制问题；现代金融理论研究中对金融体系脆弱性研究做出重大贡献的是美国经济学家海曼·明斯基和查尔斯·金德尔伯格，他们认为经济周期性是金融系统性风险的成因，金融监管有利于防范金融市场的内在风险。

（二）金融监管的效应理论

20 世纪 70 年代中后期，公共利益论作为解释金融监管的标准理论受到了挑战，经济学家们开始把注意力从研究“市场失灵”转向决策的具体过程，尤其是公共政策的制定过程。研究方向从“危机防范”轨道转向“运作效率”轨道，有效性渐渐取代需求理论成为研究焦点，形成的代表性理论主要有以下两个。

一是集团利益理论。20 世纪 70 年代以后，经济学家开始质疑金融管制程度和政府解决金融体系不完备市场的能力，并提出了集团利益理论，如政府掠夺理论、特殊利益理论和多元利益理论等。政府掠夺理论最早提出了对金融监管必要性的质疑，认为政府之所以要对金融业进行管制，是为了自身收益（政治收益和经济收益）最大化。在此基础上，佩兹曼提出了特殊利益论和多元利益论，这些理论开拓了金融监管必要性研究的新视角，也使自身成为金融监管的理论基础。

二是金融监管失灵理论。集团利益理论之后，理论界关于金融监管必要性的研究转向对金融监管有效性的研究，先后形成了管制供求理论、管制寻租理论、捕获论和社会选择理论。管制供求理论秉承了集团利益理论的核心观点，运用供求规律阐释了金融监管的效率问题，该理论在强调监管给被监管者带来一定好处的同时，也承认增加了他们的成本。管制寻租理论将利用资源通过政治过程获得特许权，从而损害他人利益，使自己获得大于租金收益的行为定义为寻租，认为金融监管是政府管制的重要组成部分，因此金融监管中同样存在寻租现象，影响金融监管的公平与效率。捕获理论（追逐论）认为随着时间的推移，监管者会越来越迁就被监管者的利益而不是保护“公共利益”，监管机构被某些行业巨头所俘虏，会导致其监管行为会严重损害合理的资源配置，造成行业和部门之间投资或其他要素的不合理搭配。该理论的主要贡献在于把人们的注意力从以往经济学理论对监管的研究，转向对监管者实际行为和动机的研究，说明了究竟是什么原因导致了对监管的需求。社会选择理论建立在特殊利益论的基础上，首次从动态发展的角度分析了金融监管的有效性，认为管制具有很强的自我实现性质，但这种自我实现只有在监管发展到一定程度后才会出现。

（三）信息经济学框架下的金融监管理论

金融危机的发生和信息技术的发展为金融监管提供了新的研究视角，代表性的有金融约束理论和金融中介理论。

20 世纪 90 年代以来，不断发生的金融危机使金融自由化理论遭到空前质疑，受东亚发展经验启发，赫尔曼（Hellman）、默多克（Murdock）和斯蒂格利茨（Stieglitz）提出金融约束理论，该理论认为政府能够通过一系列金融政策在民间部门创造租金机会，达到既能防止金融压抑的危害，又能促使银行主动规避风险的目的，进而促进金融业更快发展。金融政策包括对存贷款利率的控制、对市场准入的限制等。这些政策会影响租金在生产部门和金融部门之间的分配，也会通过创造租金，调动金融企业、生产企业和居民等各个部门生产、投资和储蓄的积极性，还可以为银行体系开拓新市场进行储蓄动员，从而促进金融深化。

金融中介是储蓄转化为投资过程的基础性制度安排，关于金融中介的研究已经突破了交易成本、信息不对称的范式约束，开始强调风险管理、参与成本和价值增加的影响。这使金融中介理论从消极观点（金融中介把储蓄转化为投资）向积极观点转变（在资产转换的过程中，金融中介为最终储蓄者和投资者提供了增加值）。风险、不确定性、信息成本和交易费用构成了金融中介演化的客观要求，制度、法律和技术则构成了金融中介演化的现实条件。金融中介理论为监管科技的发展提供了启发，也为诸如存款保险制度的设立提供了理论依据。

二、金融监管目标

金融监管目标决定了金融监管制度与政策体系的建设，金融监管目标与金融监管原则有非常紧密的关系，金融监管原则服务于金融监管目标，金融监管目标也应该与金融监管原则相适应。

金融监管行为要取得的最终效果或达到的最终目标即为金融监管目标。金融监管目标可区分为一般目标和具体目标。一般目标是建立和维护一个稳定、健全和高效的金融体系，保证金融机构和金融市场健康发展，保护金融活动参与方（特别是存款人）的利益，推动经济金融稳定持续增长。或者可以概括为：一是维护金融业安全与稳定；二是保护公众利益；三是维持金融业运行秩序和公平竞争。世界上大多数国家的金融监管目标都体现在其银行法或证券法等金融法规上，且无论采用哪一种监管组织体制，金融监管一般目标基本上是一致的。

金融监管的具体目标因各国一般目标的侧重点和具体国情而有所不同。就我国现阶段的金融监管目标而言，金融监管一般目标主要体现在两个方面：一是防范和化解金融风险，维护金融体系稳定与安全；二是保护公平竞争和提高金融效率，保证中国金融业的稳健运行和货币政策的有效实施。金融监管具体目标可以细化为经营的安全性、竞争的公平性和政策的一致性。经营安全性目标是指保护存款人和其他债权人的合法权益，规范金融机构的行为，提高信贷资产质量；竞争公平性目标是指通过中央银行的监管，创造一个平等合作、有序竞争的金融环境，保证金融机构之间的适度竞争；政策一致性目标是指通过金融监管，使金融机构的经营行为与中央银行的货币政策目标保持一致，促进和保证整个金融业和社会主义市场经济的健康发展。

三、金融监管原则

金融监管原则是金融监管过程中监管部门的行为准则，这些行为准则主要包括以下几个方面。

（一）依法监管原则

依法监管原则主要是指监管行为的合法性，即金融监管必须依据法律、法规进行，监管的主体、监管的职责权限、监管措施等均应由金融监管法律、法规明确规定，监管活动均应依法进行，以防止监管过度或监管松懈的出现。监管过度是指监管者为了自身名望或利益而过于强化监管，监管松懈是指监管者竞相放松监管，以免与被监管者发生冲突，或者监管者被俘获后与被监管者达成共识。依法监管是监管者必须遵守的行为原则，也是法律部门对监管者行为的必要制约。

（二）公开、公正与公平原则

“三公”原则要求监管活动必须以客观事实为依据，最大限度地提高透明度，以保证当事人的知情权得到确实维护；同时，监管机构应当公正执法、平等对待所有金融市场参与者，做到实体公正和程序公正。

（三）效率性原则

效率性原则一般有两个方面的含义，一是指金融监管应当以提高金融体系的整体效率为宗旨，不得压制金融创新与金融竞争。二是指金融监管机构要合理配置和利用监管资源，以尽量低的经济成本或社会成本实现既定的监管效果。

（四）独立性原则

独立性原则要求监管者的自主监管权和被监管者的经营自主权都不应受到干扰。监管者的自主监管权是指监督管理机构及从事监督管理工作的人员在依法履行监管职责时，均受法律保护，各级政府部门、社会团体和个人不得干涉。被监管者的经营自主权是指金融监管不得干涉金融机构内部的经营管理，金融机构正常的经营自主权不受干扰，合法经营应该独立于监管干预。

（五）协调性原则

协调性原则一方面要求监管主体之间职责分明、分工合理、相互配合，以节约监管成本，提高监管效率；另一方面是指金融监管自律、法治化和政策干预之间的协调，即金融机构的“内控”与“外控”要很好地结合，才能使金融监管得到及时有效的实施。否则，如果金融机构内控不严，监管机构即使采取严格缜密的外部监管，也未必能够实现预期效果。

四、金融监管模式[①]

（一）审慎监管和非审慎监管

审慎监管和非审慎监管是目前最重要的分类方式，两种监管模式目标差异较大。审慎监管的目标是保护被监管机构的偿还能力，保护存款人的储蓄免受损失，同时当一家存款机构出现问题时，其他机构不会受到传染。非审慎监管不考虑被监管机构的财务状况，主要关注消费者保护、金融犯罪管理以及国家战略等。一般来讲，存款类小微金融机构适合审慎监管，除非有特殊情况，非存款类小微金融机构不应被审慎监管。

当一个存款类金融机构无力偿付或者缺乏充足的流动性时，它就不能为客户兑付存款。如果大型金融机构发生这种情况，会严重损害其公信力，甚至导致金融系统遭受储户挤兑，引致发生系统性风险。因此，审慎监管要求政府监督这些机构的资本充足率，并在出现问题时及时行动。与此相反，非审慎监管，也被称为“商业行为”监管，不要求监测或评估监管对象的财务状况。非审慎监管往往具有三个目标：保护金融消费者；促使大型机构提供多元化的产品和服务；为政府执行经济、金融和刑事法律政策提供信息。一些非审慎监管须常规化执行，包括民事诉讼、刑事诉讼和私权。其他非审慎监管可由具体监管机构执行。有时一个规则同时适用于审慎监管和非审慎监管。例如，有效的消费者保护有助于提高资产质量，同时也有利于促进金融机构整体的财务健全。

对于审慎监管和非审慎监管，普遍认为实行审慎监管通常比非审慎监管更复杂、更困难、成本更高。出于技术与专业知识方面的原因，这种情况在一些发展中国家表现得尤为明显，这些国家的监管者对主流银行和保险业的监管已经捉襟见肘。因此，要避免对可以实施非审慎监管的机构使用严格的审慎监管。例如，如果只是为了防止有不良记录的人控制或者拥有非存款类小微金融机构，监管者没有必要承担起监测保护此类金融机构资本充足率的义务，仅要求其公开最终控制人的身份，并且对其进行适当审查即可。

为什么政府不对非金融企业实施审慎监管？因为银行不同于其他经营机构的最大特征是用别人的钱（主要是来自公众存款）来开展自己的经营。这就使得管理者具有高风险偏好。更为关键的是，银行易遭到存款挤兑。一旦储户对一家银行失去信心，

---

① 潘功胜．微型金融监管的国际经验［M］．北京：中国金融出版社，2015.

很快就会传播到其他银行的储户，威胁整个银行系统的稳定性，进而给其他行业带来严重的后果。人们普遍认为，当金融系统的稳定性或是储户资金安全受到威胁时，审慎监管是有必要的。

（二）机构监管与行为监管

机构监管和行为监管是基于监管对象差异划分的监管类型，机构监管主要是指对规定的金融机构进行监管，而行为监管主要针对特定的金融行为。在选择机构监管和行为监管时还可以与审慎监管和非审慎监管相结合。比如一些审慎监管原则还取决于机构类型，不同机构对已批准的经营活动或资本充足率有不同的要求。虽然从理论上讲，行为监管作为准则更有意义，可以促进公平竞争减少监管套利，但在政治上不太可行。例如，行为监管要求市场新进入者和根基稳固的老牌机构同台竞争，这样的监管是很难实施的。

（三）现场监管与非现场监管

日常监管中常用的监管方式有现场监管和非现场监管，这也是监管当局对金融机构进行监管所采取的基本方式。在当前金融危机频发的国际背景下，风险监管逐步成为监管的主流理念，因此监管实践也呈现出由以现场监管为主向非现场监管为主的过渡趋势。

现场监管是指监管当局派出检查人员对金融机构进行实地检查，通过检阅金融机构经营活动的账表、文件等各种资料，通过座谈、问询等方式，对金融机构的经营管理情况进行检查、分析、评价和处理，督促金融机构合法稳健经营，提高经营管理水平，维护金融稳定的监管方式。

非现场监管是监管机构运用现代化的监管工具，通过建立科学合理的检测指标，监测、判断与及时掌握金融机构的运行状况、风险因素和突出问题，并采取防范和纠正措施的监管行为。非现场监管是一种事前监管，目的在于认识、监测和控制包括银行业务在内的风险，因此通常能反映出银行存在的潜在问题，并提前采取纠偏措施。与现场监管相比，非现场监管成本更低、效率更高，同时具有及时性、准确性、连续性和全面性等优点，非现场监管是贯穿金融监管流程的主线，也是构建持续性监管体系的重要手段。但非现场监管也存在劣势，即依靠静态监测数据资料，只能分析表面的问题，而不能揭示深层次的问题。同时，由于不能到达现场，监管上难以取证、定性，也会影响监管的效果。因此，现场监管方式与非现场监管并非对立，两者缺一不可。正确的做法是灵活使用两种方法，通过彼此配合，提高监管效率，避免监管真空。

（四）税收政策

国际金融危机后，金融交易税、金融稳定贡献税、金融活动税等一系列金融税收政策被提了出来，金融业税收政策也成为全球关注的议题。税收是国家财政收入的主要方式，也是国家进行宏观调控的重要经济杠杆。金融业税收政策，不仅影响到金融企业的经营状况，也将影响整个金融市场的健康发展。

在宏观层面，合理的金融业税收政策有助于提升宏观经济效率，增加政府财政收入，降低系统性金融风险。在微观层面，金融业税收政策能够对金融行业的规模与结构，以及金融产品、金融企业经营绩效和公司治理等影响金融业发展的因素产生重要影响。金融业税收政策应遵循效率优先、中性与调控性并存、金融服务实体经济等原则。科学合理的税收政策，对于特定金融领域的发展意义重大。

五、金融监管内容

（一）金融消费者权益保护

金融消费者权益保护主要集中于三个方面：一是充分而透明的信息，即金融机构应为消费者提供精确且易于理解的定价及其他条款信息；二是公平对待，即金融机构应避免过度放贷、不正当催收及其他针对客户的不道德行为；三是救济机制，即金融机构应提供有效的投诉、纠正错误或解决纠纷的机制，维护金融消费者的正当权益。此外，消费者本身的金融技能也是金融消费者权益保护措施的重要补充。实际上，在许多发达国家和越来越多的发展中国家，政府越来越重视消费者金融技能的培养，并采取了许多切实有效措施，全面提升消费者金融技能，包括金融知识、理解力、技能、态度等，尤其是提高金融消费者根据其社会和财务状况正确做出金融决策的能力。

在金融消费中，服务对象并不一定总是能够受益于金融服务，而服务提供者为了实现自身利益最大化，也并不总是能够公平对待客户。实际上，随着信贷市场的迅速发展，市场已趋近饱和，竞争也会越来越激烈，过度放贷或其他不符合客户利益最大化的行为时有发生。因此，监管当局对金融消费者权益保护的关注度也越来越高。

（二）金融犯罪防治

金融犯罪最显著的特征是以欺骗方式攫取公私财产，扰乱金融秩序。具体表现为非法集资、贷款、金融票据、政府债券等数额较大的诈骗活动。金融犯罪的主体包括单位或个人。随着现代金融的发展，金融犯罪的领域也在不断拓宽。从过去的货币、银行、信贷、证券、保险等领域向基金、信托私募等领域延伸，这使得即便存在金融犯罪行为，也往往因为无法可依，或者缺乏相应的监管手段，而难以得到遏制。这对金融监管的预见性、灵活性和针对性是一个极大的考验。

金融监管不到位和金融机构风险防范意识较差也会为金融犯罪提供平台。在大量的金融犯罪中，金融监管制度和风险防范措施缺失都是主要因素。因此对于金融犯罪行为，除了要严厉惩治外，完善监管制度更不容忽视。树立适度监管、规范监管、服务监管理念，加强对金融机构的外部约束和监督，同时完善金融机构内部各项管理制度，完善内部权力制约监督机制。唯有双管齐下才能有效防范金融犯罪的发生。

（三）防止风险扩散

金融业具有风险传染性特征，为防止金融风险扩散和蔓延，金融监管需要通过制度规则或机构协调，阻止金融风险在不同金融机构或区域间传染，加强对金融产品与服务的联合监管，一致化监管标准；通过完善和推广国家标准，实现监管信息和手段共享，加强跨区域金融机构监管合作，提升金融风险应对能力；通过完善金融业国家会计准则，减少因会计准则等带来的技术性风险。①

六、金融监管指标体系

系统性定量分析金融监管目标和金融监管效果的契合度，需要一系列能够量化的指标来度量，金融监管指标体系正是由若干个主要特征定义的金融监管指标构成的反映金融监管效果的系统，这一系统既包括反映单个金融监管目标的指标，也包括反映金融监管总体效果的合成性指标。

根据本章关于金融监管一般目标与具体目标的阐述，可以把服务金融监管目标的指标区分为以下四类：宏观金融稳定类指标（包括宏观经济的稳定和金融业的稳定）、微观金融稳定类指标（金融机构的稳定）、金融消费者权益保护指标和金融市场效率类指标。②

（一）宏观金融稳定类指标

宏观金融稳定主要指的是宏观经济的稳定和金融业的稳定，这类指标主要用于反映对金融市场系统性风险进行监管的效果。宏观金融稳定状况主要是通过一些宏观指标来反映，传统的宏观金融稳定指标包括宏观经济总量指标和金融行业总量指标，如通货膨胀率、储蓄、贷款总量等，这些指标从总量方面反映了金融体系的稳定状况，存在的局限性是忽视了经济运行中的结构性风险，如各部门资产负债表的脆弱性（清偿力问题）等。因此，在宏观金融稳定指标中通常会加入反映金融体系结构性风险的指标，如债务率和偿债率等。

（二）微观金融稳定类指标

微观金融稳定指标主要是针对金融机构而言的，主要用于反映各金融机构运行是否稳定、运转是否良好、是否存在债务危机、是否可能破产等情况，体现的是对各金融机构进行风险监管的效果。《巴塞尔协议》是现今国际银行业对金融机构进行风险监管的国际法则，要求对信用风险、市场风险和操作风险分别提取资本准备并充分识别和防范其他金融风险。《巴塞尔协议Ⅱ》主要有两大特点：一是更加注重微

---

① 杨琳．美国金融监管改革的主要内容及启示［J］．经济纵横，2010（1）：102－105.

② 叶永刚，张培．中国金融监管指标体系构建研究［J］．金融研究，2009（4）：159－171.

观层面的金融监管，较少考虑金融体系的系统性风险因素；二是对金融机构风险的度量多是从单个风险角度（如信用风险、市场风险、操作风险等）出发的，没有考虑众多风险的组合效应。因此，在对微观金融稳定进行定量分析的实践中，还会在微观金融稳定指标中加入能够反映单个机构风险组合效应的指标，如单个金融机构的资产负债率和或有权益资产负债率等。《巴塞尔协议Ⅲ》开始从宏观审慎的角度关注金融稳定，引入了最低流动性标准，设计了流动性覆盖比率和净稳定融资比率等衡量金融稳定的指标。

（三）消费者权益保护类指标

消费者权益保护指标主要反映金融消费者在享受各种金融服务和进行各种金融活动时，其应有权利和应有利益得到保护的程度。从国家总体来看，政府、企业和居民都是金融产品和服务的消费者，金融部门是金融产品和服务的提供者。从部门层面而言，消费者保护就是对公共部门、企业部门和居民部门在从事金融活动中的各项权益进行保护，重点是保证消费者的投资收益。在有关消费者保护监管的定量研究中，社会资本收益率是一个重要的基准指标，它反映了社会资本进行投资活动的一个必要收益率。就银行部门而言，可以用存款利率和社会资本收益率的差额来反映对存款人利益的保护程度，用贷款利率和社会平均资本收益率的差额来反映对贷款人利益的保护程度；就证券部门而言，消费者保护主要体现为对证券投资者的保护，投资者保护状况可以通过将投资者的平均收益率和社会资本收益率进行比较得到。

（四）金融市场效率类指标

金融市场效率类指标用于反映金融资源在各部门间的配置状况，由于效率是一个相对广泛而抽象的概念，因此金融效率指标可以从多个方面构建，一般来说，在量化研究金融效率时主要从微观金融机构效率、金融市场结构效率和宏观金融效率三个方面来进行。微观金融机构的效率可以通过各种常规的效益指标来体现，如净资产收益率、成本收入比和人均利润等；金融市场结构效率的着眼点一般体现在市场集中程度上，如使用赫芬达尔指数、Panzar Rosse H 统计量等对货币市场、证券市场、股票市场、外汇市场和衍生品市场的效率进行测量；宏观金融效率多选择储蓄动员能力、储蓄投资转化率和投资投向效率等几个方面来评价。

各类金融监管指标构成了一套相对完整的金融监管指标体系，并可以据此构建相应的金融监管总指数，但根据经济学理论及直观判断，各类金融监管指标对金融监管总指数的影响程度是不一样的。GDP、资本充足率、存款利率与社会资本收益率之差、投资者收益率与社会资本收益率之差等影响因子对金融监管总指数的影响为正，贷款利率与社会资本收益率之差等影响因子对金融监管总指数的影响为负，通货膨胀率与金融监管总指数的关系并不确定。此外，无论是从微观审慎还是从宏观审慎的角度讲，金融监管指标都会随着经济金融发展阶段的不同而动态调整，也会随着特定金融业务发展形态的差异而动态调整①，因此对金融监管的总体评价需要从技术与时间等多个维度综合考虑。

第二节 小微金融监管

一、小微金融监管概述

截至2022年底，中国有各类市场主体1.69亿户，其中小微企业占比高达96.8%，贡献了全国80%的就业、70%左右的专利发明、60%以上的GDP和50%以上的税收。从国际上看，美国、德国、日本中小企业对经济发展的贡献大约是50%，对就业的贡献是60%~70%，由此可见，小微企业对一国经济发展的重大意义。小微金融以小微企业及中低收入群体为特定目标客户，客户群体具有信用水平低、担保能力弱的特征，这是小微金融高分散、高风险特征的主要原因。为应对这种高风险带来的不利影响，保证小微金融发展的稳定性，有必要开展有针对性的小微金融监管。

目前，我国对小微金融实行中央金融委员会领导下的双层监管体制，中央金融委员会代表党中央对金融工作实行集中统一领导，负责金融稳定和发展的顶层设计、统筹协调、整体推进、督促落实，研究审议金融领域重大政策、重大问题等。“一行一总局”在金融监管体制中居于主导地位，地方政府金融监督管理机构是补充。中国人民银行负责制定和执行货币政策，防范和化解金融风险，维护金融稳定，并提供支付结算等相应的金融服务，其金融监管职能着重于宏观层面，多体现于宏观调控中。微观层面的金融监管主体是国家金融监督管理总局和地方金融监管局。地方金融监管有一个渐进发展的过程，2004年农村信用社管理权限下放给省级政府，2006年金融风险处置职责交给地方政府，2008年省级政府获得小额贷款公司监管权，2009年开始承担融资性担保公司监管权，2012年区域性小型金融机构的监管责任也交给地方政府。② 此后，地方金融监管权陆续扩充到以地方性、专业性公司为主的“7+4”类地方性金融组织，其中，“7”指的是小额贷款公司、融资担保公司、区域性股权交易市场、典当行、融资租赁公司、商业保理公司、地方资产管理公司；“4”则指的是地方各类交易场所、开展信用互助的农民专业合作社、投资公司、社会众筹机构，“7+4”类地方金融组织几乎包括了原先游离于金融监管之外的地方性金融组织。地方政府对于这类地方性金融组织的监管职权主要包括风险处置、推动地方金融发展、管理地方法人机构等。为此，各级地方政府也相继设立了地方金融监督管理局，出台了地方性金融监管条例，以加强对地方金融组织的监管，但在日常的监管和风险处置中，因缺乏国家层

① 张溪，王领．上海市金融监管指标体系的构建——基于宏观审慎监管的框架［J］．金融经济，2013（10）：42-45.

② 李凌．论双层监管体制下小微金融监管制度创新［J］．中南财经政法大学学报，2014（3）：94-99；付五平．小微金融监管探析［J］．金融经济，2016（18）：41-42.

面统一的地方金融监管立法，各地方对金融监管职责分工的理解不尽一致，部分机构和金融活动游离于地方金融监管范围之外，地方金融监管部门也面临监管依据不充分、执法手段不足等问题。针对这一情况，中国人民银行于2021年12月31日正式发布了《地方金融监督管理条例（草案征求意见稿）》，这意味着我国小微金融监管在法治化道路上迈出了具有里程碑意义的一步。

二、小微金融监管目标

为构建高水平社会主义市场经济体制，着力推动经济高质量发展，党的二十大报告明确要求深化金融体制改革，建设现代中央银行制度，加强和完善现代金融监管，强化金融稳定保障体系，依法将各类金融活动全部纳入监管，守住不发生系统性风险底线。

小微金融监管作为国家金融监管的重要组成部分，其监管目标也自然服从并服务于金融监管总体目标的实现，但小微金融的特殊性又决定了其监管目标的独特性，即更注重保证金融系统的整体性和金融机构的偿付能力，具体包括促进金融服务提供者的稳健发展、防范系统性风险、建立竞争性市场、保护金融消费者权益和改善进入渠道。

由于小微金融主要服务于贫困人群和小微企业，因此小微金融监管也常把普惠性作为监管目标。普惠性意味着需要建立有利于新型小微金融机构发展的金融监管环境，因此，小微金融监管应尽可能开展基于行为的监管，避免基于机构的监管，这样既能创造公平竞争的机会，又能减少监管套利带来的风险，实现小微金融服务可得性与风险可控性的有机统一。就具体监管而言，小微金融监管面临的挑战是如何平衡资金可获得性、金融稳定性、金融完整性和金融消费者权益保护之间的关系，因为这需要金融监管部门巧妙平衡消费者权益保护机构、社会福利机构，乃至执法部门之间的行为。因此，金融监管部门应审慎监管和行为监管并重，促进地方金融组织合法、稳健经营，避免干预地方金融组织自主经营和金融资源市场化配置，维护属地金融稳定，守住不发生区域性金融风险的底线。

三、小微金融监管原则

小微金融更多的是一种处于传统金融之外的非正式金融，由于小微金融资产通常由大量小额、无担保贷款构成，因此，需要与正规金融有差异的监管机制。许多国家都在不断探寻完善小微金融监管框架，世界银行扶贫协商小组（CGAP）也发布了小微金融监管指南。考虑到小微金融监管的对象是小微金融机构，监管方法和原则也区别于一般金融机构，因此各国的小微金融监管在面对不同机构和不同行为时，往往采用不同标准或不同方式来监管。

根据金融监管的基本定义及小微金融监管的实际情况，对小微金融监管可以从静态和动态两个层面理解。静态含义指的是维护小微金融机构和小微金融市场稳定有效运行的一系列原则或法律规则，包括许可、报告检查制度、强制性指令、矫正措施及信息披露规定等；动态含义则是通过对小微金融机构的检查和监测机制确保其遵从监管规定的过程。结合小微金融监管的这两层含义和小微金融在客户目标群体、借贷方式和组织架构方面的特征，小微金融监管除了需要遵守金融监管的一般性原则外，遵守以下基本监管原则也是必要的。

（一）灵活原则

小微金融是一种金融创新，政府应采取宽严适度的监管立法、借助灵活的监管手段，引导和规范小微金融机构的灵活性、创新性、平稳性，并为其提供发展空间，促进小微金融机构可持续发展。这就要求小微金融监管必须做到因地制宜和因时制宜，在不同国家或区域，金融服务往往具有个性化、差异化特征，小微金融监管只有遵循因地制宜原则，才能引导金融服务与地方性小微金融需求相适应，才能因应金融服务性质的差异性，制定不同的金融监管政策举措，化解和防范地方性小微金融风险；同时，小微金融是金融服务创新的先导，小微金融服务在组织模式、业务流程、风险管理、产品服务、人才队伍、技术支持等方面不断创新升级，确保小微金融服务水平能够持续“升级”，在不断适应和满足内外环境变化的情况下获得持续稳定的发展，是小微金融监管因时制宜原则的基本内涵。

（二）效率原则

金融机构运行效率在一定程度上反映了监管效率，小微金融监管通常遇到的难题是限制了小微金融机构的动态效率。由于需要在维护金融市场稳定和促进金融机构效率方面进行妥协，那些旨在维护金融市场稳定的措施常常会妨碍竞争从而降低小微金融机构的效率。因此，有效的小微金融监管制度应该能够及时发现自身不足并做出调整，应该确保金融机构间的公平竞争，避免对金融机构间的合理竞争造成扭曲，努力维持一种竞争有效的平衡关系。

效率原则的另一个难题是，在促进公平竞争的同时如何推动普惠金融。行为监管要求相似的经营行为应受到相似的监管，无论经营行为的主体是哪类机构。这意味着适用于小微金融机构的非审慎标准是普适的，那么在许多大型银行也进入小微金融领域的情况下，小微金融机构就可能无法竞争。

（三）分类监管原则

小微金融业务大多由传统金融机构或新兴地方金融组织开办，这类金融业务虽然逻辑相近，但机构性质差异仍然为分类监管提供了空间。一般来说，对非存款类小微金融机构不宜采用审慎监管，因为只贷不存的小微金融机构对储户不会带来危险；对开展小微金融业务的正规金融机构或存款类小微金融机构宜采用审慎监管。监管框架应使那些经营业绩优秀、公司治理良好的非存款类小微金融机构能逐步扩大业务规模，拓展资金来源，最终能够以某种形式获得社会资金，或者获得批发机构的转贷资金。此外，小微金融监管成本很可能高于对其他金融机构的监管成本，因而要避免用复杂的审慎规则进行非审慎监管，从而避免与审慎监管相伴的复杂性、困难度和高成本。

（四）成本/收益原则

金融监管通常是由专门的金融监管机构来做的，对全国范围所有执照机构实施监管需要实物资本和专业技能水平，这对于一个国家的金融监管当局来说是沉重的负担。因此，如果目的不是保护储户的安全性和金融机构的整体稳定性，监管当局不必过度监控，只要求登记注册，并公开小微金融机构的拥有者和管理者信息，以及提交“健全及恰当”的检查即可。一些非审慎的管理也可以放在一般商业法规下进行，由执行这些法律的政府部门来管理。

所有监管规则和方法必须遵从成本/收益原则，过度监管会给监管者和小微金融机构带来负担，同时阻碍创新。比如当小微金融机构数量较多时，监管成本可能高于小微金融机构的风险成本，也就是说，金融监管可能对金融系统造成负面影响，因此，须采用成本节约型方法来监管小微金融机构。

四、小微金融监管模式

从业务性质上讲，小微金融并不是特定金融机构的行为结果，因此小微金融监管也不宜采取特定模式。根据小微金融业务主体适用法律的不同，小微金融业务主体一般可以区分为在银行法框架下的持牌金融机构、在特定小微金融法律框架下的持牌金融机构，这便形成了基于不同法律基础的监管模式。不过，无论何种持牌机构，对小微金融业务自我融资行为的合理约束都是金融稳定不可或缺的，因此，适度的自我监管同样必不可少。

（一）基于银行法的监管

这类监管方式建立在小微金融机构从事银行业务，或银行业金融机构从事小微金融业务的前提下，具体监管方式包括现场监管和日常监管；通常由政府的专业银行监管机构负责，但在一些情况下也可以是由一个或多个独立的私人监管机构完成监管。由于政府具有动用大量金融资源的能力，因此由政府专业银行监管机构负责监管通常会带来较高的信用度。在很多国家，对于不同类型的金融机构，如商业银行和金融公司，有着不同的监管规定，寻求正式身份的小微金融机构可以从中挑选出最适宜自己需要的法律框架。利用这一框架实施监管的小微金融机构包括玻利维亚的BancoSol、哥伦比亚的FinanSol和肯尼亚的K－Rep银行。

（二）基于特定小微金融法的监管模式

实施这类监管的前提条件是，监管者意识到小微金融机构的重要性，小微金融机构也发展成熟到能够适应法律监管的地步。监管机构可以是现有监管机构的新增部门，也可以设立一个完全独立的新机构。对小微金融有丰富经验的私人咨询公司也可以担负监管的责任。利用这种模式实施监管的代表性案例包括玻利维亚的Fondos Financieros

Provados（FFP）、秘鲁的 Caja Municipal de Ahorro y Credito（CMAC）和 Entidad de Pesarollo Para la Pequena y Microempresa（EDPYME）。从中国的实际情况看，许多地方政府都已经出台了地方性金融监管条例，中国人民银行也发布了国家层面的《地方金融监督管理条例（草案征求意见稿）》，小微金融机构监管的法律框架体系基本成型，即中央统一规则、地方实施监管，谁审批、谁监管、谁担责的监管模式。适应这一监管模式的需要，国内各省级政府成立了金融监督管理局，并将各类地方性金融业态纳入其监管职责，从而强化了地方金融风险防范、化解和处置能力。

（三）小微金融自我监管模式

出于对小微金融机构缺乏兴趣、监管能力不足或是对小微金融机构缺少了解等原因，政府部门可能极少介入对小微金融机构的监管，这使小微金融机构不得不在自我监管框架下运行。当然，小微金融机构自我监管还可能源于向外界（包括捐款者、商业投资者和存款者）发送“成功信号”，从而降低它们的融资成本或是由此获得新的融资途径。

在自我监管方式下，一个旨在披露信息的机构取代了政府监管的地位，自我监管往往会演变成金融机构的评级系统。但自我监管不能仅是为了保护投资者的利益，还必须兼顾消费者的利益，因而监管的威慑作用仍然必不可少，如政府可以规定小微金融机构必须加入某一个自我监管组织，且不可随意退出，政府还可以赋予自我监管组织特殊权力，如关闭成员中经营不善的小微金融机构等，具有这种特征的自我监管更多地体现为行业协会，当然也不排斥其他案例，如菲律宾的小微金融标准联盟等。一般来说，自我监管组织通常需要在政府登记，但未必受监管当局管理，具体情况因历史或其他原因在不同国家有不同表现。

五、小微金融监管内容

（一）认定地方性金融组织并开展业务监管

对于未纳入“一行一总局”监管范围但从事金融业务的地方性金融组织，新出台的《地方金融监督管理条例（草案征求意见稿）》给出了明确的定义和监管规则。明确地方金融组织是指依法设立的小额贷款公司、融资担保公司、区域性股权交易市场、典当行、融资租赁公司、商业保理公司、地方资产管理公司以及法律、行政法规和国务院授权省级人民政府监督管理的从事地方性金融业务的其他机构，强调地方性金融组织必须持牌经营，设立区域性股权交易市场应当经省级人民政府公示，并报国务院证券监督管理机构备案，设立其他地方性金融组织应经省级地方金融监督管理部门批准并颁发经营许可证。明确地方性金融组织应当服务本地，原则上不得跨省开展业务。明确了地方各类交易场所、信用互助的农民专业合作社、投资公司、社会众筹机构四类机构不得开展的业务类型，引导农民专业合作社规范开展信用互助业务。对不符合批设或备案条件的投资公司以及社会众筹机构要限期清理。

具体监管内容包括地方性金融组织的设立、变更和终止；禁止单位名称和经营范围中使用“金融”“贷”“融资担保”等名词；地方性金融组织合并、分立或者减少注册资本，变更业务经营区域范围；地方性金融组织解散与清算等。具体监管措施包括对地方性金融组织进行现场检查；进入涉嫌违法违规行为发生场所调查取证；调取、查阅、复制地方性金融组织与检查、调查事项有关的文件、资料、电子数据等，对可能被转移、隐匿或者毁损的文件、资料、电子设备予以封存；询问当事人和与被调查事件有关的单位和个人，要求其对与被调查事件有关的事项做出说明；经批准后查询与被调查事件有关的单位账户信息和交易信息等。

除上述现场监管外，地方性金融监管机构还必须按照非现场监督管理制度，收集地方性金融组织的报表数据、经营管理情况等信息；对地方性金融组织的风险状况做出分析和评估，并采取相应措施；向本级人民政府和国务院金融管理部门报送相关数据信息，并根据信息收集情况进行风险监测预警，定期对地方性金融风险状况进行评估，若发现发生或者可能发生影响区域金融稳定的重大金融风险事件，应当立即逐级上报至省级人民政府，经省级地方金融监督管理部门主要负责人批准，可区别情形采取必要的风险控制措施。

（二）保护小微金融消费者权益

保护金融消费者权益首先体现为公平交易，为此，要理顺分散于地方金融监管机构、证券监管机构和银保监机构的金融消费者保护监管权，在避免监管权缺失或重叠带来无效监管的同时，保护消费者免受金融消费中不公平和金融欺诈等行为的侵害。具体监管内容包括：改进各类金融产品信息披露的监管要求，小微金融机构要对金融消费者进行充分的信息披露，要以适当的方式让消费者深入了解其权利与义务、风险与收益；提高小微金融产品条款设计要求，金融机构必须向金融消费者提供透明、公平、合理、不带有金融欺诈、没有误导性的金融产品；要求各类小微金融产品经纪商和投资顾问严格履行受托人职责，避免误导性销售和欺诈销售，向金融消费者和投资者提供最符合其风险收益需求的金融投资决策建议；协调各监管机构之间的关系，提高监管标准，促使小微金融产品监管标准一致化。

（三）防止小微金融风险扩散为系统性风险

2011 年温州出现的“资金链”“担保链”事件凸显了小微金融风险具有的传染性特征，为防止小微金融风险扩散和蔓延为系统性风险，小微金融监管既需要建立国家小微金融监管标准，也需要加强地方金融监管合作。具体监管内容主要包括对金融机构设立的监管，对金融机构资产负债业务的监管，对金融市场的监管（如市场准入、市场融资、市场利率、市场规则等），对会计结算的监管等。其中，对商业银行小微金融服务的监管，尤其是对地方性小微金融机构业务的监管是重点。为此，《地方金融监督管理条例（草案征求意见稿）》明确赋予地方金融监督管理部门履职手段，明确地方金融监督管理部门可以开展现场检查和非现场监管，明确可以依法采取监督管理措施，并加大了对违法违规行为的处罚力度。同时，要求积极建立地方金融风险监测预警机制，视情按程序对地方金融组织采取暂停业务、限制资产转让与资金运用、责令控股股东转让股权等风险处置措施。可以分情形设置处罚标准，按照过罚相当原则可实施“双罚”制，对长期多次从事同类金融违法行为的可逐次处罚。在监管合作方面，明确国务院金融监督管理部门负责制定地方金融组织监管规则，对地方金融监督管理部门予以业务指导。省级人民政府履行对地方金融组织的监督管理和风险处置职责，承担地方法人金融机构的风险处置属地责任，对辖区内防范和处置非法集资工作负总责，维护属地金融稳定。同时，建立中央与地方金融监管协调双机制，加强统筹协调，强化中央和地方的监督管理协作和信息共享。对区域性非法金融活动和全国性重大非法金融活动的认定和处置，明确国务院金融监督管理部门和地方金融监督管理部门联合监测、认定和处置。

思考题

1. 简述三种不同的小微金融监管模式，试分析这些模式的适用范围及优缺点。

2. 查阅相关资料，了解国外小微金融监管经验，并结合国内小微金融存在的风险和实际情况，提出促进和规范我国小微金融发展的监管思路。

Appendix

统计上大中小微型企业划分标准 | 附录1

行业名称	指标名称	计量单位	大型企业	中型企业	小型企业	微型企业
农、林、牧、渔业	营业收入（Y）	万元	Y≥20000	500≤Y＜20000	50≤Y＜500	Y＜50
工业*	从业人员（X）	人	X≥1000	300≤X＜1000	20≤X＜300	X＜20
	营业收入（Y）	万元	Y≥40000	2000≤Y＜40000	300≤Y＜2000	Y＜300
建筑业	营业收入（Y）	万元	Y≥80000	6000≤Y＜80000	300≤Y＜6000	Y＜300
	资产总额（Z）	万元	Z≥80000	5000≤Z＜80000	300≤Z＜5000	Z＜300
批发业	从业人员（X）	人	X≥200	20≤X＜200	5≤X＜20	X＜5
	营业收入（Y）	万元	Y≥40000	5000≤Y＜40000	1000≤Y＜5000	Y＜1000
零售业	从业人员（X）	人	X≥300	50≤X＜300	10≤X＜50	X＜10
	营业收入（Y）	万元	Y≥20000	500≤Y＜20000	100≤Y＜500	Y＜100
交通运输业*	从业人员（X）	人	X≥1000	300≤X＜1000	20≤X＜300	X＜20
	营业收入（Y）	万元	Y≥30000	3000≤Y＜30000	200≤Y＜3000	Y＜200
仓储业*	从业人员（X）	人	X≥200	100≤X＜200	20≤X＜100	X＜20
	营业收入（Y）	万元	Y≥30000	1000≤Y＜30000	100≤Y＜1000	Y＜100
邮政业	从业人员（X）	人	X≥1000	300≤X＜1000	20≤X＜300	X＜20
	营业收入（Y）	万元	Y≥30000	2000≤Y＜30000	100≤Y＜2000	Y＜100
住宿业	从业人员（X）	人	X≥300	100≤X＜300	10≤X＜100	X＜10
	营业收入（Y）	万元	Y≥10000	2000≤Y＜10000	100≤Y＜2000	Y＜100
餐饮业	从业人员（X）	人	X≥300	100≤X＜300	10≤X＜100	X＜10
	营业收入（Y）	万元	Y≥10000	2000≤Y＜10000	100≤Y＜2000	Y＜100
信息传输业*	从业人员（X）	人	X≥2000	100≤X＜2000	10≤X＜100	X＜10
	营业收入（Y）	万元	Y≥100000	1000≤Y＜100000	100≤Y＜1000	Y＜100
软件和信息技术服务业	从业人员（X）	人	X≥300	100≤X＜300	10≤X＜100	X＜10
	营业收入（Y）	万元	Y≥10000	1000≤Y＜10000	50≤Y＜1000	Y＜50
房地产开发经营	营业收入（Y）	万元	Y≥200000	1000≤Y＜200000	100≤Y＜1000	Y＜100
	资产总额（Z）	万元	Z≥10000	5000≤Z＜10000	2000≤Z＜5000	Z＜2000

续表

行业名称	指标名称	计量单位	大型企业	中型企业	小型企业	微型企业
物业管理	从业人员（X）	人	X≥1000	300≤X＜1000	100≤X＜300	X＜100
	营业收入（Y）	万元	Y≥5000	1000≤Y＜5000	500≤Y＜1000	Y＜500
租赁和商务服务业	从业人员（X）	人	X≥300	100≤X＜300	10≤X＜100	X＜10
	资产总额（Z）	万元	Z≥120000	8000≤Z＜120000	100≤Z＜8000	Z＜100
其他未列明行业*	从业人员（X）	人	X≥300	100≤X＜300	10≤X＜100	X＜10

说明：1. 大型、中型和小型企业须同时满足所列指标的下限，否则下划一档；微型企业只须满足所列指标中的一项即可。

2. 附表中各行业的范围以《国民经济行业分类》（GB/T4754－2017）为准。带*的项为行业组合类别，其中，工业包括采矿业，制造业，电力、热力、燃气及水生产和供应业；交通运输业包括道路运输业，水上运输业，航空运输业，管道运输业，多式联运和运输代理业、装卸搬运，不包括铁路运输业；仓储业包括通用仓储，低温仓储，危险品仓储，谷物、棉花等农产品仓储，中药材仓储和其他仓储业；信息传输业包括电信、广播电视和卫星传输服务，互联网和相关服务；其他未列明行业包括科学研究和技术服务业，水利、环境和公共设施管理业，居民服务、修理和其他服务业，社会工作，文化、体育和娱乐业，以及房地产中介服务，其他房地产业等，不包括自有房地产经营活动。

3. 企业划分指标以现行统计制度为准。(1) 从业人员，是指期末从业人员数，没有期末从业人员数的，采用全年平均人员数代替。(2) 营业收入，工业、建筑业、限额以上批发和零售业、限额以上住宿和餐饮业以及其他设置主营业务收入指标的行业，采用主营业务收入；限额以下批发与零售业企业采用商品销售额代替；限额以下住宿与餐饮业企业采用营业额代替；农、林、牧、渔业企业采用营业总收入代替；其他未设置主营业务收入的行业，采用营业收入指标。(3) 资产总额，采用资产总计代替。

中国利率市场化进程

Appendix

附录2

1986 年	《中华人民共和国银行管理暂行条例》规定专业银行资金可相互拆借，资金拆借期限和利率由信贷双方协商议定
1987 年	发布《关于下放贷款利率浮动权的通知》，人民银行首次进行贷款利率市场化的尝试
1990 年	《同业拆借管理试行办法》出台，确定了拆借利率实行上限管理的原则
1996 年	全国范围内的银行同业拆借市场正式成立，开放银行间同业拆借市场利率，实现由拆借双方根据市场资金供求自主确定拆借利率
1997 年	银行间债券市场正式启动，同时开放了债券市场回购和现券交易利率
1998 年	国家开发银行在银行间债券市场首次以公开招标方式发行了金融债券
1999 年	财政部首次在银行间债券市场实现以利率招标方式发行国债
2000 年	人民银行组织实施了境内外币利率管理体制的市场化改革
2002 年	存款人试点范围扩大到社会保险基金、养老保险金、邮政储汇局等机构
2004 年	人民银行再次扩大金融机构贷款利率浮动区间，不再根据企业所有制性质、规模大小分别定制。不再设定金融机构人民币贷款利率上限，人民币贷款利率基本过渡到上限开放、实行下限管理的阶段
2007 年	上海银行同业拆借利率正式运行
2008 年	人民银行允许个人住房按揭贷款利率下浮区间由基准利率的 15% 扩大至 30%
2012 年	人民银行决定允许人民币存款利率最高下浮到基准利率的 30%
2013 年	人民银行放开金融机构贷款利率管制
2014 年	开放中国自贸试验区小额外币存款利率上限
2014—2015 年	存款利率浮动区间上限相继被调整为 1.2 倍、1.3 倍、1.5 倍
2015 年	人民银行对商业银行和农村合作金融机构等不再设置存款利率浮动上限
2018 年	《2018 年第一季度中国货币政策执行报告》指出，推动利率“两轨”逐步合“一轨”
2019 年	人民银行决定改革完善贷款市场报价利率（LPR）形成机制，个人住房贷款利率改为盯住 LPR 的定价新方案

Reference
参考文献

[1] 巴伦一．信贷全流程风险管理 [M]．北京：北京联合出版公司，2018.

[2] 包兴安．三部委推进首台（套）重大技术装备保险补偿机制试点 [EB/OL]． [2019－05－29]．http：//www. zqrb. cn/finance/hongguanjingji/2019－05－29/A1559127452123. html.

[3] 北京证券交易所．坚持错位发展、突出特色建设北京证券交易所　更好服务创新型中小企业高质量发展 [EB/OL]．[2021－09－02]． https：//www. bse. cn/important_news/200010669. html.

[4] 财经大辞典第二版编委会．财经大辞典（第 2 卷）[M]．北京：中国财政经济出版社，2013.

[5] 陈春根，潘申彪．经济学原理 [M]．杭州：浙江大学出版社，2014.

[6] 陈道富，曹胜熙．我国社会信用体系建设的进展、问题与对策建议 [J]．中国经济评论，2022，26（8）：39－42.

[7] 陈工孟，傅建源．小额信贷理论与实务 [M]．北京：清华大学出版社，2017.

[8] 陈龙，崔焕平．P2P 谢幕，本质问题出在哪里？ [EB/OL]． [2020－12－11]．https：//www. mbachina. com/html/mbachina/20201213/275227. html.

[9] 陈舜，席小炎．贷款行为中的逆向选择和道德风险与信贷配给 [J]．江西社会科学，2005（10）．

[10] 迟风玲．英国商业银行对小企业发展的融资支持 [J]．科学管理研究，2018，36（1）：100－103.

[11] 邓丝元．浙江网商银行小额贷款模式分析 [D]．辽宁大学，2018.

[12] 范鑫豪．小额贷款业务・实战・疑难 [M]．北京：法律出版社，2017.

[13] 范肇臻．日本中小企业金融支持模式及特点 [J]．现代日本经济，2009（3）：51－55.

[14] 付秋实．太保寿险保单质押贷款缓解中小企业主资金周转难题 [EB/OL]． [2020－03－19]．https：//www. financialnews. com. cn/bx/jg/sx/202003/t20200319_185468. html.

[15] 付五平．小微金融监管探析 [J]．金融经济，2016（18）：41－42.

[16] 傅勇．德国中小企业融资体系 [J]．中国金融，2014（4）：78－80.

[17] 国家农业信贷担保联盟有限责任公司．国家农业信贷担保联盟有限责任公司简介 [EB/OL]．http：//guojianongdan. cn/about/index. html.

[18] 国家农业信贷担保联盟有限责任公司．浙江农担公司特色产品 [EB/OL]．[2018－01－31]．http：//guojianongdan. cn/content/details26_710. html.

[19] 国家融资担保基金．融担基金 2022 年超额完成国务院下达目标任务 [EB/OL]．[2023－01－17]．https：//www. gjrdjj. com/content/details_20_1250. html.

[20] 国家融资担保基金有限责任公司．政策性融资担保业务案例汇编（2020 年） [M/OL]．[2020－06－09]．https：//www. gjrdjj. com/upload/file/20200609/20200609093141_40819. docx.

［21］郭彦丽、陈建斌．信息经济学［M］．北京：清华大学出版社，2019.

［22］韩叶鑫，苏望月．我国微型金融发展中的问题与思路——以巴西、美国、日本经验为例［J］．时代金融，2016（23）：26－28.

［23］何华平．一本书看透信贷：信贷业务全流程深度剖析［M］．北京：机械工业出版社，2018.

［24］何盛明．财经大辞典［M］．北京：中国财政经济出版社，1990：456.

［25］胡力文．陕西X农商银行小微企业贷款定价研究［D］．南京航空航天大学，2019.

［26］华尔街见闻．硅谷传奇陨落，红杉创始人去世，他是苹果谷歌思科背后的男人［EB/OL］．［2019－10－28］．https：//baijiahao. baidu. com/s？ id = 1648562914705538742&wfr = spider&for = pc.

［27］华律网整理．假冒他人签订的贷款合同无效　银行赔偿损失［EB/OL］．［2013－04－23］．https：//www. 66law. cn/goodcase/19240. aspx.

［28］黄建康，赵宗瑜．互联网金融发展对商业银行的影响及对策研究［J］．理论学刊，2016（1）．

［29］黄亚钧．微观经济学［M］．北京：高等教育出版社，2015.

［30］黄炎．A银行苏州分行贷款定价体系优化研究［D］．苏州大学，2021.

［31］黄志凌．商业银行终将突破金融服务的二八定律［EB/OL］．［2016－12－09］．http：//www. sohu. com/a/121163088_465450.

［32］季晓亢．我国中小商业银行贷款定价模式研究［D］．郑州大学，2017.

［33］江苏省人民政府．精准扶贫 保险先行——江苏人保财险保险扶贫工作综述［EB/OL］．［2018－10－17］．http：//www. js. gov. cn/art/2018/10/17/art_64347_7841762. html.

［34］矫玉洁，曹晓舟．小额信贷实务［M］．北京：中国财政经济出版社，2019.

［35］孔春丽，张天龙，张同建．我国商业银行信贷市场贷款定价理论研究［J］．技术经济与管理研究，2015（3）：91－95.

［36］来国伟，赵映珍．商业银行小微企业信贷研究［N］．中华合作时报农村金融，2015－03－21.

［37］雷曜，陈一稀．中小企业融资的典型经验［J］．中国金融，2019，911（17）：93－95.

［38］黎四奇．社会信用建构：基于大数据征信治理的探究［J］．财经法学，2021，40（4）：3－22.

［39］李宾，马九杰．日本农村金融体系与制度架构及其对我国的借鉴意义［J］．农村金融研究，2014（2）：36－40.

［40］李凌．论双层监管体制下小微金融监管制度创新［J］．中南财经政法大学学报，2014（3）：94－99.

［41］李金霞．我国商业银行贷款定价影响因素实证研究［D］．华中科技大学，2014.

［42］李云舒，管筱璞．服务创新型中小企业与沪深交易所错位发展　有了新三板为什么还要设立北交所［EB/OL］．［2021－09－04］．https：//www. ccdi. gov. cn/yaowenn/202109/t20210904_145645. html.

［43］李朝晖．美国SBIC融资担保模式对我国政策性创业投资引导基金的启示［J］．金融理论与实践，2010，368（3）：104－108.

［44］李智．全面取缔P2P！又有重要省份行动了［EB/OL］．［2020－01－02］．https：//m. thepaper. cn/baijiahao_5414947.

［45］林梦瑶．浙江网商银行金融服务产品旺农贷预授信案例研究［D］．哈尔滨商业大学，2021.

［46］林毅夫，李永军．中小金融机构发展与中小企业融资［J］．经济研究，2001（1）：10－18＋

53 – 93.

[47] 刘伯良. 邮储银行小微金融营销模式转型升级研究 [J]. 邮政研究, 2020, 36 (3): 10 – 14.

[48] 刘超, 谢启伟, 马玉洁, 等. 金融监管学 [M]. 北京: 中国铁道出版社, 2019.

[49] 刘树成. 现代经济辞典 [M]. 南京: 凤凰出版社, 江苏人民出版社, 2005.

[50] 刘松涛, 罗炜琳, 王林萍, 等. 日本农村金融改革发展的经验及启示 [J]. 亚太经济, 2018 (4): 56 – 65.

[51] 刘晓梅, 雷祺. 基于长尾理论的中国农村市场开拓策略 [J]. 经济理论与经济管理, 2009 (6).

[52] 龙云凤. 日本风险投资发展模式及其对广东的启示 [J]. 科技管理研究, 2012, 32 (13): 40 – 44.

[53] 陆佳仪. 全球证券交易所系列研究之日本交易所集团 [R/OL]. [2020 – 10]. http://www.sse.com.cn/aboutus/research/report/c/5300342.pdf.

[54] 陆岷峰, 汪祖刚. 基于物联网思维的商业银行管理重构的战略思想 [J]. 长春金融高等专科学校学报, 2018 (1): 62 – 71.

[55] 罗伯特·S. 平狄克, 丹尼尔·L. 鲁宾费尔德. 微观经济学 [M]. 北京: 中国人民大学出版社, 2009: 578 – 588.

[56] 罗荷花, 李明贤. 金融机构小微企业融资的供给能力影响因素探讨 [J]. 南方农村, 2014, 30 (11): 65 – 6.

[57] 美国小企业管理局. HUBzone 计划 [EB/OL]. https://www.sba.gov/federal – contracting/contracting – assistance – programs/hubzone – program.

[58] 曼昆. 经济学原理 [M]. 北京: 北京大学出版社, 2020.

[59] 穆争社. 道德风险引起的信贷配给及其治理 [J]. 财贸研究, 2002 (6).

[60] 欧阳进良, 汤娇雯, 庞宇, 等. 国家科技计划及项目管理中的"二八"现象和长尾理论的影响浅析 [J]. 科学学研究, 2009 (10).

[61] 潘功胜. 中国票据市场的发展和规范 [EB/OL]. [2016 – 12 – 08]. https://www.financialnews.com.cn/jg/ld/201612/t20161208_109240.html.

[62] 彭剑君. 中小微企业发展的金融支持对策研究 [M]. 北京: 经济管理出版社, 2017: 42 – 44.

[63] 钱林浩. 保险业全面发力护航小微企业渡难关 [EB/OL]. [2022 – 04 – 13]. https://www.financialnews.com.cn/bx/bxsd/202204/t20220413_243936.html.

[64] 钱龙. 中小企业信贷成本、风险和可得性研究 [D]. 西南财经大学, 2015.

[65] 秦蕾. 基于利率市场化的商业银行贷款定价影响因素实证研究 [D]. 河北经贸大学, 2016.

[66] 人民日报. 截至去年底央行征信系统收录 11 亿自然人 [EB/OL]. [2021 – 01 – 26]. http://finance.people.com.cn/GB/n1/2021/0126/c1004 – 32011582.html.

[67] 日本农林中央金库. 农林中央金库价值报告 2021 [R/OL]. https://www.nochubank.or.jp/ir/valuereport/pdf/vr_21_.pdf.

[68] 日本商工中金. 商工中金 2019 年度报告 [R/OL]. [2019 – 03 – 31]. https://www.shokochukin.co.jp/english/about/company/report/2019/pdf/ar19_all.pdf.

[69] 日本小企业厅. 中小企业白皮书 (2022) [EB/OL]. https://www.chusho.meti.go.jp/pamflet/hakusyo/index.html.

[70] 上海证券交易所. 依托科技创新提升发展的韧性和活力, 科创板公司完成 2022 年半年度报

告披露 [EB/OL]. [2022 - 08 - 31]. http://star.sse.com.cn/star/media/news/c/c_20220831_5707931.shtml.

[71] 盛军. 科学的贷款定价方法——RAROC定价法 [J]. 上海金融, 2000 (7): 48 - 49.

[72] 史建平. 中国中小微企业金融服务发展报告 (2019) [M]. 北京: 中国金融出版社, 2020.

[73] 施锦芳, 郑晨, 赵梓瑞. 日本中小企业融资体系及其对中国的启示 [J]. 日本研究, 2015 (4): 59 - 65.

[74] 苏基溶, 张景智. 中国香港虚拟银行监管框架及其对内地互联网银行监管的启示 [J]. 新金融, 2019 (12): 53 - 57.

[75] 孙翔峰. "500家"时代已来! 科创板峥嵘三年: 从25家公司起步, 锻造6万亿硬科技军团 [EB/OL]. [2022 - 12 - 28]. http://www.stcn.com/article/detail/763471.html.

[76] 孙自通. 小微企业信贷业务流程和法律实务 [M]. 北京: 中华工商联合出版社, 2017.

[77] 谭桔华. 我国社会信用体系建设存在的问题与对策探讨 [J]. 湖南行政学院学报, 2014 (4): 58 - 62.

[78] 汤金凯. 小银行贷款利率定价研究——以A农村商业银行为例 [D]. 苏州大学, 2019.

[79] 田惠敏, 张一浩. 德国复兴信贷银行发展与运行机制研究 [J]. 中国市场, 2019 (27): 1 - 5.

[80] 董治. 德国中小企业融资体系研究 [D]. 中国社会科学院研究生院, 2017.

[81] 王达. 美国互联网金融的发展及中美互联网金融的比较 [J]. 环球金融, 2014 (12).

[82] 王剑. 银行小微信贷业务深度: 原理、模式与实例 [R/OL]. [2018 - 09 - 20]. http://pdf.dfcfw.com/pdf/H3_AP201809201199157847_1.pdf.

[83] 王劝劝. Next Insurance: 小微企业和独立工作者保险的引领者 [EB/OL]. [2021 - 07 - 21]. https://www.01caijing.com/article/282284.htm.

[84] 王笑. 巩固提升出口信用保险作用 中国信保2021年承保金额达8000亿美元 [EB/OL]. [2022 - 01 - 19]. https://www.financialnews.com.cn/bx/jg/202201/t20220119_237736.html.

[85] 魏沆. 我国商业性担保公司现状及未来发展建议 [J]. 现代经济信息, 2016 (21): 349.

[86] 魏利坤. 日本中小企业政策性金融支持体系的构成与功能研究 [D]. 东北师范大学, 2011.

[87] 温莎莎. 汴京农商银行贷款定价策略研究 [D]. 兰州理工大学, 2019.

[88] 文学舟, 代力, 谭中明. 商业性担保机构制度机制约束及化解策略——基于江苏、湖北、四川的调查分析 [J]. 征信, 2015, 33 (9): 59 - 64.

[89] 吴进红, 杨蓉. 美国政府支持创业与风险投资模式及其借鉴 [J]. 世界经济与政治论坛, 2007 (1): 64 - 69.

[90] 肖本华. 美国众筹融资模式的发展及其对我国的启示 [J]. 南方金融, 2013 (1): 52 - 56.

[91] 谢秋陆, 刘星雨. P2P联姻典当行 [J]. 中国经济信息, 2015 (6): 56 - 57.

[92] 新华社. 关于国务院机构改革方案的说明 [EB/OL]. [2018 - 03 - 14]. https://www.gov.cn/guowuyuan/2018-03/14/content_5273856.htm.

[93] 新华社. 起底宝能系资金链 [EB/OL]. [2016 - 07 - 08]. http://news.cctv.com/2016/07/08/ARTINgpl4vsumakN1ul397fn160708.shtml.

[94] 新华网. 中华人民共和国民法典 [R/OL]. [2020 - 06 - 02]. http://www.npc.gov.cn/npc/c30834/202006/75ba6483b8344591abd07917e1d25cc8.shtml.

[95] 信用帝. 旺农贷的规则: 种养殖贷款、经营性贷款、极速经营性贷款 [EB/OL]. [2020 - 02 - 12]. https://www.xinyongdi.cn/bank/6923.html.

［96］徐婉．数字普惠金融背景下的小额信贷金融创新［D］．江西师范大学，2020.

［97］宣信．小额信贷：互联网微金融时代［M］．北京：中信出版社，2014.

［98］亚太农协农业金融研究中心课题组，王吉献．金融服务小微企业国际比较研究［J］．农业发展与金融，2020（1）：67－71.

［99］杨琳．美国金融监管改革的主要内容及启示［J］．经济纵横，2010（1）：102－105.

［100］杨望，周钰筠．小微企业“麦克米伦缺口”解决路径研究——基于金融功能视角［J］．国际金融，2019（9）：55－62.

［101］杨先道．国际微型金融发展的经验及对中国的启示（上）［J］．国际金融，2013（3）：12－17.

［102］杨先道．国际微型金融发展的经验及对中国的启示（下）［J］．国际金融，2013（4）：18－22.

［103］杨毅沉，潘清，赵晓辉，等．万科股权之争绕不过的监管有哪些？［EB/OL］．［2016－07－08］．https：//news. cri. cn/20160708/6a8943e2－146b－1aa7－2360－7a9573c1a4a7. html.

［104］姚仕萍．小额信贷风险与收益均衡机制研究［D］．江西财经大学，2012.

［105］叶永刚，张培．中国金融监管指标体系构建研究［J］．金融研究，2009（4）：159－171.

［106］易纲．货币银行学［M］．上海：上海人民出版社，1999.

［107］约翰·梅纳德·凯恩斯．就业利息和货币通论［M］．北京：中国社会科学出版社，2009.

［108］岳欣磊．从国际经验看我国小微企业债券发展之路［J］．金融市场研究，2019（9）：101－108.

［109］张弛．首批科创票据落地 债市精准支持科技创新力度不断加大［EB/OL］．［2022－06－07］．https：//www. financialnews. com. cn/zq/rz/202206/t20220607_248220. html.

［110］张辉．我国产业结构高度化的内在驱动机制研究［J］．经济研究参考，2021，2974（6）：109－127.

［111］张家口新闻网．张家口市出台金融支持中小微企业和“三农”实施意见［EB/OL］．［2018－05－09］．http：//wq. zjkpeace. gov. cn/system/2018/05/09/011744383. shtml.

［112］张捷．中小企业的关系型借贷与银行组织结构［J］．经济研究，2002（6）：32－37＋54－94.

［113］张淑贤．浦发银行创新投贷联动模式［EB/OL］．［2018－09－18］．http：//pudong－epaper. shmedia. tech/Article/index/aid/2430143. html.

［114］张末冬．足不出户贴现资金快速到账 上海票据交易所“贴现通”助力企业抗击疫情［EB/OL］．［2020－03－04］．https：//www. financialnews. com. cn/zq/zj/202003/t20200304_182812. html.

［115］张维迎．博弈论与信息经济学［M］．上海：上海人民出版社，2012.

［116］张溪，王领．上海市金融监管指标体系的构建——基于宏观审慎监管的框架［J］．金融经济，2013（10）：42－45.

［117］张先章．利率市场化条件下商业银行小微企业贷款定价策略研究［D］．苏州大学，2016.

［118］张旭迪．利率市场化下我国商业银行贷款定价研究——以A银行为例［D］．南京师范大学，2017.

［119］张亚丽，陈瑞计．经济学原理［M］．广州：中山大学出版社，2009：139－140.

［120］张烨，刘伯良．邮储银行小微金融营销模式转型升级研究［J］．邮政研究，2020，36（3）：10－14.

［121］张正平，胡蕾蕾．国际微型金融机构的风险、变化趋势及对我国的启示［J］．武汉金融，2016（11）：11－16.

［122］张宗江．信贷资金支付和回流规律刍议［J］．吉林财贸学院学报，1989（3）：23－25.

［123］赵冬青，王康康．微型金融的历史与发展综述［J］．金融发展研究，2009（1）：77－79.

［124］赵平．中国贷款利率自由化与中小企业贷款供给约束——基于S—W贷款供给曲线的理论分析［J］．经济理论与经济管理，2014（8）：78－88.

［125］赵文倩．我国民营银行发展现状及对策［J］．市场研究，2020（1）：46－47.

［126］浙江民营企业研究课题组，孙娜，郑涵歆．当前浙江民营制造业企业投资状况调查——基于“当前宏观形势下民营企业生产经营与风险情况”调查问卷的分析（二）［J］．浙江经济，2020，684（10）：38－41.

［127］浙江泰隆商业银行．梦想e贷［EB/OL］．http：//www. zjtlcb. com/zjtlcb/gryw/grdk/jyxdk/mxed/index. html.

［128］浙江泰隆商业银行．随薪贷［EB/OL］．http：//www. zjtlcb. com/zjtlcb/gryw/grdk/xfxdk/sxd/index. html.

［129］浙江泰隆商业银行．义融通［EB/OL］．http：//www. zjtlcb. com/zjtlcb/gryw/grdk/jyxdk/yrt/index. html.

［130］浙江泰隆商业银行．2019社会责任报告［EB/OL］．［2020－04－30］．http：//www. zjtlcb. com/zjtlcb/resource/cms/article/362843/391403/2020043008501196532. pdf.

［131］郑蕾，屈宇飞．我国民营银行发展现状及对策研究［J］．现代金融，2019（5）：30－33.

［132］郑旭锋．利率市场化背景下SZ银行小微企业贷款定价的研究［D］．吉林大学，2019.

［133］中共中央组织部．贯彻落实习近平新时代中国特色社会主义思想在改革发展稳定中攻坚克难案例［M］．北京：党建读物出版社，2019.

［134］国家金融监督管理总局．机构概况［EB/OL］．http：//www. cbirc. gov. cn/cn/view/pages/jigougaikuang/jigougaikuang. html.

［135］国家金融监督管理总局．农村合作金融机构支农服务主力军地位在改革发展中不断稳固［EB/OL］．［2011－03－21］．http：//www. cbirc. gov. cn/cn/view/pages/ItemDetail. html？docId＝3708&itemId＝915&generaltype＝0.

［136］中国银监会．银监会新型农村金融机构试点工作全面推开［EB/OL］．［2007－10－12］．http：//www. cbirc. gov. cn/cn/view/pages/ItemDetail. html？docId＝2456&itemId＝915&generaltype＝0.

［137］中国银保监会．中国银保监会有关部门负责人就《关于加强典当行监督管理的通知》答记者问［EB/OL］．［2020－05－29］．http：//www. cbirc. gov. cn/cn/view/pages/ItemDetail. html？docId＝907194&itemId＝915&generaltype＝0.

［138］中国贸易金融网．银保合作试解融资难［EB/OL］．［2011－08－15］．http：//m. sinotf. com/News/index/id/73621.

［139］中国民生银行．财神卡［EB/OL］．http：//www. cmbc. com. cn/xwjr/zhjrfw/zfjs/csk/index. htm.

［140］中国民生银行．民生商链通——携手共赢 链接未来［EB/OL］．http：//s. cmbc. com. cn/xwjr/rzcp/gylcp/slt/.

［141］中国人民银行，中国银行保险监督管理委员会．中国小微企业金融服务报告（2018）［M］．北京：中国金融出版社，2019.

［142］中国人民银行，中国银行保险监督管理委员会．中国小微企业金融服务发展报告（2019—2020）［M］．北京：中国金融出版社，2021.

［143］中国人民银行．中国普惠金融指标分析报告（2020年）［R/OL］．http：//www.

pbc. gov. cn/gouttongjiaoliu/113456/113469/4335821/2021090816343161697. pdf.

［144］中国人民银行．中国人民银行历史沿革［EB/OL］. http：//www. pbc. gov. cn/rmyh/105226/105433/index. html.

［145］中国人民银行．中国人民银行机构设置［EB/OL］. http：//www. pbc. gov. cn/rmyh/105226/105442/index. html.

［146］中国人民银行成都分行课题组，龚智强，蒋敬强．金融科技视角下互联网银行风险特征与发展制约［J］．西南金融，2020，469（8）：3－12.

［147］中国人民银行金融消费权益保护局．金融知识普及读本（第二版）［M］．北京：中国金融出版社，2017.

［148］中国人民银行金融消费权益保护局．中国普惠金融指标分析报告（2020年）［R/OL］.［2021－09－08］. http：//www. pbc. gov. cn/goutongjiaoliu/113456/113469/4335821/2021090816343161697. pdf.

［149］中国人民银行征信中心．全国集中统一的企业和个人征信系统简介［EB/OL］.［2015－06－08］. http：//www. pbccrc. org. cn/zxzx/zxzs/201506/d708068ce66c4cd6bbd5c37884b93c05. shtml.

［150］中国银行业监督管理委员会完善小企业金融服务领导小组办公室．小企业融资理论、政策与实践．［M］．北京：中国金融出版社，2011.

［151］周迟．小额贷款国内外研究现状及发展动态［J］．生产力研究，2012（5）：48－50.

［152］周凯．基于 RAROC 的商业银行贷款定价模式研究［J］．世界经济与政治论坛，2008，267（2）：106－110.

［153］周雷，闫笑男，朱奕，等．大数据征信服务小微企业融资案例研究——以江苏银行“e融”系列产品为例［J］．西南金融，2022，495（10）：54－64.

［154］周月婷．我国商业银行贷款定价实证分析［D］．厦门大学，2019.

［155］朱玉伯．小额贷款实务操作与法律风险防控［M］．北京：中国经济出版社，2014.

［156］Aaron O'Neill. Employment by economic sector in Bangladesh 2021［EB/OL］. https：//www. statista. com/statistics/438360/employment－by－economic－sector－in－bangladesh/.

［157］Asian Development Bank. Asia Small And Medium－Sized Enterprise Monitor 2021［R/OL］.［2021－12］. https：//data. adb. org/dataset/asia－small－and－medium－sized－enterprise－monitor－2021－volume－1－country－and－regional－reviews.

［158］Asian Development Bank. Asia Small And Medium－Sized Enterprise Monitor 2022［R/OL］.［2022－11］. https：//www. adb. org/sites/default/files/publication/843146/asia－sme－monitor－2022－volume－1. pdf.

［159］Arifuzzaman Khan. Urban－Biased SME Finance in Bangladesh：Way to Solve the Puzzle［J］. Journal of Poverty, Investment and Development，2016，21（0）：86－94.

［160］Bangladesh Bank. Annual Report［EB/OL］. https：//www. bb. org. bd/pub/annual/anreport/ar1819/index1819. php.

［161］Bangladesh Bank. Annual Report 2018－2019［R/OL］.［2020－01－23］. https：//www. bb. org. bd/pub/annual/anreport/ar1819/full_2018_2019. pdf.

［162］Bangladesh Bank. Annual Report 2021－2022［R/OL］.［2023－01－12］. https：//www. bb. org. bd/pub/annual/anreport/ar2122. pdf.

［163］Bangladesh Bank. Quarterly Statement of SME Loan Disbursement［DB/OL］. https：//www. bb. org. bd/aboutus/dept/sme/sme_factsnfigure_archive. php.

[164] Bangladesh Bureau of Statistics. Gross Domestic Product (GDP) of Bangladesh 2018 – 2019 [R/OL]. http: //bbs. portal. gov. bd/sites/default/files/files/bbs. portal. gov. bd/page/057b0f3b_a9e8_4fde_b3a6_6daec3853586/2019 – 12 – 12 – 11 – 55 – 26007214ee20f95f34bf0446aa81e646. pdf .

[165] Bangladesh Bureau of Statistics. Gross Domestic Product (GDP) of Bangladesh 2022 – 2023 (P) [R/OL]. http: //bbs. portal. gov. bd/sites/default/files/files/bbs. portal. gov. bd/page/057b0f3b_a9e8_4fde_b3a6_6daec3853586/2023 – 05 – 16 – 10 – 44 – dbee2f57222c72fc4695eeec11f317b0. pdf.

[166] Bangladesh Bureau of Statistics. Labour Force 2022 Provisional Report [R/OL]. [2023 – 03]. http: //bbs. portal. gov. bd/sites/default/files/files/bbs. portal. gov. bd/page/b343a8b4_956b_45ca_872f_4cf9b2f1a6e0/2023 – 03 – 30 – 07 – 28 – b25c7273218ff8f81af508d965aa4a6c. pdf.

[167] Basel Committee on Banking Supervision. Regulatory Consistency Assessment Programme (RCAP) – Analysis of Risk – Weighted Assets for Credit Risk in the Banking Book [EB/OL]. [2013 – 07]. https: //www. bis. org/publ/bcbs256. pdf.

[168] Board of Governors of the Federal Reserve System. Consumer Credit – G. 19 [EB/OL]. [2022 – 02 – 07]. https: //www. federalreserve. gov/releases/g19/20220207/.

[169] British Business Bank. Nations and Regions Investment Funds [EB/OL]. https: //www. british – business – bank. co. uk/nations – and – regions – investment – funds/.

[170] British Business Bank. Small Business Finance Markets [R/OL]. [2020 – 02]. https: //www. british – business – bank. co. uk/wp – content/uploads/2020/02/Small – Business – Finance – Markets – 2019 – 20 – report – FINAL. pdf.

[171] Choudhury Maumita and Goswami Chandana. MSME Financing Gaps – Research Review 1995 – 2017 [J].

[172] Department for Business, Energy & Industrial Strategy. Business population estimates for the UK and regions 2021: Statistical release [EB/OL]. [2021 – 10 – 07]. https: //www. gov. uk/government/statistics/business – population – estimates – 2021/business – population – estimates – for – the – uk – and – regions – 2021 – statistical – release – html.

[173] Deutsche Bundesbank Eurosystem. Banking statistics January 2023 [R/OL]. [2023 – 01 – 24]. https: //www. bundesbank. de/resource/blob/903652/1befbd555ea402092c9cf0dd946395c5/mL/2023 – 01 – 24 – 14 – 57 – 32 – bankenstatistiken – data. pdf.

[174] Deutsche Bundesbank Eurosystem. Investment funds statistics February 2023 [R/OL]. [2023 – 02 – 07]. https: //www. bundesbank. de/resource/blob/904370/52dd1190a7570142e65a85a69868da4e/mL/2023 – 02 – 08 – 10 – 39 – 30 – investmentfondsstatistik – data. pdf.

[175] Donald C. Mead. Small Enterprises and Development [J]. Economic Development and Cultural Change. 1991 (2).

[176] Grameen Bank. Annual Report 2021 [R/OL]. https: //grameenbank. org/public/assets/archive/annual_report/Annual_Report_2021. pdf.

[177] Her Majesty's Treasury. Bank Referral Scheme: Official Statistics [R/OL]. [2020 – 10]. https: //assets. publishing. service. gov. uk/government/uploads/system/uploads/attachment_data/file/947409/201208_Bank_Referral_Scheme__Official_Statistics. pdf.

[178] Iota Kaousar Nassr and Gert Wehinger. Unlocking SME finance through market – based debt [J]. OECD Journal: Financial Market Trends, 2015, 2014 (2): 89 – 190.

[179] Jonathan Bauchet and Jonathan Morduch. Is Micro too Small? Microcredit vs . SME Finance [J]. World Development, 2013, 43: 288 – 297.

[180] KFW Research. KFW SME Panel 2019 [R/OL]. [2019 – 10]. https: //www. kfw. de/PDF/Download – Center/Konzernthemen/Research/PDF – Dokumente – KfW – Mittelstandspanel/PDF – Dateien – Mittelstandspanel – (EN) /KfW – SME – Panel – 2019_EN. pdf.

[181] KFW Research. KFW SME Panel 2019 [R/OL]. [2021 – 10]. https: //www. kfw. de/PDF/Download – Center/Konzernthemen/Research/PDF – Dokumente – KfW – Mittelstandspanel/PDF – Dateien – Mittelstandspanel – (EN) /KfW – SME – Panel – 2021. pdf.

[182] Lascelles D, Mendelson S. Microfinance Banana Skins 2014: Facing reality [R]. New – York, Centre of the Study of Financial Innovation, 2014 (2) .

[183] Microcredit Regulatory Authority. Microfinance In Bangladesh [R/OL]. [2022 – 06]. https: //drive. google. com/file/d/1rU – gjDnNTCb3zyhHKcmipiVNlnyqkr46/view.

[184] MicroSave Consulting. Bangladesh Report: Impact of COVID – 19 pandemic on micro, small & medium enterprises (MSMEs) [R/OL]. [2020 – 09 – 30]. https: //www. microsave. net/wp – content/uploads/2021/01/210125_MSME_R23_Bangladesh_v2. 0 – 1. pdf.

[185] Morduch, Jonathan. The Microfinance Promise. Journal of Economic Literature, 1999, Vol. 37, No. 4: 1569 – 1614.

[186] National Small Business Association. 2023 Economic Report [R]. National Small Business Association, 2023.

[187] OECD. Financing SMEs and Entrepreneurs 2019: An OECD Scoreboard [R/OL]. [2019 – 4 – 12]. https: //www. smefinanceforum. org/sites/default/files/OECD_fin_sme_ent – 2019 – en. pdf.

[188] OECD. Financing SMEs and 2020: An OECD Scoreboard [R/OL]. [2020 – 04 – 22]. https: //aecm. eu/wp – content/uploads/2020/04/OECD – Scoreboard – 2020. pdf.

[189] OECD. Stat [OL]. https: //stats. oecd. org/#.

[190] Palli Karma – Sahayak Foundation. PKSF Annual Report 2021 [R/OL]. https: //pksf. org. bd/wp – content/uploads/2022/06/PKSF_Annual – Report – 2021_English_Printed. pdf.

[191] Priyamvada Mathur. Six charts that show 2021's record year for US venture capital. PitchBook [EB/OL]. https: //pitchbook. com/news/articles/2021 – record – year – us – venture – capital – six – charts.

[192] Results and Performance of the World Bank Group 2020 [M]. World Bank, 2020.

[193] SEDME (Small Enterprises Development, Management & Extension Journal), 2017, 44 (3) : 1 – 26.

[194] Statista Research Department. Number of small businesses (employer and non – employer) in the United States from 1988 to 2019 [EB/OL]. [2022 – 09 – 30]. http: //www. statista. com/statistics/257521/number – of – small – businesses – in – the – us/.

[195] Steve Browning. Coronavirus: Business loans schemes [R/OL]. [2023 – 03 – 21]. https: //researchbriefings. files. parliament. uk/documents/CBP – 8906/CBP – 8906. pdf.

[196] T. Thomas. Relationship between Small – Scale and Large – Scale Industry A Different View [J]. Economic and Political Weekly . 1979 (9) .

[197] The Center for Regional Economic Competitiveness and Cromwell Schmisseur. Program Evaluation of The US Department of Treasury State Small Business Credit Initiative [R/OL]. [2016 – 10]. https: //

home. treasury. gov/system/files/256/SSBCI – Program – Evaluation – 2016 – Full – Report_1. pdf.

[198] The Federal Deposit Insurance Corporation. BankFind Suite: Find Annual Historical Bank Data [EB/OL]. https://banks. data. fdic. gov/explore/historical? displayFields = STNAME% 2CTOTAL% 2CBRANCHES% 2CNew _ Char&selectedEndDate = 2022&selectedReport = CBS&selectedStartDate = 1934&selectedStates = 0&sortField = YEAR&sortOrder = desc.

[199] The United Nations Economic and Social Commission for Asia and the Pacific. Micro, Small and Medium – sized Enterprises' Access to Finance in Bangladesh [R/OL]. [2021 – 05 – 10]. https://repository. unescap. org/rest/bitstreams/7cec03ab – d8c6 – 4015 – a02c – 36408e7d09b1/retrieve.

[200] The World Bank Group Outcome Orientation at the Country Level [M]. World Bank, 2020.

[201] The World Bank Group. MSME Finance Gap: Assessment of the Shortfalls and Opportunities in Financing Micro, Small and Medium Enterprises in Emerging Markets [R]. 2018.

[202] U. S Department of the Treasury. Small Business Lending Fund [EB/OL]. https:// home. treasury. gov/policy – issues/small – business – programs/small – business – lending – fund.

[203] U. S Small Business Administration. EIDL data [EB/OL]. https://www. sba. gov/funding – programs/loans/covid – 19 – relief – options/eidl/eidl – data.

[204] U. S Small Business Administration. PPP data [EB/OL]. https://www. sba. gov/funding – programs/loans/covid – 19 – relief – options/paycheck – protection – program/ppp – data.

[205] U. S Small Business Administration. SBIC State by State Financing Report [EB/OL]. https:// www. sba. gov/document/report – sbic – state – state – financing – report.

[206] U. S Small Business Administration. Small Business Profiles for the States, Territories, and Nation 2022 [R/OL]. [2022 – 08 – 31]. https://advocacy. sba. gov/wp – content/uploads/2022/08/State_Profiles_2022. pdf.

[207] U. S Small Business Administration. State Trade Expansion Program Annual Report [EB/OL]. https://www. sba. gov/document/support – state – trade – expansion – program – step – annual – report.

[208] Verband Deutscher Bürgschaftsbanken. Guarantee banks and SME – oriented investment companies in Germany [R/OL]. https://vdb. ermoeglicher. de/ueber – uns/verband/association – of – german – guarantee – banks – english – version/.

[209] World Bank Group, SME Finance Forum, International Finance Corporation. MSME Finance Gap [R/OL]. [2017 – 12 – 31]. https://documents1. worldbank. org/curated/en/653831510568517947/pdf/121264 – WP – PUBLIC – MSMEReportFINAL. pdf.

[210] Yongwoon Shim and Dong – Hee Shin. Analyzing China's Fintech Industry from the Perspective of Actor – Network Theory [J]. Telecommunications Policy, 2016, 40 (2 – 3): 168 – 181.